全本　全注　全评

史記

评注版

［西汉］司马迁　著

韩兆琦　评注

四　列传

岳麓書社·长沙

明 佚名 《仿李唐采薇图》（图中人物为伯夷、叔齐）

齐桓公、管仲雕像

晏婴路遇越石父

明 唐寅 《老子图》

伍子胥过江赠剑

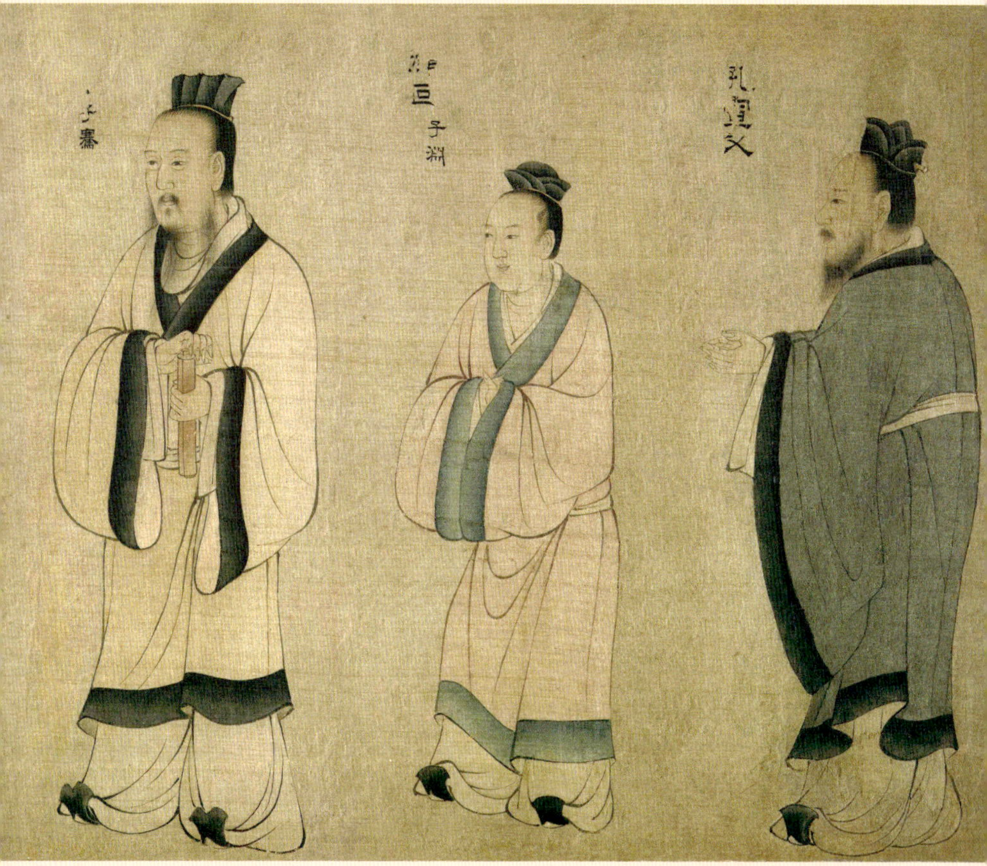

南宋 佚名 《孔门弟子像》

南宋 佚名 《孔门弟子像》

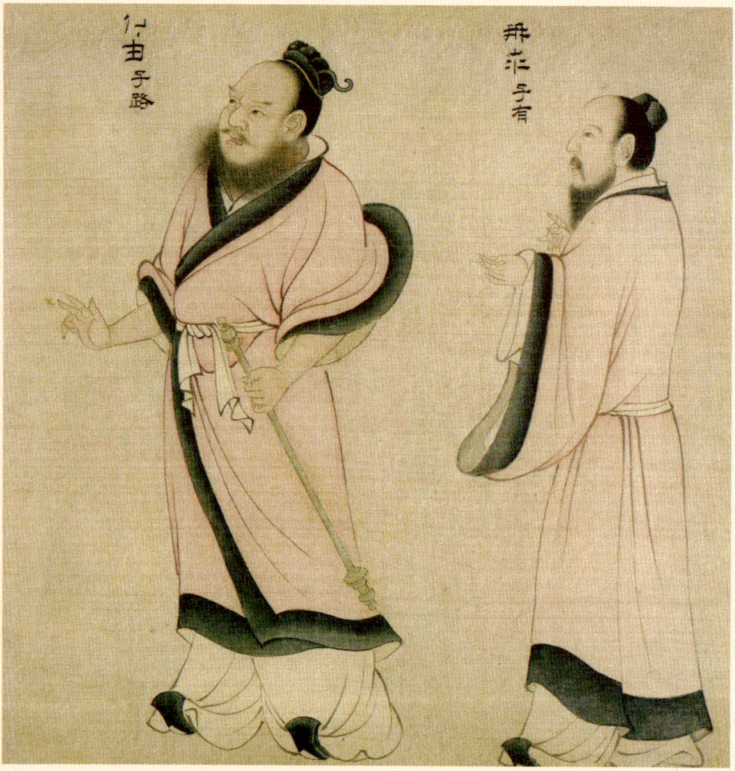

南宋 佚名 《孔门弟子像》

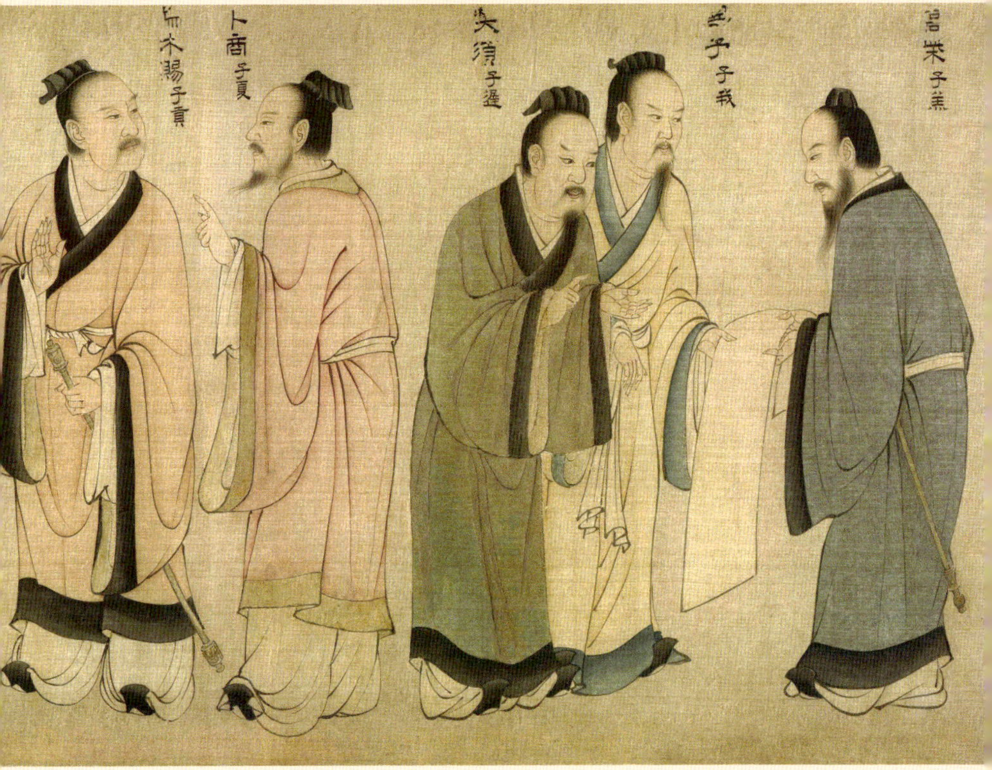

南宋 佚名 《孔门弟子像》

南宋 佚名 《孔门弟子像》

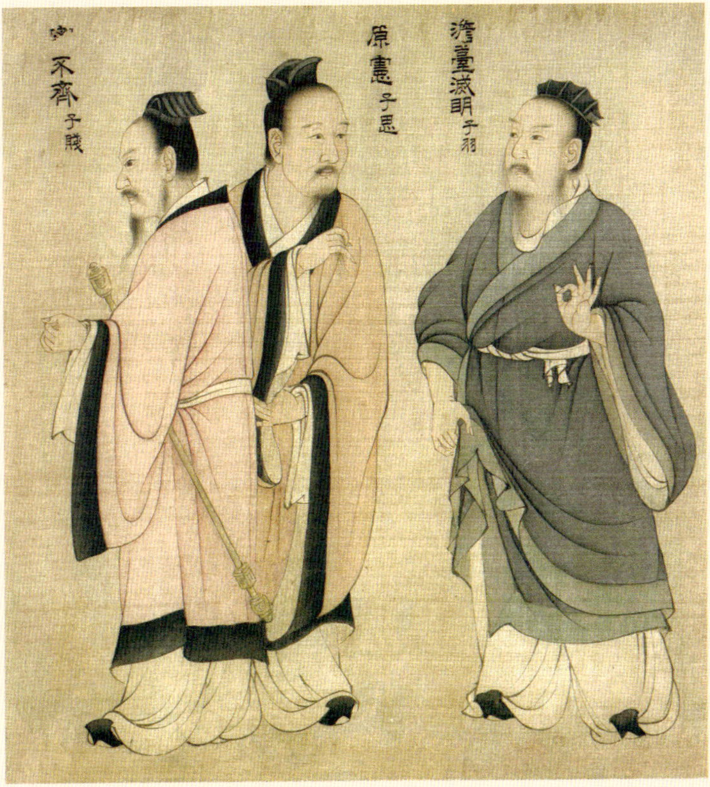

南宋 佚名 《孔门弟子像》

商鞅铍

张仪辞家

长铗归来兮

要离刺庆忌

战国“九年吕不韦”铭文铜戈

目　录

伯夷列传第一

夫学者载籍[①]极博，犹考信于六蓺。[②]《诗》《书》虽缺[③]，然虞、夏之文可知[④]也。尧将逊位[⑤]，让于虞舜。舜、禹之间，岳牧咸荐[⑥]，乃试之于位；典职[⑦]数十年，功用既兴，然后授政[⑧]。示天下重器，王者大统[⑨]，传天下若斯之难也。而说者[⑩]曰："尧让天下于许由，许由不受，耻之，逃隐[⑪]。及夏之时，有卞随、务光[⑫]者。"此何以称焉[⑬]？太史公曰：余登箕山[⑭]，其上盖有许由冢云。孔子序列古之仁圣贤人，如吴太伯、伯夷之伦详矣[⑮]。余以所闻由、光义至高，其文辞不少概见，何哉？[⑯]

（以上为第一段，提出了一系列以让国著称的人，其中有的见于儒家经典，被孔子所称道；有的则否，史公对此提出疑问。）

①载籍——犹言"册籍"，泛指各种图书资料。　②考信——通过检验被确认。　六蓺——指《诗》《书》《礼》《乐》《易》《春秋》六部儒家经典。蓺：同"艺"。按：载籍虽多，但要以六艺作为鉴别是非、决定去取的标准，于此见史公之尊重儒家学说。　③《诗》《书》虽缺——《孔子世家》称古诗三千余篇，孔子删为三百零五篇。今有五篇有目无文。汉人又说古时有《书》三千余篇，孔子删为百篇。秦火后，仅余二十八篇，乃老儒记诵所得，时人以今文（隶书）录出，即后世所称之今文《尚书》。后来又从孔子宅壁中发现一部分古文字的《尚书》，即所谓古

文《尚书》。④虞、夏之文可知——今文《尚书》有《尧典》，古文《尚书》有《尧典》《舜典》《大禹谟》，记载了尧禅位于舜、舜禅位于禹的事情。⑤逊位——退位。⑥舜、禹之间，岳牧咸荐——按："之间"二字于文不顺。其意乃谓尧将让位于舜，舜将让位于禹的时候，舜和禹都是被全体诸侯推荐出来的。岳：四岳，分掌四方诸侯的四个首领，当时称为方伯。牧：州牧，各州的行政长官。据说当时中国划分为九州，州各有牧。⑦典职——任职管事。典：主管。据说舜、禹都是任职主事二十余年后，才正式登上帝位的。⑧授政——指传予帝位。⑨示天下重器，王者大统——由此说明政权是天下贵重的东西，帝王是人们的统领。（对于传授政权，选择天子的事情，万万不能掉以轻心。）天下：这里指国家政权。重器：也称大器、神器。极言其贵重切要。大统：大纲，主宰。⑩说者——此处指庄周之流。⑪"尧让天下于许由"四句——《庄子·让王》云："尧以天下让许由，许由不受。"此乃庄周为阐述道家学说所杜撰的故事。⑫卞随、务光——亦《庄子·让王》中所虚构的人物。据说商汤曾向他们请教有关伐桀的问题，他们不予回答。汤灭桀后，想把天下让给他们，他们都气愤得投河而死。⑬此何以称焉——有关许由、卞随、务光的这些事情，为什么又受到称赞呢？⑭箕山——在今河南西北部。⑮"孔子序列古之仁圣贤人"二句——孔子序列吴太伯事见《论语》，其《泰伯》云："泰伯，其可谓至德也已矣，三以天下让，民无得而称焉。"序列伯夷事见下文。伦：类。⑯"余以所闻由、光义至高"三句——意谓我认为从我听到的有关许由、务光的情况看，他们的道义是够高了，可是儒家的经典和圣人的言辞中却从来不提他们，这是为什么呢？以：认为。不少概见：即不可见、见不到的意思。语气比较灵活。

孔子曰："伯夷、叔齐，不念旧恶，怨是用希①。""求仁得仁，又何怨乎？"余悲伯夷之意②，睹轶诗③可异焉。其传曰：

伯夷、叔齐，孤竹君之二子④也。父欲立叔齐。及父卒，叔齐让伯夷。伯夷曰："父命也。"遂逃去。叔齐亦不肯立而逃之。国人立其中子。于是伯夷、叔齐闻西伯昌善养老，⑤盍往归焉⑥。及至，西伯卒，武王载木主⑦，号为文王，东伐纣。伯夷、叔齐叩马而谏曰："父死不葬，爰及干戈⑧，可谓孝乎？以臣弑君，可谓仁乎？"左右欲兵之。太公⑨曰："此义人也。"扶而去之。武王已平殷乱，天下宗周⑩，而伯夷、叔齐耻之，义不食周粟，隐于首阳山⑪，采薇⑫而食之。及饿且死，作歌。其辞曰："登彼西山⑬兮，采其薇矣。以暴易暴⑭兮，不知其非矣。神农、虞、夏，忽焉没兮，我安适归⑮矣？于嗟徂兮，命之衰矣⑯！"遂饿死于首阳山。由此观之，怨邪？非邪⑰？

（以上为第二段，叙述了伯夷的事迹，对于伯夷"无怨"的说法提出了疑问。）

①不念旧恶，怨是用希——不记旧仇，因此怨恨也就少了。恶：怨仇。用：因。希：稀疏，少。 ②悲伯夷之意——《索隐》曰："谓悲其兄弟相让，又义不食周粟而饿死。" ③轶（yì）诗——散失而未编入三百篇内的古代诗歌，这里指下文所引的"采薇歌"。 ④孤竹君之二子——按：说伯夷、叔齐为孤竹君之子者，始于庄周，成于司马迁。孤竹：古国名，在今河北卢龙东南。 ⑤西伯昌——即周文王姬昌。商朝末年，姬昌为西方诸侯之伯（长），故称之曰西伯。 养老——收养老人。实乃招贤纳士之意。 ⑥盍往归焉——于是就去投奔他啦。盍：此处同"盖"，乃，于是。 ⑦木主——木制的神主牌位。当时文王已死，武王载其父之牌位伐纣，以表示自己是谨奉父命，行父之志。⑧爰（yuán）及干戈——犹言"就动起了干戈"。爰：于是，就。及：轮到，动起。 ⑨太公——周代齐国始祖，姜姓，吕氏，名望，字尚父，一说字子牙。事迹详见《齐太公世家》。 ⑩宗周——以周为自己的宗主。即承认其统治权之意。 ⑪首阳山——其说甚多，有认为即今山西永济附近之雷首山，有曰即今河南偃师西北之首阳山，有认为其山在今甘肃陇西。此处应即今河北卢龙东南之阳山。其人之有无尚在不可知数，其隐而饿死之地自然更是后人之影附。 ⑫薇——也叫蕨，一种野菜名。 ⑬西山——即指首阳山。 ⑭以暴易暴——按：称武王伐纣

为“以暴易暴”，可谓骇人听闻。此歌不见于先秦典籍，不知史公取自何处。 ⑮安适归——即安归。适、归同义。 ⑯“于嗟徂（cú）兮”二句——犹言：“唉呀，我就要死啦，倒霉的命运该当如此啊！” ⑰怨邪？非邪——有怨呢？还是没有怨呢？

或曰：“天道无亲，常与善人①。”若伯夷、叔齐，可谓善人者非邪②？积仁絜③行如此而饿死！且七十子④之徒，仲尼独荐颜渊为好学⑤，然回也屡空⑥，糟糠不厌⑦，而卒蚤夭⑧。天之报施善人，其何如哉？盗跖日杀不辜，⑨肝人之肉⑩，暴戾恣睢，⑪聚党数千人，横行天下，竟以寿终。是遵何德哉⑫？此其尤大彰明较著⑬者也。若至近世，操行不轨，专犯忌讳，而终身逸乐富厚，累世不绝⑭；或择地而蹈之⑮，时然后出言⑯，行不由径⑰，非公正不发愤⑱，而遇祸灾者，不可胜数也。余甚惑焉，傥所谓天道，是邪？非邪⑲？

（以上为第三段，由伯夷的遭遇联想到种种当前的社会现实，对“天道无亲，常与善人”的传统敬天观念提出怀疑。）

①天道无亲，常与善人——意谓虽然老天爷没有偏心眼儿，但经常帮助好人。亲：亲近，偏私。与：助。二句见《老子》七十九章。 ②若伯夷、叔齐，可谓善人者非邪——意谓像伯夷叔齐这样的，是可以称为好人呢？还是不能称为好人呢？ ③絜——同“洁”。 ④七十子——指孔门弟子。《仲尼弟子列传》云：“孔子曰：‘受业身通者七十有七人。’”此云“七十”，乃举其成数。 ⑤独荐颜渊为好学——《论语·雍也》：“哀公问：‘弟子孰为好学？’孔子对曰：‘有颜回者好学，不迁怒，不贰过，不幸短命死矣。今也则亡，未闻好学者也。’”荐：推举，称赞。 ⑥屡空——经常处于贫困之中。屡：每，经常。空：困缺。⑦糟糠不厌——犹言连吃糟糠都得不到满足。糟糠：酒渣和糠皮。⑧卒——终于，结果。 蚤夭——即前注所引的短命而死。蚤：通“早”。夭：夭折。原指未成年而死，这里指早死。颜渊死时年三十二。 ⑨盗跖（zhí）——古代传说中的大盗，名跖。 不辜——无罪的人。

⑩肝人之肉——泷川资言曰:“肝,疑当作脍。”按:关于盗跖的这段叙述,全部引自《庄子》。其《盗跖篇》云:“盗跖乃方休卒徒太山之阳,脍人肝而餔之。”比较两个句子,泷川说似有理。脍(kuài):切细的肉。
⑪暴戾(lì)——残暴凶狠。 恣睢(suī)——纵情任性。 ⑫是遵何德哉——《索隐》曰:“言盗跖无道,横行天下,竟以寿终,是其人遵行何德而致此哉?”遵何德:犹言“干了什么好事”。 ⑬彰明较著——皆“明确”“显著”之意。较:明也。 ⑭终身逸乐富厚,累世不绝——有本断句为“终身逸乐,富厚累世不绝”,皆通。 ⑮择地而蹈之——看好了地方才下脚迈这一步。极言其小心谨慎之状。 ⑯时然后出言——看时机合适了才开口说话。时:合时机。《论语·宪问》:“夫子时然后言,人不厌其言。” ⑰行不由径——走路不抄近道。径:小路。
⑱非公正不发愤——泷川资言曰:“数句,史公暗自道也。‘非公正不发愤’六字,尤见精神。”董份认为:此乃太史公寓言为李陵遭刑之意。 ⑲傥所谓天道,是邪?非邪——如果说有什么“天道”的话,究竟是对呢?还是不对呢?

子曰:“道不同,不相为谋。”亦各从其志也。故曰:“富贵如可求,虽执鞭之士,吾亦为之;如不可求,从吾所好。”“岁寒,然后知松柏之后凋。”举世混浊,清士乃见。岂以其重若彼,其轻若此哉[①]!

(以上为第四段,称引前哲的道德操行,聊作自己生前的宽慰之资。)

①岂以其重若彼,其轻若此哉——按:此处文意不清,众说纷纭。有曰,后句“其”字上应加“故”字读,其意为“不就是因为他们把道德操行看得那样重,所以才把穷困以至生死都看得这样轻吗?”顾炎武曰:“《伯夷传》,其重若彼,谓俗人之重富贵也;其轻若此,谓清士之轻富贵也。”

“君子疾没世而名不称焉[①]。”贾子曰:“贪夫徇财,烈士徇名，夸者死权，众庶冯生。[②]”“同明相照，同类相求；云从龙，风从虎，圣人作而万物睹。[③]”伯夷、叔齐虽贤，得夫子而名益彰；颜渊虽笃学，附骥尾[④]而行益显。岩穴之士，趣舍有时若此，类名堙灭而不称，悲夫[⑤]！闾巷之人，欲砥行立名者，非附青云之士，恶能施于后世哉！[⑥]

（以上为第五段，想到若欲身后有名，仍须借助大人物的推崇，否则难免类名堙灭，于是再次悲愤填膺。）

①君子疾没世而名不称焉——孔子语，见《论语·卫灵公》。疾：患，担心。按：史公《报任安书》云：“所以隐忍苟活，幽于粪土之中而不辞者，恨私心有所不尽，鄙陋没世而文采不表于后也。”此处亦深带个人之慨。　②“贪夫徇财”四句——见贾谊《鹏（fú）鸟赋》。其意谓每个人都在追求自己的东西，为了达到个人的目的，死都不怕。徇：通“殉”，为追求某种东西而豁出命去。烈士：有事业心，有气节的人。夸者：好矜夸，好作威作福的人。冯（píng）生：贪生。冯：通“凭”。引申为“看重”。　③“同明相照”五句——语出于《易·乾卦》。原文作“同声相应，同气相求，水流湿，火就燥，云从龙，风从虎，圣人作而万物睹”。前数句即言“物以类聚”“同类相求”之理。万物睹：言万物得圣人之诠释，其义乃大明于天下。睹即显著之义。以起伯夷、颜渊得夫子之荐而名显事。　④附骥尾——《索隐》曰：“苍蝇附骥尾而致千里。”王褒《四子讲德论》：“夫蚊虻终日经营，不能越阶序，附骥尾则涉千里。”史公用之以比喻普通人受名人提携。　⑤“岩穴之士”四句——意谓有些隐居山林的人，他们的出处大节也和伯夷一样，（但是因为没有孔子那样的人物表彰过他们，所以）他们的名字和事迹也就堙灭无闻了，可悲啊！趣舍有时：指出仕和退隐掌握得正合时机。趣（qū）：趋附，迎合，指出仕。类名：美名。　⑥“闾巷之人”四句——意谓一个讲究操行修养的普通人，如果没有德高望重的人来提携是不可能扬名后世的。砥行：磨砺操行。青云之士：杨慎曰：“青云之士谓圣贤立言传世者，孔子是也。”

[简评] 伯夷何许人也？先秦古书说法不一，而敷衍编排勉强成为一个完整故事的是司马迁的《伯夷列传》。事迹本身，原不足信，而其意义乃在于作者借为伯夷立传之机，对当时好人遭殃、坏人享福的社会不公，提出了愤怒的质问，对用以麻醉慰藉人心的所谓“天道”，也提出了激烈的怀疑。这是富有批判性和战斗性的。同时，“奔义”“让国”是司马迁所倾心赞美的一种品德，这和汉代建国以来统治集团内部，君臣、父子、兄弟、叔侄之间的勾心斗角，攻伐残杀不休的“争利”“争国”恰成对照。这应该也是司马迁明显的写作意图之一。

《伯夷列传》是“列传”的第一篇，其开首之“学者载籍极博，犹考信于六蓺”云云，是一种发凡起例，标举其取舍、评判之原则，亦应为读《史记》者所注意。

[集评] 《太史公自序》：“末世争利，维彼奔义，让国饿死，天下称之，作《伯夷列传》第一。”

村尾元融曰：“太史公欲求节义最高者为列传首，以激叔世浇漓之风，并明己述作之旨。而由、光之伦，已非经艺所说，则疑无其人，未如伯夷经圣人表章，事实确然。此传之所以作也。《自序》云：‘末世争利，维彼奔义，让国饿死，天下称之，作《伯夷列传》第一。’即其义也。”(《史记会注考证》)

何焯曰：“《伯夷列传》，此七十列传之凡例也。本纪、世家，事迹显著，若列传则无所不录。然大旨有二：一曰征信，不经圣人表章，虽遗冢可疑，而无征不信，如由、光是已；一曰阐幽，积仁洁行，虽穷饿岩穴，困顿生前，而名施后世者，如伯夷、颜渊是已。”(《义门读书记》)

梁玉绳曰：“(《伯夷传》)所载俱非也。《孟子》谓夷、齐至周，在文王为西伯之年，安得言归于文王卒后？其不可信一已；《书序》谓武王伐纣，嗣位已十一年，即《周纪》亦有‘九年祭毕’

之语，毕乃文王墓地，安得言‘父死不葬’？其不可信二已；《礼大传》谓武王克商，然后追王三世，安得言徂征之始便号‘文王’？其不可信三已；东伐之时，伯夷归周已久，且与太公同处岐丰，未有不知其事者，何以不沮于帷帐定计之初，而徒谏于干戈既出之日？其不可信四已；曰‘左右欲兵之’，曰‘太公扶去之’，武王之师不应无纪律若是，……其不可信五已；《正义》数首阳有五，前贤定夷、齐所隐为蒲坂之首阳，空山无食，采薇其常耳。独不思山亦周之山，薇亦周之薇，而但耻周之粟，于义为不全，其不可信六已；《论语》称‘饿于首阳之下’，未尝称饿死，孔子饿陈蔡，灵辄饿翳桑，讵必皆至于死，且安知不于逃国之时饿首阳耶？其不可信七已；即云耻食周粟，亦止于不食稍禄，非绝粒也。《战国策·燕策》苏秦曰：‘伯夷不肯为武王之臣，不受封侯。’《汉书·王贡两龚鲍传序》曰：‘武王迁九鼎于洛邑，伯夷、叔齐薄之，不食其禄。’岂果不食而死欤？其不可信八已；即云不食饿死，而歌非二子作也。诗遭秦火，轶诗甚多，乌识《采薇》为二子绝命之辞？况歌言‘西山’，奈何以‘首阳’当之？……其不可信九已。孔子称夷、齐‘无怨’，而诗叹‘命衰’，怨似不免；且其意虽不满于殪殷，而‘易暴’之言甚戆，必不以加于武王，其不可信十已。先儒多有议及者，词义繁芜，不能尽录，余故总揽而为此辨。”（《史记志疑》）

韩愈曰：“当殷之亡、周之兴，微子，贤也，抱祭器而去之；武王、周公，圣也，从天下之贤士与天下之诸侯而往攻之，未尝闻有非之者也。彼伯夷、叔齐者乃独以为不可。殷既灭矣，天下宗周，彼二子乃独耻食其粟，饿死而不顾。由是而言，夫岂有求而为哉？信道笃而自知明也。……若伯夷者，特立独行，穷天地、亘万世而不顾者也。”（《伯夷颂》）

毛泽东曰：“韩愈写过《伯夷颂》，颂的是一个对自己国家的人民不负责任，开小差逃跑，又反对武王领导的当时的人民解放

战争，颇有些'民主个人主义'思想的伯夷，那是颂错了。"(《别了，司徒雷登》)

钱锺书曰："此篇记夷、齐行事甚少，感慨议论居其泰半，反论赞之宾为传记之主。马迁牢骚孤愤，如喉鲠之快于一吐，有欲罢而不能者。"又曰："陶潜《饮酒》诗之二：'积善云有报，夷叔在西山。善恶苟不应，何事立空言！'正此传命意。马迁唯不信'天道'，故好言'天命'。盖信有'天命'，即疑无'天道'。曰'天命'不可知者，乃谓'天道'无知尔。"又曰："《游侠列传》再以夷、跖相较：'伯夷丑周，饿死首阳山，而文、武不以其故贬王；跖、蹻暴戾，其徒诵义无穷。'鄙人之言所谓：'何知仁义？已飨其利为有德。'是匪仅'天道'莫凭，人间物论亦复无准矣。"(《管锥编》)

李景星曰："世家首太伯，列传首伯夷，美让国高节以风世也。而此篇格局、笔意尤为奇创，后人不能读，故妄生议论，任意批评，以为文义错乱，不可为法。其实篇中脉络分明，节节可寻。前路从舜、禹引出许由、随光，借许由、随光陪出太伯、伯夷，然后单落到伯夷。纡徐委蛇，闪侧脱卸，中间有许多曲折层次。自'其传曰'至'怨邪非邪'，凡二百二十七字，是本传正文。简古质直，异常洁净。证之堪舆家言，此为明堂正位。'或曰'以下，另起议论，波澜无际，随时起伏，总是为伯夷反正作衬，无有一语泛设。'子曰道不同'以下，言天道虽曰无凭，而人事必须自尽，教人以伯夷为法，而又深叹能识伯夷者之少也。合前后观之，杂引经传，往复咏叹，似断似续，如赞如论，而总以表彰伯夷为主，以孔子之论伯夷为定评。虽用笔千变万化，适成其为一篇《伯夷列传》而已。似此奇文，那能不推为千古绝调！"(《四史评议》)

管晏列传第二

管仲夷吾者，颍上人也。[1]少时常与鲍叔牙游，[2]鲍叔知其贤。管仲贫困，常欺鲍叔，鲍叔终善遇之，不以为言。已而鲍叔事齐公子小白，管仲事公子纠。[3]及小白立为桓公，公子纠死，管仲囚焉。鲍叔遂进[4]管仲。管仲既用，任政[5]于齐，齐桓公以霸，九合诸侯，一匡天下，管仲之谋也。

管仲曰："吾始困时，尝与鲍叔贾[6]，分财利多自与，鲍叔不以我为贪，知我贫也。吾尝为鲍叔谋事[7]而更穷困，鲍叔不以我为愚，知时有利不利也。吾尝三仕三见逐于君，鲍叔不以我为不肖，[8]知我不遭时也。吾尝三战三走[9]，鲍叔不以我为怯，知我有老母也。公子纠败，召忽死之[10]，吾幽囚受辱，鲍叔不以我为无耻，知我不羞小节而耻功名不显于天下也。生我者父母，知我者鲍子也。"

鲍叔既进管仲，以身下之[11]。子孙世禄于齐，有封邑者十余世，常为名大夫。天下不多[12]管仲之贤而多鲍叔能知人也。

管仲既任政相齐，以区区之齐在海滨，通货积财，富国强兵，与俗同好恶。[13]故其称曰："仓廪实而知礼节，衣食足而知荣辱，上服度则六亲固[14]。四维不张，国乃灭亡。[15]下令如流水之原[16]，令顺民心。”故论卑而易行[17]。俗之所欲,因而予之;俗之所否,因而去之。

其为政也,善因祸而为福,转败而为功。贵轻重,慎权衡。[18]桓公实怒少姬,南袭蔡[19],管仲因而伐楚,责包茅不入贡于周室[20];桓公实北征山戎,而管仲因而令燕修召公之政;[21]于柯之会,桓公欲背曹沫之约[22],管仲因而信之,诸侯由是归齐[23]。故曰:“知与之为取,政之宝也[24]。”

管仲富拟于公室[25],有三归、反坫,[26]齐人不以为侈。管仲卒,齐国遵其政,常强于诸侯。后百余年而有晏子焉。

(以上为第一段,写了管仲与鲍叔之间的感人友谊与管仲的治国才干。)

①管仲夷吾——姓管名夷吾,字仲,亦称“敬仲”。 颍上——颍水边上。颍水发源于今河南登封嵩山西南,东南流,在今安徽寿县正阳关入淮河。 ②常——通“尝”,曾经。 游——盘桓,交往。这里指共同经商。 ③公子小白——即日后之齐桓公。 公子纠——公子小白的同父异母兄弟。 ④进——引进,推荐。 ⑤任政——主持国家政事。 ⑥贾(gǔ)——做买卖。旧时行商曰“商”,坐商曰“贾”。 ⑦谋事——出主意,谋划解决问题的办法。 更穷困——处境更不利。指事情越办越糟。 ⑧仕——指做官为吏。 不肖——不类(其父)。指没有出息。 ⑨走——败逃。 ⑩公子纠败,召(shào)忽死之——召忽原与管仲共同辅佐公子纠,齐桓公即位后,令鲁杀公子纠而送回召忽与管仲,其目的是想任用这两个人。结果召忽不听,自杀,独有管仲自甘被解送回齐。详见《齐太公世家》。 ⑪以身下之——谓甘处于管仲之下。 ⑫多——称道,赞颂。 ⑬通货积财——指发展工商业,增加财富。 与俗同好恶——意即顺适百姓们的愿望以及社会风俗习惯。 ⑭上服度则六亲固——意谓统治者的行为如果符合礼度,则六亲自然和睦而关系稳固。服:行,行事,行止。度:合乎礼法。六亲:指父、母、兄、弟、妻、子。 ⑮四维——《集解》引《管子》曰:“四维者,礼义廉耻也。”维,网罟之纲。此四者张之,所以立国,故曰“四维”。 ⑯如流

水之原——如同流水之起于高山流入平原。盖即趋卑就俗,顺适民情之意。按:自“衣食足”至“令顺民心”一段,见《管子·牧民》。 ⑰论卑而易行——道理通俗浅显,百姓易于接受,政策易于推行。 ⑱贵轻重——指重视经济事业。轻重:指物价高低。 慎权衡——指重视对度量衡的监督管制,以防止商人的非法盘剥。 ⑲桓公实怒少姬,南袭蔡——桓公有宠姬,蔡女也,与公乘船。蔡姬习水,故意荡舟以戏公。公惧,止之,蔡女不止。公怒,遂遣以归蔡,而其意未绝。蔡亦怒公,竟将此女他嫁。桓公大怒,于是有袭蔡之师。事在桓公三十年(前656),详见《左传·僖公三年》与《齐太公世家》。蔡:西周初年分封的诸侯国名,始封之君为武王之弟叔度,都上蔡,在今河南上蔡西南。 ⑳管仲因而伐楚,责包茅不入贡于周室——齐桓公伐蔡,蔡国崩溃,齐军接着又南下伐楚,这本来是毫无道理的。楚成王举兵应之,责齐曰:“何故涉吾地?”管仲对曰:“楚贡包茅不入,王祭不共,是以来责。”包茅:古代祭祀时滤酒用的包扎成束的菁茅草。楚曾以此茅草向周天子进贡,今隔时未进,故管仲强词夺理地用以为伐楚之口实。事见《左传·僖公四年》与《齐太公世家》。 ㉑北征山戎——山戎:古族名。亦称“北戎”“无终”。春秋时原分布在今山西太原,后迁河北玉田西北无终山。《齐太公世家》云:“(桓公)二十三年(前663),山戎伐燕,燕告急于齐。齐桓公救燕,遂伐山戎,至于孤竹(古国名,在今河北卢龙东南)而还。”

令燕修召公之政——燕是西周初年建立的诸侯国名,始封之君为武王之弟召公姬奭(shì),都于蓟(今北京西南部)。《齐太公世家》云:齐伐山戎救燕后,“命燕君复修召公之政,纳贡于周,如成康之时”。 ㉒于柯之会,桓公欲背曹沫之约——齐邑,在今山东阳谷东北。齐桓公五年(前681),齐国与鲁国在柯邑举行盟会。在这个会上,鲁将曹沫曾手执匕首劫持齐桓公,迫使齐桓公答应退还鲁国被齐国侵占的领土,齐桓公当时答应了,过后想反悔不履行。 ㉓管仲因而信之——管仲谓桓公曰:“夫贪小利以自快,弃信于诸侯,失天下之援,不如与之。”信:通“伸”,指实践盟约。 诸侯由是归齐——《齐太公世家》云:“诸侯闻之,皆信齐而欲附焉。” ㉔知与之为取,政之宝也——按:二句见《管子·牧民篇》,盖亦《老子》之旨。《老子》曰:“将欲歙(xī)之,必固张之;将欲弱之,必固强之……将欲夺之,必固与之。” ㉕富拟于公室——其私家之富可与齐国诸侯相比。拟:比,相等。 ㉖三归——诸家解说不一。《正义》曰:“三归,三姓女也,妇人谓嫁曰归。”意即娶三房家室;朱熹《论语集注》:“三归,台名。”今人遂推衍为有“三座高台”“三处庭院”云云。郭嵩焘认为指齐桓公将齐国工商业税收的十分之三赏给管仲。 反坫(diàn)——“坫”是古代诸侯堂上两楹间的土台子,两国诸侯见面后,互相敬酒,献酬完毕,把酒杯放在土台上,这种仪式叫作“反坫”。管仲不是诸侯,家中也有这种东西,故被时人所讥评。《论语·八佾》云:“邦君为两君之好,有反坫,管氏亦有反坫。”

晏平仲婴者,莱之夷维人也。①事齐灵公、庄公、景公,以节俭力行②重于齐。既相齐,食不重肉,妾不衣帛。③其在朝,君语及之,即危言④;语不及之,即危行⑤。国有道,即顺命⑥;无道,即衡命⑦。以此三世显名于诸侯。

越石父贤,在缧绁⑧中。晏子出,遭之涂,解左骖赎之,⑨载归。弗谢,入闺。⑩久之,越石父请绝。⑪晏子懼然,摄衣冠谢曰⑫:“婴虽不仁,免子于厄,何子求绝之速也?⑬”石父曰:“不然。吾闻君子诎于不知己而信于知己者⑭。方吾在缧绁中,彼不知我也。夫子既已感寤而赎我,⑮是知己;知己而无礼,固不如在缧绁之中。”晏子于是延入为上客⑯。

晏子为齐相,出,其御之妻从门间而窥其夫。其夫为相御,拥大盖,策驷马,意气扬扬,甚自得也。既而归,其妻请去⑰。夫问其故。妻曰:“晏子长不满六尺,身相齐国,名显诸侯。今者妾观其出,志念深矣,常有以自下⑱者。今子长八尺,乃为人仆御,然子之意自以为足,妾是以求去也。”其后夫自抑损⑲。晏子怪而问之,御以实对。晏子荐以为大夫⑳。

(以上为第二段,写晏婴的为人行事,和他不拘一格地赏拔贤才。)

①晏平仲婴——《索隐》曰:“名婴,平谥,仲字。”按:通常谓晏婴字“平仲”,齐国贵族晏弱之子。晏弱亦称晏桓子,顷公时人,亦齐国之有

识见者。 莱——古国名,在今山东龙口东南莱子城。汉代设有东莱郡,郡治掖县,在今山东莱州。 夷维——古邑名,汉称夷安,在今山东高密。 ②节俭力行——生活俭朴,注重以身作则。 ③食不重肉——饭桌上没有第二个肉菜。 妾不衣帛——侍婢不以丝织品为衣。 ④君语及之,即危言——意谓当自己受到国君的夸奖信任时,对事情就据理直说。危言:直话直说。 ⑤语不及之,即危行——谓当自己不被信任重用时,就注意行为端正(而不再发表言论)。危行:秉公而行。 ⑥顺命——服从命令。 ⑦衡命——权衡形势,采取相应措施。衡:权量。 ⑧缧绁(léi xiè)——捆绑犯人的绳索。引申为囚禁。 ⑨遭之涂——在路上遇见了。遭:逢。涂:通"途"。 左骖(cān)——左侧的马。古代一车四马,中间的两匹叫服马,两边的两匹叫骖马。 ⑩弗谢——没有向越石父打招呼。谢:告。 入闺——进了自己的内室。闺:小门,内舍的门。 ⑪久之——此处指过了一会儿。 请绝——请求辞绝而去。绝:断绝来往。 ⑫戄(jué)然——吃惊的样子。 摄(shè)衣冠——摄:整理。"摄衣冠"是表示严肃郑重、对人恭敬的意思。 ⑬免子于厄(è)——将你从困境中解救出来。厄:困窘,灾患。 求绝之速——这么快就和我绝交。 ⑭君子诎(qū)于不知己而信于知己者——意谓一个人在不了解自己的人面前受委屈是不足为怪的;如果在了解自己的人面前那就应该受到尊重。信:通"伸",谓不受委屈,得到尊重。 ⑮夫子——敬称对方,犹今所谓"先生"。 感寤——因感动而理解,犹如今"觉察"。 ⑯晏子于是延入为上客——按:自"越石父贤"至此一段,采自《吕氏春秋·观世篇》。 ⑰请去——谓请求与之离婚。 ⑱自下——自卑,自谦。 ⑲自抑损——自己克制自己。意即表现谦虚。 ⑳大夫——官级之低于"卿"者。"大夫"尚分上、中、下三级。按:以上晏子赏拔车夫事,见《晏子春秋·内篇杂上》,字句基本相同,疑后人乃录《史记》以补入《晏子春秋》者。

太史公曰:吾读管氏《牧民》《山高》《乘马》《轻重》《九府》[①],及《晏子春秋》,详哉其言之也。既见其著书,欲观其行事,故次其传[②]。至其书,世多有之,是以不论,论其轶事。

管仲世所谓贤臣,然孔子小之[③]。岂以为周道衰微,桓公既贤,而不勉之至王,乃称霸哉?语曰“将顺其美,匡救其恶,故上下能相亲也”。[④]岂管仲之谓乎?

方晏子伏庄公尸哭之,成礼然后去[⑤],岂所谓‘见义不为无勇’[⑥]者邪?至其谏说,犯君之颜,此所谓“进思尽忠,退思补过”者哉!假令晏子而在,余虽为之执鞭,所忻慕焉。

(以上为第三段,是作者的论赞,史公称道了管仲因势利导的治国本领,倾心地赞扬了晏婴的见义勇为与犯颜直谏。)

①《牧民》《山高》《乘马》《轻重》《九府》——皆《管子》中的篇目名,今本《管子》无《山高》《九府》之目。 ②次其传——为之编写列传。次:排列,编写。 ③孔子小之——小:看不起,不看重。《论语·八佾》:“子曰:‘管仲之器小哉!’”器:指器量。管仲有三归、反坫,志奢意满,故孔子小之。 ④语曰——古语有云。以下引语见《孝经·事君》。 “将顺其美”三句——意谓做臣子的如能鼓励、顺从其君上的优点,同时又能巧妙地纠正他的过失,那么君臣、君民之间关系就可以亲密无间了。泷川资言曰:“将,读为‘奖’。”奖:鼓励。 ⑤晏子伏庄公尸哭之,成礼然后去——齐庄公与崔杼(zhù)(齐之权臣)之妻私通,在崔杼家被崔杼所杀。晏婴入崔家枕庄公尸而哭之,成礼而后去。人劝崔杼杀晏婴,崔杼未敢。事见《左传·襄公二十五年》与《齐太公世家》。 ⑥见义不为无勇——《论语·为政》:“见义不为,无勇也。”史公此处盖以晏婴能不畏权臣而入哭其君为“见义勇为”。

[**简评**] 作品以称颂管仲、晏婴的治国才干为线索,突出地歌颂了鲍管之间的感人友谊,和晏婴不拘一格赏拔人才的做法,表现了作者对鲍叔、管仲、晏婴,以及齐桓公、越石父等人的无比崇敬。在本文中,作者有意识地突出了朋友之间、君臣之间、上下之间的一些关系准则,这是作者正面表达其政治思想、道德理想的一篇颂歌式的文字,同时也是对汉代现实的鞭挞与批判,字

里行间凝聚着对个人身世的无限感慨。钱穆认为:司马迁此一篇《管晏列传》,近似文学小品,实涵哲学大义,为中国一历史家,又岂止于记载往事而已。

［**集评**］《太史公自序》:“晏子俭矣,夷吾则奢,齐桓以霸,景公以治,作《管晏列传》第二。”

孔子曰:“桓公九合诸侯,不以兵车,管仲之力也。”又曰:“管仲相桓公,霸诸侯,一匡天下,民到于今受其赐,微管仲,吾其被发左衽矣。”(《论语·宪问》)

何良俊曰:“太史公《史记·伯夷传》之后即立《管夷吾传》,传中载其所称曰:‘仓廪实而知礼节,衣食足而知荣辱,上服度则六亲固,四维不张,国乃灭亡’;‘下令如流水之源,令顺民心’;‘故论卑而易行,俗之所欲,因而予之;俗之所否,因而去之’;‘其为政也,善因祸而为福,转败而为功’;‘贵轻重,慎权衡’。《管子》八十五篇,大要不出此数语矣。”(《四友斋丛说》)

郭嵩焘曰:“史公十六国世家,多袭《左传》《国语》《战国策》之文,《管晏列传》竟无一字蹈袭,惟举其轶事一、二端,而稍叙其大概,一以议论经纬之。”(《史记札记》)

李晚芳曰:“传者,详其平生言行而著之,以传其人之谓。《管晏传》不然,亦史公变体也,赞中所谓“论其轶事”是也。两传皆以志友道、交情,曰‘知我’,曰‘知己’,两篇合叙联结之真谛也。太史遭刑不能自赎,交游莫救,故作此二传,寄意独深。使当时有知管仲之鲍子知之,或可劝君解免;有知越石父之晏子知之,亦可援法代赎。多鲍叔之知人,与执鞭所欣慕,皆情见乎辞矣。故落笔时,有不胜望古遥集之悲。反覆抑扬,又有笔欲住而意不住之妙。盖人之相知,贵相知心,不以贵贱患难而有间,斯足千古。故于管传,即在仲口中,备言鲍子知我之感,慷慨淋漓,可歌可泣。知之者贤,则受知者之贤自见。《晏传》亦于越石父口中，反言知己无礼之当绝，亦深知晏子必悔而优待之，以成一段患难相知之谊，使人至今重晏子者，越石父也，皆借宾形主之法。《传》首于管仲，则轻轻叙其出处大意，后又概写其为相才略，疏疏落落，不脱不粘；于晏子，亦虚虚首括其立身行事之概，末则纪荐御一事，见其不遗片长。于其所著霸君显君之书，在《赞》中开手即一笔提全，点滴不漏。寥寥轶事，遂令两人全身活见于尺幅间，虽不详其平生言行，而平生言行无不毕见，是变仍不失其正者也，唐荆川所谓'神化'者欤！"(《读史管见》)

李景星曰："《伯夷列传》以诞胜，《管晏列传》以逸胜。惊天事业，只以轻描淡写之笔出之，如神龙然，露一鳞一爪，而全神皆见，岂非绝大本领！传赞'是以不论，论其轶事'二句，是全篇用意。传中'后百余年而有晏子焉'一句，是合传章法。此外，叙管仲则曰'富拟于公室'，叙晏子则曰'以节俭力行重于齐'，乃反正相形法。叙管仲，于'任政相齐'后，连写数行；叙晏子，于'既相齐'后，只用数语，乃详略互见法。《管仲传》内附传鲍叔；《晏子传》内附传越石父，乃奇正相生法。"(《四史评议》)

吴见思曰："管仲、晏子是春秋时第一流人物，功业烜赫一时，操觚之家，不知当如何铺序。史公偏只用轻清淡宕之笔，而以秀折出之。……管子一传，前边点过，中嵌鲍叔一段闲文。……晏子一传，前边点过，竟不重序。后带越石、御妻两段闲文。即以终篇，如桃花流水，一去杳然，各出一奇妙。"又曰："此篇以风致胜，无一实笔，无一呆笔，纯以清空一气运旋。"(《史记论文》)

梁启超曰："《史记·管晏列传》叙个人阅涉琐事居太半。太史公自己声明所侧重的观察点，说道：'至其书世多有之，是以不论，论其轶事。'他既有了这几句话，我们不能责备他不合章法，但替两位大政治家作传，用这种走偏锋的观察法，无论如何，我总说是不该。"(《饮冰室专集》)

钱穆曰:“(司)马迁此一篇《管晏列传》,近似文学小品,实涵哲学大义。为中国一史学家,又岂止于记载往事而已!”(《现代中国学术论衡》)

老子韩非列传第三

老子者，楚苦县厉乡曲仁里人也。[①]姓李氏，名耳，字聃[②]，周守藏室之史[③]也。

孔子适周，将问礼于老子[④]。老子曰："子所言者[⑤]，其人与骨皆已朽矣，独其言在耳。且君子得其时则驾，不得其时则蓬累而行[⑥]。吾闻之，良贾深藏若虚，君子盛德，容貌若愚。去子之骄气与多欲，态色与淫志，[⑦]是皆无益于子之身。吾所以告子，若是而已。"孔子去，谓弟子曰："鸟，吾知其能飞；鱼，吾知其能游；兽，吾知其能走。走者可以为罔，游者可以为纶，飞者可以为矰。[⑧]至于龙，吾不能知，其乘风云而上天。吾今日见老子，其犹龙邪！"

老子修道德，其学以自隐无名为务。居周久之，见周之衰，乃遂去。至关，关令尹喜曰[⑨]："子将隐矣，强为我著书。"于是老子乃著书上下篇，言道德之意五千余言而去，莫知其所终。

或曰：老莱子亦楚人也，著书十五篇，[⑩]言道家之用，与孔子同时云。

盖老子百有六十余岁，或言二百余岁，以其修道而养寿也。

自孔子死之后百二十九年，而史记周太史儋见秦献公曰[⑪]："始秦与周合，合五百岁而离，离七十岁而霸王者出焉。"或曰儋即老子,或曰非也,世莫知其然否。老子,隐君子也。

老子之子名宗,宗为魏将,封于段干⑫。宗子注,注子宫,宫玄孙假,假仕于汉孝文帝。而假之子解为胶西王卬太傅,因家于齐焉。

世之学老子者则绌儒学,儒学亦绌老子。“道不同不相为谋”,岂谓是邪?李耳无为自化,清静自正。

(以上为第一段,写老子其人与其学术。)

①老子——蒋建侯认为:“老子”犹今之所谓“老先生”。因老子本隐君子,以自隐无名为务,人多不识其姓名,见其为年老之学者,故泛称曰“老子”也。 苦县——在今河南鹿邑。 ②姓李氏,名耳,字伯阳,谥曰聃(dān)——《索隐》引葛玄曰:“李氏女所生,因母姓也。”又曰:“生而指李树,因以为姓。”《正义》曰:“聃,耳漫无轮也……疑老子耳漫无轮,故世号曰‘聃’。”郭嵩焘曰:“疑‘老’为氏,‘聃’其字也。” ③守藏(zàng)室之史——看管藏书室的小吏。藏室:藏书之室。史:文职小吏名。《张汤传》:“老子为柱下史”,盖即藏室之柱下,因以为官名。 ④将问礼于老子——按:《孔子世家》亦有所谓“适周问礼,盖见老子云”。系于孔子之青年时代。 ⑤所言者——指孔子所称说的尧、舜、禹、汤、文、武、周公云云。 ⑥得其时则驾——时机到了就出去从政。驾:乘车。这里指为官从政。 蓬累而行——像随风滚动的蓬草一样到处漂泊。累:随。或曰“蓬累”即蓬头垢面。意即孤独失意的样子。蓬:蓬发。累:垂头。 ⑦态色——此谓争强好胜之情态。 淫志——过多的欲望。淫:过分。 ⑧可以为罔——可以用网来捕获它。罔:同“网”。 纶——细丝。这里指钓竿上使用的细线。意思即“钓”。 矰(zēng)——射鸟用的拴着丝绳的短箭。这里指用箭射。 ⑨至关——至函谷关。古函谷关在今河南灵宝东北,当时为秦国与东方诸国间的重要门户。也有人以为应指散关(今陕西宝鸡西南大散岭上)。还有人据“老子西去流沙化胡”之传说以为老子所过之关乃今甘肃敦煌西北部之玉门关。 关令尹喜——守函谷关的官员姓尹名喜。 ⑩或曰:老莱子——也有人说,老子就是“老莱子”。 著书十五

篇——今《汉书·艺文志》道家类载有《老莱子》十六篇。 ⑪史记——历史上记载。 周太史儋——周国的太史官,其名曰儋,史失其姓。 ⑫段干——魏邑名,方位不详。

庄子者,蒙[①]人也,名周。周尝为蒙漆园[②]吏,与梁惠王、齐宣王同时。其学无所不窥,然其要本归于老子之言。故其著书十余万言,大抵率寓言也。作《渔父》《盗跖》《胠箧》,以诋訿孔子之徒,以明老子之术。畏累虚、亢桑子之属,皆空语无事实。[③]然善属书离辞,指事类情,[④]用剽剥儒、墨,虽当世宿学不能自解免也[⑤]。其言洸洋自恣以适己,故自王公大人不能器之。[⑥]

楚威王闻庄周贤,使使厚币迎之,许以为相。庄周笑谓楚使者曰:"千金,重利;卿相,尊位也。子独不见郊祭之牺牛乎?[⑦]养食之数岁,衣以文绣,以入大庙。[⑧]当是之时,虽欲为孤豚,岂可得乎[⑨]?子亟去,无污我。我宁游戏污渎之中自快,无为有国者所羁[⑩],终身不仕,以快吾志焉[⑪]。"

(以上为第二段,写庄子的生平与学术。)

①蒙——战国时宋国地名,在今河南商丘市东北。也有说庄周故里在今安徽蒙城,并说漆园即在蒙城附近。 ②漆园——古地名。一说在今河南商丘北;一说在今山东菏泽北;一说在今安徽定远东。又或以为漆园非地名。 ③畏累虚、亢桑子——《庄子·庚桑楚》中的地名与人名。 空语无事实——谓其地名、人名都是凭空编造的。 ④善属书离辞——即擅长写文章。属:连缀。离:义同"俪",排列(用钱锺书说)。书、辞:都指文字、词语。 指事类情——描写事物,传达感情。 ⑤用剽剥儒、墨——谓用这种尖刻的文章来攻击、挖苦儒、墨学说。用:以,以之。剽剥:攻击,挖苦。 宿学——年高而博学的人。如孔丘、墨翟等。 不能自解免——无法避免被庄子批评。 ⑥洸(huàng)洋自恣以适己——信口开河,凭着个人的心思,想怎么说就怎么说。洸洋:水深广貌。洸:通"滉"。 不能器之——不能使其为己所用。器:使用。 ⑦郊祭——古代帝王在郊外举行的祭天活动。

牺牛——充作供品用的牛。牺:牺牲,祭祀时当供品用的牛、羊、猪等。 ⑧养食——即喂养。食:后作“饲”。 衣以文绣——指临祭祀时,被之以各种锦绣。 以入大庙——到需要的时候,就牵去屠宰,以供祭祀之用。大庙:即太庙,帝王的祖庙。大:通“太”。 ⑨虽欲为孤豚,岂可得乎——孤豚:小猪。孤:单,小。按:《李斯列传》写李斯被赵高送上刑场时,顾谓其中子曰“吾欲与若复牵黄犬俱出上蔡东门逐狡兔,岂可得乎”语气相同。 ⑩无为有国者所羁——不受那些帝王们的束缚。羁:束缚,限制。 ⑪终身不仕,以快吾志焉——按:以上故事改写自《庄子·秋水》,为庄子之寓言,史公今乃采之入庄周传记,其手法与《屈原列传》之采入《渔父》同。

申不害者,京人也,故郑之贱臣。[①]学术以干韩昭侯,昭侯用为相。[②]内修政教,外应诸侯,十五年,终申子之身,国治兵强,无侵韩者。

申子之学,本于黄老而主刑名,[③]著书二篇,号曰《申子》。

(以上为第三段,写申不害的生平与学术。)

①京——战国时的韩县名,在今河南荥阳东南。 故郑——春秋时代的郑国,国都在今河南新郑,前375年被韩所灭。 ②学术——学法家的治国之术。按:《韩非子·定法》曾将法家的学问分作“法”“术”“势”三方面,“法”者用以治民,其用之精者为商鞅;“术”者用以治吏,其用之精者为申不害;“势”者,运用其有利形势以治国御敌,其用之精者为慎到。 干——求见。 ③黄老——道家学派的一个分支,产生于战国中期,流行于韩、赵、齐等国。它是假托黄帝的名义,吸收老子哲学中“虚静”、物极必反等思想加以改造而形成的一个重要思想流派。其代表作即1973年长沙马王堆出土、由今人定名的《黄帝四经》。 刑名——也作“形名”,犹言“名实”,意即循名责实。“循名责实”是“名家”的宗旨,也是法家学说的重要组成部分。

韩非者,韩之诸公子[①]也。喜刑名法术之学,而其归本于黄老。非为人口吃，不能道说，而善著书。与李斯俱事荀卿，斯自以为不如非。

非见韩之削弱，数以书谏韩王，韩王不能用。于是韩非疾治国不务修明其法制，执势以御其臣下，[2]富国强兵而以求人任贤，反举浮淫之蠹而加之于功实之上[3]。以为儒者用文乱法，而侠者以武犯禁。宽则宠名誉之人，急则用介胄之士。今者所养非所用，所用非所养。悲廉直不容于邪枉之臣。观往者得失之变，故作《孤愤》《五蠹》《内外储》《说林》《说难》十余万言。

然韩非知说之难，为《说难》书甚具，[4]终死于秦，不能自脱。

《说难》[5]曰：

凡说之难，非吾知之有以说之难也[6]；又非吾辩之难能明吾意之难也[7]；又非吾敢横失能尽之难也[8]。凡说之难，在知所说之心，可以吾说当之。[9]

所说出于为名高者也，而说之以厚利，则见下节而遇卑贱，必弃远矣。[10]所说出于厚利者也，而说之以名高，则见无心而远事情，必不收矣。[11]所说实为厚利而显为名高者也，而说之以名高，则阳收其身而实疏之；[12]若说之以厚利，则阴用其言而显弃其身[13]。此之不可不知也。

夫事以密成，语以泄败。未必其身泄之也，而语及其所匿之事，[14]如是者身危。贵人有过端，而说者明言善议以推其恶者，[15]则身危。周泽未渥也而语极知，[16]说行而有功则德亡，说不行而有败则见疑，如是者身危。夫贵人得计而欲自以为功，说者与知焉，[17]则身危。彼显有所出事，乃自以为也故[18]，说者与知焉，则身危。强之以其所必不为，止之以其所不能已者，[19]身危。故曰：与之论大人，则以为间己[20]；与之论细人，则以为粥权[21]。论其所爱，则以为借资；[22]论其所憎，则以为尝己[23]。径省其辞，则不知而屈之；[24]泛滥博文，则多而久之[25]。顺事陈意，则曰怯懦而不尽；虑事广肆，则曰草野而倨侮。[26]此说之难，不可不知也。

凡说之务，在知饰所说之所敬，而灭其所丑。[27]彼自知其计，则毋以其失穷之；[28]自勇其断，则毋以其敌怒之；[29]自多其力，则毋以其难概之[30]。规异事与同计，誉异人与同行者[31]，则以饰之无伤也[32]。有与同失者，则明饰其无失也。大忠无所拂辞，悟言无所击排，乃后申其辩知焉。[33]此所以亲近不疑，知尽之难也。[34]得旷日弥久，而周泽既渥，深计而不疑，交争而不罪，乃明计利害以致其功，直指是非以饰其身，[35]以此相持，此说之成也。

伊尹为庖，百里奚为虏，皆所由干其上[36]也。故此二子者，皆圣人也，犹不能无役身，而涉世如此其污也，则非能仕之所设也。[37]

宋有富人，天雨墙坏。其子曰"不筑且有盗"，其邻人之父亦云。暮而果大亡其财，其家甚知其子而疑邻人之父。[38]昔者郑武公欲伐胡，乃以其子妻之。因问群臣曰："吾欲用兵，谁可伐者？"关其思[39]曰："胡可伐。"乃戮关其思，曰："胡，兄弟之国也，子言伐之，何也？"胡君闻之，以郑为亲己而不备郑。郑人袭胡，取之。此二说者，其知皆当矣，然而甚者为戮，薄者见疑。[40]非知之难也，处知则难矣[41]。

昔者弥子瑕[42]见爱于卫君。卫国之法，窃驾君车者罪至刖[43]。既而弥子之母病，人闻，往夜告之，弥子矫驾君车而出[44]。君闻之而贤之曰："孝哉，为母之故而犯刖罪！"与君游果园，弥子食桃而甘，不尽而奉君。君曰："爱我哉，忘其口而念我！"及弥子色衰而爱弛，得罪于君。君曰："是尝矫驾吾车，又尝食我以其余桃。"故弥子之行未变于初也，前见贤而后获罪者，爱憎之至变也。故有爱于主，则知当而加亲；见憎于主，则罪当而加疏。[45]故谏说之士不可不察爱憎之主[46]而后说之矣。

夫龙之为虫也，可扰狎而骑也。然其喉下有逆鳞径尺，人有婴之，则必杀人。[47]人主亦有“逆鳞”，说之者能无婴人主之“逆鳞”，则几矣[48]。

人或传其书至秦，秦王见《孤愤》《五蠹》之书，曰：“嗟乎，寡人得见此人与之游，死不恨矣！”李斯曰：“此韩非之所著书也。”秦因急攻韩。韩王始不用非，及急，乃遣非使秦。秦王悦之，未信用。李斯、姚贾害之，毁之曰：“韩非，韩之诸公子也。今王欲并诸侯，非终为韩不为秦，此人之情也。今王不用，久留而归之，此自遗患也，不如以过法诛之[49]。”秦王以为然，下吏治非。李斯使人遗非药，使自杀。韩非欲自陈，不得见。秦王后悔之，使人赦之，非已死矣。

申子、韩子皆著书，传于后世，学者多有，余独悲韩子为《说难》而不能自脱耳。

（以上为第四段，写韩非的生平与学术。）

①诸公子——除太子以外的国君的其他儿子，但韩非究竟是哪位韩王的儿子，史无明文。 ②于是——当此时。 疾——痛恨。 执势以御其臣下——势：客观形势，指君主的权威、影响力等。法家不仅讲究制民有“法”，驾驭群臣有“术”，还特别强调君主要善于运用自己所固有的“势”。 ③浮淫之蠹（dù）——蛀虫，此处指对社会无益之人。《韩非子》中有《五蠹》篇，指儒生、侠客、纵横家、工商业者、逃避兵役者五种人为“蠹虫”。 功实——军功与实绩。指为国当兵与从事农业获有实效之人。 ④说——向帝王、执政者进说辞。 甚具——很具体，很充分。 ⑤《说难》——《韩非子》中有《说难》篇，讲述了向人君进言的种种难处。 ⑥非吾知之有以说之难也——知之：内心明白。全句意谓“并不是我内心明白，而把它表达出来有什么难处”。即不担心“辞不达意”。 ⑦又非吾辩之难能明吾意之难也——辩：口辩，才辩。《韩非子》于此作“又非吾辩之能明吾意之难也”，意即“也不担心我的辞锋在表达我的思路上有什么难处”。 ⑧又非吾敢横失能尽之难也——横失：义同“横佚”。中井积德曰：“言吾横发纵逸其辞以

自尽。非不难,而犹未为难也。” ⑨知所说之心——准确地把握被说者的心思。 以吾说当之——当:值,正好。正好说到被说者的心坎上。 ⑩为名高——指图美名,好虚荣。 见下节而遇卑贱——被视为格调不高,将对你很鄙视。见:被看作。遇:对待。 ⑪出于厚利——追求厚利。 无心——无真正为其效力之心。 远事情——谓大而无当,不切合实际。 必不收——《索隐》引刘氏曰:“若秦孝公志于强国,而商鞅说以帝、王,故怒而不用也。” ⑫显为名高——表面上装作是为追求名望。 阳收其身——表面上赏识、亲近。阳:通“佯”,假装。 ⑬阴用其言而显弃其身——显弃:表面上故意装作不采纳。《索隐》曰:“谓若下文云郑武公阴欲伐胡,而关其思极论深计,虽知说当,终遭显戮也。” ⑭其身——指进说者。 语及——指偶尔触及。

其所匿之事——被说者不欲人知的秘密勾当。 ⑮贵人有过端——被说者有某种过失。 明言善议以推其恶者——词语生涩,《韩非子》作“而说者明言礼义以挑其恶”,意即听话者分明在这方面有过失,而进说者不知,偏在这个问题上,大放厥辞。 ⑯周泽未渥——指进言者还没有受到被说者的充分信任与宠爱。周泽:君王对臣下的恩宠。渥:浓郁,厚重。 语极知——把话说得过于透彻。 ⑰得计——用计获得成功。 欲自以为功——想把一切功劳归于自己。 说者与知——向人进说的人正好知道这件事。与:参与。 ⑱彼显有所出事,乃自以为也故——泷川资言认为:“也故”,当依《韩子》作“他故”。言人君阳有所托说,而阴欲为他事,恐人之知其谋,说者当若无所闻知也。方苞曰:“当作‘他’,如晋欲伐陆浑之戎,而假于祭洛也。” ⑲强——勉强,硬是要求人家去做他不肯做的事。《索隐》引刘氏曰:“若项羽必欲衣锦东归,而说者强述关中,违旨忤情,自招诛灭也。” 止之以其所不能已——《索隐》引刘氏曰:“若汉景帝决废栗太子,而周亚夫强欲止之,竟不从其言,后遂下狱也。” ⑳与之论大人,则以为间己——你要是向某个君主说到他身边大臣的缺点,那个君主就有可能怀疑你是来挑拨他们君臣的关系。陈奇猷认为:己,指君。言说者对君论议大臣,则君疑为离间君臣。 ㉑与之论细人,则以为粥权——细人:小臣。粥:同“鬻(yù)”,卖。你要是向君主说到某个小臣的优点,这个君主就可能怀疑你是在招权纳贿。 ㉒论其所爱——你夸奖了受君主宠幸的人。 则以为借资——这个君主就会认为你是想借那个受宠者来给自己作进身之阶。 ㉓则以为尝己——被说者就可能怀疑你是想对他试探、摸底。己:被说者自指。 ㉔径省其辞——如果你把话说得过于简略。 则不知而屈之——听话者则可能因其听不明白而抛弃你的说辞。屈:黜,废弃。 ㉕泛滥博文——指进说者的用语过于繁琐。 则多而久之——听话者又可能嫌你啰唆,耽误时间。 ㉖虑事广肆——王骏图认为:这是讲说者苟遇事广为指画,肆陈己意。按:《治安策》就是这种性质的文章。 草野而倨侮——《正义》曰:"草野,犹鄙陋也。广陈言词,多有鄙陋,乃成倨傲侮慢。" ㉗凡说之务——凡是进言所应该注意的。务:从事,追求。 饰所说之所敬——饰:美化,夸赞。所敬:所敬重的人与事。《索隐》曰:"说士当知人主之所敬,而时以文饰之。"按:"所敬"实可解释为"所矜",所自我夸耀,《韩非子》直作"所矜"。 灭其所丑——《索隐》曰:"灭其所丑谓人主若有所避讳而丑之,游说者当灭其事端而不言也。" ㉘自知其计——以为自己所定的计策高明。知:"智"的古字。这里用作动词。 毋以其失穷之——《韩非子》旧注云:"彼或自以计谋为智,则无得以其先所因败而穷屈之。"按:似指不要挑剔其中的漏洞,使之感到难堪。 ㉙自勇其断——欣赏自己的决定做得干脆。 毋以其敌怒之——陈奇猷引陶鸿庆说认为"敌"应作"谪",《方言》曰:"谪,怒也。"指人主昔日在类似问题上产生的过失。 ㉚自多其力——矜夸自己的武力强盛。多:贤,赞赏。 毋以其难概之——《索隐》曰:"概,犹'格'也。刘氏云:'秦昭王决欲攻赵,白起苦说其难,遂己之心,拒格君上,故致杜邮之僇。'"陈子龙曰:"有敌则不为勇,如苻坚之伐晋,谏者言晋不可伐,则愈不听也。"

㉛规异事与同计,誉异人与同行者——规:规划。这里是赞赏的意思。同计:计谋相同。《韩非子》"计"下有"者"字。同行:行为相同。《正义》引刘伯庄曰:"贵人与甲同计,与乙同行者,说士陈言无伤甲乙也。" ㉜则以饰之无伤也——据《韩非子》此句上应有"有与同污者"五字,与下句"有与同败者"云云对文。 ㉝大忠无所拂辞——真正的忠臣不和自己的君主顶撞。《索隐》曰:"大忠之人志在匡君于善,君初

不从，则且退止，待君之悦而又幾谏，即不拂悟于君也。”拂悟：此处同“拂牾”，顶撞。　悟言无所击排——对君主说话不能肆意抨击。击排：攻击，排斥。　乃后申其辩知焉——眼下一时说不通，就设法另找机会徐进其说辞。　㉞此所以亲近不疑——这样就可以使君臣关系日益亲密，两无猜疑。　知尽之难也——词语生涩，《索隐》曰：“《韩子》作‘得尽之辞’。”陈奇猷认为：盖谓既能极骋智辩，又得亲近不疑，则能尽其辞矣。　㉟以致其功——指协助帝王建立功勋。致：获。　以饰其身——使帝王严格约束自己。饰：通“饬”，整饬，约束。　㊱皆所由干其上——都是为了求见其君主才使用如此的办法。干：求见。　㊲役身——犹言“屈身”，使自身受委屈、受奴役。　涉世——进入仕途，进入官场。　非能仕之所设也——语略生涩，“设”似应作“耻”。《索隐》曰：“《韩子》作‘能士之所耻也’。”意谓只要能达到君臣遇合、治理好国家，那么即使一时受些屈辱，也是贤智之士所不以为耻的。　㊳亡——丢失。　知其子——夸奖其儿子的聪明。知：“智”的古字，这里用作动词。　㊴关其思——郑国之臣。　㊵其知皆当——对事物的判断都很准确。　甚者为戮，薄者见疑——甚者：犹言“重者”，指关其思。薄者：犹言“轻者”，指邻人之父。　㊶非知之难也，处知则难矣——不是难在缺少智慧，而是难在如何运用智慧啊。处：处理，运用。　㊷弥子瑕——春秋时期卫灵公的男宠。卫灵公是春秋末期的卫国国君，名元，前534—前493年在位。　㊸刖（yuè）——古刑名，断掉犯人的脚。　㊹矫驾君车而出——假说奉君主之命乘君车以出。　㊺知当——一切谋划、行动都能正好碰中主子的心愿，即怎么办怎么好。罪当——一切想法、行动都被主子看成罪过，即怎么办怎么错。　㊻爱憎之主——按：似应作“主之爱憎”，即君主现时对你是爱还是憎。　㊼有逆鳞径尺——倒生着一片长达一尺的鳞。　人有婴之——谁要是一触动它。婴：通“撄”，触犯。　㊽则几矣——就差不多可以免遭于难了。几：庶几，差不多可以。　㊾以过法诛之——罗织罪名，枉法以诛之。过法：枉法。

太史公曰：老子所贵道，虚无因应，变化于无为[①]，故著书辞称微妙难识。庄子散道德,放论,要亦归之自然。[②]申子卑卑,施之于名实。[③]韩子引绳墨,切事情,明是非,其极惨礉少恩。[④]皆原于道德之意,而老子深远矣。[⑤]

(以上为第五段,是作者的论赞,分析了道家学派与法家学派的发展、继承关系。)

①虚无因应,变化于无为——因应:犹言“因循”,指事物之间的倚伏变化。 ②散道德——方苞认为:散,推衍也,推衍老子所论道德之意而放言也。 要——要旨,旨归。与前文之所谓“本”“要本”,意思相同。 ③卑卑——似指其理论之调门不高,主要就是讲究“循名责实”的道理。王叔岷曰:“惟申子之学,实‘非霸王之事’,正所谓卑卑小数也。” 施之于名实——用于循名责实。 ④绳墨——指木工用的墨斗与墨线。这里借称法律规章。 切事情——紧密靠近社会现实。 其极惨礉(hé)少恩——发展到极端就是“惨刻少恩”。礉:苛刻。按:史公不满法家,于《商君列传》说商鞅“其天资刻薄人也”,又说其“少恩”;于《吴起列传》说吴起“刻暴少恩”;于《袁盎晁错列传》说晁错“峭直刻深”,意思皆同。 ⑤皆原于道德之意——意谓法家的这套残暴理论,都是从道家那里发展变化而来的。 老子深远——老子的学说最悠久,对后世的影响也最深远。

[**简评**] 本文将老、庄、申、韩合为一传,对道、法两家的学术源流进行了归纳与辨析。秦朝是重法的,汉初是重道的,武帝是尊儒的,表面看来各有不同;而实际上汉初是外道内法,武帝是外儒内法,都是和秦朝一脉相承。司马迁从学术发展的历史渊源上讲清了道家与法家的关系,这对于人们认识历代统治者虽然不断变换名目,但根据不同时机运用学术来加强其政治统治的本质很有帮助。关于老子其人,司马迁在本文中提出了他的看法,他认为老子与孔子同时,而年岁应比孔子大;此人曾为周国的“藏室史”,亦即所谓“柱下史”,孔子曾向此人问“礼”;此人曾用道家的处世哲学将孔子教训了一通,而孔子居然敬佩地

称赞其为“龙”；此人见世乱而隐去，临隐前为人世留下了一部五千字的《道德经》。对于司马迁的以上说法，历来充满争议。有人完全赞同，并坚持此说之不可怀疑。照此说则《道德经》乃出现在《论语》之前，是先秦诸子中之成书最早者。有人为证成此说，遂摘引《论语》中一些话，逐条分析其来自《道德经》的某某篇。但也有人承认孔子曾向老子问礼，但那个“老子”不可能是道家一流。司马迁将《庄子》寓言中的狠狠教训了孔子一通的“老子”写入本传，是错误地将寓言故事写成历史，其失误与依据屈原的《渔父》，将屈原与渔父的对话写入《郦生屈贾列传》正同。《道德经》不可能是孔子那个时代的“老子”所写，其成书应在《论语》之后、《庄子》之前，应是春秋战国之交的道家学派的众人智慧之结晶。以上两说，迄今尚无定论。至于还有人将《老子》成书的时间推定得过晚，更不合历史事实，故不再征引。

司马迁对法家人物照例是不喜欢的，这种倾向见于《孙子吴起列传》《商君列传》《袁盎晁错列传》等。本篇在指责韩非“惨礉少恩”的同时，也对韩非的悲惨结局表现了深深的感慨，这里有司马迁个人的身世之悲，也表现了他对君主专制的厌恶与批判。

［**集评**］《太史公自序》：“李耳无为自化，清净自正；韩非揣事情，循势理，作《老子韩非列传》第三。”

泷川资言曰：“《庄子传》云‘其要本归于老子之言’。《申子传》云‘本于黄老而主刑名’。《韩非传》云‘喜刑名法术之学，而其归本于黄老’。史公合传之意可知。”（《史记会注考证》）

梁玉绳曰：“昔人以老、韩同传为不伦，《史通·编次篇》深訾之；小司马《补史》亦云‘不宜同传，宜令韩非居商君传末’。然申、韩本于黄老，史公之论自不可易，并非强合。况韩子有《解老》《喻老》二篇，其《解老篇》创为训注体，实五千文释诂之祖，

安知史公之意又不在斯乎？前贤妄规之也。”（《史记志疑》）

陈柱曰：“老、庄道家，申、韩法家，以老、庄、申、韩合传，以见法家源于道家也，此史公洞悉学术之源流处。后人不解，反以老、韩同传为卑老，谬矣。”（《老庄申韩列传讲记》）

素痴曰：“以老学的创始者为李耳，始见于《史记》，那是老学显后二百多年的孤证。秦以前人所不知者，至史迁始知之，那已足令人疑惑了。史迁与李耳的八代孙相去不远，所以《史记》载李耳后一长列的世系，若非出妄造或根据误传，当是直接或间接得诸其家。如若彼家知道李耳与老聃非一人，则《史记》不当有此误；如若彼家不知李耳与老聃非一人，则其家谱根本不可靠。以吾观之，老学的创始者其真姓名殆已早佚，战国人疏于考核，即以所依托之老聃当之。汉初有一家姓李的人，把老聃攀作祖宗，加上姓名，著于家谱，史迁信以为真，采入《史记》。”（《古史辨·老子的年代问题》）

王若虚曰：“《史记·老子传》训诲孔子如门弟子，而孔子叹其‘犹龙’者，盖出于庄周寓言，是何足信，而遂以为实录乎？”（《史记辨惑》）

范文澜曰：“孟子批评当时各学派，没有提到老子，这说明李耳学说流行在孟子后；荀子开始评论老子，说他只有看到‘屈’的好处，没有看到‘伸’的好处；韩非子作《解老》《喻老》两篇，发扬老子学说，足见老子学说的传播在战国后半期。老子是有极大智慧的古代哲学家，他观察了自然方面天地以至万物变化的情状，他观察了社会方面历史的、政治的、人事的成与败、存与亡、祸与福、古与今相互间的关系与因果，他发现并了解事物的矛盾性比任何一个古代哲学家更广泛、更深刻。……老子看到了矛盾的某些重要法则，特别是正反两面互相转化的法则，成为老子学说的精髓。”

又曰：“庄周，宋国蒙（河南商丘东北）人，《史记》说他与梁惠王、齐宣王同时，也就是与孟子同时，恐不可信。庄周当是宋王偃(前三二八年至前二八六年)时人，与李耳同时或稍后，因为庄子思想显然源出老子，《史记》已有定论。庄子所说人事极大部分是荒诞无稽的寓言(《庄子·寓言篇》所谓'寓言十九')。所谓与惠施辩论、楚威王聘请为国相等事，都属假设，并非实有。……庄子所作内篇七篇，把战国社会的消极面集中表现出来，他那种极端厌世悲观的思想和纵肆无边际的辩说，似乎要引导人们走到毁灭的路上去。……庄子完全失去了人对自然斗争的自信心。庄子思想源出老子，流派却不同，所以两汉时黄老并称，不称老庄，魏晋时期以庄配老，并称老庄，与佛经同为腐朽的统治阶级所崇尚。"

又曰："韩非推崇老子，全书多引《道德经》语，但老子宗旨在柔弱无为，韩非却主张刚强有为。《解老》《喻老》两篇阐发道德本意，语甚详备，但其中无一语说及无为、柔弱，可见韩非仅取老子的法术，并不取老子的宗旨。……韩非思想是荀子思想的进一步发挥，以此为基础，采取老子的术，商鞅的法，申不害、尹文的术(形名)，慎到的势，造成完整的极端专制主义的政治理论。"(《中国通史简编》)

钱锺书曰："庄子'著书十余万言，大抵率寓言也。……以诋孔子之徒，以明老子之术。畏累虚、亢桑子之属皆空语，无事实。'按既知此而上文又本《庄子·天运》篇铺张孔子见老子事，何哉？陆游《剑南诗稿》卷三四《读老子传》：'但说周公曾入梦，宁于老氏叹犹龙？'即本《论语》以驳马迁也。"(《管锥编》)

郭预衡曰："《老子》一书是否即老子其人所著，也无定论。但从《韩非子》里面已以《解老》《喻老》来看，《老子》成书不会在战国后期。再从《老子》对于庄周的影响来看，其成书时间也不会很晚。从文风来看，大概也是春秋战国之际的作品。……这样的文章在春秋时代是没有的，从思想内容到行文气息，都是战国才可能出现的。……司马迁说老子是‘隐君子’，从《老子》一书的思想倾向看，不像是隐君子所著的。鲁迅说过，真正的隐士是没有著作的。既然著书，就不是真隐。……《老子》书中这些思想内容只能说反映了以‘老子’为标榜的一派学者的思想观点和政治态度。他们像是消极，而实际上十分关心政治，其核心思想是‘无为而无不为’，是‘无为而治’。”（《中国散文史》）

容肇祖曰：“司马迁指为韩非所作，而最言之确凿者莫如《孤愤》一篇，他说韩非所作十余万言而首举《孤愤》。又说：‘人或传其（韩非）书至秦，秦王见《孤愤》《五蠹》之篇，曰：“嗟乎，寡人得见此人与之游，死不恨矣。”’（《老庄申韩列传》）……他又于《报任安书》说道：‘韩非囚秦，《说难》《孤愤》。’（《汉书·司马迁传》）《孤愤》究为韩非囚秦所作，抑或非未至秦而秦王见《孤愤》之篇，殊未易言。……迁发愤著书，未暇详于考证，秦王见《孤愤》之说当是无稽的话，而迁借以抒其不平之气的。”（《容肇祖全集》）

司马穰苴列传第四

司马穰苴者，田完之苗裔也。[①]齐景公时，晋伐阿、甄，而燕侵河上，[②]齐师败绩。景公患之。晏婴乃荐田穰苴曰："穰苴虽田氏庶孽，然其人文能附众，[③]武能威敌，愿君试之。"景公召穰苴，与语兵事，大说之，以为将军，将兵捍[④]燕、晋之师。穰苴曰："臣素卑贱，君擢之闾伍之中，加之大夫之上，[⑤]士卒未附，百姓不信，人微权轻，愿得君之宠臣，国之所尊，以监军[⑥]，乃可。"于是景公许之，使庄贾往。穰苴既辞，与庄贾约曰："旦日日中会于军门。[⑦]"穰苴先驰至军，立表下漏[⑧]待贾。贾素骄贵，以为将已之军[⑨]而已为监，不甚急；亲戚左右送之，留饮。日中而贾不至。穰苴则仆表决漏，入，行军勒兵，申明约束。[⑩]约束既定，夕时，庄贾乃至。穰苴曰："何后期为？"贾谢曰："不佞大夫亲戚送之，故留。"穰苴曰："将受命之日则忘其家，临军约束则忘其亲，援枹鼓之急则忘其身。今敌国深侵，邦内骚动，士卒暴露于境，君寝不安席，食不甘味，百姓之命皆悬于君，何谓相送乎！"召军正问曰："军法期而后至者云何？"[⑪]对曰："当斩。"庄贾惧，使人驰报景公，请救。既往，未及反，于是遂斩庄贾以徇三军[⑫]。三军之士皆振栗。久之，景公遣使者持节赦贾，驰入军中。穰苴曰："将在军，君令有所不受。”问军正曰：“军中不驰，今使者驰，云何？”正曰：“当斩。”使者大惧。穰苴曰：“君之使不可杀之。”乃斩其仆、车之左驸、马之左骖，[13]以徇三军。遣使者还报，然后行。士卒次舍井灶饮食问疾医药，身自拊循之。[14]悉取将军之资粮享士卒，身与士卒平分粮食，最比其羸弱者。[15]三日而后勒兵，病者皆求行，争奋出为之赴战。晋师闻之，为罢去；燕师闻之，度水而解[16]。于是追击之，遂取所亡封内故境[17]而引兵归。未至国，释兵旅，解约束，誓盟而后入邑。[18]景公与诸大夫郊迎，劳师成礼，然后反归寝[19]。既见穰苴，尊为大司马。田氏日以益尊于齐。

（以上为第一段，写穰苴受命为将，杀庄贾立威与打退燕、晋，收复失地的情形。）

①司马穰苴（ráng jū）——名穰苴，田氏，齐景公时官司马，深通兵法，击退晋、燕，收复齐国失地。　田完——也称陈完，春秋时代陈厉公的儿子。在陈国（国都在今河南周口淮阳区）发生动乱时，陈完逃到齐国，改称田完，深受齐桓公的赏识，从此成了齐国的贵族。后来田氏势力越来越大，到战国初期遂篡夺了齐国姜氏的政权。事迹详见《田敬仲完世家》。　苗裔——后代。　②晋伐阿、甄（juàn）——阿：也称东阿，在今山东阳谷县东阿城镇。甄：也写作“鄄”，在今山东鄄城北之旧城镇。　燕侵河上——河上：黄河边上，当时的黄河自今河南濮阳一带东北流，经今山东德州、河北沧州，在今河北黄骅一带入海。当时的黄河以北属燕，黄河以南属齐。　③庶孽——姬妾所生的孩子，与嫡长子相对而言，这些人无继承爵土之权，政治地位亦甚低。　附众——团结人，使人归附。　④捍——抵抗。　⑤闾伍——指平民百姓。闾：闾里，里巷，管理平民的基层编制。伍：里巷中的居民五家为一组，称为一“伍”。同时“伍”又是军队里的基层编制，一“伍”有五个人。　大夫——在诸侯手下任职而未受天子特别加封的官员称大夫，受过加封的则称为卿。　⑥以监军——作为整个军队的督察。　⑦旦日日中——这里的意思是指明日中午。按：“旦日”应该是指天亮或日出时分。究竟是“当天”还是“明日”，应据说话人说话的语境而定。　军

门——也称“和门”，军营的正门。 ⑧立表下漏——立木为表以视日影，下漏水以知刻数。下漏即所谓“铜壶滴漏”，古代一种记时的方法。按：此“立表下漏”实为捕斩庄贾之陷阱。 ⑨将已之军——将军（指穰苴）已去军中，与上文“穰苴先驰至军”正好相应。盖庄贾以为主将已去军中，自己仅是监军，料晚去片刻无妨。而黄善夫本、中华本皆作“将己之军”，将庄贾说成原是此军的主将，实在没有道理。通观庄贾之为人，只是一个不经世面的庸俗贵胄，并非一个行伍出身的宿将，故而才有如此玩忽的表现。古书将“已”字写为“己”，将“己”字写为“已”者甚多。 ⑩仆表决漏——推倒标杆，放掉漏水，因为时间已过，不必再记了。 入——指进入军门。 行军勒兵——指操练军队、集合列队。 申明约束——郑重地讲清纪律。约束：指章程、纪律。 ⑪军正——军中的司法官。 期而后至——约好了时间而不按时到达。期：约定时间。 ⑫以徇三军——持其头于三军之前示众。徇：巡行示众。三军：古代一个大国有中军、上军、下军，后遂以“三军”指称全军。 ⑬乃斩其仆——仆：车夫。斩车夫以表示对乘车者的惩罚，始于《左传》中的魏绛（jiàng），事见襄公三年（前570），后遂多用以为例。 车之左驸——车厢左侧的立木。驸：通“辅”。 左骖——左侧的边马。 ⑭次舍——扎营，住宿。这里指住宿条件。 拊循——慰问，关照。拊：同“抚”，抚慰。 ⑮将军之资粮——朝廷为将军特别准备的食品。 最比其羸弱者——意即自己享受最低的口粮标准。古代军中的口粮标准按士兵的体力和功绩状况而定。 ⑯度水而解——指撤过黄河，逃散而去。度：通“渡”。 ⑰遂取所亡封内故境——将曾一度丢失的边界以内的国土全部收回。封：指国境线。 ⑱未至国——到达国都之前。 释兵旅——把兵器都收起来。 解约束——解除战时的种种规定。 誓盟而后入邑——意即宣告回到国都后的种种规定。 ⑲反归寝——主语是齐景公，意谓齐景公完成了一系列的劳军礼仪之后，才回宫安息。

已而大夫鲍氏、高、国之属害之，谮于景公。景公退穰苴，苴发疾而死①。田乞、田豹之徒由此怨高、国等。②其后及田常杀简公，尽灭高子、国子之族。③至常曾孙和，因自立为齐威王④，用兵行威，大放穰苴之法，而诸侯朝齐。⑤

齐威王使大夫追论古者《司马兵法》而附穰苴于其中，因号曰《司马穰苴兵法》⑥。

（以上为第二段，写穰苴因谗而死，穰苴死后田氏篡夺齐政，及威王时编纂《司马穰苴兵法》的情形。）

①苴发疾而死——“苴”上应有“穰”字。按：穰苴有功，受谗而死，史公深抱同情。　②田乞——也称“田僖子”“陈僖子”，田桓子之子，齐悼公之相。　田豹——田乞的族人。　③田常杀简公——田常是田乞的儿子，为齐简公之相，时姜氏政权实际已落入田氏之手。至有人劝简公除掉田常，田常遂先发而杀简公，事在鲁哀公十四年（前481），详见《左传》与《田敬仲完世家》。　尽灭高子、国子之族——早在田乞当政时，即已杀高昭子（张），而国惠子（夏）逃奔莒；至田常杀齐简公后，又“尽诛鲍、晏、监止及公族之强者”，于是姜姓诸侯遂彻底成为傀儡。④至常曾孙和，因自立为齐威王——按：此文有误，当曰“田和自立，至其孙，因号为齐威王”。田常的曾孙名叫田和，田和先是为齐宣公（前455—前405年在位）相，宣公死，接着又为齐康公（前404—前379年在位）相。齐康公十九年（前386），田和正式篡位成为齐国的君主，并取得了周天子与各国诸侯的承认，同时把早已成为田氏傀儡的齐康公迁到了海上，令其“食一城”以终老。田和史称“田太公”。田氏的齐国传至田和的孙子田因齐，这时的各国诸侯都已经不满足于再像春秋时代那样称“公”了，于是都相继改称“王”。田因齐于前356年即位，是齐国的第一个称“王”者，史称“齐威王”，在位三十七年（前356—前320），是战国时代最有作为的君主之一。　⑤放——通“仿”，依照。　朝齐——朝拜、臣服于齐。按：战国时代首先强大的是魏国，魏国在文侯（前445—前396年在位）、武侯（前395—前370年在位）以及惠王（前369年即位）前期，国力强盛；自齐威王即位，先后在桂陵、马陵两次打败魏国后，齐国遂一跃而成为强国。《田敬仲完世家》有所谓“于是齐最强于诸侯，自称为王，以令天下”。以后历宣王，直至湣王大败于燕（前284），齐国始告衰落。　⑥古者《司马兵

法》——有关前代军事家们的行兵打仗的著作。 附穰苴于其中——将田穰苴的“兵法”也编在了古《司马兵法》里面。 因号曰《司马穰苴兵法》——以司马穰苴的名字统称古代一系列军事家的集体著作。

太史公曰：余读《司马兵法》，闳廓深远，虽三代征伐，未能竟其义。[①]如其文也，亦少褒[②]矣。若夫穰苴，区区为小国行师，何暇及《司马兵法》之揖让乎[③]？世既多《司马兵法》，以故不论，著穰苴之列传[④]焉。

（以上为第三段，是作者的论赞，表现了史公对《司马兵法》其书与司马穰苴其人的赞美、敬佩之情。）

①闳（hóng）廓深远——犹今所谓“博大精深”。 三代——指夏、商、周，儒家所追求的理想社会。 未能竟其义——竟：彻底，充分。这里是充分体现的意思。其意盖谓即使三代圣王用兵，也未必超过这部兵法所讲。 ②少褒——赞美得有些过分。少：稍，略微。 ③何暇及——哪里顾得上，哪里用得着。 揖让——拱手相敬。行兵打仗也要做到谦让有礼，这是儒家的理想境界，所以上文说“虽三代征伐，未能竟其义”。至曰“区区为小国行师，何暇及《司马兵法》之揖让”，盖亦犹孔子入武城闻弦歌而笑子游所谓“杀鸡焉用牛刀”，虽笑而实赞之也。 ④世既多《司马兵法》，以故不论，著穰苴之列传——意谓既然穰苴的谋略已编入《司马兵法》，人所习见，故而这里不再重复，只将穰苴的生平活动记载下来。

［**简评**］ 作品表现了司马穰苴有威有恩的非凡将才，和他明大义、知礼节、雍容揖让的儒将风度。作品的描写生动传神，有声有色，是《史记》中的上乘文字。但由于作品只是突出了穰苴蓄谋设陷杀人立威一事，因而使人感到有些矫揉造作，真实感略差。至于司马穰苴其人的生活年代，史公称其为春秋末期齐景公时人，前人赞同此说者多引《孙子吴起列传》为证，然此传亦

同出史公之手，不足为凭；可为旁证者为《晏子春秋》，其中载田穰苴事迹有："景公饮酒……移于司马穰苴之家，前驱款门曰：'君至。'穰苴介胄操戟立于门曰：'诸侯得微有兵乎？大臣得微有叛者乎？君何为非时而夜辱？'公曰：'酒醴之味，金石之声，愿与将军乐之。'穰苴对曰：'夫布荐席、陈簠簋者有人，臣不敢与焉。'"而苏轼、鲍彪、吴师道、郭嵩焘、钱穆、缪文远等皆以司马穰苴为战国齐湣王时人，然其证据亦只有《战国策·齐策六》中"司马穰苴之为政也"一句，此外无任何记载。如钱穆所引惠士奇之说，亦多为推断之词。梁玉绳、崔適等则只是否定此传之真实性，未确定穰苴为何时人。盖存疑可也。

［**集评**］《太史公自序》："自古王者而有《司马法》，穰苴能申明之，作《司马穰苴列传》第四。"

苏轼曰："《史记》：'司马穰苴，齐景公时人也。'其事甚伟。……《战国策》云：'司马穰苴，为政者也，闵王杀之，大臣不亲。'则其去景公也远矣。太史公取《战国策》作《史记》，当以《战国策》为信。"（《东坡志林》）

郭嵩焘曰："春秋行师犹以古法约束，用杀以立威，战国始有此风，春秋无有也。《战国策》明言司马穰苴湣王时人，史公以属之景公；即'将军''司马'之称，亦当在战国六国相王以后，恐史公误也。"（《史记札记》）

梁玉绳曰："穰苴之事不见于《春秋》，……且晋伐阿、甄，燕侵河上，其地皆景公时所无，《左传》亦不载，固可疑也。然《吴起传》李克曰：'起用兵，司马穰苴不能过'；《晏子春秋·杂上》《说苑·正谏》云：'景公饮酒，移于穰苴之家'，似又非湣王时人。疑以传疑，未敢遽定。"（《史记志疑》）

崔適曰："《古史考》曰：'以《春秋左氏》考之，未有燕、晋伐齐者也。'《战国策》称司马穰苴执政者也，湣王杀之，意者穰苴湣王之臣，尝为湣王却燕、晋，而战国杂说遂以为景公时耶？……《孙吴列传》：‘魏文侯问李克曰：‘吴起何如人哉？’李克曰：‘起用兵，司马穰苴不能过也。’是时姜齐未亡，田齐未立，李克已以穰苴比吴起，安得谓为湣王臣耶？惟燕、晋伐齐事不惟《左氏》无之，即《年表》《世家》亦无之，诚为可疑。且穰苴斩君之宠臣，与孙武杀王之爱姬，如此矫激之风，春秋时所未有。盖亦寓言，非事实也。”（《史记探源》）

黄震曰：“穰苴之斩庄贾，孙子之斩二姬，盖号令严肃，虽素卑贱者可将，虽素不知兵者可使也。太史公讥‘孙膑策庞涓明矣，然不能蚤救患于被刑；吴起说武侯以形势不如德，然行于楚，卒以刻暴亡其躯。’呜呼，不仁而善用兵，亦乌有自全者哉！”（《黄氏日钞》）

钱穆曰：“惠士奇《礼说》云：‘《司马穰苴兵法》，因号《司马法》。《战国策》：齐闵王时司马穰苴为政，闵王杀之，大臣不亲，则穰苴乃闵王之将。以故齐南破楚，西屈秦，用韩、魏、燕、赵之众犹鞭策者，盖穰苴之力居多。及穰苴死，而闵王亡矣。’此以《司马法》为穰苴书也。余考《赵策》有云：‘将非田单、司马之虑也’，司马正指穰苴。其为知兵，信矣。然则穰苴实有其人，其人实有兵法之书。史公特误其时，又误其事耳。”（《先秦诸子系年》）

杨宽曰：“考《赵策二》苏子曰：‘宣王用之，逼韩威魏，以南伐楚、西攻秦，为齐兵困于殽塞，十年攘地，秦人远迹不服，而齐为虚戾……今富非有齐威、宣之余也，……而将非有田单、司马之虑也。’案伐楚攻秦，困秦殽塞，皆湣王之事。今《赵策》‘宣王’乃‘湣王’之误，则穰苴之为齐湣之将，又可见矣……司马穰苴当曾参与齐南破楚、西屈秦之战事，惟破燕之役为主将。田穰苴于破燕之役为主将或即薛公荐之，传述者误以为此时之薛公仍为田婴，又误田婴为晏婴，遂误传穰苴破燕在齐景公时也。”（《战国

史料编年辑证》)

钟惺曰:“穰苴诛庄贾之意,在请贾为监军,时已定矣,……使穰苴胸中本无‘人微权轻’之疑,则亦不必请贾而诛之矣。”(《史怀》)

张履祥曰:“穰苴杀庄贾,人知借君之宠臣以立威而已,不知权臣在内,将帅岂能立功于外?故因以法诛之,使君侧之奸先去,庶几无挠吾成功者矣。此是古人最有作用处。文复字字生动。”(《杨园先生全集·读史记》)

姚苎田曰:“穰苴之用兵,颇有雍容之度,非专尚威武者也。但以起于庶孽,奋迹戎行,倘即极意拊循,终为其下所易,故不得已借一骄贵之夫杀之,以为弹压之本。迨其后一战功成,而世家之忮害旋作,愈知其前之苦心,直与淮阴背水异用而同工者矣。”(《史记菁华录》)

牛运震曰:“《司马穰苴传》只记诛庄贾退燕、晋师一事,而规模整齐,节次井井,如睹部伍行阵、铁马金戈气象。”(《史记评注》)

吴见思曰:“穰苴之奇,奇在兵法,故运筹帷幄,折冲樽俎,斩一庄贾而二国旋师。写得揖让从容,绝无一毫卤莽气,自是儒将风流。”(《史记论文》)

汤谐曰:“‘文武’二句,一篇纲领。诛庄贾、斩使者仆是‘武’,拊循士卒是‘文’。以是附众,即以是威敌,而燕、晋之兵不战已屈矣。行文严肃静重,亦在乃文乃武之间。”(《史记半解》)

李景星曰:“《司马穰苴传》只叙诛庄贾退燕、晋师一事,而规模整齐,节奏安雅,是一篇正锋文字。……‘晋师闻之,为罢去。燕师闻之,度水而解’,写得声势生动。‘释兵旅,解约束,誓盟而后入邑’,写得礼让雍容。合前后观之,铁马金戈中显出一个儒将风流。”(《四史评议》)

杨善群曰:“《司马法》自宋代被定为‘武经七书’之一,它的流传就和‘七书’的其他著作联系在一起。……自康熙帝定《孙子》《吴子》《司马法》为‘武经三子’，作为武试必考科目后，又有一批‘三子’的注本出现。……《司马法》在明清时期仍然是兵学方面的一部有权威性的著作。”（《孙子评传》）

孙子吴起列传第五

孙子武①者，齐人也。以兵法见于吴王阖庐。阖庐曰："子之十三篇，吾尽观之矣，可以小试勒兵②乎？"对曰："可。"阖庐曰："可试以妇人乎？"曰："可。"于是许之，出宫中美女，得百八十人。孙子分为二队，以王之宠姬二人各为队长，皆令持戟。令之曰："汝知而心与左右手背乎？③"妇人曰："知之。"孙子曰："前，则视心；左，视左手；右，视右手；后，即视背。"妇人曰："诺。"约束既布，乃设铁钺④，即三令五申之。于是鼓之右，妇人大笑。孙子曰："约束不明，申令不熟，将之罪也。"复三令五申，而鼓之左，妇人复大笑。孙子曰："约束不明，申令不熟，将之罪也；既已明而不如法者，吏士之罪也。"乃欲斩左右队长。吴王从台上观，见且斩爱姬，大骇。趣⑤使使下令曰："寡人已知将军能用兵矣。寡人非此二姬，食不甘味，愿勿斩也。"孙子曰："臣既已受命为将，将在军，君命有所不受。"遂斩队长二人以徇。用其次为队长，于是复鼓之。妇人左右前后跪起皆中规矩绳墨，无敢出声。于是孙子使使报王曰："兵既整齐，王可试下观之，唯王所欲用之，虽赴水火犹可也。"吴王曰："将军罢休就舍，寡人不愿下观。"孙子曰："王徒好其言，不能用其实。"于是阖庐知孙子能用兵，卒以为将。

西破强楚，入郢[⑥]，北威齐晋，显名诸侯，孙子与有力焉。

（以上为第一段，叙述了孙武的军事才能，赞扬了他的不畏权幸，执法如山。）

①孙子武——姓孙名武。“子”是古代对人的尊称，犹如今之所谓“先生”。 ②勒兵——整理部队。勒：整理，部署。这里指操练。③而——你，你的。 心——指胸口。 背——指后背。 ④𫓧钺（fū yuè）——同“斧钺”，古时军中用以惩治犯令者的刑具。𫓧：通“斧”。 ⑤趣（cù）——急促。 ⑥西破强楚，入郢（yǐng）——事在鲁定公四年，吴王阖庐（阖闾）九年（前506）。郢是楚国国都，在今湖北荆州市荆州区西北。

孙武既死，后百余岁有孙膑[①]。膑生阿、鄄之间。[②]膑亦孙武之后世子孙也。孙膑尝与庞涓俱学兵法。庞涓既事魏，得为惠王将军，而自以为能不及孙膑，乃阴使召孙膑。膑至，庞涓恐其贤于己，疾之，则以法刑断其两足而黥之，[③]欲隐勿见[④]。

齐使者如梁[⑤]，孙膑以刑徒阴见，说齐使。齐使以为奇，窃载与之齐。齐将田忌善而客待之。忌数与齐诸公子驰逐重射。[⑥]孙子见其马足不甚相远，[⑦]马有上、中、下辈[⑧]，于是孙子谓田忌曰：“君弟重射[⑨]，臣能令君胜。”田忌信然[⑩]之，与王及诸公子逐射千金[⑪]。及临质[⑫]，孙子曰：“今以君之下驷与彼上驷，[⑬]取君上驷与彼中驷，取君中驷与彼下驷。”既驰三辈毕，而田忌一不胜而再胜，[⑭]卒得王千金。于是忌进孙子于威王。威王问兵法，遂以为师[⑮]。

其后魏伐赵，赵急，请救于齐。齐威王欲将孙膑，膑辞谢曰：“刑余之人不可。”于是乃以田忌为将，而孙子为师[⑯]，居辎车[⑰]中，坐为计谋[⑱]。田忌欲引兵之赵，孙子曰：“夫解杂乱纷纠者不控卷，[⑲]救斗者不搏撠，[⑳]批亢捣虚[㉑]，形格势禁[㉒]，则自为解耳。今梁赵相攻，轻兵锐卒必竭于外，老弱罢于内。君不若引兵疾走大梁，据其街路，冲其方虚[㉓]，彼必释赵而自救。是我一举解赵之围而收弊[24]于魏也。"田忌从之,魏果去邯郸,与齐战于桂陵[25],大破梁军。

后十三岁,魏与赵攻韩,韩告急于齐。齐使田忌将而往,直走大梁[26]。魏将庞涓闻之,去韩而归[27],齐军既已过而西矣[28]。孙子谓田忌曰:"彼三晋之兵[29]素悍勇而轻齐,齐号为怯,善战者因其势而利导之。兵法,百里而趣利者蹶上将,[30]五十里而趣利者军半至[31]。使齐军入魏地为十万灶,明日为五万灶,又明日为三万灶。"庞涓行三日,大喜,曰:"我固知齐军怯,入吾地三日,士卒亡者过半矣。"乃弃其步军,与其轻锐倍日并行[32]逐之。孙子度其行,暮当至马陵[33]。马陵道陕[34],而旁多阻隘,可伏兵,乃斫大树白而书之曰"庞涓死于此树之下"。于是令齐军善射者万弩,夹道而伏,期曰"暮见火举而俱发"。庞涓果夜至斫木下,见白书,乃钻火[35]烛之。读其书未毕,齐军万弩俱发,魏军大乱相失。庞涓自知智穷兵败,乃自刭,曰:"遂成竖子之名[36]!"齐因乘胜尽破其军,虏魏太子申以归。孙膑以此名显天下,世传其兵法[37]。

(以上为第二段,叙述了孙膑的悲惨遭遇和他杰出的军事才能。)

①孙膑——孙武的后代。古代挖去膝盖骨的刑罚叫"膑",孙子因受此刑,故以"膑"称之。按:从吴师入郢至齐师破庞涓于马陵,其间共一百六十余年。 ②阿——也称东阿,古邑名,在今山东阳谷东阿城镇。 鄄(juàn)——在今山东鄄城北旧城镇。 ③以法——谓假借法令以陷害之。 刑断——二字同义,都是动词。 黥(qíng)——在犯人脸上刺字的一种刑罚。 ④欲隐勿见——想把他埋没起来不叫他出头。见:同"现"。按:庞涓之忌害孙膑,与李斯之忌害韩非略同。 ⑤梁——即指魏。因当时的魏国都于大梁(在今河南开封),所以人们也称魏国、魏王为梁国、梁王。 ⑥诸公子——除太子以外的国君的其他儿子。 驰逐重射——下大赌注赛马。重射:董份曰:"重射谓以重相射,即下千金是也。"射:猜押。 ⑦马足——马的足力。 不甚相远——指比赛双方的马的足力、素质总的来说不相上下。 ⑧马有上、中、下辈——指双方的马都各自有上、中、下三等。 ⑨弟重射——犹

言“尽管下大赌注”。弟:但,尽管。 ⑩信然——二字同义,皆“相信”“同意”的意思。 ⑪逐射千金——下千金的赌注来比赛看谁的马快。李笠认为:逐,谓竞争也。逐千金,即争射千金。 ⑫临质——临到比赛开始的时候。质:对抗,争衡。 ⑬下驷——下等马。驷:原指一车四马,后来也用以指马。 与彼上驷——和对方的上等马对抗。与:对付。 ⑭既驰三辈毕——犹言比试过三场之后。辈:次。 一不胜而再胜——败一次,胜两次。再:两次。 ⑮以为师——谓尊之若师。⑯孙子为师——孙膑为军师。此“师”字与上注“师”字概念不同,这里是官职名。 ⑰辎车——有篷盖的车,区别于当时的一般兵车。⑱坐为计谋——王念孙曰:“《文选·报任少卿书》注引此。‘坐’作‘主’,于义为长。” ⑲杂乱纷纠——指如乱丝乱麻之类。 控卷——引拳相击。指乱砸乱扯。控:引也。卷:通“拳”。 ⑳救斗——谓拉架。 搏撠(jǐ)——指动手打人。撠:以手指叉人。 ㉑批亢捣虚——犹言“避实就虚”。谈允厚曰:“批之为言撇也,谓撇而避亢满之处,捣其虚空无备之所。”亢:强也,盛也。有曰,亢:通“吭”,咽喉。批亢,即“击其要害”之义。其说亦通,然不能与“虚”字相对。 ㉒形格势禁——犹言“形势急转”“形势变化”。格:阻。禁:止。 ㉓方虚——正好空虚的地方。方:刚好。 ㉔收弊——收服疲敝之敌。㉕桂陵——古地名,在今河南长垣西北,当时属魏。齐魏桂陵之役在齐威王四年,魏惠王十七年(前353)。 ㉖直走大梁——此乃田忌扬言,其实齐军当时尚未出动。 ㉗去韩而归——谓移军至魏国东境以阻击齐军。 ㉘齐军既已过而西矣——梁玉绳引徐孚远曰:“已过而西者,谓庞涓归救,欲邀齐师之未至,而今已过,故涓视利疾趋也。”梁玉绳引《四书释地》曰:“句不可解……元本应是‘齐军既已退而东矣’。退而东者,诱敌之计。《通鉴》亦知‘过而西’之不可通也,削此句。”钱大昕曰:“齐扬言走大梁,非真抵大梁,及庞涓弃韩而归,齐军始入魏地。齐在魏东,‘过而西’者,过齐境而西也。齐军初到,未知虚实,故为减灶之计以误之。若已抵大梁而退,则入魏地不止三日,毋庸施此计矣。”钱说是。 ㉙三晋之兵——指魏军,因魏与韩、赵皆分晋而建国,故时人多称魏为“三晋”或“晋”。 ㉚百里而趣利——跋涉到百里之外去追求胜利。趣:趋附,奔赴。 蹶(jué)上将——损失上将。极言这种战争有害无利。蹶:倒,颠仆。 ㉛军半至——军队人数只有一半能到达。极言其减员之多。按:今本《孙子·军争篇》作:"百里而争利,则擒三将军,劲者先,疲者后,其法十一而至;五十里而争利,则蹶上将军,其法半至。" ㉜倍日并行——犹言"昼夜兼程",一日变作两日用,两日之路并为一日行。 ㉝马陵——古地名,春秋卫地。在今山东莘县西南;一说在今河南范县西南;一说在今山东郯城南。 ㉞陕——此处同"狭"义。 ㉟钻火——古人钻木取火。这里指点火。 烛——照。 ㊱遂成竖子之名——犹言:"竟然成就了这个小子的名声!"遂:乃,竟。怅恨不平之语。或谓"遂成"二字连读,意即"成全",亦可。 ㊲世传其兵法——按:《孙膑兵法》于六朝以来不见于世,后人多疑史公此语有误。1972年于山东临沂银雀山汉墓中发现此书,1975年已公开出版。

吴起者,卫人也,好用兵。尝学于曾子,事鲁君。齐人攻鲁,鲁欲将吴起,吴起取齐女为妻,而鲁疑之。吴起于是欲就名,遂杀其妻,以明不与齐[①]也。鲁卒以为将。将而攻齐,大破之。

鲁人或恶吴起曰:"起之为人,猜忍[②]人也。其少时,家累千金,游仕不遂,遂破其家。乡党笑之,吴起杀其谤己者三十余人,而东出卫郭门,与其母诀,啮臂[③]而盟曰:'起不为卿相,不复入卫。'遂事曾子。居顷之,其母死,起终不归。曾子薄之,而与起绝。起乃之鲁,学兵法以事鲁君。鲁君疑之,起杀妻以求将。夫鲁小国,而有战胜之名,则诸侯图鲁矣。且鲁卫兄弟之国[④]也,而君用起,则是弃卫[⑤]。"鲁君疑之,谢[⑥]吴起。

吴起于是闻魏文侯[⑦]贤,欲事之。文侯问李克曰:"吴起何如人哉?"李克曰:"起贪而好色[⑧],然用兵司马穰苴不能过也。"于是魏文侯以为将,击秦,拔五城。

起之为将,与士卒最下者同衣食。卧不设席,行不骑乘,亲裹赢粮[⑨],与士卒分劳苦。卒有病疽者,起为吮之。卒母闻而哭之。人曰:“子卒也,而将军自吮其疽,何哭为?”母曰:“非然也。往年吴公吮其父,其父战不旋踵[10],遂死于敌。吴公今又吮其子,妾不知其死所矣。是以哭之。”

文侯以吴起善用兵,廉平,尽能得士心,乃以为西河守[11],以拒秦、韩。

魏文侯既卒,起事其子武侯。武侯浮西河而下[12],中流,顾而谓吴起曰:“美哉乎山河之固,此魏国之宝也!”起对曰:“在德不在险。昔三苗氏[13]左洞庭,右彭蠡[14],德义不修,禹灭之。夏桀之居,左河济[15],右泰华[16],伊阙[17]在其南,羊肠[18]在其北,修政不仁,汤放[19]之。殷纣之国,左孟门[20],右太行,常山[21]在其北,大河[22]经其南,修政不德,武王杀之。由此观之,在德不在险。若君不修德,舟中之人尽为敌国也。”武侯曰:“善。”

吴起为西河守,甚有声名。魏置相,相田文[23]。吴起不悦,谓田文曰:“请与子论功,可乎?”田文曰:“可。”起曰:“将三军,使士卒乐死,敌国不敢谋,子孰与起?”文曰:“不如子。”起曰:“治百官,亲万民,实府库,子孰与起?”文曰:“不如子。”起曰:“守西河而秦兵不敢东乡,韩赵宾从[24],子孰与起?”文曰:“不如子。”起曰:“此三者,子皆出吾下,而位加吾上,何也?”文曰:“主少国疑,大臣未附,百姓不信,方是之时,属[25]之于子乎?属之于我乎?”起默然良久,曰:“属之子矣。”文曰:“此乃吾所以居子之上也。”吴起乃自知弗如田文。

田文既死,公叔[26]为相,尚魏公主[27],而害[28]吴起。公叔之仆曰:“起易去也。”公孙曰:“奈何?”其仆曰:“吴起为人节廉而自喜名[29]也。君因先与武侯言曰:‘夫吴起贤人也,而侯之国小,又与强秦壤界,臣窃恐起之无留心也。’武侯即[30]曰:‘奈何?’君因谓武侯曰:‘试延以公主[31],起有留心则必受之,无留心则必辞矣。以此卜[32]之。’君因召吴起而与归[33],即令公主怒而轻君。吴起见公主之贱君也,则必辞[34]。”于是吴起见公主之贱魏相,果辞魏武侯[35]。武侯疑之而弗信也。吴起惧得罪,遂去,即之楚。

楚悼王素闻起贤,至则相楚。明法审令[36],捐不急之官,[37]废公族疏远者[38],以抚养战斗之士。要在强兵,破驰说[39]之言从横者。于是南平百越;北并陈、蔡,却三晋[40];西伐秦。诸侯患楚之强,故楚之贵戚尽欲害吴起。及悼王死,宗室大臣作乱而攻吴起,吴起走之王尸而伏之。击起之徒因射刺吴起,并中悼王。悼王既葬,太子立,乃使令尹尽诛射吴起而并中王尸者,坐射起而夷宗死者七十余家。[41]

(以上为第三段,记述了吴起的生平为人及其军事、政治才能。)

①不与齐——不助齐。与:助也。 ②猜忍——犹言"残忍"。③啮臂——古人发誓时所做出的一种姿态。《淮南子·齐俗训》:"故胡人弹骨,越人契臂,中国歃血也,所由各异,其于信,一也。" ④鲁卫兄弟之国——鲁国是周公姬旦的后代,卫国是康叔姬封的后代,姬旦与姬封是亲兄弟,所以称鲁卫是兄弟之国。 ⑤弃卫——吴起曾杀卫之谤己者三十余人,于卫为有罪,今鲁用之,是得罪卫国,有损于两国的友好关系。 ⑥谢——辞退。 ⑦魏文侯——战国时魏国的建立者,名斯,前445—前396年在位,是当时较有作为的诸侯。 ⑧贪而好色——按:此所谓"贪"者,贪于荣名也。指其家累千金,破产求仕,又母死不归,以及杀妻求将诸节。若谓其贪于财货,则与后文之"廉平""节廉"矛盾。 ⑨亲裹赢粮——亲自包扎,亲自背粮。赢:背负。⑩不旋踵(zhǒng)——犹言"不回身",谓一直向前。踵:脚跟。 ⑪西河守——西河郡的郡守。西河郡约当今陕西华阴以北,黄龙以南,洛河以东黄河以西地区,当时属魏。 ⑫浮西河而下——乘船在西河中顺流而下。西河:时人用以称今山西与陕西交界处南北流向的黄河。⑬三苗氏——古代传说中的南方部族。 ⑭彭蠡(lǐ)——指彭蠡泽,即今江西的鄱阳湖。 ⑮河济——古地名,在今河南温县东南,其地为黄河与济水的分流处,故名。 ⑯泰华——即华山,在今陕西东部。⑰伊阙——山名,又名龙门山,在今河南洛阳南。因两山相对如门,伊水流经其间,故名。 ⑱羊肠——指羊肠坂。太行山上的通道,以其萦

曲如羊肠,故名。在今山西晋城南。 ⑲放——放逐,汤打败桀后,放之于鸣条(今山西运城安邑镇北)而死。 ⑳孟门——古隘道名,在今河南辉县西。 ㉑常山——即恒山,在今河北曲阳西北。 ㉒大河——即黄河。 ㉓相田文——以田文为相。按:此田文为魏国贵族,《吕氏春秋》作“商文”,与齐国之孟尝君田文非一人。 ㉔韩赵宾从——谓使韩赵二国服从魏国。宾:服也。 ㉕属——瞩目,眼睛盯着。言其一身系天下之重。 ㉖公叔——韩国贵族,时居魏为相。亦有认为即魏国的将领公叔痤(cuó)。 ㉗尚魏公主——娶魏国的公主为妻。尚:上配,对娶帝王之女的敬称。 ㉘害——忌恨。 ㉙自喜名——重视自己的名誉。 ㉚即——倘若。 ㉛延以公主——以给公主招亲的办法来延请他。 ㉜卜——占卜,算卦。这里是“测试”的意思。 ㉝与归——与之同归相府。 ㉞必辞——谓辞绝尚公主之事。因为他已看到了公叔在此公主面前的受气被轻,必心寒不欲再尚其他公主。 ㉟辞魏武侯——即指谢绝魏武侯的招亲之议。 ㊱明法审令——使法律严明,使令出必行。审:确也,必也。 ㊲捐——撤除。 不急——不急需的,没有用的。 ㊳废公族疏远者——褫(chǐ)夺那些疏远的国君宗族的爵禄,使其降为平民。公族:国君的同族。 ㊴驰说——到处奔走游说。泷川资言曰:“吴起相楚,先苏秦说赵五十年,秦孝未出,商鞅未用,何有言从横者?”按:自“明法审令”至“诸侯患楚之强”几句,取自《韩非子·和氏》与《战国策·秦策》,所叙诸事多与史实不合。 ㊵却——打退,打败。 三晋——指韩、赵、魏三国,因为它们都是分晋建立的国家。这里实际只指韩、魏,因为赵国居北,不与楚国为邻。 ㊶坐——因事遭罪。 夷宗——灭族。夷:平,灭。

太史公曰:世俗所称师旅[①],皆道《孙子》十三篇、吴起《兵法》,世多有,故弗论,论其行事所施设[②]者。语曰:“能行之者未必能言,能言之者未必能行。”孙子筹策庞涓[③]明矣,然不能蚤救患于被刑;吴起说武侯以形势不如德,然行之于楚,以刻暴少恩亡其躯,悲夫!

（以上为第四段，是作者的论赞，表现了作者对孙膑、吴起的赞赏与惋惜之情。）

①师旅——都是军队的编制名称，后遂用以代指军队。这里指行军打仗的权谋。 ②所施设——犹言“所作所为”。 ③筹策庞涓——谓筹划计策破杀庞涓。

［**简评**］ 作品记叙了孙武、孙膑、吴起三个军事家的生平事迹，赞扬了他们杰出的军事才能，和他们各自为所在国家做出的历史贡献。作者对他们的才能是称颂的，但对于他们的品德为人却无褒美之词。尤其是对于吴起，其态度之偏颇与指责商鞅、晁错之无理相同。史公如此，后世之评论亦然，这是不公平的。吴起不仅是军事家，而且是战国时期杰出的政治家，其在楚国的变法卓有成效，而且较之秦国的商鞅变法尚早二十年。后来虽然失败被杀，其历史意义不可低估。

［**集评**］ 《太史公自序》：“非信廉仁勇不能传兵论剑，与道同符，内可以治身，外可以应变，君子比德焉，作《孙子吴起列传》第五。”

姚鼐曰：“《左氏》序阖闾事，无孙武，太史公为《列传》，言武以十三篇见于阖闾。余观之，吴客有孙武者，而十三篇非所著。战国言兵者为之，托于武焉尔。春秋大国用兵不过数百乘，未有兴师十万者也，况在阖闾乎？……是书所言皆战国事耳，其用兵法乃秦人以虏使民法也。”（《史记会注考证》）

梁玉绳曰：“《吴世家》《伍胥传》并有‘将军孙武’语，然孙子之事与穰苴媲美，而皆不见于《左传》，何耶？《通考》引叶氏辨孙子乃‘春秋末处士，所为言得用于吴者，其徒夸大之说也’。又胡应麟《九流绪论》曰：‘武灼灼吴楚间，丘明不应尽没其实，盖战国策士以武圣于谭兵，耻以空言令天下，为说文之耳。”（《史记志

疑》)

苏洵曰:“按武之书以责武之失,凡有三焉:《九地》曰:‘威加于敌,则交不得合’,而武使秦得听包胥之言出兵救楚,无忌吴之心,斯不威之甚,其失一也;《作战》曰:‘久暴师则钝兵挫锐,屈力殚货则诸侯乘其弊而起。’且武以九年冬伐楚,至十年秋始还,可谓久暴矣,越人能无乘间入国乎?其失二也;又曰:‘杀战者,怒也。’今武纵子胥、伯嚭鞭平王尸,复一夫之私忿,以激怒敌,此司马戌、子西、子期所以必死仇吴也。句践不颓旧冢而吴服,田单谲燕掘墓而齐奋,知谋与武远矣,武不达此,其失三也。”(《嘉祐集》)

李贽曰:“吴起料敌制胜,号知兵矣,而卒困于公叔之仆何哉?其废公族疏远以养战士,所以强楚者以是,所以杀身者亦以是,其晁错之徒与任事者必任怨,虽杀身可也。”(《藏书》)

林伯桐曰:“孙、吴自古并称,然孙武用兵之外无闻焉,吴起相楚能明法审令,捐不急之官,破纵横之说;其与田文论功,以治百官,亲万民,实府库自负;其对魏武侯以在德不在险为言,异乎以勇力见长者矣。”(《史记蠡测》)

吴见思曰:“此是两扇对峙格,故不必关合,而写来恰是一样,是合传体也。……马陵一段奇事,只用短峭简净法序,虽不及火牛奇肆,而情事恰好。”(《史记论文》)

范文澜曰:“(孙武)总结军事经验,著兵法十三篇,成为军事学的经典。十三篇中包含着丰富的唯物辩证法思想的因素,与《老子》五千言同为研究中国古代哲学思想的重要著作。”又曰:“兵法是战争指挥者高度智慧的表现。军事家总结战争经验,著成兵法书,在文化上也是一种重要的贡献。东周时期,北方齐国、南方楚国都是积累起丰富的军事知识的国家,特别是齐国,军事学专家尤多。孙武著兵法十三篇,最为杰出。战国时齐孙膑著兵书,主张用骑兵。春秋齐景公时,大夫穰苴作《司马法》。

战国时齐威王使大夫论述古兵法，成《司马穰苴兵法》一百五十五篇。”(《中国通史简编》)

杨善群曰：“从世界范围来看，《孙子兵法》也是为时最早的、系统、精辟地论述战略战术问题的军事学著作。它在世界上享有盛誉，成为各国兵家学者研究军事、探讨战略战术时必须阅读的古典名著，取之不尽的思想源泉。……世界军事科学发展的历史表明，《孙子兵法》不仅是东方兵学最早最杰出的代表，而且是世界上最先出现的专门论述军事谋略的优秀著作。它是古代东方军事学的智慧结晶，也是世界古代军事学史上的奇迹。美国当代战略理论家约翰·柯林斯说：‘孙子是古代第一个形成战略思想的伟大人物。’”(《孙子评传》)

黄朴民曰：“《孙子兵法》堪称古代军事理论的集大成者，构建了古典兵学理论的框架，以致后世许多兵学家难以逾越，而只能囿于其内进行发挥创造。在中国古代兵学史上，继孙武后的兵学理论建树，多是在《孙子兵法》基本精神与原则的指导下进行的。……《孙子兵法》对后世军事的深远影响，不仅表现在军事理论的建树上，而且也表现在战争实践中。中国古代历史上创造的众多以弱胜强、出奇制胜的光辉战例，如齐魏桂陵、马陵之战，韩信背水破赵之战，邓艾偷渡阴平灭蜀之战，等等，都反映出运用《孙子兵法》所阐述的某些原理和制胜之道。”(《中国军事通史·春秋军事史》)

伍子胥列传第六

伍子胥者，楚人也，名员。员父曰伍奢，员兄曰伍尚。其先曰伍举，以直谏事楚庄王，有显[①]，故其后世有名于楚。

楚平王有太子名曰建，使伍奢为太傅，费无忌为少傅。无忌不忠于太子建。平王使无忌为太子取妇于秦，秦女好，无忌驰归报平王曰："秦女绝美，王可自取，而更为太子取妇。"平王遂自取秦女而绝爱幸之，生子轸。更为太子取妇。

无忌既以秦女自媚于平王，因去太子[②]而事平王。恐一旦平王卒而太子立，杀己，乃因谗太子建。建母，蔡女也，无宠于平王。平王稍益疏建，使建守城父，备边兵。[③]

顷之，无忌又日夜言太子短于王曰："太子以秦女之故，不能无怨望，愿王少自备也。[④]自太子居城父，将兵，外交诸侯，且欲入为乱矣。"平王乃召其太傅伍奢考问之。伍奢知无忌谗太子于平王，因曰："王独奈何以谗贼小臣疏骨肉之亲乎？"无忌曰："王今不制，其事成矣，王且见禽。"于是平王怒，囚伍奢，而使城父司马奋扬[⑤]往杀太子。行未至，奋扬使人先告太子："太子急去，不然将诛。"太子建亡奔宋。

无忌言于平王曰："伍奢有二子，皆贤，不诛且为楚忧。可以其父质而召之[6]，不然且为楚患。”王使使谓伍奢曰：“能致[7]汝二子则生，不能则死。”伍奢曰：“尚为人仁，呼必来；员为人刚戾忍訽，能成大事，彼见来之并禽，其势必不来。”王不听，使人召二子曰：“来，吾生汝父；不来，今杀奢也。”伍尚欲往，员曰：“楚之召我兄弟，非欲以生我父也，恐有脱者后生患，故以父为质，诈召二子。二子到，则父子俱死，何益父之死？往而令仇不得报耳。不如奔他国，借力以雪父之耻，俱灭，无为[8]也。”伍尚曰：“我知往终不能全父命，然恨父召我以求生而不往，后不能雪耻，终为天下笑耳。”谓员：“可去矣！汝能报杀父之仇，我将归死。”尚既就执，使者捕伍胥。伍胥贯弓执矢向使者，使者不敢进，伍胥遂亡。闻太子建之在宋，往从之[9]。奢闻子胥之亡也，曰：“楚国君臣且苦兵矣。”伍尚至楚，楚并杀奢与尚也。

伍胥既至宋，宋有华氏之乱，乃与太子建俱奔于郑。郑人甚善之。太子建又适晋，晋顷公曰：“太子既善郑，郑信太子。太子能为我内应，而我攻其外，灭郑必矣。灭郑而封太子。”太子乃还郑。事未会[10]，会自私欲杀其从者，从者知其谋，乃告之于郑，郑定公与子产诛杀太子建。建有子名胜，伍胥惧，乃与胜俱奔吴。到昭关，昭关欲执之。[11]伍胥遂与胜独身步走，几不得脱。追者在后。至江，江上有一渔父乘船，知伍胥之急，乃渡伍胥。伍胥既渡，解其剑曰：“此剑直[12]百金，以与父。”父曰：“楚国之法，得伍胥者赐粟五万石，爵执珪[13]，岂徒百金剑邪！”不受。伍胥未至吴而疾，止中道，乞食。至于吴，吴王僚方用事，公子光为将，伍胥乃因公子光以求见吴王。

久之，楚平王以其边邑钟离与吴边邑卑梁氏俱蚕，[14]两女子争桑相攻，乃大怒，至于两国举兵相伐。吴使公子光伐楚，拔其钟离、居巢[15]而归。伍子胥说吴王僚曰：“楚可破也，愿复遣公子光。”公子光谓吴王曰：“彼伍胥父兄为戮于楚，而劝王伐楚者，欲以自报其仇耳。伐楚未可破也。”伍胥知公子光有内志[16]，欲杀王而自立,未可说以外事。乃进专诸于公子光,退而与太子建之子胜耕于野。

(以上为第一段,写伍子胥的父兄被害,伍子胥辗转入吴的过程。)

①有显——意即名声显扬。　②去太子——谓费无忌离开太子。③稍益疏建——渐渐地与太子建越来越疏远。稍:渐。　城父——古邑名,在今安徽亳州东南,春秋前期属陈,后被楚国所占,居楚之北境。　④怨望——犹言"怨恨"。望:怨。　少——稍微。　⑤城父司马奋扬——城父驻军的司马,名奋扬。司马:官名,主管军中的纠察、司法等事。　⑥可以其父质而召之——质:为人质。按:此语似应作"可以质其父而召之"。　⑦致——招来。　⑧无为——无谓,没意义。⑨闻太子建之在宋,往从之——按:《左传》此处但曰"员如吴",无从太子于宋事;《吕氏春秋》言伍胥入吴,亦未言与太子建有任何联系。⑩未会——未集,未成。　⑪昭关——旧址在今安徽含山县北小岘山,为南北交通要冲。　昭关欲执之——"关"下似应有"吏"字。⑫直——通"值"。　⑬执珪——楚爵名,功臣赐以珪,谓之"执珪",位同有领地的封君。　⑭钟离——古邑名,在今安徽凤阳东北,当时属楚。　卑梁——古邑名,在今安徽天长西北,当时属吴。按:此与《楚世家》《十二诸侯年表》同;而《吴世家》作"楚边邑卑梁氏之处女与吴边邑之女争桑",与《吕氏春秋》说合,《史记》自相歧异。　⑮居巢——古邑名,在今安徽六安东北或在今巢湖东北。　⑯内志——想在国内搞政变夺权的心思。

五年而楚平王卒。初,平王所夺太子建秦女生子轸,及平王卒,轸竟立为后,是为昭王。吴王僚因楚丧,使二公子将兵往袭楚。楚发兵绝吴兵之后,不得归。吴国内空,而公子光乃令专诸袭刺吴王僚而自立,是为吴王阖庐。阖庐既立,得志,乃召伍员以为行人[①],而与谋国事。

楚诛其大臣郤宛、伯州犁,伯州犁之孙伯嚭亡奔吴,吴亦以嚭为大夫。前王僚所遣二公子将兵伐楚者,道绝不得归。后闻阖庐弑王僚自立，遂以其兵降楚，楚封之于舒[2]。阖庐立三年，乃兴师与伍胥、伯嚭伐楚，拔舒，遂禽故吴反二将军。因欲至郢，将军孙武曰："民劳，未可，且待之。"乃归。

四年，吴伐楚，取六与灊。[3]五年，伐越，败之。六年，楚昭王使公子囊瓦将兵伐吴。[4]吴使伍员迎击，大破楚军于豫章，取楚之居巢。[5]

九年，吴王阖庐谓子胥、孙武曰："始子言郢未可入，今果何如？"二子对曰："楚将囊瓦贪，而唐、蔡皆怨之。王必欲大伐之，必先得唐、蔡乃可。"阖庐听之，悉兴师与唐、蔡伐楚，与楚夹汉水而陈[6]。吴王之弟夫概将兵请从，王不听，遂以其属五千人击楚将子常。子常败走，奔郑。于是吴乘胜而前，五战，遂至郢。己卯，楚昭王出奔。庚辰，吴王入郢。

昭王出亡，入云梦[7]；盗击王，王走郧[8]。郧公弟怀曰："平王杀我父，我杀其子，不亦可乎！"郧公恐其弟杀王，与王奔随[9]。吴兵围随，谓随人曰："周之子孙在汉川者，楚尽灭之。"随人欲杀王，王子綦匿王，己自为王以当之[10]。随人卜与王于吴，不吉，乃谢吴不与王[11]。

始伍员与申包胥为交，员之亡也，谓包胥曰："我必覆楚。"包胥曰："我必存之。"及吴兵入郢，伍子胥求[12]昭王。既不得，乃掘楚平王墓，出其尸，鞭之三百然后已。申包胥亡于山中，使人谓子胥曰："子之报仇，其以甚乎[13]！吾闻之，人众者胜天，天定亦能破人。今子故平王之臣，亲北面而事之，今至于僇死人[14]，此岂其无天道之极乎！"伍子胥曰："为我谢申包胥曰，吾日莫[15]途远，吾故倒行而逆施之。"于是申包胥走秦告急，求救于秦。秦不许。包胥立于秦廷，昼夜哭，七日七夜不绝其声。秦哀公怜之，曰："楚虽无道，有臣若是，可无存乎！"乃遣车五百乘救楚击吴。六月，败吴兵于稷[16]。会吴王久留楚求昭王，而阖庐弟夫概乃亡归，自立为王。阖庐闻之，乃释楚而归，击其弟夫概。夫概败走，遂奔楚。楚昭王见吴有内乱，乃复入郢。封夫概于堂溪，为堂溪氏。⑰楚复与吴战，败吴，吴王乃归。

后二岁，阖庐使太子夫差将兵伐楚，取番⑱。楚惧吴复大来，乃去郢，徙于鄀⑲。当是时，吴以伍子胥、孙武之谋，西破强楚，北威齐、晋，南服越人。

（以上为第二段，写伍子胥引吴兵破楚报仇，并佐阖庐称霸。）

①行人——官名，掌朝觐聘问之事，亦为使者之通称。 ②舒——原为古国名，后被楚所灭，其都城在今安徽庐江西南。 ③四年——阖庐四年，楚昭王五年，前511年。 六——古邑名，在今安徽六安。 灊（qián）——古邑名，在今安徽霍山县东北。 ④六年——阖庐六年，楚昭王七年，前509年。 公子囊瓦——《集解》曰："《左传》楚公子贞，字子囊；其孙名瓦，字子常。此言'公子'，又兼称'囊瓦'，误也。"《史诠》："'公子'当作'公孙'。称'囊瓦'者，孙以祖父字为氏也。"中井积德认为："公子"二字当削。 ⑤豫章——古地区名，说法不一。杜预以为在"江北、淮水南"；也有说指今安徽合肥、寿县一带。 取楚之居巢——"居"字似衍。 ⑥夹汉水而陈——谓吴与唐、蔡列阵于汉水东，楚军列阵于汉水西。陈："阵"的古字。 ⑦云梦——古泽薮名，据《汉书·地理志》等汉、魏人记载，云梦泽在南郡华容县（今湖北潜江西南）南。晋以后的经学家一般都把洞庭湖包括在内。 ⑧王走郧（yún）——郧：古国名，国都在今湖北安陆，一说在湖北十堰郧阳区，春秋时被楚所灭。 ⑨与王奔随——随：西周初年分封的诸侯国名，姬姓，其都城在今湖北随州市，此时已成为楚之附庸。 ⑩己自为王以当之——自己化装为楚王挺身而出。 ⑪乃谢吴不与王——谢绝吴国，未将楚王交出。 ⑫求——寻找，捉拿。 ⑬其以甚乎——也太过分了点吧！其：将。以：通"已"。 ⑭僇（lù）——侮辱。 ⑮莫——"暮"的本字。 ⑯败吴兵于稷——按：《左传》于此谓秦将"使楚人先与吴人战，而自稷会之，大败夫概王于沂（yí）（杨伯峻认为在今河南正阳）"。稷：《集解》曰："稷丘，地名，在（郢都）郊外。" ⑰堂溪——也作"棠溪"，楚邑名，在今河南西平西。 为堂溪氏——以"堂溪"为其

家族的姓氏。 ⑱番——楚邑名，即今江西鄱阳。 ⑲徙于鄀（ruò）——鄀：楚邑名，在今湖北宜城东南。按：此次楚之迁都于鄀时间不长，不久又迁回于郢。

其后四年，孔子相鲁[①]。

后五年，伐越。越王句践迎击，败吴于姑苏，伤阖庐指，军却。阖庐病创将死，谓太子夫差曰："尔忘句践杀尔父乎？"夫差对曰："不敢忘。"是夕，阖庐死。夫差既立为王，以伯嚭为太宰[②]，习战射。二年后伐越，败越于夫湫[③]。越王句践乃以余兵五千人栖于会稽之上，使大夫种厚币遗吴太宰嚭以请和，求委国为臣妾。[④]吴王将许之。伍子胥谏曰："越王为人能辛苦，今王不灭，后必悔之。"吴王不听，用太宰嚭计，与越平[⑤]。

其后五年，而吴王闻齐景公死而大臣争宠，新君弱，乃兴师北伐齐。伍子胥谏曰："句践食不重味[⑥]，吊死问疾，且欲有所用之也。此人不死，必为吴患。今吴之有越，犹人之有腹心疾也。而王不先越而乃务齐，不亦谬乎！"吴王不听，伐齐，大败齐师于艾陵，遂威邹、鲁之君以归。益疏子胥之谋。

其后四年，吴王将北伐齐，越王句践用子贡之谋，乃率其众以助吴，而重宝以献遗太宰嚭。太宰嚭既数受越赂，其爱信越殊甚，日夜为言于吴王。吴王信用嚭之计。伍子胥谏曰："夫越，腹心之病，今信其浮辞诈伪而贪齐。破齐，譬犹石田[⑦]，无所用之。且《盘庚之诰》[⑧]曰：'有颠越不恭，劓殄灭之，俾无遗育，无使易种于兹邑[⑨]。'此商之所以兴。愿王释齐而先越；若不然，后将悔之无及。"而吴王不听，使子胥于齐。子胥临行，谓其子曰："吾数谏王，王不用，吾今见吴之亡矣。汝与吴俱亡，无益也。"乃属其子于齐鲍牧[⑩]，而还报吴。

吴太宰嚭既与子胥有隙，因谗曰："子胥为人刚暴，少恩，猜贼，其怨望恐为深祸也。前日王欲伐齐，子胥以为不可，王卒伐之而有大功。子胥耻其计谋不用,乃反怨望。而今王又复伐齐,子胥专愎强谏,沮毁用事,[11]徒幸吴之败以自胜其计谋耳[12]。今王自行,悉国中武力以伐齐,而子胥谏不用,因辍谢,详病不行。[13]王不可不备,此起祸不难。且嚭使人微伺[14]之,其使于齐也,乃属其子于齐之鲍氏。夫为人臣,内不得意,外倚诸侯,自以为先王之谋臣,今不见用,常鞅鞅怨望。愿王早图之。”吴王曰:“微子之言,吾亦疑之。”乃使使赐伍子胥属镂[15]之剑,曰:“子以此死。”伍子胥仰天叹曰:“嗟乎!谗臣嚭为乱矣,王乃反诛我。我令若[16]父霸,自若未立时,诸公子争立,我以死争之于先王,几不得立。若既得立,欲分吴国予我,我顾不敢望也[17];然今若听谀臣言以杀长者!”乃告其舍人[18]曰:“必树吾墓上以梓,令可以为器;[19]而抉吾眼县吴东门之上[20],以观越寇之入灭吴也。”乃自刭死。吴王闻之大怒,乃取子胥尸盛以鸱夷革,浮之江中[21]。吴人怜之,为立祠于江上,因命曰胥山[22]。

吴王既诛伍子胥,遂伐齐。齐鲍氏杀其君悼公而立阳生。吴王欲讨其贼,不胜而去。其后二年,吴王召鲁、卫之君会之橐皋[23]。其明年,因北大会诸侯于黄池,以令周室。[24]越王句践袭杀吴太子,破吴兵。吴王闻之,乃归,使使厚币与越平。后九年,越王句践遂灭吴,杀王夫差,而诛太宰嚭,以不忠于其君,而外受重赂,与己比周[25]也。

(以上为第三段,写伍子胥因反对吴王夫差忽视句践北上伐齐,被夫差杀害事。)

①孔子相鲁——赵翼《陔馀丛考》曰:“凡列国世家与孔子毫无相涉者,亦皆书是岁孔子相鲁,孔子卒,以其系天下之重轻也。”按:研究者皆以为孔子是年为“傧相”陪鲁定公与齐景公会于夹谷,而非“宰相”,此史公误解,鲁之宰相自是季氏。 ②太宰——官名,即后世之丞相。 ③败越于夫湫——也写作“夫椒”,山名,即今江苏苏州西南太湖中洞庭西山。一说即今江苏无锡西南太湖中马迹山。一说即夫山,在今浙江绍兴西北。 ④大夫种——即文种,越国的重要谋臣。

厚币——厚礼。币:礼品,古代常用璧、帛等。 委国为臣妾——将国家交出,听凭调遣,而国君与夫人亦为其充当奴婢。按:有关句践求和的过程,详见《越王句践世家》。 ⑤平——讲和。 ⑥食不重味——饭桌上只有一种菜。极言其俭朴。 ⑦石田——不能耕种的石头地。 ⑧盘庚之诰——即指《尚书》中的《盘庚》三篇,这是殷代帝王盘庚告谕臣下的训辞。 ⑨有颠越不恭,劓殄(yì tiǎn)灭之,俾无遗育,无使易种于兹邑——四句见《盘庚》中篇。大意说:谁敢悖谬不听命令,我就割他杀他,不叫他留下后代,不叫他在这里再延续种姓。颠越:犹言颠倒、悖谬。不恭:不承,不奉行。劓:割。殄:绝灭。俾:使。易种:延续种姓。易:即“施(yì)”,延续。 ⑩属其子于齐鲍牧——属:托,托人照看。鲍牧:齐国贵族,鲍叔牙的后人。 ⑪专愎(bì)——专断,自以为是。愎:不听人劝。 沮毁——指发表阻挠、破坏言论。 ⑫自胜其计谋——矜夸自己的谋划英明。 ⑬辍(chuò)谢——寻找理由不肯从行。辍:停止,中断。 详——通“佯”,假装。 ⑭微伺——暗中侦视。 ⑮属镂——剑名。 ⑯若——你,你的。 ⑰我顾不敢望也——我根本就不想要。顾:即“固”,根本,本来。 ⑱舍人——贵族身边的寄食亲信。《汉书·高帝纪》师古注:“舍人,亲近左右之通称也。” ⑲梓(zǐ)——乔木名。 器——指棺材。 ⑳抉吾眼县吴东门之上——抉:抠,挖。县:同“悬”。 ㉑盛以鸱(chī)夷革,浮之江中——鸱夷:即皮口袋。泷川资言认为:此“革”字疑衍。按:此所谓“江”者指吴淞江,今亦名苏州河。 ㉒胥(xū)山——在今江苏苏州吴中区西南。顾炎武《日知录》曾详辩今太湖之“胥山”与苏州之“胥门”皆与伍子胥无涉,其说可信。 ㉓召鲁、卫之君会之橐皋(tuó gū)——橐皋:古邑名,在今安徽巢湖西北之柘皋镇。按:据《左传》,此次与吴相会者只有鲁国,无卫国。而吴、鲁相会的目的是重申旧日的盟约。 ㉔大会诸侯于黄池——按:此次会吴王于黄池者只有鲁哀公与晋定公,会盟的目的是吴王夫差想压倒当时处于盟主地位的晋国,而自己取得霸主地位。黄池:古邑名,在今河南封丘西南。 以令周室——盖谓号令诸侯以尊周室,此语殊欠明晓。 ㉕与己比周——谓与越王句践相勾结。比周:互相依附迁就。犹今之所谓“狼狈为奸”。

伍子胥初所与俱亡故楚太子建之子胜者,在于吴。吴王夫差之时,楚惠王欲召胜归楚。叶公谏曰:“胜好勇而阴求死士,殆有私乎!”惠王不听,遂召胜,使居楚之边邑鄢,号为白公。白公归楚三年而吴诛子胥。

白公胜既归楚,怨郑之杀其父,乃阴养死士求报郑。归楚五年,请伐郑,楚令尹子西许之。兵未发而晋伐郑,郑请救于楚。楚使子西往救,与盟而还。白公胜怒曰:“非郑之仇,乃子西也[①]。”胜自砺[②]剑,人问曰:“何以为?”胜曰:“欲以杀子西。”子西闻之,笑曰:“胜如卵耳,何能为也。”

其后四岁,白公胜与石乞袭杀楚令尹子西、司马子綦于朝。石乞曰:“不杀王,不可。”乃劫王如高府[③]。石乞从者屈固负楚惠王亡走昭夫人之宫[④]。叶公闻白公为乱,率其国人攻白公。白公之徒败,亡走山中,自杀。而虏石乞,而问白公尸处,不言将亨[⑤]。石乞曰:“事成为卿,不成而亨,固其职也。”终不肯告其尸处。遂亨石乞,而求惠王复立之。

(以上为第四段,写白公胜为父报仇的故事,为伍子胥的报仇作余波。)

①非郑之仇,乃子西也——我的仇敌现在已经不是郑国,而是子西。　②砺——磨。　③高府——杜预注:“楚之别府。”　④石乞从者屈固负楚惠王亡走昭夫人之宫——按:《集解》引徐广曰:“一作‘惠王从者屈固’。”《楚世家》亦作“惠王从者屈固”。此句作“石乞”者误。昭夫人:昭王之夫人,惠王之母也。　⑤亨——“烹”的本字。

太史公曰:怨毒[①]之于人甚矣哉!王者尚不能行之于臣下,况同列[②]乎!向令伍子胥从奢俱死,何异蝼蚁?弃小义,雪大耻,名垂于后世,悲夫!方子胥窘于江上,道乞食,志岂尝须臾忘郢[③]邪?故隐忍就功名[④],非烈丈夫孰能致此哉?白公如不自立为君者,其功谋亦不可胜道者哉!

(以上为第五段,是作者的论赞,作者盛赞了伍子胥弃小义、雪大耻,隐忍以就功名的壮烈行为,寄寓了个人身世的无限感慨。)

①怨毒——犹言"狠毒",指设计害人而言。 ②同列——同僚。指费无忌与伍奢同为太子官。 ③忘郢——谓忘记楚国对他的杀父、杀兄之仇。 ④隐忍就功名——这是司马迁的生死观,也是《史记》中的重要主题之一。

[**简评**] 作品叙述了伍子胥忍辱报仇、佐吴称霸,以及最后遭谗被害的全过程,作者对伍子胥的志节才干表现了极大的赞美与同情,字里行间蕴含着作者个人身世的无限感慨与悲愤。从历史的观点看,伍子胥对吴国的发展是起过重要作用的,他的忠心耿耿,因直谏而被杀,尤其使人同情。但是他为报私仇而引兵灭楚,以及破郢以后的种种倒行逆施,其中固然有惩罚暴君的意义,表现了作者在君臣关系上的"民主性",但总的来说这种行为还是不值得歌颂的。至于太子建的谋郑被杀,白公胜的乱楚败死,则更是死有余辜,史公亦加以称说,殊失是非标准。史公写作此文主要是依据《左传》《国语》,而有些事件的年代颠倒错乱,不如《左传》明晰;对于人物、故事的叙述,也与《左传》互有长短。当与《左传》《国语》《吴太伯世家》《越王句践世家》《刺客列传》等参照阅读。本篇将许多人物的复仇故事汇聚在一起,为伍子胥的复仇作陪衬,正如钟惺所云:"以伍子胥报父仇为主,而郧公于平王,一父仇也;夫差于越王句践,一父仇也;白公于郑、于子西,又一父仇也。不期而会,不谋而合,穿插凑泊,若相应,若不相应,觉一篇中冤对债主,杀机鬼气头头相值,读之毛竖。"

[**集评**] 《太史公自序》:"维建遇谗,爰及子奢,尚既匡父,伍员奔吴,作《伍子胥列传》第六。"

《春秋公羊传》曰:“曰:‘事君犹事父也,此其为可以复仇,奈何?’曰:‘父不受诛,子复仇可也;父受诛,子复仇,推刃之道也。’”

王安石曰:“予观子胥出死亡逋窜之中,以客寄之一身,卒以说吴,折不测之楚,仇执耻雪,名震天下,岂不壮哉! 及其危疑之际,能自慷慨,不顾万死,毕谏于所事,此其志与夫自恕以偷一时之利者异也。孔子论古之士大夫若管夷吾、臧武仲之属,苟志于善而有补于当世者,皆不废也,然则子胥之义又曷可少耶?”(《伍子胥庙铭》)

钟惺曰:“以伍子胥报父仇为主,而郧公于平王,一父仇也;夫差于越王句践,一父仇也;白公于郑、于子西,又一父仇也。不期而会,不谋而合,穿插凑泊,若相应,若不相应,觉一篇中冤对债主,杀机鬼气,头头相值,读之毛竖,人生真不愿见此境也。”(《史怀》)

李贽曰:“伍员既殁,而后楚有屈原,虽生不并世,要皆楚之烈也。第原自欲死,而员乃为人所死。屈原决择于死生之际,唯死为可,故卒就死,以明己之生真不如死也。伍员知吴之必亡,而不知己之先亡。吴犹未亡,而身先亡于太宰嚭之手矣。其视屈大夫实大迳庭,吾是以后之。虽然,伍子胥之必覆楚也,申包胥之必复楚也,绝孝纯忠,惊天震地,此中若妄有褒弹,是诚灭却一只眼矣。岂可! 岂可!”(《藏书》)

梁启超曰:“伍子胥引外族以自覆其祖国,律以爱国之义,盖有罪焉。虽然,复仇亦天下之大义也。……其智深勇沉,则真一世之雄也。”又曰:“以爱国之义,则包胥又贤于子胥远矣。七日七夜,不饮食,不绝哭,以拯国难,自古及今,天下万国未尝有也,得一人可以光国史矣。”(《饮冰室专集》)

曾国藩曰:“子胥以报怨而成为‘烈丈夫’,渔父之义,专诸之侠,申包胥之乞师,白公之报仇,石乞之甘烹,皆为‘烈’字衬托出

光芒。"(《求阙斋读书录》)

牛运震曰:"《伍子胥传》缕缕纚纚凡二千言,而首尾贯串,中间针线次第俱出,委曲琐屑不嫌其冗,回环往复不厌其复,此《史记》长篇文字之妙也。"(《史记评注》)

李景星曰:"《伍子胥传》以赞中'怨毒'二字为主,是一篇极深刻、极阴惨文字。子胥之所以能报怨者,只在'刚戾忍訽,能成大事',偏于其父口中带出,正见知子莫若父也。而又述费无忌之言曰:'伍奢二子皆贤,不诛,且为楚忧。'述其兄尚之言曰:'汝能报杀父之仇。'述吴公子光之言曰:'彼欲自报其仇耳。'述楚申包胥之言曰:'子之报仇,其以甚乎!'一路写来,都是形容其'怨毒'之深。又因子胥之报怨,带出郧公弟之怨,吴阖庐之怨、白公胜之怨以作点缀;而太史公满腹怨意,亦借题发挥,洋溢于纸上,不可磨灭矣。以伤心人写伤心事,那能不十分出色!"(《四史评议》)

吴见思曰:"子胥事于《左传》《国策》《国语》及《越绝书》《吴越春秋》中看熟,觉姿致少减。然一篇大传兼总条贯,不得不删繁就雅,故以体裁胜,不以韵致胜。读此传过,再看'吹箫吴市''投金濑女'诸事,便近小说矣,不可不知也。"(《史记论文》)

仲尼弟子列传第七

孔子曰“受业身通者七十有七人”，皆异能之士也。德行：颜渊、闵子骞、冉伯牛、仲弓。政事：冉有、季路。言语：宰我、子贡。文学：子游、子夏。师也僻，参也鲁，柴也愚，由也喭，回也屡空。[①]赐不受命而货殖焉，亿则屡中。[②]

孔子之所严事：于周则老子；于卫，蘧伯玉[③]；于齐，晏平仲；于楚，老莱子[④]；于郑，子产[⑤]；于鲁，孟公绰[⑥]。数称臧文仲、柳下惠、铜鞮伯华、介山子然，[⑦]孔子皆后之，不并世。[⑧]

（以上为第一段，是篇前的小序，概述了孔子弟子的总体情况与孔子的大致交游。）

①师也僻——师：即子张，名师。僻：性情古怪，不随俗。一说僻指片面。 参也鲁——参：即曾子，名参。鲁：钝也。即今所谓“迟钝”。 柴也愚——柴：高柴。愚：笨拙。 由也喭（yàn）——由：即子路，名由。喭：粗俗，鲁莽。 回也屡空——回：即颜渊，名回。屡空：经常穷得一无所有。 ②赐不受命——赐：即子贡，名赐。不受命：不安分，不受“天命”的束缚。 货殖——做买卖。 亿则屡中——猜测行情，每每猜对。亿：通“臆”，预料，揣度。 ③于卫，蘧（qú）伯玉——据《孔子世家》，孔子到卫国时，曾住在蘧伯玉家。蘧伯玉：春秋后期卫国人。④老莱子——春秋末期楚人。《索隐》引《大戴礼记》曰：“蹈忠而行信，

终日言不在尤之内……贫而能乐，盖老莱子之行。” ⑤子产——名侨，春秋后期郑国宰相，事迹见《左传》与《郑世家》，《循吏传》亦有其逸事。《论语》屡言子产，而未闻孔子曾对其“严事”之。 ⑥孟公绰（chuò）——春秋后期鲁国大夫。《论语·宪问》中孔子有所谓“孟公绰为赵、魏老则优，不可以为滕、薛大夫”，未闻孔子对其“严事”。以上老子、蘧伯玉、晏婴、老莱子、子产、孟公绰，皆孔子同时代人。 ⑦数称——屡屡称道。 臧文仲——名辰，春秋前期鲁国大夫，历仕庄公、闵公、僖公、文公四朝。按：《论语·公冶长》有云：“臧文仲居蔡，山节藻棁（zhuō），何如其知也？”又《卫灵公》：“臧文仲其窃位者与！知柳下惠之贤而不与立也。”都是贬斥。 柳下惠——即展禽，鲁国大夫，其著名事迹为教导展喜巧妙应对齐国入侵者，见《左传·僖公二十六年》。《大戴礼记》曰：“孝恭慈仁，允德图义，约货去怨，盖柳下惠之行。” 铜鞮（dī）伯华——即羊舌赤，铜鞮（今山西沁县南）人，字伯华，春秋中期晋国大夫，仕于悼公、平公时代，无显要事迹。《大戴礼记》曰：“孔子云：‘国家有道，其言足以兴；国家无道，其默足以容，盖铜鞮伯华之所行。’” 介山子然——即介子推。原是晋文公的功臣，后隐入介山，事迹见《左传》与《晋世家》。《大戴礼记》曰：“孔子云：‘观于四方，不忘其亲，苟思其亲，不尽其乐，盖介山子然之行也。’” ⑧孔子皆后之——意谓上述臧文仲、柳下惠、铜鞮伯华、介之推，都是孔子以前的人。 不并世——不生活在同一个时代。

颜回者，鲁人也，字子渊，少孔子三十岁。

颜渊问仁，孔子曰：“克己复礼，天下归仁焉①。”

孔子曰：“贤哉回也！一箪食，一瓢饮，在陋巷，人不堪其忧，回也不改其乐。”“回也如愚；退而省其私，亦足以发，回也不愚②。”“用之则行，舍之则藏，唯我与尔有是夫！”

回年二十九，发尽白，蚤死③。孔子哭之恸，曰：“自吾有回，门人益亲。”鲁哀公问：“弟子孰为好学？”孔子对曰：“有颜回者好学，不迁怒，不贰过，不幸短命死矣，今也则亡。④”

闵损，字子骞，少孔子十五岁。

孔子曰："孝哉闵子骞！人不间于其父母昆弟之言[⑤]。"不仕大夫，不食污君之禄[⑥]。"如有复我者，必在汶上矣[⑦]。"

冉耕，字伯牛，孔子以为有德行。

伯牛有恶疾，孔子往问之，自牖执其手，曰："命也夫！斯人也而有斯疾，命也夫！"[⑧]

冉雍，字仲弓。

仲弓问政，孔子曰："出门如见大宾，使民如承大祭。在邦无怨，在家无怨。"[⑨]

孔子以仲弓为有德行，曰："雍也可使南面[⑩]。"

仲弓父，贱人。孔子曰："犁牛之子骍且角，虽欲勿用，山川其舍诸？[⑪]"

（以上为第二段，写颜回、闵损、冉耕、冉雍，也就是以"德行"著称之弟子的生平事迹。）

①克己复礼，天下归仁焉——语见《论语·颜渊》。杨伯峻认为此句意谓：抑制自己，使言语行动都合于礼，一旦这样做到了，天下的人都会称许你是仁人。归仁：以"仁者"之号归之。 ②回也如愚——言其听课时没有反应，像个傻子。 退而省其私，亦足以发——意谓孔子事后细察颜回的思想、实践，发现他也能够发挥阐释自己所讲的东西。 ③回年二十九，发尽白，蚤死——蚤：通"早"。关于颜回死时的岁数，有说是二十九，有说是三十二，有说是四十一。 ④不贰过——不重犯已经犯过的错误。 今也则亡——现在已经没有了。亡：通"无"。 ⑤人不间于其父母昆弟之言——意谓闵子骞上事父母，下顺兄弟，动静尽善，故人不得有非间之言。昆弟：兄弟。 ⑥不仕大夫，不食污君之禄——皆指不应鲁国权臣季氏之请而言，季孙氏为鲁国大夫，世代执掌鲁政。 ⑦如有复我者，必在汶上矣——按：二句见《论语·雍也》。原文为："季氏使闵子骞为费宰，闵子骞曰：'善为我辞焉，如有复我者，则吾必在汶上矣。'"费宰：费邑（季氏的都城）的行政官。复我：再来叫我。必在汶上矣：必将逃隐到汶水上去。汶水，发源于今山东济南莱芜

区北，西南流经古嬴县南，古称嬴汶，又西南会牟汶、北汶、石汶、柴汶至今东平戴村坝。 ⑧恶疾——即今所谓“麻风病”。 问——慰问。 自牖（yǒu）执其手——牖：窗口。《集解》引包氏曰：“牛有恶病，不欲见人，孔子从牖执其手。” 命也夫——包氏曰：“再言之者，痛之甚也。” ⑨问政——问如何从政。 出门如见大宾——出门工作好像接待贵宾。 使民如承大祭——役使百姓好像承当大祀典。 在邦无怨，在家无怨——意谓只要严格恭敬从事，那就不论在哪里工作，都不会遭人怨恨。在邦：谓仕于诸侯。在家：谓仕于卿大夫。 ⑩可使南面——可任一邦之君主。 ⑪犁牛之子骍（xīng）且角——犹今俗话之“鸡窝里出了凤凰”。犁牛：毛色驳杂的老牛。骍且角：指毛色纯赤、角又端正的小牛。这样的牛适合充当牺牲，用作供品。 虽欲勿用，山川其舍诸——即使你会因为生它的老牛不好而不想用它做供品，但享受祭祀的山川神灵喜欢它，愿意要它。

冉求，字子有，少孔子二十九岁，为季氏宰[①]。

季康子问孔子曰：“冉求仁乎？”曰：“千室之邑，百乘之家，求也可使治其赋，[②]仁则吾不知也。”复问：“子路仁乎？”孔子对曰：“如求。”

求问曰：“闻斯行诸[③]？”子曰：“行之。”子路问：“闻斯行诸？”子曰：“有父兄在，如之何其闻斯行之[④]！”子华怪之：“敢问问同而答异？”孔子曰：“求也退，故进之；由也兼人，故退之。[⑤]”

仲由，字子路，卞[⑥]人也，少孔子九岁。

子路性鄙，好勇力，志伉直，冠雄鸡，佩豭豚，陵暴孔子。[⑦]孔子设礼稍诱子路，子路后儒服委质，因门人请为弟子。[⑧]

子路问政，孔子曰：“先之，劳之。[⑨]”请益，曰：“无倦。”[⑩]

子路问：“君子尚勇乎？”孔子曰：“义之为上。君子好勇而无义则乱，小人好勇而无义则盗。”

子路有闻，未之能行，唯恐有闻[⑪]。

孔子曰：“片言可以折狱者，[⑫]其由也与！”“由也好勇过我，无所取材[13]。”“若由也,不得其死然[14]。”“衣敝缊袍与衣狐貉者立而不耻者,其由也与!”“由也升堂矣,未入于室也。”

季康子问:“仲由仁乎?”孔子曰:“千乘之国可使治其赋,不知其仁。”

子路喜从游,遇长沮、桀溺、荷蓧丈人。[15]

子路为季氏宰,季孙问曰:“子路可谓大臣与?”孔子曰:“可谓具臣[16]矣。”

子路为蒲大夫[17],辞孔子。孔子曰:“蒲多壮士,又难治。然吾语汝:恭以敬,可以执勇;宽以正,可以比众;[18]恭正以静,可以报上[19]。”

初,卫灵公有宠姬曰南子。灵公太子蒉聩得过南子,惧诛出奔。[20]及灵公卒而夫人欲立公子郢,郢不肯,曰:“亡人[21]太子之子辄在。”于是卫立辄为君,是为出公。出公立十二年,其父蒉聩居外,不得入。子路为卫大夫孔悝之邑宰[22]。蒉聩乃与孔悝作乱,谋入孔悝家,遂与其徒袭攻出公。出公奔鲁,而蒉聩入立,是为庄公。方孔悝作乱,子路在外,闻之而驰往。遇子羔出卫城门,谓子路曰:“出公去矣,而门已闭,子可还矣,毋空受其祸。”子路曰:“食其食者不避其难。”子羔卒去。有使者入城,城门开,子路随而入。造蒉聩,蒉聩与孔悝登台。[23]子路曰:“君焉用孔悝?请得而杀之[24]。”蒉聩弗听。于是子路欲燔台,蒉聩惧,乃下石乞、壶黡攻子路,击断子路之缨。[25]子路曰:“君子死而冠不免。”遂结缨而死。[26]

孔子闻卫乱,曰:“嗟乎,由死矣!”已而果死。故孔子曰:“自吾得由,恶言不闻于耳[27]。”是时子贡为鲁使于齐[28]。

(以上为第三段,写冉有、子路,也就是以“政事”著称之弟子的生平事迹。)

①为季氏宰——为鲁国的权臣季孙氏当管家。宰:主管。　②千室之邑——千户人家居住的大城镇。　百乘之家——具有百辆兵车的

大家族。指大夫。季康子本应属于这一类，但实际上他要比“百乘”强大得多。　可使治其赋——可以让他去管理那里的军事、经济。赋：兵赋，也指田赋。　③闻斯行诸——听说有该干的事就要立刻干吗？斯：则。　④有父兄在，如之何其闻斯行之——意即当禀白父兄，不可自专。　⑤求也退，故进之——冉有生性谦退，所以要鼓励他。　兼人——谓争强好胜，敢想敢为。　退——抑制。　⑥卞——春秋时代的鲁邑名，在今山东泗水县东南。　⑦性鄙——性情粗鲁、浅陋。冠雄鸡——戴着状如雄鸡的帽子。　佩豭（jiā）豚——取公猪之皮以为剑饰。　⑧稍诱——逐渐地加以诱导。　委质——犹言“委身”，委身受人支配。或曰即立字据，写保证书。或曰“质”通“贽”，拜见人所送的礼物。　⑨先之——带头先干，以身作则。　劳之——慰问、鼓励他们。　⑩请益——请再多讲一些。　无倦——指行“先之”“劳之”两条永无倦怠。　⑪唯恐有闻——有：通“又”。前所闻未及行，故恐复又闻，怕忙得干不好。　⑫片言——听话只听到一半。或谓只听一方面的诉讼。　折狱——判案。按：孔子对子路的此一考评见《论语·颜渊》。这段话可以理解为表扬子路的聪明，但更大程度是批评子路办事的主观。　⑬无所取材——有人以为主语是子路，是孔子说他勇有余，但不能裁度事理以适于义。也有人说主语是孔子，孔子以为子路的这种过分好勇是不可取的。材：通“裁”。　⑭不得其死然——谓其不得寿终。然：语气词，用法同“焉”。　⑮喜从游——喜欢跟着孔子周游诸国。　长沮、桀溺——当时居于蔡国以耕田为业的两个隐士，他们不赞成孔子到处奔走讲道，劝子路跟着他们避世隐居。　荷蓧（diào）丈人——当时的蔡地隐者，曾指责孔子“四体不勤，五谷不分”。蓧：除草用的工具。　⑯具臣——勉强充数的家臣。孔子认为做“大臣”的标准是“以道事君，不可则止”，而子路还达不到这个水平。⑰为蒲大夫——将应聘到卫国任蒲邑的行政长官。“蒲邑”在今河南长垣，处卫都之西南，为卫国重镇。　⑱恭以敬，可以执勇——以：意思同“而”。执：把握，抑制。　比众——使众人亲附。比：贴近。　⑲恭正以静，可以报上——静：指不烦苛、不扰民。报上：向主子交差。以上孔子教导子路治蒲事，《论语》《左传》皆不载。　⑳蒉聩（kuài kuì)——《左传》作“蒯(kuǎi)聩”,此文似误。 惧诛出奔——南子与灵公之男宠私通,国人编为歌谣以讽。蒯聩欲杀南子,被南子发觉。蒯聩怕被灵公所诛,遂逃奔宋。事见《左传·定公十四年》及《卫康叔世家》。 ㉑亡人——逃亡者。指蒯聩。 ㉒子路为卫大夫孔悝(kuī)之邑宰——按:此子路为“蒲大夫”以后之事。孔悝:孔文子之子,卫出公在位时的卫国大夫,其母为太子蒯聩之姊。 ㉓造——到达。 蒉聩与孔悝登台——实为劫持孔悝以登台。 ㉔君焉用孔悝?请得而杀之——《左传》于此云:“太子焉用孔悝,虽杀之,必或继之(还会有别人接着与你作对)。”此文之所谓“杀之”,则是诈语,实欲救之也。 ㉕石乞、壶黡(yǎn)——蒯聩党人。 缨——冠带,以系于下颌。 ㉖君子死而冠不免——君子死时不能让帽子掉下来。 结缨而死——当子路忙于系冠带的时候被敌人杀死了。 ㉗自吾得由,恶言不闻于耳——子路为孔子侍卫,故侮慢之人不敢有所言。 ㉘是时子贡为鲁使于齐——九字系衍文,当删。

宰予,字子我,利口辩辞。既受业,问:“三年之丧不已久乎?君子三年不为礼,礼必坏;三年不为乐,乐必崩。旧谷既没,新谷既升,钻燧改火,期可已矣。[①]”子曰:“于汝安乎?”曰:“安。”“汝安则为之。君子居丧,食旨不甘[②],闻乐不乐,故弗为也。”宰我出,子曰:“予之不仁也!子生三年然后免于父母之怀。夫三年之丧,天下之通义也。”

宰予昼寝。子曰:“朽木不可雕也,粪土之墙不可圬[③]也。”

宰我问五帝之德,子曰:“予非其人也。”[④]

宰我为临菑大夫,与田常作乱,以夷其族,孔子耻之。[⑤]

端沐赐,卫人,字子贡,少孔子三十一岁。[⑥]

子贡利口巧辞,孔子常黜其辩。[⑦]问曰:“汝与回也孰愈?”对曰:“赐也何敢望回!回也闻一以知十,赐也闻一以知二。”

子贡既已受业,问曰:“赐何人也?”孔子曰:“汝器[⑧]也。”曰:“何器也?”曰:“瑚琏[⑨]也。”

陈子禽问子贡曰："仲尼焉学？"[10]子贡曰："文武之道[11]未坠于地，在人，贤者识其大者，不贤者识其小者，莫不有文武之道。夫子焉不学，而亦何常师之有！"又问曰："孔子适是国必闻其政。求之与？抑与之与？"[12]子贡曰："夫子温良恭俭让以得之。夫子之求之也，其诸异乎人之求之也。"[13]

子贡问曰："富而无骄，贫而无谄，何如？"孔子曰："可也；不如贫而乐道，富而好礼。"

田常欲作乱于齐，惮高、国、鲍、晏，故移其兵欲以伐鲁。孔子闻之，谓门弟子曰："夫鲁，坟墓所处，父母之国，国危如此，二三子何为莫出？"子路请出，孔子止之。子张、子石请行[14]，孔子弗许。子贡请行，孔子许之。

遂行，至齐，说田常曰："君之伐鲁过矣。夫鲁，难伐之国，其城薄以卑，其地狭以泄，[15]其君愚而不仁，大臣伪而无用，其士民又恶甲兵之事，此不可与战。君不如伐吴。夫吴，城高以厚，地广以深，甲坚以新，士选以饱，重器精兵尽在其中，[16]又使明大夫守之，此易伐也。"田常忿然作色曰："子之所难，人之所易；子之所易，人之所难。而以教常，何也？"子贡曰："臣闻之，忧在内者攻强[17]，忧在外者攻弱。今君忧在内。吾闻君三封而三不成[18]者，大臣有不听者也。今君破鲁以广齐，战胜以骄主，破国以尊臣，而君之功不与焉，则交日疏于主。[19]是君上骄主心，下恣群臣，求以成大事，难矣。夫上骄则恣，臣骄则争，是君上与主有郤，[20]下与大臣交争也。如此，则君之立于齐危矣。故曰不如伐吴。伐吴不胜，民人外死，大臣内空，是君上无强臣之敌，下无民人之过，孤主制齐者唯君也。[21]"田常曰："善。虽然，吾兵业已加鲁矣，去而之吴，大臣疑我，奈何？"子贡曰："君按兵无伐，臣请往使吴王，令之救鲁而伐齐，君因以兵迎之。"田常许之，使子贡南见吴王。

说曰："臣闻之，王者不绝世，霸者无强敌，千钧之重加铢两而移。[22]今以万乘之齐而私千乘之鲁，[23]与吴争强，窃为王危之。且夫救鲁，显名也；伐齐，大利也。以抚泗上诸侯[24]，诛暴齐以服强晋，利莫大焉。名存亡鲁，实困强齐。智者不疑也。"吴王曰："善。虽然，吾尝与越战，栖之会稽。越王苦身养士，有报我心。子待我伐越而听子[25]。"子贡曰："越之劲不过鲁，吴之强不过齐，王置齐而伐越，则齐已平鲁矣。且王方以存亡继绝为名，夫伐小越而畏强齐，非勇也。夫勇者不避难，仁者不穷约[26]，智者不失时，王者不绝世，以立其义。今存越示诸侯以仁，救鲁伐齐，威加晋国，诸侯必相率而朝吴，霸业成矣。且王必恶越，臣请东见越王，令出兵以从，此实空越，名从诸侯以伐也。"吴王大说，乃使子贡之越。

越王除道郊迎，身御至舍而问曰[27]："此蛮夷之国，大夫何以俨然辱而临之？"子贡曰："今者吾说吴王以救鲁伐齐，其志欲之而畏越，曰'待我伐越乃可'。如此，破越必矣。且夫无报人[28]之志而令人疑之，拙也；有报人之志，使人知之，殆也；事未发而先闻，危也。三者举事之大患。"句践顿首再拜曰："孤尝不料力，乃与吴战，困于会稽，痛入于骨髓，日夜焦唇干舌，徒欲与吴王接踵而死，孤之愿也。"遂问子贡。子贡曰："吴王为人猛暴，群臣不堪；国家敝以数战，士卒弗忍；百姓怨上，大臣内变；子胥以谏死，太宰嚭用事，顺君之过以安其私：是残国之治也。今王诚发士卒佐之以徼其志[29]，重宝以说其心，卑辞以尊其礼，其伐齐必也。彼战不胜，王之福矣。战胜，必以兵临晋，臣请北见晋君，令共攻之，弱吴必矣。其锐兵尽于齐，重甲困于晋，而王制其敝，此灭吴必矣。"越王大说，许诺。送子贡金百镒[30]，剑一，良矛二。子贡不受，遂行。

报吴王曰："臣敬以大王之言告越王，越王大恐，曰：'孤不幸，少失先人，内不自量，抵罪于吴，军败身辱，栖于会稽，国为虚莽，[31]赖大王之赐，使得奉俎豆而修祭祀，死不敢忘，何谋之敢虑！’”后五日，越使大夫种顿首言于吴王曰：“东海役臣孤句践使者臣种，敢修下吏问于左右。[32]今窃闻大王将兴大义，诛强救弱，困暴齐而抚周室，请悉起境内士卒三千人，孤请自被坚执锐，以先受矢石。因越贱臣种奉先人藏器，甲二十领，鈇屈卢之矛，步光之剑，以贺军吏。[33]”吴王大说，以告子贡曰：“越王欲身从寡人伐齐，可乎？”子贡曰：“不可。夫空人之国，悉人之众，又从其君[34]，不义。君受其币，许其师，而辞其君。[35]”吴王许诺，乃谢越王。于是吴王乃遂发九郡兵伐齐。

子贡因去之晋，谓晋君曰：“臣闻之，虑不先定不可以应卒，兵不先辨不可以胜敌。[36]今夫齐与吴将战，彼战而不胜，越乱之必矣；与齐战而胜，必以其兵临晋。”晋君大恐，曰：“为之奈何？”子贡曰：“修兵休卒以待之。”晋君许诺。

子贡去而之鲁。吴王果与齐人战于艾陵，大破齐师，获七将军之兵而不归，果以兵临晋，与晋人相遇黄池之上。吴晋争强，晋人击之，大败吴师。越王闻之，涉江袭吴，去城七里而军。吴王闻之，去晋而归，与越战于五湖[37]。三战不胜，城门不守，越遂围王宫，杀夫差而戮其相。破吴三年，东向而霸。

故子贡一出，存鲁，乱齐，破吴，强晋而霸越。子贡一使，使势相破，十年之中，五国各有变。[38]

子贡好废举，与时转货资。[39]喜扬人之美，不能匿人之过。常相鲁、卫，家累千金，卒终于齐。[40]

（以上为第四段，写宰我、子贡，也就是以“言语”著称之弟子的生平事迹。）

①旧谷既没，新谷既升——去年的旧粮食已经吃完，今年的新粮食已经登收。指一年到头。　钻燧改火——谓钻木取火已经更换了一遍木头。也是指过了一年。　期（jī）——一周年。　②食旨不甘——肥美的食物吃到嘴里也不觉香甜。因内心痛苦。旨：肥美的食物。甘：香甜。　③圬（wū）——以泥抹墙。　④五帝——指黄帝、颛顼、帝喾、

尧、舜。 予非其人——宰予不是该提这种问题的人。指其没有资格。

⑤临菑大夫——齐国都城临菑(今山东淄博临淄区)的行政长官。

与田常作乱,以夷其族——田常:原名田恒,汉人为避文帝讳而改称其为“田常”,春秋末期的齐国贵族,于公元前481年弑其君齐简公,另立傀儡,田氏逐渐篡夺姜氏之齐国政权。事见《左传》与《田敬仲完世家》。夷:平,灭绝。据《左传》,无宰我与田常作乱事。按:齐国有阚(kàn)止,字子我,阚止因与田常争宠被田常所杀。史公可能误将阚止当作了宰我。 ⑥端沐赐——他处亦有作“端木赐”。 字子贡——他书也写作“子赣”。 ⑦子贡利口巧辞——子贡与宰我同被列于“言语”科。 常黜其辩——常对他的伶牙俐齿加以裁抑。黜:贬退,压抑。

⑧器——器物。意即有用之材。 ⑨瑚琏——宗庙里盛祭品的一种贵重器皿。 ⑩陈子禽——名亢,据《论语》,问“仲尼焉学”的是“卫公孙朝”,非陈子禽。 焉学——学什么。 ⑪文武之道——文王、武王治国治民的方针原则。 ⑫闻其政——过问该国的政治状况。闻:打听,过问。 求之与?抑与之与?——是孔子向人家请求的呢,还是人家主动向孔子讲的呢?抑:转折语词。 ⑬夫子温良恭俭让以得之——意谓夫子因有此五德,故人多主动向他讲。 其诸异乎人之求之也——其诸:表示不肯定的语气,意为“或者”。 ⑭子张、子石请行——请行:请求出使,以纾国难。 ⑮卑——矮。 其地狭以泄——应作“其池狭以浅”。池:护城河。 ⑯地广以深——与上文相对应作“池广以深”。 士选以饱——士兵久经训练,而且给养充足。选:选拔。这里指选出的精兵。 重器——指珍宝。 尽在其中——指吴国样样都有。 ⑰忧在内者攻强——指国内的矛盾尖锐,如外挑强敌则可使内部矛盾缓和。 ⑱三封而三不成——三次将要接受齐君的封地,结果都被人破坏掉了。 ⑲骄主——使自己的国君变得更为骄慢。

破国以尊臣——由于战胜他国而使国内政敌的地位更加提高。 君之功不与——你本人的功勋反而得不到肯定。与:赞赏,肯定。 交日疏于主——与齐侯的关系越来越疏远。 ⑳上骄则恣——“上”疑当作“主”,涉上文而讹。 有郤——有矛盾。郤:通“隙”,隔阂,矛盾。

㉑过——指责。 孤主制齐——使国君孤立,使己得以专制齐国。

㉒王者不绝世——意谓一个称“王”于天下的人，不能眼看着某一个诸侯国被人灭掉而不管。　千钧之重加铢两而移——意谓在天平的两侧，尽管都是千钧之重，但不论在哪一边再加上“一铢”“一两”，则被加的一侧将立刻超过另一侧。铢：一说一铢重一百黍，一说一铢重九十六黍。　㉓万乘之齐——称齐国为“万乘”，不是春秋时代的语言，乃战国时语。　私——此指吞并，占有。　㉔抚泗上诸侯——抚：安抚，亦指使其归附、臣服。泗上诸侯：泗水一带的各诸侯国，指齐、鲁以外的滕、薛、邹等。泗水：源出山东泗水县东蒙山南麓，四源并发，故名西流经泗水县、曲阜、济宁兖州区，折南至济宁东南鲁桥镇入运河。　㉕子待我伐越而听子——按：吴王从来未有如此之计虑，伍子胥乃至死强调这一条。　㉖仁者不穷约——行仁政者不使盟约遭毁（眼看鲁亡而不救）。穷约：毁弃盟约。　㉗除道——清扫道路。　身御至舍——亲自为其赶车，送到宾馆。御：驾车。　㉘报人——对人进行报复。　㉙以徼（yāo）其志——以顺适其好大喜功的想法。徼：求取，顺适。　㉚百镒（yì）——一镒为二十两，或曰二十四两。　㉛抵罪——得罪。　国为虚莽——国都变成废墟，长满荒草。虚：“墟”的本字。　㉜大夫种——即文种。越王句践的佐命大臣，事迹见《越王句践世家》。　东海役臣——东海边上的谨供役使之臣。指句践。　孤——孤立无朋之人。　敢修下吏——向您的下属官吏结好。敢：谦辞。修：交结。　问于左右——问候您左右的侍从人员。所谓“下吏”“左右”，实际都是敬指吴王。　㉝因——凭借，通过。　先人藏器——祖辈珍藏下来的宝物。　鈇（jué）屈卢之矛——《索隐》曰：“鈇音跌，谓斧也。刘氏云：‘一本无此字。’屈卢，矛名。”泷川资言认为：“铁”字上当有铁名，以与“屈卢”“步光”相对，否则“铁”字衍文。　以贺军吏——客气的说法。意即向您致贺。　㉞从其君——使其君从行。　㉟币——礼品，贡品。

许其师——允许越国军队随行。　辞其君——免除其君句践的从行。辞：谢免。　㊱应卒——应付突然事变。卒（cù）：后多作“猝”。

先辨——事先做好准备。辨：通“办”。　㊲与越战于五湖——五湖：这里指太湖，在江苏省南部，邻接浙江省。按：《左传》《吴世家》《越世家》皆谓吴王自黄池归后，乃厚礼与越人请平，无战于五湖事。

㊳使势相破——使固有的形势发生变化。 十年之中，五国各有变——此段极力夸张子贡之才辩，与事实完全不符，前人皆以为不可信。 ㊴废举——废：居。举：发。指商人的"屯积"与"甩卖"。 与时转货赀——随着行情的涨落而卖出买进。赀：贩卖。 ㊵常相鲁卫——曾在鲁卫两国任过宰相。常：通"尝"。按：此事无考，盖与称孔子之"相鲁"同，皆夸张无事实。 家累千金——按：《货殖列传》有云："夫使孔子名布扬于天下者，子贡先后之也，此所谓'得势而益彰者乎'！"史公对子贡于孔门的作用，评价最高。

言偃，吴人，字子游，少孔子四十五岁。

子游既已受业，为武城宰[①]。孔子过，闻弦歌之声。孔子莞尔而笑曰："割鸡焉用牛刀？"子游曰："昔者偃闻诸夫子曰，君子学道则爱人，小人学道则易使。"孔子曰："二三子，偃之言是也，前言戏之耳。"孔子以为子游习于文学[②]。

卜商，字子夏，少孔子四十四岁。

子夏问："'巧笑倩兮，美目盼兮，素以为绚兮[③]'，何谓也？"子曰："绘事后素[④]。"曰："礼后乎[⑤]？"孔子曰："商始可与言《诗》已矣。"

子贡问："师与商孰贤？"子曰："师也过，商也不及。""然则师愈与[⑥]？"曰："过犹不及[⑦]。"

子谓子夏曰："汝为君子儒，无为小人儒。[⑧]"

孔子既没，子夏居西河教授，为魏文侯师。[⑨]其子死，哭之失明。

（以上为第五段，写子游、子夏，也就是以"文学"著称之弟子的生平事迹。）

①武城宰——武城县的行政长官。武城：鲁县名，县治在今山东平邑县南故县城。 ②习于文学——先秦两汉时期的"文学"，相当于今之"学术"，亦即对孔门"六经"的研究与掌握。 ③巧笑倩兮，美目盼兮，素以为绚兮——倩：笑貌。盼：动目貌。绚：文采美丽的样子。前两

句在《诗经·卫风·硕人》之二章,后句为逸诗。 ④绘事后素——《集解》引郑玄曰:"绘画文也,凡画绘,先布众色,然后以素分布其间,以成其文。喻美女虽有倩盼美质,亦须礼以成也。" ⑤礼后乎——意思是说做人必须学礼吗? ⑥师愈与——子张稍好一点吗?愈:优长。 ⑦过犹不及——意即都没有达到"正好"的程度。按:孔门讲究"中庸",所以对"过火"与"不到火候"的思想行为都不满意。 ⑧君子儒——君子之儒将以明道。 小人儒——小人为儒则以儒为招牌而自我炫耀。 ⑨居西河教授——西河:指今河南安阳一带,当时之黄河经安阳东侧流向河北,以此河地处齐、鲁之西,故齐、鲁人称这段黄河为"西河"。也有人认为指今山西西部临近黄河一带。 为魏文侯师——魏文侯名斯,战国初期的魏国国君。

颛孙师,陈人,字子张,少孔子四十八岁。

子张问干禄[①],孔子曰:"多闻阙疑,慎言其余,则寡尤;[②]多见阙殆[③],慎行其余,则寡悔。言寡尤,行寡悔,禄在其中矣。"

他日,从在陈蔡间,困,问行[④]。孔子曰:"言忠信,行笃敬,虽蛮貊之国行也;言不忠信,行不笃敬,虽州里行乎哉!立则见其参于前也,在舆则见其倚于衡,夫然后行。[⑤]"子张书诸绅[⑥]。

子张问:"士何如斯可谓之达矣?"孔子曰:"何哉,尔所谓达者?"子张对曰:"在国必闻,在家必闻。"孔子曰:"是闻也,非达也。夫达者,质直而好义,察言而观色,虑以下人,在国及家必达。夫闻也者,色取仁而行违,居之不疑,在国及家必闻。[⑦]"

曾参,南武城人,字子舆,少孔子四十六岁。

孔子以为能通孝道,故授之业[⑧]。作《孝经》。死于鲁。

澹台灭明,武城人,字子羽,少孔子三十九岁。

状貌甚恶。欲事孔子,孔子以为材薄。既已受业,退而修行,行不由径[⑨],非公事不见卿大夫。南游至江,从弟子三百人,设取予去就,名施乎诸侯。[⑩]孔子闻之,曰:"吾以言取人,失之宰予;以貌取人,失之子羽。[⑪]"

宓不齐，字子贱[12]，少孔子三十岁。

孔子谓子贱："君子哉！鲁无君子，斯焉取斯[13]？"

子贱为单父[14]宰，反命于孔子，曰："此国有贤不齐者五人，教不齐所以治者。"孔子曰："惜哉不齐所治者小，所治者大则庶几矣[15]。"

原宪，字子思。

子思问耻。孔子曰："国有道，谷[16]；国无道，谷，耻也。"

子思曰："克伐怨欲不行[17]焉，可以为仁乎？"孔子曰："可以为难矣，仁则吾弗知也。"

孔子卒，原宪遂亡在草泽中。子贡相卫，而结驷连骑，排藜藿入穷阎，过谢原宪。[18]宪摄[19]敝衣冠见子贡。子贡耻之，曰："夫子岂病乎？"[20]原宪曰："吾闻之，无财者谓之贫，学道而不能行者谓之病。若宪，贫也，非病也。"子贡惭，不怿而去，终身耻其言之过也。[21]

公冶长，齐人，字子长。

孔子曰："长可妻也，虽在累绁之中，非其罪也。[22]"以其子[23]妻之。

南宫括，字子容。

问孔子曰："羿善射，奡荡舟，俱不得其死然；[24]禹、稷躬稼而有天下。"孔子弗答[25]。容出，孔子曰："君子哉若人！上德哉若人[26]！""国有道，不废；国无道，免于刑戮。"三复"白珪之玷[27]"，以其兄之子妻之。

公皙哀，字季次[28]。

孔子曰："天下无行，多为家臣，仕于都；[29]唯季次未尝仕。"

曾蒧，字皙[30]。

侍孔子，孔子曰："言尔志。"蒧曰："春服既成，冠者五六人，童子六七人，浴乎沂，风乎舞雩，咏而归。[31]"孔子喟尔叹曰："吾与蒧也！"[32]

颜无繇，字路。路者，颜回父，父子尝各异时事孔子。

颜回死，颜路贫，请孔子车以葬[33]。孔子曰："材不材，亦各言其子也。[34]鲤也死，有棺而无椁，吾不徒行以为之椁，以吾从大夫之后，不可以徒行。[35]"

商瞿，鲁人[36]，字子木，少孔子二十九。

孔子传《易》于瞿，瞿传楚人馯臂子弘，弘传江东人矫子庸疵，[37]疵传燕人周子家竖，竖传淳于人光子乘羽，羽传齐人田子庄何，[38]何传东武人王子中同，同传菑川人杨何。[39]何元朔中以治《易》为汉中大夫[40]。

高柴，字子羔。少孔子三十岁。

子羔长不盈五尺，受业孔子，孔子以为愚。

子路使子羔为费郈宰[41]，孔子曰："贼夫人之子[42]！"子路曰："有民人焉，有社稷焉[43]，何必读书然后为学！"孔子曰："是故恶夫佞者[44]。"

漆雕开，字子开。

孔子使开仕，对曰："吾斯之未能信[45]。"孔子说[46]。

公伯僚，字子周。[47]

周诉子路于季孙，子服景伯以告孔子，[48]曰："夫子固有惑志，缭也，吾力犹能肆诸市朝[49]。"孔子曰："道之将行，命也；道之将废，命也，公伯缭其如命何[50]！"

司马耕，字子牛。

牛多言而躁。问仁于孔子，孔子曰："仁者其言也讱[51]。"曰："其言也讱，斯可谓之仁乎？"子曰："为之难，言之得无讱乎！[52]"

问君子，子曰："君子不忧不惧。"曰："不忧不惧，斯可谓之君子乎？"子曰："内省不疚，夫何忧何惧！[53]"

樊须，字子迟。少孔子三十六岁。

樊迟请学稼，孔子曰："吾不如老农。"请学圃[54]，曰："吾不如老圃。"

樊迟出，孔子曰：“小人[55]哉樊须也！上好礼，则民莫敢不敬；上好义，则民莫敢不服；上好信，则民莫敢不用情[56]。夫如是，则四方之民襁负其子而至矣，焉用稼！”

樊迟问仁，子曰：“爱人。”问智，曰：“知人。”

有若，少孔子四十三岁。有若曰：“礼之用，和为贵，先王之道斯为美，小大由之。[57]有所不行，知和而和，不以礼节之，亦不可行也。[58]”“信近于义，言可复[59]也；恭近于礼，远耻辱也；因不失其亲，亦可宗也。[60]”

孔子既没，弟子思慕，有若状似孔子，弟子相与共立为师，师之如夫子时也。他日，弟子进问曰：“昔夫子当行，使弟子持雨具，已而果雨。弟子问曰：‘夫子何以知之？’夫子曰：‘《诗》不云乎：月离于毕，俾滂沱矣，昨暮月不宿毕乎？[61]’他日，月宿毕，竟不雨。商瞿年长无子，其母为取室。[62]孔子使之齐，瞿母请之[63]。孔子曰：‘无忧，瞿年四十后当有五丈夫子[64]’，已而果然，问夫子何以知此？”有若默然无以应。弟子起曰：“有子避之，此非子之座也！”

公西赤，字子华，少孔子四十二岁。

子华使于齐，冉有为其母请粟。孔子曰：“与之釜[65]。”请益，曰：“与之庾。”[66]冉子与之粟五秉[67]。孔子曰：“赤之适齐也，乘肥马，衣轻裘。吾闻君子周急不继富。”

巫马施，字子旗，少孔子三十岁。

陈司败[68]问孔子曰：“鲁昭公知礼乎？”孔子曰：“知礼。”退而揖巫马旗曰[69]：“吾闻君子不党[70]，君子亦党乎？鲁君娶吴女为夫人，命之为‘孟子’。‘孟子’姓姬，讳称同姓[71]，故谓之‘孟子’。鲁君而知礼，孰不知礼！”施以告孔子，孔子曰：“丘也幸，苟有过，人必知之。臣不可言君亲之恶，为讳者，礼也。”

梁鳣，字叔鱼，少孔子二十九岁。

颜幸，字子柳，少孔子四十六岁。

冉孺，字子鲁，少孔子五十岁。

曹邺，字子循，少孔子五十岁。

伯虔，字子析，少孔子五十岁。

公孙龙，字子石，少孔子五十三岁。

（以上为第六段，写“四科”以外见于书传之弟子的生平事迹。）

①干禄——谋求禄位。干：求。意即找官做。 ②多闻阙疑——多问多听，不懂的东西一概不说。阙：空着。 寡尤——少犯错误。③多见阙殆——遇事多看看，凡有危险的事情一概不做。殆：危险。④问行——问如何为人处世。行：行得通，吃得开。 ⑤参于前——出现在面前。指“言忠信，行笃敬”。参：见，出现。 倚于衡——靠在车前套马的横轭上。 夫然后行——能做到这个样子，那就到处都吃得开了。 ⑥书诸绅——写在自己腰间所系的大带上，以便随时可以看到。绅：古代士大夫束在衣外的大带。 ⑦色取仁而行违——样子像个仁者，而从来不做仁者应做的事。 居之不疑——安居其位而自不疑。 在国及家必闻——这种人在朝廷做官，或者在大夫家工作一定会博取名望。 ⑧授之业——给曾参讲解有关“孝”的道理。 ⑨行不由径——从不抄近走小道。径：小道。 ⑩设取予去就——在“取予”“去就”问题上特别注意。设：讲究，注意。 名施（yì）乎诸侯——亦即名闻诸侯。施：延续，传播。 ⑪失之宰予——意即被其伶牙俐齿所动，对之估价过高了。 失之子羽——意谓因其容貌不好而对之估价过低了。 ⑫宓（fú）不齐，字子贱——鲁国人。宓：古与“伏”通。⑬鲁无君子，斯焉取斯——如鲁无君子，子贱安得此行而学？ ⑭单父（shàn fǔ）——春秋时期鲁县名，在今山东单县。 ⑮所治者大则庶几矣——庶几：差不多。孔子的意思是遗憾没能让子贱做更大的官，没能更好地发挥其才干。 ⑯谷——指做官，拿俸禄。 ⑰克伐怨欲不行——“克”“伐”“怨”“欲”四种毛病不在自己身上出现。克：好胜人。伐：自夸其功。怨：忌也。欲：贪也。 ⑱子贡相卫——按：子贡“为相”事，前注已驳其妄；然子贡于孔子在世时确为弟子中之屡屡游说、交结诸侯者。 结驷连骑——极言其车马从人之盛。驷：一车四马。排藜藿——拨开荒草。藿：原指豆类。此处与“藜”俱泛指荒草。

穷阎——穷巷。 过谢——过访。 ⑲摄——整顿，弹抖。 ⑳耻之——替他感到难为情。 夫子岂病乎——夫子：敬称对方，犹如今之所谓"先生"。病：意即穷困潦倒。 ㉑不怿（yì）——不快。 耻其言之过——为刚才说了错话而感到羞耻、后悔。 ㉒可妻——可以让自己家的女儿为之做妻。 累绁（xiè）——拘系犯人的绳索。这里指刑具、监狱。 ㉓其子——自己的女儿。 ㉔羿（yì）善射，奡（ào）荡舟——羿：也称"后羿"，以善射闻名，神话中有羿射九日的故事，羿灭夏后相而取其位。奡：后羿的部下寒浞（zhuó）之子，曾夺取后羿的帝位。荡舟：盖谓拖舟陆行，以逞其力大。 不得其死——都未得好死。 ㉕孔子弗答——南宫括意欲以禹、稷比孔子，孔子谦，故不答。 ㉖若人——这个人。 上德——崇尚道德。 ㉗三复"白珪之玷（diàn）"——反复地诵读"白珪之玷"这几句诗，其主语是南宫括。《诗经·大雅·抑》有云："白圭之玷，尚可磨也；斯言之玷，不可为也。"意谓一旦说了错话就再无法收回。 ㉘公皙哀，字季次——按：公皙哀，之名不见于《论语》。崔述谓孔子弟子凡不见于《论语》者，此传皆无事可叙；唯此季次与商瞿为名不见《论语》而尚有事可叙者。 ㉙天下——指天下的许多士人。 多为家臣，仕于都——为大夫之家做臣，而办事于诸侯的国都。按：大夫各有领地，家臣不仕于领地而"仕于都"，以见大夫之权势扩张，诸侯之公室衰微，孔子对这种现象极为不满。按：此处似不宜理解为孔子一般地批评为大夫当家臣，子路、冉有皆曾为季氏宰，即孔子本人也曾为季氏之"委吏""乘田"，岂可皆以"无行"视之？ ㉚曾蒧（diǎn），字晳——"蒧"《论语》作"点"，曾参之父。 ㉛冠者——指过了二十岁的人，古代男子二十而行加冠礼。按：此之"冠者"与下句之"童子"皆指孔子的学生。 沂（yí）——杨伯峻认为：此处沂水和大沂河以及流入大沂河的小沂河都不同，此处沂水源于今山东邹城东北，西流经曲阜与洙水合，入于泗水。 风乎舞雩（yú）——风：吹风。舞雩：指求雨的台子。古代用于求雨的祭祀叫作"雩祭"，祭祀时伴有歌舞，故称"舞雩"。 ㉜喟（kuì）尔——伤心有感的样子。 吾与蒧也——我赞成你的这种说法。与：同意，赞成。 ㉝请孔子车以葬——意谓卖之以为其子做椁。 ㉞材不材——成材或是不成材。 亦各言其子也——但总是各自的儿子。 ㉟鲤也死——鲤:孔鲤,字伯鱼,孔子之子,死于鲁哀公十二年(前483)。 椁(guǒ)——外棺。 吾不徒行以为之椁——意谓我当时并没有卖掉我的车子为之做椁。 从大夫之后——客气的说法,意即自己身为大夫。

不可以徒行——按:以上孔子拒绝颜路请车事见《论语·先进》。㊱商瞿,鲁人——此人不见于《论语》,独《史记》有之。 ㊲馯(hán)臂子弘——姓馯名臂,字子弘。 矫子庸疵——按:"矫":也作"桥";疵:亦作"庇"。 ㊳周子家竖——周竖,字子家。 淳于——齐县名,在今山东安丘东北杞城村。 光子乘羽——姓光名羽,字子乘。 田子庄何——姓田名何,字子庄。 ㊴东武——汉县名,即今山东诸城市。 王子中同——姓王名同,字子中。 菑川——汉诸侯国名,国都在今山东寿光市南。 ㊵元朔——应作"元光"。"元光"是汉武帝的第二个年号,前134—前129年。 中大夫——官名,帝王的侍从官员,属郎中令,掌议论。 ㊶费郈(hòu)宰——"费"字衍文。郈:春秋时期鲁邑名,在今山东东平东南。按:子路当时为鲁国权臣季孙氏的家臣,故有此权力。 ㊷贼夫人之子——犹今所谓"简直是坑害人家的孩子"。贼:害。夫人:彼人。"夫人之子"指子羔。 ㊸有民人焉,有社稷焉——意即在治民与主持祭祀的实践中锻炼提高。社稷:指该地区的土神与谷神。 ㊹恶夫佞(nìng)者——讨厌那种油嘴滑舌文过饰非的人。佞:花言巧语,口才好。用于贬义。 ㊺斯之未能信——对于此事没有信心。斯:此。 ㊻孔子说——说:"悦"的古字,善其志道深。

㊼公伯僚,字子周——姓公伯,名僚,鲁国人。《索隐》《正义》皆以其为"谗愬之人",而司马迁误将其列入弟子传。 ㊽诉子路于季孙——诉:告恶状,说人坏话。季孙:此指季康子,名肥,季桓子之子,季氏家族的首领。此时子路正为季氏作家臣。 子服景伯——鲁大夫,姓子服,名何,"景"字是谥。 ㊾肆诸市朝——意谓有能力将其尸首示众街头。肆:陈列,摆。这里指陈尸。市朝:市场与朝廷,都是众人聚会的地方。 ㊿其如命何——天命已定的事情,公伯僚又能起什么作用呢?意谓他的捣乱奈何不了子路。 (51)其言也讱(rèn)——意即遇事不轻易表态。讱:说话慎重的样子。 (52)为之难,言之得无讱乎——行

"仁"难，言"仁"亦不得不讱。 ⑬内省不疚，夫何忧何惧——犹今之所谓"为人不做亏心事，不怕半夜鬼敲门"。 ⑭圃——菜园。这里指种菜。 ⑮小人——此指体力劳动者。 ⑯用情——以真情相对。 ⑰和——犹今所谓"适合""恰当""恰到好处"。 小大由之——小事大事都要办得恰到好处。 ⑱有所不行——按：四字难读，邢昺（bǐng）疏将"小大由之，有所不行"八字连在一起，解释为"每事小大皆用'礼'，而不以'乐'和之，则其政有所不行也"，也不顺畅。 知和而和，不以礼节之，亦不可行也——杨伯峻解"知和而和"为"为恰当而求恰当"。崔述曰："有子'务本'之旨，'贵和'之说，咸能发圣人未发之蕴。意其所得有深焉者，是以游、夏有'似圣人'之品目也。" ⑲复——重复。指再讲第二遍、第三遍。上文有所谓"三复'白珪之玷'"，"复"字之义同此。 ⑳因不失其亲，亦可宗也——杨伯峻认为：因，依靠。依靠关系深的人，也就可靠了。按：以上有若的两段话见《论语·学而》。 ㉑月离于毕，俾滂沱矣——语见《诗经·小雅·渐渐之石》。离：通"罹"，遭逢。这里指运行到。毕：星名，二十八宿之一。 宿——停留。这里也是指运行到。 ㉒商瞿年长无子——《孔子家语》云："瞿年三十八，无子。" 其母为取室——意谓将为之另娶一妻。 ㉓瞿母请之——请孔子勿使其子远出。 ㉔当有五丈夫子——意即当生五个儿子。 ㉕与之釜——釜：古代量器，春秋战国时流行于齐国。 ㉖请益——请求再多一些。 庾——十六斗曰庾。 ㉗五秉——十六斛曰秉，五秉合八十斛。 ㉘陈司败——陈国大夫，史失其名姓。司败：陈、楚等国的官名，北方诸国称"司寇"。 ㉙退而揖巫马旗曰——此句的主语为陈司败。 ㉚不党——不党附于人。党：朋比为奸者。 ㉛同姓——鲁国国君是武王之弟周公旦的后代，吴国国君是文王伯父吴太伯的后代，两国都是姬姓诸侯。

自子石已右三十五人，显有年名及受业闻见于书传。[①]其四十有二人，无年及不见书传者纪于左[②]：

冉季，字子产。公祖句兹，字子之。秦祖，字子南。漆雕哆，字子敛。颜高,字子骄。漆雕徒父。壤驷赤,字子徒。商泽。石作蜀,字子明。任不齐,字选。公良孺,字子正。后处,字子里。秦冉,字开。公夏首,字乘。奚容蒧,字子晳。公肩定,字子中。颜祖,字襄。鄡单,字子家。句井疆。罕父黑,字子索。秦商,字子丕。申党,字周。颜之仆,字叔。荣旂,字子祺。县成,字子祺。左人郢,字行。燕伋,字思。郑国,字子徒。秦非,字子之。施之常,字子恒。颜哙,字子声。步叔乘,字子车。原亢籍。乐欬,字子声。廉絜,字庸。叔仲会,字子期。颜何,字冉。狄黑,字晳。邦巽,字子敛。孔忠。公西舆如,字子上。公西蒧,字子上。

(以上为第七段,登录了孔子无事迹流传的弟子四十二人。)

①已右三十五人——已右:意同"以上"。已:同"以"。　受业见于书传——"闻见"或作"问难","受业问难见于书传"者,如《论语》《礼记》等是也。梁玉绳曰:"三十五人中'无年'者十二人,'不见书传'者五人。"　②其四十有二人,无年及不见书传——梁玉绳曰:"而四十二人中'有年'及'见书传'者若颜骄、公良儒、秦商、申枨、叔仲会五人,史公疏也。"

太史公曰:学者多称七十子之徒,誉者或过其实,毁者或损其真,钧之未睹厥容貌。[①]则论言弟子籍,出孔氏古文近是。[②]余以弟子名姓文字悉取《论语》弟子问,并次为篇,疑者阙焉。[③]

(以上为第八段,是作者的论赞,说明了此传的写作目的与编写原则。)

①誉者或过其实,毁者或损其真——钱穆举后人为子贡编造游说诸国以夸其能,而宰予则因孔子有"以言取人,失之宰予"之说而受讥,而慨叹:一则增美,一则加丑,甚矣,是非传说之不可凭也!　钧之未睹厥容貌——总之是全都没有看到他们的本来面貌。李笠认为:"未睹厥容貌",犹云"未见真相"耳。按:司马迁对于自己重视、欣赏之人物每欲观其画像,《留侯世家》《田儋田横列传》等是也;至于此处,则似以

李氏之说为当。 ②则论言弟子籍——如果要说孔子弟子们的姓名履历。则:若。 孔氏古文——即武帝时期鲁恭王为扩大宫室而破孔子故宅壁,从中发现的古文字的《论语》《孝经》《尚书》《礼记》等。这里主要指这些古文图书所记载的有关孔子弟子们的资料。 ③悉取《论语》弟子问——王骏图认为:史公此篇慎之至也,观其自赞所言,凡不见于《论语》者概不敢录,其四十二人又自为一段,以为疑以传疑之例。不然诸子事实,旁征博引,累牍不休,成何体裁耶? 次——编排。疑者阙焉——凡有弄不清的问题就让它空着。

[**简评**] 此文应与《孔子世家》合观,由这两篇可以充分体现司马迁对孔子、对先秦儒家学派的尊崇与景仰。这两篇的资料来源也大体相同,主要都是依据《论语》,此外也参考了一些其他的文献。这两篇传记是我国学术史上有关孔子与其门派最早而又影响巨大的研究成果,对后代儒家学说的传播具有重要意义,这是其他任何学术派别所无法与之比拟的。传记的有些地方体现了司马迁"信则传信,疑则传疑"的精神,但也有些地方使人无法相信,例如有关子贡的大篇幅描述,两千年来对之相信的几乎没有,因为它既不符合历史事实,也不合乎当时的时代风气。应该引起我们注意的,我以为倒是司马迁对这七十多个弟子所持的态度。孔子本人最钟爱的学生无疑是颜回,但颜回在本传中也就是点到而已,并无太多发挥。孔子对子贡颇有微词,但司马迁对子贡却情有独钟。本文所叙述的有关子贡的事实尽管不可信,但司马迁对其才干却是极度欣赏的。有人认为这段文字是"后人阑入",而不是司马迁的原文,这种说法恐难成立,因为《史记》的其他篇里还说到一些事情可与本篇互见。除此而外,《孔子世家》还特别盛道了子贡为孔子守墓六年的师生情谊;在《货殖列传》里不仅又说到了"子贡结驷连骑,束帛之币以聘享诸侯,所至,国君无不分庭与之抗礼";而且还说"使孔子名布扬于天下者,子贡先后之也"。司马迁在这里蕴含着极其深沉的人

生感慨。

［**集评**］《太史公自序》："孔子述文，弟子兴业，咸为师傅，崇仁厉义，作《仲尼弟子列传》第七。"

戴表元曰："太史公之为书，务在推尊孔子而欲广其道，则录其所尝从游之士为《弟子传》。而发篇之言曰'受业身通者七十有七人，皆异能之士'，以为此言夫子所自道。呜呼，是何尊夫子之至，而浅之为知夫子也。……大抵战国以来异书杂说载夫子事多失实，其尤甚者，汉儒遂谓夫子以布衣养三千士。盖其舛妄至于智者而止。"（《剡源戴先生文集》）

崔述曰："《仲尼弟子列传》凡七十有七人，据司马氏谓《弟子籍》出于孔氏古文，其有事迹或年岁者三十有五人，而见于《论语》者二十有七人。然确有明征决知其非误者，颜渊、闵子骞、冉伯牛、仲弓、子路、曾皙、子贡、原思、有子、曾子、宰我、冉有、公西华、子游、子夏、子张、樊迟、子羔、漆雕开、司马牛，仅二十人而已。其七人者，颜路以请车一见，公冶长以孔子妻之一见，子贱、澹台灭明以孔子与子游称之而各一见，巫马期则以陈司败之故而附见，皆无他事，亦无问答之语；惟南容凡三见，然仅羿、奡一问，而亦非质疑问难之比。考之他传记，惟子贱多言为孔子弟子者，其余皆无由而决知其为弟子与否。……其无事迹年岁者四十有二人，皆不见于《论语》，而有见于《左传》者二人。然确有明征者，秦丕兹一人而已。颜高虽见于《左传》，然观其事殊不类孔子之弟子也。其余共四十有八人，皆不见于经传。然商瞿、季次其事迹犹粗具于本传，其名字复间见于他篇，或当不误；……自冉季以下，秦商、颜高以外四十人，并无事迹可考，则固无从而知其诚然与否也。"

又曰："《春秋传》多载子路、冉有、子贡之事，而子贡尤多，曾子、游、夏皆无闻焉。《戴记》则多记孔子没（殁）后曾子、游、夏、子张之言，而冉有、子贡罕所论著。盖圣门中子路最长，闵子、仲弓、冉有、子贡则其年若相班者。孔子在时既为日月之明所掩，孔子没(殁)后为时亦未必甚久。而子贡当孔子世已显名于诸侯，仕宦之日既多，讲学之日必少，是以不为后学所宗耳。若游、夏、子张、曾子，则视诸子为后起，事孔子之日短，教学者之日长，是以孔子在时无所表见，而名言绪论多见于孔子没(殁)后也。……由是言之，羽翼圣道于当时者，颜、闵、子贡、由、求之力，而子贡为尤著，流传圣道于后世者，游、夏、曾子、子张之功，而曾子为尤纯。时势不同，功业亦异，未可谓子贡之不如曾子也。”(《洙泗考信余录》)

钱穆曰：“《世家》云：‘孔子以《诗》《书》《礼》《乐》教，弟子盖三千焉，身通六艺者七十有二人。’……孔子门人，固仅有七十之数。乌得三千哉？《淮南·泰族训》云：‘孔子弟子七十，养徒三千人。’《越绝书》亦同‘养徒’与‘弟子’有辨，《史记》遂谓孔子弟子三千人矣。然孔子亦岂得有三千‘养徒’者？此《淮南》据晚世四公子养客为例，深不足信。……‘七十’言其成数，‘七二’‘七七’则自可无辨。”“《世家》又云：‘孔子不仕，退而修《诗》《书》《礼》《乐》，弟子弥众，至自远方，莫不受业。’今按崔述云：‘孔子弟子，鲁人为多，其次则卫、齐、宋，皆邻国也。’则‘至自远方’之说，亦不如后人所想象。”

又曰：“余考孔门弟子，盖有前后辈之别，前辈者问学于孔子去鲁之先，后辈则从游于孔子返鲁之后。如子路、冉有、宰我、子贡、颜渊、闵子骞、冉伯牛、仲弓、原宪、子羔、公西华，则孔门之前辈也。游、夏、子张、曾子、有若、樊迟、漆雕开、澹台灭明，则孔门之后辈也。虽同列孔子之门，而前后风尚已有不同。由、求、予，赐志在从政，游、夏、有、曾乃攻文学；前辈则致力于事功，后辈则研精于《礼》《乐》，此其不同一也。……后进则风气又异，漆雕开立议不辱，澹台子羽设取予去就，子张堂堂，故为难能，樊迟小人乃问稼圃。大抵先进浑厚,后进则有棱角;先进朴实,后进则务声华;先进极之为具体而微,后进则别立宗派;先进之淡于仕进者,蕴而为德行,后进之不博文学者,矫而为玮奇,此又孔门弟子前后辈之不同,而可以观世风之转变、学术之迁移者也。"

又曰:"孔子弟子,多起微贱,颜子居陋巷,死有棺无椁;曾子耘瓜,其母亲织;闵子骞着芦衣,为父推车;仲弓父贱人,子贡货殖;子路食藜藿,负米,冠雄鸡,佩猳豚;有子为卒,原思居穷阎,敝衣冠;樊迟请学稼圃,公冶长在缧绁,子张鲁之鄙家,虽不尽信,要之可见。其以贵族来学者,鲁惟南宫敬叔,宋惟司马牛,他无闻焉。孔子亦曰:'吾少也贱',其后亲为鲁司寇;弟子多为家臣、邑大夫;晚世如曾子、子夏为诸侯师,声名显天下。故平民以学术进身而预贵族之位,自儒而始盛也。"(《先秦诸子系年》)

范仲淹曰:"孔子门人七十子之徒,天下皆知其贤焉,或为邑宰,或不愿仕,盖显于诸侯者寡矣,然则七十子之徒,与孔子语而未尝怨,何哉?君子之道克乎己,加乎人,穷与达一也。彼战国豪士,不由孔子之门者,则有脱贫贱,逐高贵,弗夺弗厌,灭身覆宗而不悔,何哉?"(《史记评林》引)

郭嵩焘曰:"自唐以后从祀孔子庙堂诸贤并取证《史记》,蘧瑗之从祀则文翁《礼殿图》列其名,不足为典要也。明嘉靖时釐正祀典又以《家语》为断,《家语》传之王肃,故不能如《史记》之征实也。至国朝增祀郑侨,则益无所取征矣。"(《史记札记》)

李景星曰:"《仲尼弟子列传》不尽有事可书,则根据《弟子籍》,杂引《论语》各书以足成之,其好处亦可以二语括之,曰'信则传信,疑则传疑'。……其三十五人之有事迹者,则以事迹叙;其四十二人之无事迹者,则以姓氏名字叙;而又前列老子等十人以引其端,中附馯臂、子弘等七人以究其绪。为幅不过十余,罗列几至百人,洋洋乎列传中之巨观也。"(《四史评议》)

商君列传第八

商君[①]者，卫之诸庶孽公子也，[②]名鞅，姓公孙氏，其祖本姬姓也。鞅少好刑名之学[③]，事魏相公叔痤为中庶子。[④]公叔痤知其贤，未及进。会痤病，魏惠王亲往问病，曰："公叔病有如不可讳[⑤]，将奈社稷何？"公叔曰："座之中庶子公孙鞅，年虽少，有奇才，愿王举国而听之。"王嘿然。王且去，座屏人言曰："王即不听用鞅，必杀之，无令出境。"王许诺而去。公叔痤召鞅谢曰："今者王问可以为相者，我言若[⑥]，王色不许我。我方先君后臣，因谓王即弗用鞅，当杀之。王许我。汝可疾去矣，且见禽[⑦]。"鞅曰："彼王不能用君之言任臣，又安能用君之言杀臣乎？"卒不去。惠王既去，而谓左右曰："公叔病甚，悲乎，欲令寡人以国听公孙鞅也，岂不悖哉！"

（以上为第一段，写商鞅居魏不受重用的情况。）

①商君——公孙鞅的封号，因为他的封地在於（wū）、商，故云。②庶孽——古代用以指非正妻所生的孩子。或单称"庶子""孽子"，与此义同。　公子——古代称诸侯的嫡长子叫"太子"或"世子"，其他统称为"公子"。由于公孙鞅是卫国的公子，所以人们也称之为卫鞅。③刑名之学——即法家学说，因法家主张"循名责实"，以刑法治国，故

云。 ④公叔痤——名痤，公叔是其姓氏。痤：有本作“座”。 中庶子——官名，战国时为大夫掌家事者，高于舍人。 ⑤不可讳——指死。讳：忌讳，避免。 ⑥我言若——我推荐了你。若：你。 ⑦且见禽——“且”上应增“不者”二字读。禽：通“擒”。

公叔既死，公孙鞅闻秦孝公下令国中求贤者，将修缪公之业，[①]东复侵地[②]，乃遂西入秦，因孝公宠臣景监以求见孝公。孝公既见卫鞅，语事良久，孝公时时睡，弗听。罢而孝公怒景监曰：“子之客妄人耳，安足用邪！”景监以让[③]卫鞅。卫鞅曰：“吾说公以帝道[④]，其志不开悟矣。后五日，复求见鞅[⑤]。”鞅复见孝公，益愈[⑥]，然而未中旨[⑦]。罢而孝公复让景监，景监亦让鞅。鞅曰：“吾说公以王道[⑧]而未入也，请复见鞅[⑨]。”鞅复见孝公，孝公善之而未用也。罢而去。孝公谓景监曰：“汝客善，可与语矣。”鞅曰：“吾说公以霸道[⑩]，其意欲用之矣。诚复见我，我知之矣。”卫鞅复见孝公。公与语，不自知膝之前于席[⑪]也。语数日不厌。景监曰：“子何以中[⑫]吾君？吾君之欢甚也。”鞅曰：“吾说君以帝王之道比三代[⑬]，而[⑭]君曰：‘久远，吾不能待。且贤君者，各及其身显名天下，安能邑邑[⑮]待数十百年以成帝王乎？’故吾以强国之术说君，君大说之耳。然亦难以比德于殷周矣。”

孝公既用卫鞅，鞅欲变法[⑯]，恐天下议己。卫鞅曰：“疑行无名[⑰]，疑事无功。且夫有高人之行者，固见非于世；有独知之虑[⑱]者，必见敖[⑲]于民。愚者暗于成事[⑳]，知者见于未萌。民不可与虑始而可与乐成。论至德者不和于俗，成大功者不谋于众。是以圣人苟可以强国，不法其故[㉑]；苟可以利民，不循其礼。”孝公曰：“善。”甘龙曰：“不然。圣人不易民[㉒]而教，知者不变法而治。因民而教，不劳而成功；缘法而治者，吏习而民安之。”卫鞅曰：“龙之所言，世俗之言也。常人安于故俗，学者溺于所闻。以此两者居官守法可也，非所与论于法之外也。三代不同礼而王，五伯不同法而霸。智者作法,愚者制焉[23];贤者更礼,不肖者拘焉。"杜挚曰:"利不百,不变法;功不十,不易器。法古无过,循礼无邪。"卫鞅曰:"治世不一道,便国不法古。故汤、武不循古而王,夏、殷不易礼而亡。反古者不可非,而循礼者不足多[24]。"孝公曰:"善。"以卫鞅为左庶长[25],卒定变法之令。

令民为什伍[26],而相牧司[27]连坐。不告奸者腰斩,告奸者与斩敌首同赏,匿奸者与降敌同罚。民有二男以上不分异者,倍其赋[28]。有军功者,各以率受上爵;[29]为私斗者,各以轻重被刑大小。僇力本业,[30]耕织致粟帛多者复其身[31]。事末利及怠而贫者,举以为收孥[32]。宗室非有军功论,不得为属籍[33]。明尊卑爵秩等级,各以差次名田宅[34],臣妾衣服以家次[35]:有功者显荣,无功者虽富无所芬华。

令既具,未布,恐民之不信,已乃立三丈之木于国都市南门,募民有能徙置北门者予十金。民怪之,莫敢徙。复曰:"能徙者予五十金。"有一人徙之,辄予五十金,以明不欺。卒下令。

令行于民期年,秦民之国都言初令之不便者以千数。[36]于是太子犯法。卫鞅曰:"法之不行,自上犯之。"将法太子。太子,君嗣也,不可施刑,刑其傅公子虔,黥其师公孙贾。明日,秦人皆趋[37]令。行之十年,秦民大说,道不拾遗,山无盗贼,家给人足。民勇于公战,怯于私斗,乡邑大治。秦民初言令不便者有来言令便者,卫鞅曰:"此皆乱化之民也。"尽迁之于边城。其后民莫敢议令。

于是以鞅为大良造[38]。将兵围魏安邑[39],降之。居三年,作为筑冀阙宫庭于咸阳[40],秦自雍徙都之。而令民父子兄弟同室内息[41]者为禁。而集小乡邑聚为县,置令、丞,凡三十一县。为田开阡陌封疆,[42]而赋税平。平斗桶权衡丈尺。[43]行之四年,公子虔复犯约,劓[44]之。居五年,秦人富强,天子致胙[45]于孝公,诸侯毕贺。

其明年,齐败魏兵于马陵,虏其太子申,杀将军庞涓。其明年，卫鞅说孝公曰："秦之与魏，譬若人之有腹心疾，非魏并秦，秦即并魏。何者？魏居领厄[46]之西，都安邑，与秦界河而独擅[47]山东之利。利则西侵秦，病则东收地。[48]今以君之贤圣，国赖以盛。而魏往年大破于齐，诸侯畔之，可因此时伐魏。魏不支秦，必东徙。东徙，秦据河山[49]之固，东乡以制诸侯，此帝王之业也。"孝公以为然，使卫鞅将而伐魏。魏使公子卬将而击之。军既相距，卫鞅遗魏将公子卬书曰："吾始与公子欢，今俱为两国将，不忍相攻。可与公子面相见，盟，乐饮而罢兵，以安秦魏。"魏公子卬以为然。会盟已，饮，而卫鞅伏甲士而袭虏魏公子卬，因攻其军，尽破之以归秦。魏惠王兵数破于齐秦，国内空，日以削，恐，乃使使割河西之地献于秦以和。而魏遂去安邑，徙都大梁。梁惠王曰："寡人恨不用公叔座之言也。"卫鞅既破魏还，秦封之於、商十五邑，[50]号为商君。

（以上为第二段，写商鞅佐秦孝公实行变法，使秦国富强的情况。）

①修——重整、重建。　缪公——名任好，春秋前期秦国国君，缪公时，秦国政治修明，曾称霸西戎，秦缪公也被称为春秋五霸之一。缪：通"穆"。　②东复侵地——向东收复被侵占的土地。　③让——责备。　④帝道——五帝治国的办法策略。　⑤后五日，复求见鞅——冈白驹认为：卫鞅说已不可用矣，而使孝以求复见，此其说有机也。按：注此文者皆谓"复求见鞅"一句的主语为秦孝公，然孝公听其言已"时时睡"矣，何乐而复求见之哉？应将"后五日，复求见鞅"连入上文，作为商鞅对景监的祈请语，犹言"五日后，还请你再引见我一次"。此与下文之"请复见鞅"一语正相合。　⑥益愈——稍好了一点。言其效果已不似上次之使孝公"时时睡，弗听"了。　⑦未中旨——犹言"不合意""不如意"。　⑧王道——三王的治国之道。三王也是儒家推崇的古代圣王，不过比起五帝来要低一等。三王是夏禹、商汤、周文王和周武王（武王继承父业，故与文王合称一王）。　⑨请复见鞅——请你再引见我。　⑩霸道——五霸的治国之道。五霸指齐桓公、晋文公、宋襄公、秦穆公、楚庄王。　⑪膝之前于席——意谓由于对对方的话越听

越爱听，所以两膝也不由得越来越向前凑近了。 ⑫中——说准了，打动了。 ⑬三代——指夏、商、周三朝。 ⑭而——你、你的。 ⑮邑邑——同“悒悒”（yì），苦闷不安的样子。 ⑯鞅欲变法——王念孙认为：“‘鞅’字因上文而衍。此言孝公欲从鞅之言而变法，恐天下议己，非谓鞅恐天下议己也。”按：王说是。《商君书·更法第一》：“君（孝公）曰：‘今吾欲变法以治，更礼以教百姓，恐天下之议我也。’”正同。 ⑰疑行无名——行动犹豫不决的人不可能成名。疑：犹豫，不自信。 ⑱独知之虑——只有他自己明白的谋划。 ⑲敖——此处同“謷”（áo），诋毁。 ⑳暗于成事——别人都已办成了的事情，他还迷惑不懂。 ㉑不法其故——不遵行那些旧的典章制度。 ㉒易民——指改变人们的旧有风俗习惯。易：改换。 ㉓智者作法，愚者制焉——意谓聪明人制定法令，愚蠢的人就只知道受制遵行。 ㉔多——肯定，赞美。 ㉕左庶长——秦爵位名，为第十等。秦爵共二十等，自下而上为：一，公士；二，上造；三，簪袅；四，不更；五，大夫；六，官大夫；七，公大夫；八，公乘；九，五大夫；十，左庶长；十一，右庶长；十二，左更；十三，中更；十四，右更；十五，少上造；十六，大上造；十七，驷车庶长；十八，大庶长；以上相当于卿。十九，关内侯；二十，彻侯。 ㉖令民为什伍——把居民五家为一“伍”，十家为一“什”地编制起来。 ㉗牧司——监督、窥伺。 连坐——一家犯罪，同什伍的其他各家如不告发，就与犯罪者一同受罚。 ㉘二男以上不分异者，倍其赋——男：指丁男，成年男子。分异：指分家。按：此规定的宗旨在于鼓励发展生产和增加人口。贾谊《治安策》云：“故秦人家富子壮则出分，家贫子壮则出赘。”即指此事。

㉙以率（lǜ）——按照规定。率：标准，规定。 上爵——升爵。上：提升。 ㉚僇力——并力，尽力。僇：通“戮”。 本业——指农业。

㉛复其身——免除其自身的劳役负担。复：免除。 ㉜“事末利及怠而贫者”二句——意谓凡是由于经商和懒惰而变穷了的人，一律把他们没为奴隶。事末利：指经商求利。末：指商业，与农业对举而言。举：尽，全部。收孥：指奴隶。孥，通“奴”。中井积德认为：以为收孥者，指末利怠贫者当身而言，以为奴役也，非指其妻子。按：中井说是。《索隐》所谓“即纠举而收录其妻子，没为官奴婢”，殆非。 ㉝“宗室非

有军功论”二句——意谓国君的族人凡是没有因军功而得到论叙的人,一律不准他们入族谱。论:论叙,铨评。 属籍——王室的谱牒。 ㉞各以差次名田宅——犹言“各以等级占有田宅”。差次:差别次序,指等级。名:占有。 ㉟臣妾衣服以家次——意谓奴婢们的衣服样式随着主人家的地位高低而定。家次:家族的等级。 ㊱之国都——谓其到京城来言于朝廷。 初令——泷川资言认为:初字,疑因下文衍。 ㊲趋——归依,这里指服从。 ㊳大良造——即大上造,秦爵的第十六等。《索隐》曰:“今云‘良造’者,或后变其名耳。” ㊴安邑——古邑名,在今山西夏县西北。战国初期魏国建都于此。 ㊵作为筑冀阙宫庭于咸阳——意即在咸阳建造城阙宫室。作为筑:三字同义而连用。 ㊶同室内息——指同住一间屋。禁止父子兄弟同住一间屋是为了鼓励分家、增殖,同时也是为了整顿风纪。 ㊷开——拆除,废除。 阡陌——兼为地界用的田间小路,南北向的称阡,东西向的称陌。 封疆——指地界。 ㊸平——统一,划一。 斗桶——皆量器,桶,亦作“甬”,即方形的斛,容量六升。 权衡——指秤。权:秤锤。衡:秤杆。 ㊹劓(yì)——古代刑罚的一种,即割掉鼻子。 ㊺致胙(zuò)——送来祭肉。古时天子祭祀后,常把用过的祭肉分送给某个诸侯大臣,以表示对其格外尊宠。 ㊻领厄——山岭险要之地,指今山西西南部之中条山。领:通“岭”。魏都安邑在此山之西。 ㊼擅——专有。 山东——此处指中条山以东。 ㊽病——不利,指对秦的斗争形势而言。 东收地——向东方的赵国、齐国攻取地盘。 ㊾河山——指黄河与中条山。 ㊿於(wū)——古邑名,在今河南西峡境。 商——古邑名,在今陕西丹凤西北商镇。

商君相秦十年,宗室贵戚多怨望者。赵良见商君。商君曰:“鞅之得见也,从孟兰皋[①],今鞅请得交[②],可乎?”赵良曰:“仆弗敢愿也。孔丘有言曰:‘推贤而戴者进,聚不肖而王者退[③]。’仆不肖,故不敢受命。仆闻之曰:‘非其位而居之曰贪位,非其名而有之曰贪名。’仆听君之义[④],则恐仆贪位贪名也。故不敢闻命。”商君曰:“子不说吾治秦与?”赵良曰:“反听[5]之谓聪,内视[6]之谓明,自胜[7]之谓强。虞舜有言曰:‘自卑也尚矣[8]。’君不若道虞舜之道[9],无为问仆矣。”商君曰:“始秦戎翟之教[10],父子无别,同室而居。今我更制其教,而为其男女之别,大筑冀阙,营如鲁卫[11]矣。子观我治秦也,孰与五羖大夫[12]贤?”赵良曰:“千羊之皮,不如一狐之掖;千人之诺诺,不如一士之谔谔[13]。武王谔谔以昌[14],殷纣墨墨[15]以亡。君若不非武王乎,则仆请终日正言而无诛,可乎?”

商君曰:“语有之矣,貌言华也,至言实也,苦言药也,甘言疾也[16]。夫子果肯终日正言,鞅之药也。鞅将事[17]子,子又何辞焉!”赵良曰:“夫五羖大夫,荆之鄙人也。闻秦缪公之贤而愿望见,行而无资,自粥于秦客,被褐食牛。期年,缪公知之,举之牛口之下,而加之百姓之上,秦国莫敢望焉。相秦六七年,而东伐郑,三置晋国之君[18],一救荆国之祸[19]。发教封内,[20]而巴人致贡;施德诸侯,而八戎来服。由余闻之,款关请见[21]。五羖大夫之相秦也,劳不坐乘,暑不张盖,行于国中,不从车乘,不操干戈,功名藏于府库,德行施于后世。五羖大夫死,秦国男女流涕,童子不歌谣,舂者不相杵。[22]此五羖大夫之德也。

今君之见秦王也,因嬖人景监以为主,[23]非所以为名也[24]。相秦不以百姓为事,而大筑冀阙,非所以为功也。刑黥太子之师傅,残伤民以骏刑[25],是积怨畜祸也。教之化民也深于命[26],民之效上也捷于令。今君又左建外易[27],非所以为教也。君又南面而称寡人[28],日绳[29]秦之贵公子。《诗》曰:‘相鼠有体,人而无礼;人而无礼,何不遄死。’[30]以《诗》观之,非所以为寿也。公子虔杜门不出已八年矣,君又杀祝欢[31]而黥公孙贾。《诗》曰:‘得人者兴,失人者崩。’此数事者,非所以得人也。君之出也,后车十数,从车载甲,多力而骈胁[32]者为骖乘,持矛而操闟戟者旁车而趋[33]。此一物不具,君固不出。《书》曰‘恃德者昌,恃力者亡。’君之危若朝露,尚将欲延年益寿乎?则何不归十五都[34],灌园于鄙[35],劝秦王显岩穴之士[36],养老存孤,敬父兄,序有功,尊有德,可以少安。君尚将[37]贪商於之富,宠秦国之教[38],畜百姓之怨,秦王一旦捐宾客[39]而不立朝,秦国之所以收[40]君者,岂其微哉[41]?亡可翘足而待。”商君弗从。

后五月而秦孝公卒,太子立。公子虔之徒告商君欲反,发吏捕商君。商君亡至关[42]下,欲舍客舍。客人[43]不知其是商君也,曰:“商君之法,舍人无验者坐之[44]。”商君喟然叹曰:“嗟乎,为法之敝一至此哉!”去之魏。魏人怨其欺公子卬而破魏师,弗受。商君欲之他国。魏人曰:“商君,秦之贼。秦强而贼入魏,弗归[45],不可。”遂内秦[46]。商君既复入秦,走商邑,与其徒属发邑兵北出击郑。秦发兵攻商君,杀之郑黾池[47]。秦惠王车裂商君以徇,曰:“莫如商鞅反者!”遂灭商君之家。

(以上为第三段,写秦国政变,商鞅被杀的经过。)

①从孟兰皋——《索隐》曰:“孟兰皋,人姓名也。言鞅前因兰皋得与赵良相见也。” ②交——结交,交友。 ③“推贤而戴者进”二句——按:此二语不知所出,文义亦不甚明。崔適认为:王字不可解,疑误。王伯祥认为:戴谓爱民好治(见《谥法》),王则天下归往之义。推贤而戴者进,言推荐贤能则爱民好治者自进;聚不肖而王者退,言小人盈庭则言王道者自去也。其说可从,唯解释“戴”字略迂曲。 ④听君之义——犹言“听从您的吩咐”,“接受您的厚谊”。 ⑤反听——犹言“自察”“自问”。听:察也。 ⑥内视——犹言“反省”。 ⑦自胜——指能克制自己。 ⑧自卑也尚矣——意谓谦虚而自处卑下的人,反而更受到人们的崇敬。尚:尊崇。 ⑨道虞舜之道——实行尧舜所用的治国之道。道:行,采用。 ⑩始秦戎翟之教——秦国过去的风化习俗像戎翟一样。翟:通“狄”。教:教化,风习。 ⑪营如鲁卫——(把秦国)经营治理得像鲁国、卫国一样。鲁国是周公姬旦的后代,卫国是康叔姬封的后代。鲁国、卫国被视为中原地区文教礼乐昌盛的国家。⑫五羖(gǔ)大夫——指百里奚,春秋时期的虞国大夫。 ⑬“千羊之

皮”四句——狐之掖:狐狸的腋下之皮,以之制裘最轻暖。掖:通“腋”。诺诺:即今之所谓“唯唯诺诺”,奉承、顺从的样子。谔谔:宣言争辩的样子。 ⑭武王谔谔以昌——意谓武王由于能听群臣的直言,所以使得周国昌盛起来。 ⑮墨墨——犹“默默”,指群臣缄口不言。⑯“貌言华也”四句——意谓表面好听的话如同花朵,中肯切理的话如同果实,使人听了感到痛苦的批评是治病的良药,讨人喜欢的甜言蜜语是害人的疾病。华:花朵。至言:中肯透彻的话,犹如今所谓“至理名言”。 ⑰事——侍候、侍奉。 ⑱三置晋国之君——晋国自献公死后(前651),国内篡乱动荡十几年。在此期间,秦国于公元前650年,帮助惠公(名夷吾)即位;前637年,惠公死,其子怀公立;秦人不喜怀公,于是又送重耳入晋,结果怀公被杀,重耳即位,是为文公。按:怀公之立,非秦意,此云“三置”,与事理不合。 ⑲一救荆国之祸——按:此说不详。钱大昕认为:秦穆公之时,楚未有祸,秦亦无救楚事。赵良所谓救荆祸者,即指城濮之役也,谓宋有荆祸而秦救之,非谓荆有祸也。其说亦略觉迂曲。 ⑳发教——实行教化,与下文“施德”对举。 封内——国内。封:疆界。 ㉑“由余闻之”二句——由余:原为晋人,后入戎中。戎王闻秦穆公之贤,派由余入秦探测。事见《秦本纪》。款:叩也。 ㉒舂(chōng)——捣米。 相杵(chǔ)——哼唱以佐助用力。犹抬木者之“杭育”“杭育”然。相:助。杵:捣米用的工具。㉓嬖(bì)人——贴身的受宠幸者。 主——《孟子·万章上》:“吾闻观近臣,以其所为主(接纳些什么人);观远臣,以其所主(投靠什么人)。”按:所谓主者,谓投奔其门下,并倚之荐己于君。 ㉔非所以为名也——爱名誉的人是不这样做的。为名:图名,重视名声。 ㉕骏刑——严刑。骏:通“峻”。 ㉖教之化民也深于命——中井积德认为:教者,躬行率先之谓也。谓身体力行之教,深于号令;而下民效上人之所为,亦捷于号令也。谓君上之行己,为政之本也。按:中井说是。㉗左建外易——中井积德认为:“外”字与“左”字相似,“左建”,其所建之事背道理也;“外易”,其所变之法违道理也。 ㉘称寡人——春秋战国时期,凡有封地的君主,都可以自称寡人。商鞅封有於、商十五邑,号为商君,故有此称。 ㉙绳——用作动词,指以法律制裁。

㉚“相鼠有体”四句——见《诗经·鄘风·相鼠》。意谓看那老鼠都是肢体俱全的,做为一个人难道能不讲礼吗?人如果不讲礼,为什么不早点死!相:视。遄(chuán):速,急。按:赵良引此诗以讥商君“无礼”。

㉛祝欢——泷川资言曰:“盖亦太子师傅。” ㉜骈胁——肋骨相比如一骨也。晋文公骈胁,见《左传》。此言肌肉丰满,不复见肋骨之条痕也。亦指力气大的人。 ㉝闟(xī)戟——短矛。 旁车——夹护着(商君所乘的)车子。旁:同“傍”,依傍,紧靠着。 ㉞十五都——《正义》曰:“公孙鞅封商、於十五邑,故云十五都。” ㉟灌园于鄙——意即辞官为民。鄙:原指边邑,此处指偏僻之地。 ㊱显岩穴之士——尊崇重用那些隐居山林的人。 ㊲尚将——倘若再要。 ㊳宠秦国之教——胡三省曰:“言以专秦国之政为宠也。”宠:荣也。教:教令,命令。这里指发号施令。 ㊴捐宾客——抛下宾客不管。指死亡。 ㊵收——捕也。 ㊶岂其微哉——泷川资言曰:“微,少也,轻也。言秦国收君,必不以轻罪也,死在目前。”也有认为:“微”指人数,谓秦国人想捕杀你的人还会少吗? ㊷关——泛指秦国的边关。 ㊸客人——指客舍主人。《史记会注考证》作“客舍人”。 ㊹舍人——留人住宿。 验——证。这里指证件。 ㊺归——送回。 ㊻内秦——言将商鞅纳之于秦。内:“纳”的古字。 ㊼黾池——王伯祥认为:“黾池”疑为“彤地”之讹。《六国年表》载:秦孝公二十四年,商鞅反死彤地。今华县西南有故彤城。盖秦兵至郑,破商邑兵,商君走至彤,乃被擒见杀。

太史公曰:商君,其天资刻薄人也。迹[①]其欲干孝公以帝王术,挟持浮说,非其质矣[②]。且所因[③]由嬖臣,及得用,刑公子虔,欺魏将卬,不师赵良之言,亦足发明[④]商君之少恩矣。余尝读商君《开塞》《耕战》书[⑤],与其人行事相类。卒受恶名于秦,有以也夫!

(以上为第四段,是作者的论赞,作者对商鞅的行事为人颇致不满之意,立论甚偏。)

①迹——追踪,考察。 ②非其质矣——不是他的真心所在啊。

质:实也。 ③因——凭借,依靠。 ④发明——表明,证明。 ⑤《开塞》《耕战》书——商鞅著作的篇名,见《商君书》。开:谓实行严刑则可使滞塞得通,国事得治。塞:谓国事的混乱衰败。耕战:谓奖励农耕及勇于杀敌。

［**简评**］ 作品记叙了商鞅佐孝公实行变法,使秦国富强的丰功伟绩,和后来秦国发生政变,商鞅惨遭杀害的全过程。作者出于个人的惨痛经历,对于商鞅这个法家人物从态度上是反感的,这与他对待吴起、晁错一样,是同一种性质的偏颇。但是司马迁在记述商鞅变法的功效,在记述秦国由于变法而富强,并为日后的统一六国奠定基础上,是异常科学准确的。他没有因个人的爱憎而贬低商鞅的政治成就,这是司马迁可贵的求实精神的胜利,为我们后人正确地认识和评价商鞅变法提供宝贵资料。

［**集评**］ 《太史公自序》:"鞅去卫适秦,能明其术,强霸孝公,后世遵其法,作《商君列传》第八。"

桑弘羊曰:"昔商君相秦也,内立法度,严刑罚,饬政教,奸伪无所容;外设百倍之利,收山泽之税,国富民强,器械完饰,蓄积有余,是以征敌伐国,攘地斥境,不赋百姓而师以赡。故用不竭而民不知,地尽西河而民不苦,盐铁之利所以佐百姓之急,足军旅之费。"又曰:"其后卒并六国而成帝业。……今以赵高之亡秦而非商鞅,犹以崇虎乱殷而非伊尹也。"(《盐铁论·非鞅第七》)

刘向曰:"秦孝公保崤函之固,以广雍州之地,东并河西,北收上郡,国富民强,长雄诸侯,周室归籍,四方来贺,为战国霸君,秦遂以强,六世而并诸侯,亦皆商君之谋也。夫商君极身无二虑,尽公不顾私,使民内急耕织之业以富国,外重战伐之赏以劝戎士。法令必行,内不私贵宠,外不偏疏远,是以令行而禁止,法出而奸息。故虽《书》云'无偏无党',《诗》云'周道如砥,其直如矢’,《司马法》之励戎士,周后稷之劝农业,无以易此。此所以并诸侯也。故孙卿(荀况)曰:‘四世有胜,非幸也,数也。’然无信,诸侯畏而不亲。……今卫鞅内刻刀锯之刑,外深铁钺之诛,步过六尺者有罚,弃灰于道者被刑;一日临渭而论囚七百余人,渭水尽赤,号哭之声,动于天地,畜怨积仇,比于丘山。所逃莫之隐,所归莫之容,身死车裂,灭族无姓,其去霸王之佐亦远矣。然惠王杀之亦非也,可辅而用也。使卫鞅施宽平之法,加之以恩,申之以信,庶几霸者之佐哉!”(《史记集解》引《新序》)

韩愈曰:“秦用商君之法,人以富,国以强,诸侯不敢抗,及七君而天下为秦。使天下为秦者,商君也。而后代之称道者,咸羞言管、商氏,何哉?庸非求其名而不责其实欤?”(《进士策问》)

王安石曰:“自古驱民在信诚,一言为重百金轻。今人未可非商鞅,商鞅能令政必行。”(《商鞅》)

姚苎田曰:“以一羁旅之臣,岸然排父兄百官之议,任众怨,兼众劳,以卒成其破荒特创之功,非绝世之异才不能为也。故吾以为古今言变法者数人。卫鞅,才子也;介甫,学究也;赵武灵王,雄主也;魏孝文帝,明辟也。其所见不同,而有定力则一。”(《史记菁华录》)

毛泽东曰:“商鞅之法,良法也。今试一披吾国四千余年之记载,而求其利国福民伟大之政治家,商鞅不首屈一指乎?鞅当孝公之世,中原鼎沸,战事正殷,举国疲劳,不堪言状,于是而欲战胜诸国,统一中原,不綦难哉?于是而变法之令出。其法惩奸宄以保人民之权利,务耕织以增进国民之富力,尚军功以树国威,孥贫怠以绝消耗。此诚我国从来未有之大政策。”(《商鞅徙木立信论》)

范文澜曰:“商鞅两次变法,破坏了领主的宗族制度,也限制了地主的家族制度,使秦国成为当时先进的富强无比的统一国家。消灭政治落后的山东六国,推行秦制,建立封建大帝国的基

础从此萌芽了。”(《中国通史简编》)

高亨曰:“商鞅变法是适应历史的潮流,得到人民的支持,废除奴隶社会制度,建立封建社会制度,秦国从而由奴隶社会进入封建社会。……正是由于商鞅在秦国建立了封建制度,奠定了富强基础,因而秦始皇用其雄才大略,在人民的支持下,以秦国的武力,灭亡了六国,又把秦国的政法推行于六国,不仅完成了统一大业,而且促进了社会发展。由此可见,商鞅与秦始皇在当时的功业(有程度上的差别),均是史册上的光辉。”(《商君书注译》)

马非百曰:“商鞅变法之重要内容,在东方各国,本已早为推行,商鞅不过携带东方之新空气,使西方人迎头赶上一步。而结果则后来居上,新制度之创建,惟秦为最有功焉。盖商鞅之法重法治,既出于李悝之《法经》六篇。而其废井田,开阡陌封疆,民得买卖,又全本于李悝之尽地力之教。……如所谓塞私门之请,遂公家之荣,禁游宦之民,显耕战之士,等等,则又吴起在魏、楚所已行之而有效者也。史称孝公立,河山以东强国六,力政相争并。秦僻在雍州,不与中国诸侯之会盟,夷狄遇之。可见当时东方诸侯对秦人之轻视。自商鞅入秦,其势遂变,自后张仪、范雎、甘茂、公孙衍、蔡泽、吕不韦、李斯之伦,相继秉政,各建伟绩。”

又曰:“商鞅相秦,……推其本意,全在乎破弃残余的奴隶制度相传之种种束缚,而集中精力于新兴封建制度之建设。……夫为政不在多言,要在力行。吾观商鞅亡至关下,欲舍客舍,竟以无验被拒;又公子虔曰:‘今秦妇人婴儿,皆言商君之法。’此非其法令确已推行至于最基层社会之明征耶?……使始皇帝统一以后,而犹能如此,则必无兰池之患、博浪之惊矣。以如此巨大之政治危机,竟大索十日、二十日而不可得。此李斯之治所以终不及商鞅也欤!”(《秦集史》)

李景星曰:“《商君传》是法家样子,是衰世圣经。在天地间既有此一等人物，而太史公即有此一副笔墨以写之。通篇以‘法’字为骨，开首提出‘好刑名之学’，已暗为下文诸‘法’字伏根。以下曰‘鞅欲变法’，曰‘不法其故’，曰‘非所论于法之外也’，曰‘不用法而霸’，曰‘智者作法’，曰‘卒定变法之令’，曰‘太子犯法’，曰‘将法太子’，而以‘为法之弊’终之。赞语又曰‘刻薄’，曰‘少恩’，曰‘受恶名’，活现出法家下场。令人读之，如睹七十二地狱变相，如炎天之中陡变秋节，那不惊心动魄！盖史公于鞅之为人，尽情贬抑，所以导人于正；而于鞅所行之事极力摹写，又所以不没其实。此本是特别文字，自当以特别之眼光读之。”(《四史评议》)

苏秦列传第九

苏秦者,东周雒阳人也。东事师于齐,而习之于鬼谷先生[①]。

出游数岁,大困而归。兄弟嫂妹妻妾窃皆笑之,曰:“周人之俗,治产业,力工商,逐什二以为务[②]。今子释本[③]而事口舌,困,不亦宜乎!”苏秦闻之而惭,自伤,乃闭室不出,出其书遍观之。曰:“夫士业已屈首受书,而不能以取尊荣,虽多亦奚以为!”于是得周书《阴符》,伏而读之。[④]期年,以出揣摩[⑤],曰:“此可以说当世之君矣。”求说周显王。显王左右素习知苏秦,皆少[⑥]之。弗信。

乃西至秦。秦孝公卒。说惠王曰:“秦四塞之国,被山带渭,东有关河,西有汉中,南有巴蜀,北有代马[⑦],此天府也。以秦士民之众,兵法之教[⑧],可以吞天下,称帝而治。”秦王曰:“毛羽未成,不可以高蜚;文理未明,不可以并兼[⑨]。”方诛商鞅,疾辩士[⑩],弗用。

乃东之赵。赵肃侯令其弟成为相,号奉阳君。奉阳君弗说之。

(以上为第一段,写苏秦前期之游说不遇的情景。)

①鬼谷先生——相传为战国时隐士,居于鬼谷,遂以地名相称。

②逐什二以为务——指从事经商。什二：十分之中得二分利。 ③释本——丢弃本来应该从事的职业。 ④周书《阴符》——《战国策》作“《太公阴符》”。缪文远以为即《太公兵法》。 伏而读之——《战国策》作“乃夜发书，陈箧数十，得《太公阴符》之谋，伏而诵之，简练以为揣摩。读书欲睡，引锥自刺其股，血流至足”。 ⑤揣摩——估量，研求，即反复捉摸人主心理，量度时势以求与之相合。 ⑥少——轻，瞧不起。 ⑦北有代马——代郡、马邑。西汉时，代郡约当今之河北怀安、涞源以西，山西阳高、浑源以东的内外长城间地和长城外的东洋河流域；马邑在今山西朔州。 ⑧兵法之教——意谓人人熟习兵法战阵之事。教：习也。 ⑨蜚——通“飞”。 文理——指法令。 ⑩方诛商鞅——商鞅佐秦孝公实行变法，孝公死，惠文王即位，变法中受打击的贵族作乱，商鞅被杀，事在公元前338年，详见《商君列传》。 疾辩士——讨厌口辩之士。疾：厌恶。

去游燕，岁余而后得见。说燕文侯曰：

燕东有朝鲜、辽东，北有林胡、楼烦，[①]西有云中、九原，南有嘑沱、易水，[②]地方二千余里，带甲数十万，车六百乘，骑六千匹，粟支数年。南有碣石、雁门之饶，北有枣栗之利，民虽不佃作而足于枣栗矣。[③]此所谓天府者也。

夫安乐无事，不见覆军杀将，无过燕者。大王知其所以然乎？夫燕之所以不犯寇被甲兵者，以赵之为蔽其南也。秦赵五战，秦再胜而赵三胜。秦赵相毙，而王以全燕制其后，[④]此燕之所以不犯寇也。且夫秦之攻燕也，逾云中、九原，过代、上谷，弥地数千里，[⑤]虽得燕城，秦计固不能守也。秦之不能害燕亦明矣。今赵之攻燕也，发号出令，不至十日而数十万之军军于东垣矣。[⑥]渡嘑沱，涉易水，不至四五日而距国都矣。故曰秦之攻燕也，战于千里之外；赵之攻燕也，战于百里之内。夫不忧百里之患而重千里之外，计无过于此者。[⑦]是故愿大王与赵从亲，天下为一，[⑧]则燕国必无患矣。

文侯曰："子言则可，然吾国小，西迫强赵，南近齐，齐、赵，强国也。子必欲合从以安燕，寡人请以国从。"于是资苏秦车马金帛以至赵。

（以上为第二段，写苏秦说燕国合纵。）

①林胡——当时的少数民族名，约活动在今山西朔州北至内蒙古自治区内。　楼烦——当时的少数民族名，春秋末约活动在今山西宁武、岢岚等地，后活动于今陕北及内蒙古南部。　②云中——赵郡名，约当今内蒙古土默特右旗以东、大青山以南、卓资以西、黄河南岸及长城以北。这一带原属林胡，后被赵国攻占，今乃说其属燕，于事实不合。　九原——地区名，约当今内蒙古后套及其以东至包头、黄河南岸的鄂尔多斯北部地，当时亦不属燕国。　嘑沱——水名，源于山西，东经河北石家庄、献县，东北至天津南入海。　易水——源于今河北易县境，东经徐水、霸州，至天津入海。　③南有碣石、雁门之饶——碣石：山名，在今河北昌黎西北。雁门：山名，在今山西代县西北。姚鼐认为：碣石在燕东，海中之货自此入河；雁门在西北，沙漠之货自此入路，皆达于燕南，故有其饶也。　佃作——指耕种土地。　④秦赵相毙——相互疲敝。毙：应作"敝"。　全燕——未经任何战争削弱的完好燕国。　⑤上谷——燕郡名，约当今河北张家口、小五台山以东，赤城、北京延庆区以西，及内长城和北京昌平区以北地。　弥地——意同"绵延""横亘"。　⑥今——如，如果。　东垣——后改名真定，赵国北部的城名，在今河北石家庄东。　⑦重——重视，防范。　过——错，谬误。　⑧从亲——指建立合纵联盟。从："纵"的古字。　天下为一——指东方六国共同联合起来。

而奉阳君已死，即因说赵肃侯曰：

天下卿相人臣及布衣之士，皆高贤君之行义，皆愿奉教陈忠于前之日久矣。虽然，奉阳君妒而君不任事，是以宾客游士莫敢自尽于前者。[①]今奉阳君捐馆舍[②]，君乃今复与士民相亲也，臣故敢进其愚虑。

窃为君计者，莫若安民无事，且无庸有事于民也。安民之本，在于择交，择交而得则民安，择交而不得则民终身不安。请言外患：齐秦为两敌而民不得安，倚秦攻齐而民不得安，倚齐攻秦而民不得安。故夫谋人之主，伐人之国，常苦出辞断绝人之交也[3]。愿君慎勿出于口。请别白黑所以异，阴阳而已矣[4]。君诚能听臣，燕必致旃裘狗马之地，[5]齐必致鱼盐之海，楚必致橘柚之园，韩、魏、中山皆可使致汤沐之奉，而贵戚父兄皆可以受封侯。夫割地包利，五伯之所以覆军禽将而求也；[6]封侯贵戚，汤、武之所以放弑而争也。[7]今君高拱而两有之[8]，此臣之所以为君愿也。

今大王与秦，则秦必弱韩、魏；[9]与齐，则齐必弱楚、魏。魏弱则割河外，韩弱则效宜阳。[10]宜阳效则上郡绝，河外割则道不通，楚弱则无援。[11]此三策者，不可不孰计也。[12]

夫秦下轵道，则南阳危[13]；劫韩包周，则赵氏自操兵[14]；据卫取卷[15]，则齐必入朝秦。秦欲已得乎山东[16]，则必举兵而向赵矣。秦甲渡河逾漳，据番吾，[17]则兵必战于邯郸之下矣。此臣之所为君患也。

当今之时，山东之建国莫强于赵。赵地方二千余里，带甲数十万，车千乘，骑万匹，粟支数年。西有常山，南有河漳，东有清河，[18]北有燕国。燕固弱国，不足畏也。秦之所害[19]于天下者莫如赵，然而秦不敢举兵伐赵者，何也？畏韩、魏之议其后[20]也。然则韩、魏，赵之南蔽也。秦之攻韩、魏也，无有名山大川之限，稍蚕食之，傅国都而止。[21]韩、魏不能支秦，必入臣于秦。秦无韩、魏之规，则祸必中于赵矣。[22]此臣之所为君患也。

臣闻尧无三夫之分[23]，舜无咫尺之地，以有天下；禹无百人之聚[24]，以王诸侯；汤、武之士不过三千，车不过三百乘，卒不过三万[25]，立为天子：诚得其道也。是故明主外料其敌之强弱，内度其士卒贤不肖，不待两军相当而胜败存亡之机固已形于胸中矣，岂揜于众人之言而以冥冥决事哉！[26]臣窃以天下之地图案之，诸侯之地五倍于秦，料度诸侯之卒十倍于秦，[27]六国为一，并力西乡[28]而攻秦，秦必破矣。今西面而事之，见臣于秦[29]。夫破人之与破于人也，臣人之与臣于人也，岂可同日而论哉！

夫衡人[30]者，皆欲割诸侯之地以予秦。秦成，则高台榭，美宫室，[31]听竽瑟之音，前有楼阙轩辕，后有长姣美人，国被秦患而不与其忧。是故夫衡人日夜务以秦权恐愒诸侯以求割地，[32]故愿大王孰计之也。

臣闻明主绝疑去谗，屏流言之迹，塞朋党之门，故尊主广地强兵之计，臣得陈忠于前矣。故窃为大王计，莫如一韩、魏、齐、楚、燕、赵以从亲，以畔秦。[33]令天下之将相会于洹水之上，通质，刳白马而盟。[34]要约曰："秦攻楚，齐、魏各出锐师以佐之，韩绝其粮道，赵涉河漳，燕守常山之北。秦攻韩、魏，则楚绝其后，齐出锐师而佐之，赵涉河、漳，燕守云中。秦攻齐，则楚绝其后，韩守城皋，魏塞其道，赵涉河漳、博关，[35]燕出锐师以佐之。秦攻燕，则赵守常山，楚军武关，齐涉勃海，韩、魏皆出锐师以佐之。秦攻赵，则韩军宜阳，楚军武关，魏军河外[36]，齐涉清河，燕出锐师以佐之。诸侯有不如约者，以五国之兵共伐之。"六国从亲以宾秦，则秦甲必不敢出于函谷以害山东矣。[37]如此，则霸王之业成矣[38]。

赵王曰："寡人年少，立国日浅，未尝得闻社稷之长计也。今上客有意存天下、安诸侯，寡人敬以国从。"乃饰车百乘，黄金千溢，白璧百双，锦绣千纯，以约诸侯。[39]

（以上为第三段，写苏秦说赵国合纵。）

①奉阳君妒而君不任事——《战国策》作"奉阳君妒，大王不得任事"，尤为明畅。　自尽——尽所欲言。　②捐馆舍——婉称贵人之

死。 ③常苦出辞断绝人之交也——泷川资言曰:“言谋人之君,伐人之国,其事极大,说者常难出之于口,其故何也?以其断绝人之交也。” ④请别白黑所以异,阴阳而已矣——泷川资言曰:“白黑,犹言利害。阴阳,暗斥纵横。” ⑤致——交纳,献出。 旃(zhān)裘狗马之地——出产毡裘狗马的地区。因燕国地近游牧部落,故有此称说。旃:通“毡”。 ⑥割地包利——割他国之地盘,包有其实利。 覆军禽将而求——意即为了得到这些而不惜损兵折将。 ⑦封侯贵戚——通过封侯使自己的亲戚得以尊贵。 放弑——指汤灭夏,流放桀于鸣条;武王灭商,逼得殷纣自焚而死。 ⑧高拱而两有之——意即不费吹灰之力而安然享有。拱:拱手高坐。极言其清闲。 ⑨与秦——和秦国联合。与:交好。 秦必弱韩、魏——韩、魏无赵之援,秦必肆无忌惮以攻之。 ⑩割河外——将河外地区割给秦国。河外:今陕西华阴至河南三门峡陕州区一带,当时属魏。 效宜阳——将宜阳交给秦国。效:交出。宜阳:韩国的西部重镇,在今河南宜阳西。 ⑪上郡绝——指韩国都城新郑与其上党地区的联络断绝。上郡:疑当作“上党”,治所在今山西长治一带,与宜阳隔河相望。 道不通——指魏国都城大梁与其上郡一带的交通被隔断。 ⑫三策——指联齐反秦、联秦反齐,并同时与齐、秦为敌。 孰计——仔细考虑。孰:“熟”的古字。 ⑬秦下轵(zhǐ)道,则南阳危——轵道:即当时咸阳东南(在今陕西西安东北)之“轵道亭”。 南阳——地区名,指今河南济源至获嘉一带,当时分属韩、魏,因其地处太行山之南、黄河之北,故称“南阳”。二句意谓秦兵由轵道经函谷关东出,则韩、魏之南阳地区告急。 ⑭劫韩包周,则赵氏自操兵——缪文远引张琦曰:“宜阳、新城在周西,荥阳、成皋在周东,‘劫韩’则‘包周’……赵都邯郸,去韩殊远,‘赵’疑当作‘魏’。”盖谓秦“劫韩包周”则魏都大梁即处于被攻之下。 ⑮据卫取卷——占据卫都,夺取卷县。当时的卫国都城在今河南濮阳县东南;卷县在今河南原阳西南,当时属魏。按:《战国策》作“据卫取淇”,淇水在卫国旧都朝歌(今河南淇县)附近,离濮阳近,也离齐国近,故可震动齐国,使之“朝秦”,较之“据卫取卷”似更合理。 ⑯秦欲已得乎山东——按:“得”下似应有“行”字,《战国策》作“秦欲已得行于山东”,较此明畅。

⑰渡河逾漳——渡过黄河，越过漳水。漳水流经今河北磁县南，东北流，汇入黄河。　番吾——即今河北磁县，在赵都邯郸南。　⑱西有常山——常山原称恒山，汉人因避文帝讳而改称常山，在今河北曲阳西北。按：当时赵国的西部边界可达山西西侧之黄河。　清河——源于今河南林州北，东流经安阳北入河北，经大名西，东北流，至今河北沧州泊镇一带汇入黄河。　⑲害——怕，视以为病。　⑳议其后——在背后打它的主意。议：谋，算计。　㉑限——阻隔。　稍——逐渐。　傅——贴近，一直达到。　㉒规——算计，即上文之所谓“议”。　中——对准。　㉓三夫之分——有曰，井田制一夫受田百亩，“三夫”则三百亩也。亦有曰，“三夫”即三个部伍或三个家奴。　㉔聚——村落。　㉕汤、武之士不过三千，车不过三百乘，卒不过三万——王念孙曰：“‘卒’即‘士’也，既云‘士不过三千’，不当又云‘卒不过三万’。盖《史记》本作‘汤武之土不过百里，车不过三百乘，卒不过三千’，与《赵策》小异。”按：《战国策》只云“汤、武之卒不过三千人，车不过三百乘”。

㉖相当——相遇，相对阵。　机——关键。　形于胸中——意即了然于胸。形：呈现。　揜（yǎn）于众人之言——被众人的七嘴八舌所蒙蔽。揜：蒙蔽，哄骗。　冥冥——糊里糊涂。　㉗案——考察。　料度——估计。　㉘西乡——向西。乡：通“向”。　㉙见臣于秦——被秦国所臣服。　㉚衡人——以连横事秦为说辞的人。　㉛秦成——与秦国的联盟一旦建立。　高台榭，美宫室——“高”“美”皆用作动词。榭：上面建有室屋的高台。此谓主张连衡的人一旦其说被东方的君主采用，则立获富贵尊荣。　㉜秦权——秦国的国力兵威。　恐愒——恐吓。愒：此处疑应作“喝”。　㉝一韩、魏、齐、楚、燕、赵以从亲——用合纵的策略把韩、魏、齐、楚、燕、赵诸国联合起来。一：统一，协调一致。　以畔秦——各国一齐脱离秦国，共同对付秦国。畔：通“叛”。

㉞天下之将相——即前述六国之将相。　相会于洹（huán）水之上——洹水：即上文所说的“清河”的上游，今河南北部的安阳河。发源于今河南林州北的隆虑山，经安阳东流，以下遂称“清河”。　通质——谓盟国之间互派人质。　刳（kū）白马而盟——杀白马取其血，令与会者歃血结盟。　㉟城皋——应作“成皋”，在今河南荥阳汜水镇

西之成皋旧址，当时属韩。　魏塞其道——即河内之道。　博关——在今山东聊城，当时属齐。　㊱魏军河外——以威胁秦军之右翼。河外：即今陕西华阴至河南三门峡陕州区一带，当时属秦。㊲宾秦——排击秦国。宾：通“摈”，排击。　害山东——危害东方诸国。山东：崤山（在今河南西部）以东，古代常用以指称今函谷关以东的广大地区。　㊳霸王之业成矣——意谓如果东方诸国的合纵一旦形成，则赵肃侯定将成为东方诸国的领袖，能率东方诸国以抑强秦，成就霸业。　㊴饰车——“饰”通“饬”，整理，备办。　黄金千溢——一溢等于二十两。　锦绣千纯（tún）——纯：匹、段。绸帛计量单位。

是时周天子致文武之胙于秦惠王[①]。惠王使犀首攻魏，禽将龙贾，取魏之雕阴，且欲东兵。[②]苏秦恐秦兵之至赵也，乃激怒张仪，入之于秦。

于是说韩宣王曰：

韩北有巩洛、成皋之固，西有宜阳、商阪之塞，[③]东有宛、穰、洧水，南有陉山，[④]地方九百余里，带甲数十万，天下之强弓劲弩皆从韩出。谿子、少府时力、距来[⑤]者，皆射六百步之外。韩卒超足而射，百发不暇止，远者括蔽洞胸，[⑥]近者镝弇心。韩卒之剑戟皆出于冥山、棠溪、墨阳、合赙、邓师、宛冯、龙渊、太阿，[⑦]皆陆断牛马，水截鹄雁，当敌则斩；坚甲铁幕，革抉㕮芮，无不毕具。[⑧]以韩卒之勇，被坚甲，跖劲弩，[⑨]带利剑，一人当百，不足言也。夫以韩之劲与大王之贤，乃西面事秦，交臂而服，羞社稷而为天下笑，[⑩]无大于此者矣。是故愿大王孰计之。

大王事秦，秦必求宜阳、成皋。今兹效之，明年又复求割地。与则无地以给之，不与则弃前功而受后祸。且大王之地有尽而秦之求无已，以有尽之地而逆无已之求，此所谓市怨结祸者也，[⑪]不战而地已削矣。臣闻鄙谚曰：“宁为鸡口，无为牛后。”今西面交臂而臣事秦，何异于牛后乎？

夫以大王之贤，挟强韩之兵，而有“牛后”之名，臣窃为大王羞之。

于是韩王勃然作色，攘臂瞋目，按剑仰天太息曰：“寡人虽不肖，必不能事秦。今主君⑫诏以赵王之教，敬奉社稷以从。”

（以上为第四段，写苏秦说韩王合纵。）

①致文武之胙(zuò)于秦惠王——文武之胙：周天子祭祀文王、武王用过的供肉。周天子将此祭肉分赐给某诸侯，是表示对他的敬意，承认他是诸侯中的霸主。 ②犀首攻魏——事在惠文王五年(前333)。犀首：即公孙衍。原魏人，是时仕秦为大良造。 雕阴——魏县名，在今陕西甘泉南。 东兵——向东方进兵。 ③北有巩洛、成皋之固——巩洛：周县名，在今河南巩义西南，与韩之成皋邻近。 西有宜阳、商阪之塞——商阪：即后世所称之“商山”，在今陕西商洛东南。按：商阪属秦，不属韩，只是与韩之宜阳一带邻近而已。 ④东有宛、穰、洧(wěi)水——宛：在今河南南阳。穰：在今河南邓州。都是韩国的南部地区，不在“东”方。洧水：即今河南双洎河。自长葛以下，故道原经鄢陵、扶沟二县南，至西华西入颍水。 陉(xíng)山——在今河南新郑西南。 ⑤谿子、少府时力、距来——都是当时有名的弓弩名。少府：官名，其职务是为帝王理财，其下属机构有专为帝王制造器物者。 ⑥超足而射——《正义》曰：“超足，齐足也。夫欲放弩，皆坐，举足踏弩，两手揍机，然后发之。” 括蔽洞胸——“括”字衍文，应作“銛(xiān)洞胸”，与下“镝弇心”对文。銛、镝，皆指箭镞。弇：此处同“掩”，意即射中。 ⑦冥山——也称“冥塞”“冥厄”，在今河南信阳东南，当时为韩、楚分界。 棠溪——古邑名，在今河南西平西。 合膊——也作“合伯”，在今河南舞阳南。一说在西平西。 邓师——邓县的铸剑工匠，这里指邓县。 宛冯——这里指荥阳冯池。 龙渊、太阿——应皆为地名。汝南西平有龙泉水，可以淬刀剑；惟“太阿”不知其指何处之山阿。 ⑧截——斩。 铁幕——或曰指铁臂衣，或曰指铁障面。 革抉哎芮(fá ruì)——革：也称“拾”，也称“鞲(gōu)”，弓

箭手臂上的皮套袖。抉：也作“决”，弓箭手套于右手大拇指，借以拉弦。吷：同“瞂”，盾。芮：系盾之绶。按：此处的断句，也有人断作“陆断牛马，水截鹄雁，当敌则斩，坚甲、铁幕、革抉、吷芮无不毕具”，亦通。

⑨被——通“披”。　跖(zhí)劲弩——跖：脚掌，这里用作动词，踏。

⑩交臂——拱手。　羞社稷——为自己的国家社稷带来羞耻。

⑪逆无已之求——逆：迎。这里是“对待”“应付”的意思。　市怨结祸——市：买。这里的意思即“招取”。　⑫主君——当时对卿大夫的尊称。《索隐》曰：“礼，卿大夫称主，今嘉苏子合从诸侯，褒而美之，故称曰‘主君’。”诏：告。

又说魏襄王曰：

大王之地，南有鸿沟、陈、汝南、许、郾、昆阳、召陵、舞阳、新都、新郪，[①]东有淮、颍、煮枣、无胥，[②]西有长城之界，北有河外、卷、衍、酸枣[③]，地方千里。地名虽小，然而田舍庐庑之数，曾无所刍牧。[④]人民之众，车马之多，日夜行不绝，輷輷殷殷[⑤]，若有三军之众。臣窃量大王之国不下楚。然衡人怵王交强虎狼之秦以侵天下，卒有秦患，不顾其祸。[⑥]夫挟强秦之势以内劫其主[⑦]，罪无过此者。魏，天下之强国也；王，天下之贤王也。今乃有意西面而事秦，称东藩，筑帝宫，受冠带，祠春秋，臣窃为大王耻之。

臣闻越王句践战敝卒三千人，禽夫差于干遂；武王卒三千人，革车三百乘，制纣于牧野：岂其士卒众哉，诚能奋其威也。今窃闻大王之卒，武士二十万，苍头二十万，奋击二十万，厮徒十万，车六百乘，骑五千匹。[⑧]此其过越王句践、武王远矣，今乃听于群臣之说而欲臣事秦。夫事秦必割地以效实[⑨]，故兵未用而国已亏矣。凡群臣之言事秦者，皆奸人，非忠臣也。夫为人臣，割其主之地以求外交，偷取一时之功而不顾其后，破公家而成私门，外挟强秦之势以内劫其主，以求割地，愿大王孰察之。

《周书》曰："绵绵不绝，蔓蔓奈何？豪氂不伐，将用斧柯[10]。"前虑不定，后有大患，将奈之何？大王诚能听臣，六国从亲，专心并力壹意，则必无强秦之患。故敝邑赵王使臣效愚计，奉明约，在大王之诏诏之。[11]

魏王曰："寡人不肖，未尝得闻明教。今主君以赵王之诏诏之[12]，敬以国从。"

（以上为第五段，写苏秦说魏王合纵。）

①鸿沟——也称狼汤渠，魏惠王十年（前360）开凿的运河名，西自今河南荥阳北之黄河引出，东流至今河南开封北，南折流经许东、太康西，至淮阳东南入颍水。　陈——在今河南周口淮阳区，当时属楚。　汝南——即指上蔡（今河南上蔡西南）。　许——在今河南许昌东。　郾——在今河南漯河偃城区西南。　昆阳——在今河南叶县。　召陵——今河南漯河郾城区东。　舞阳——在今河南舞阳。　新都——在今河南新野东。按：新都当时属楚，不属魏。　新郪（qī）——在今安徽太和北。按：当时新郪亦属楚，不属魏。　②淮、颍——淮河、颍水。　煮枣——县名，在今山东东明南。　无胥——其地说法不一，有说即宿胥口，在今河南浚县西南；有说指扶苏城，在今河南商水西南。　③北有河外、卷、衍、酸枣——卷：县名，在今河南原阳西南。衍：县名，在今河南郑州北。酸枣：县名，在今河南延津西南。按：此所谓"北有卷、衍、枣"，乃指魏国都城大梁而言，上述三县皆处于当时的黄河之南，大梁之西北，而魏国之北部边界乃在今河北、河南两省交界处。　④地名虽小——表面看虽然不大。名：名义，表面。　田舍庐庑之数——这里泛指居民屋舍。数：促，密集。　无所刍（chú）牧——刍：刈（yì）草。牧：放牧。言魏居民蕃庶，无刈刍放牧之地。　⑤輷輷（hōng）殷殷——车行声。　⑥怵（chù）——威胁，恫吓。有曰，"怵"同"訹（xù）"，引诱。　交强虎狼之秦以侵天下——意即为虎作伥地跟着秦国侵略其他国家。按："交强虎狼之秦"，似应作"交虎狼之强秦"。　卒有秦患——谓魏国一旦遭到秦国的攻击。卒（cù）：后多作"猝"。　不顾其祸——意谓讲连衡的人此时则袖手不管。　⑦挟强秦之势以

内劫其主——挟：借助。劫：胁迫。 ⑧苍头——谓以青巾裹头，以异于众。 厮徒——王骏图认为：即今军营中火夫、长夫之类。中井积德曰："魏之军制，当时有武士、苍头、厮徒、奋击之别。武士，即我邦'武士'；苍头，盖贱卒，我邦足轻也；厮徒，役夫供杂役者，我邦人夫也；奋击，盖选其精锐，用先锋陷阵。" ⑨割地以效实——谓割地献秦，以效己之诚实。效：证明。 ⑩绵绵不绝，蔓蔓奈何？豪氂(lí)不伐，将用斧柯——四句见《逸周书·和寤》。绵绵：谓细微。蔓蔓：谓长大也。言小时不灭，大则难除也。豪氂：极言初生植物之小。氂：通"厘"。斧柯：斧子的柄。这里指斧子。 ⑪效——进献。 奉明约——谦言赵国将遵从魏王的约束。 在大王之诏诏之——意即"一切全听您的吩咐"。 ⑫以赵王之诏诏之——前"诏"字犹言"命令""旨意"；后"诏"字犹言"告"。

因东说齐宣王曰：

齐南有泰山，东有琅邪，西有清河，北有勃海，此所谓四塞[①]之国也。齐地方二千余里，带甲数十万，粟如丘山。三军之良，五家之兵[②]，进如锋矢，战如雷霆，解如风雨。即有军役，未尝倍泰山，绝清河，涉勃海也。临菑之中七万户，臣窃度之，不下户三男子，三七二十一万，不待发于远县，而临菑之卒固已二十一万矣。临菑甚富而实，其民无不吹竽鼓瑟，弹琴击筑，斗鸡走狗，六博蹋鞠者。[③]临菑之涂，车毂击，人肩摩，连衽成帷，举袂成幕，挥汗成雨，家殷人足，志高气扬。夫以大王之贤与齐之强，天下莫能当。今乃西面而事秦，臣窃为大王羞之。

且夫韩、魏之所以重畏秦者，为与秦接境壤界也。兵出而相当，不出十日而战胜存亡之机决矣。[④]韩、魏战而胜秦，则兵半折，四境不守；战而不胜，则国已危，亡随其后。是故韩、魏之所以重与秦战，而轻为之臣也。[⑤]今秦之攻齐则不然。倍韩、魏之地，过卫阳晋之道，径乎亢父之险，[⑥]车不得方轨,骑不得比行,百人守险,千人不敢过也。秦虽欲深入,则狼顾,恐韩、魏之议其后也。是故恫疑虚喝,骄矜而不敢进,⑦则秦之不能害齐亦明矣。夫不深料秦之无奈齐何,而欲西面而事之,是群臣之计过也。今无臣事秦之名而有强国之实⑧,臣是故愿大王少留意计之。

齐王曰:"寡人不敏,僻远守海,穷道东境之国也,未尝得闻余教。今足下以赵王诏诏之,敬以国从。"

(以上为第六段,写苏秦说齐王合纵。)

①四塞——四周都有天然屏障。 ②五家之兵——牛鸿恩认为:齐国不设郡而设都,凡五都。都之长官曰"大夫",如"即墨大夫""阿大夫"是也。五都皆驻有常备军队,称"五都之兵"。"大夫"之领地称"家",故"五都之兵"亦称"五家之兵"。 ③六博——古代的一种棋戏,六黑六白,两人对投以较胜负。 蹋鞠(jū)——踢球,其球以皮为面,内实以毛。 ④相当——相遇,此指会战。 战胜存亡之机决矣——战胜存亡:似应作"胜负存亡"。机:关键,也可以指"苗头""趋势"。 ⑤重与秦战——不愿轻易与秦国开战。重:不轻易。 轻为之臣——不把对之称臣看作是严重的事情。 ⑥倍——通"背",此处为跨越。 过卫阳晋之道——意即还要跨越卫国。阳晋:卫国(都城在今河南濮阳县东南)县名,在今山东郓(yùn)城西。 径乎亢父(gāng fǔ)之险——径:小路。这里用作动词,穿过。亢父:齐县名,在今山东济宁南。 ⑦恫疑虚喝——自己恐惧疑虑,不敢进兵;但又虚张声势,做出要进击齐国的样子。 骄矜而不敢进——表面做出一种不可一世的姿态,其实不敢对齐国用兵。 ⑧无臣事秦之名而有强国之实——指东方诸国实行合纵。

乃西南说楚威王曰:

楚,天下之强国也;王,天下之贤王也。西有黔中、巫郡,东有夏州、海阳,①南有洞庭、苍梧,北有陉塞、郇阳,②地方五千余里,带甲百万,车千乘,骑万匹,粟支十年,此霸王之资也。夫以楚之强与王之贤，天下莫能当也。今乃欲西面而事秦，则诸侯莫不西面而朝于章台[3]之下矣。

秦之所害莫如楚，楚强则秦弱，秦强则楚弱，其势不两立。故为大王计，莫如从亲以孤秦。大王不从亲，秦必起两军，一军出武关，一军下黔中，则鄢、郢动矣[4]。臣闻治之其未乱也，为之其未有也，[5]患至而后忧之，则无及已。故愿大王蚤孰计之。

大王诚能听臣，臣请令山东之国奉四时之献，以承大王之明诏。委社稷，奉宗庙，练士厉兵，在大王之所用之。大王诚能用臣之愚计，则韩、魏、齐、燕、赵、卫之妙音美人必充后宫，燕、代橐驼良马必实外厩。故从合则楚王，衡成则秦帝。今释霸王之业，而有事人之名，臣窃为大王不取也。

夫秦，虎狼之国也，有吞天下之心。秦，天下之仇雠也。衡人皆欲割诸侯之地以事秦，此所谓养仇而奉雠者也。夫为人臣，割其主之地以外交强虎狼之秦，以侵天下，卒有秦患，不顾其祸。夫外挟强秦之威以内劫其主，以求割地，大逆不忠，无过此者。故从亲则诸侯割地以事楚，衡合则楚割地以事秦，此两策者相去远矣，二者大王何居焉？故敝邑赵王使臣效愚计，奉明约，在大王诏之。

楚王曰："寡人之国西与秦接境，秦有举巴、蜀并汉中之心。秦，虎狼之国，不可亲也。而韩、魏迫于秦患，不可与深谋，与深谋恐反人以入于秦，[6]故谋未发而国已危矣。寡人自料以楚当秦，不见胜也；内与群臣谋，不足恃也。寡人卧不安席，食不甘味，心摇摇然如县旌而无所终薄。[7]今主君欲一天下，收诸侯，存危国，寡人谨奉社稷以从。"

于是六国从合而并力焉，苏秦为从约长，并相六国[8]。

（以上为第七段，写苏秦说楚王合纵，使六国合纵之谋终至完成。）

①黔中——楚郡名，因黔山而得名，约当今重庆乌江流域和涪陵以

下，湖北宜昌以上的长江沿岸地区。 巫郡——楚郡名，因巫山而得名，约当今之湖北清江中、上游及重庆地区。 夏州——在今湖北武汉汉阳区北。 海阳——即今江苏扬州以东直至海滨的长江北岸地区，古称“海阳”。 ②苍梧——古地区名，其地当在今湖南九嶷山以南广西贺江、楚江、郁江区域。 陉(xíng)塞——也称陉山，在今河南漯河郾城区东。 郇(xún)阳——在今陕西旬阳北。 ③章台——亦称“章华台”，此用以代指秦国。 ④鄢、郢动矣——鄢在今湖北宜城东南，是楚国北部的重镇；郢在今湖北荆州市荆州区西北，是楚国的国都。 ⑤治之其未乱——趁其尚未动乱而及早治理。 为之其未有——趁问题尚未发生而及早采取措施。两句都是讲防患于未然。 ⑥不可与深谋——意即无法与韩、魏结共同抗秦之盟。 与深谋恐反人以入于秦——“人”字疑衍，意谓“恐反以楚谋入告于秦”。 ⑦县旌——飘在半空的旗子。县：同“悬”。 无所终薄——犹今所谓“没有个着落”。薄：迫近，靠近。 ⑧苏秦为从约长，并相六国——按：《战国策》所载苏秦游说六国之辞多为后人拟作，苏秦先后曾为赵相、齐相、燕相，而无所谓“为从约长，并相六国”之事。此说当是后人将公孙衍发起的五国合纵攻秦，楚怀王为“纵长”的事情移到了苏秦头上。当然，苏秦能为三国之相，这也足够其党徒夸耀了。

北报赵王，乃行过雒阳，车骑辎重，诸侯各发使送之甚众，疑于王者。[①]周显王闻之恐惧，除道，使人郊劳。[②]苏秦之昆弟妻嫂侧目不敢仰视，俯伏侍取食。苏秦笑谓其嫂曰：“何前倨而后恭也？”嫂委蛇蒲服，以面掩地而谢曰：“见季子位高金多也。”[③]苏秦喟然叹曰：“此一人之身，富贵则亲戚畏惧之，贫贱则轻易之，况众人乎！且使我有雒阳负郭田二顷，吾岂能佩六国相印乎！”于是散千金以赐宗族朋友。初，苏秦之燕，贷人百钱为资，乃得富贵，以百金偿之。遍报诸所尝见德[④]者。其从者有一人独未得报，乃前自言。苏秦曰：“我非忘子。子之与我至燕，再三欲去我易水之上。方是时，我困，故望子深，是以后子。[⑤]子今亦得矣。”

苏秦既约六国从亲，归赵，赵肃侯封为武安君，乃投从约书于秦。秦兵不敢窥函谷关十五年。

（以上为第八段，写苏秦功成名就、衣锦还乡的得意与其报怨报德的情形。）

①辎重——车上装载的各种物资。　疑于王者——和王者的派头差不多。疑：通“拟”。　②周显王闻之恐惧——因以前周国未用苏秦，又尝致胙于秦国。　除道——清扫道路。　郊劳——至郊外迎接、慰问。　③委蛇（wēi yí）蒲服——委蛇：即“逶迤”，弯曲扭动的样子。蒲服：同“匍匐”，爬行。　见季子位高金多也——季子：犹言“老四”“四叔”，嫂子对小叔的敬称。　④见德——对自己有过好处。德：恩惠。　⑤望——怨恨。　是以后子——因此把你放在后面。

其后秦使犀首欺齐、魏，与共伐赵，欲败从约。齐、魏伐赵，赵王让苏秦。苏秦恐，请使燕，必报齐①。苏秦去赵而从约皆解。

秦惠王以其女为燕太子妇。是岁，文侯卒，太子立，是为燕易王。易王初立，齐宣王因燕丧伐燕，取十城。易王谓苏秦曰：“往日先生至燕，而先王资先生见赵，遂约六国从。今齐先伐赵，次至燕，以先生之故为天下笑，先生能为燕得侵地乎？”苏秦大惭，曰：“请为王取之。”

苏秦见齐王，再拜，俯而庆，仰而吊②。齐王曰：“是何庆吊相随之速也？”苏秦曰：“臣闻饥人所以饥而不食乌喙者，为其愈充腹而与饿死同患也。③今燕虽弱小，即秦王之少婿也。大王利其十城而长与强秦为仇。今使弱燕为雁行而强秦敝其后，以招天下之精兵，④是食乌喙之类也。”齐王愀然变色曰：“然则奈何？”苏秦曰：“臣闻古之善制事者，转祸为福，因败为功。大王诚能听臣计，即归燕之十城。燕无故而得十城，必喜；秦王知以己之故而归燕之十城，亦必喜。此所谓弃仇雠而得石交⑤者也。夫燕、秦俱事齐，则大王号令天下，莫敢不听。是王以虚辞附秦，以十城取天下，⑥此霸王之业也。”王曰：“善。”于是乃归燕之十城。

人有毁苏秦者曰:"左右卖国反覆之臣也,将作乱。"苏秦恐得罪,归,而燕王不复官也。苏秦见燕王曰:"臣,东周之鄙人也,无有分寸之功,而王亲拜之于庙而礼之于廷。今臣为王却齐之兵而得十城,宜以益亲。今来而王不官臣者,人必有以不信伤臣于王者。臣之不信,王之福也。臣闻忠信者,所以自为也[7];进取[8]者,所以为人也。且臣之说齐王,曾非欺之也[9]。臣弃老母于东周,固去自为而行进取也。今有孝如曾参,廉如伯夷,信如尾生。得此三人者以事大王,何若?"王曰:"足矣。"苏秦曰:"孝如曾参,义不离其亲一宿于外,王又安能使之步行千里而事弱燕之危王哉?廉如伯夷,义不为孤竹君之嗣,不肯为武王臣,不受封侯而饿死首阳山下。有廉如此,王又安能使之步行千里而行进取于齐哉?信如尾生,与女子期于梁下,女子不来,水至不去,抱柱而死。有信如此,王又安能使之步行千里却齐之强兵哉?臣所谓以'忠信'得罪于上者也。"燕王曰:"若不忠信耳,岂有以忠信而得罪者乎?"苏秦曰:"不然。臣闻客有远为吏而其妻私于人者,其夫将来,其私者忧之,妻曰'勿忧,吾已作药酒待之矣。'居三日,其夫果至,妻使妾举药酒进之。妾欲言酒之有药,则恐其逐主母也;欲勿言乎,则恐其杀主父也。于是乎详僵[10]而弃酒。主父大怒,笞之五十。故妾一僵而覆酒,上存主父,下存主母,然而不免于笞,恶在乎'忠信之无罪'也?夫臣之过,不幸而类是乎!"燕王曰:"先生复就故官。"益厚遇之。

易王母,文侯夫人也,与苏秦私通。燕王知之,而事之加厚。苏秦恐诛,乃说燕王曰:"臣居燕不能使燕重,而在齐则燕必重。"燕王曰:"唯先生之所为。"于是苏秦详为得罪于燕而亡走齐,齐宣王以为客卿。

齐宣王卒,湣王即位,说湣王厚葬以明孝,高宫室、大苑囿以明得意,欲破敝齐而为燕。燕易王卒,燕哙立为王。其后齐大夫多与苏秦争宠者,而使人刺苏秦,不死,殊而走[11]。齐王使人求贼，不得。苏秦且死，乃谓齐王曰："臣即死，车裂臣以徇于市，[12]曰'苏秦为燕作乱于齐'，如此则臣之贼必得矣。"于是如其言，而杀苏秦者果自出，齐王因而诛之。燕闻之曰："甚矣，齐之为苏生报仇也！"

（以上为第九段，写苏秦忠于燕国，最后为燕国行反间死于齐。）

①报齐——报齐国为秦伐赵破坏纵约之仇。 ②俯而庆，仰而吊——庆：贺。谓贺其得燕十城。吊：为其得十城而感到遗憾、忧虑。 ③乌喙（huì）——一种有毒的植物，也叫"乌头""附子""天雄"等。 愈充腹——暂时填饱肚子。愈：应作"偷"，苟且，只顾暂时。 ④使弱燕为雁行（háng）而强秦敝其后——雁行：原意谓跟随在后，但本文则谓以燕国为头雁，而秦国继其后。敝其后：犹今之所谓"做后盾"。敝：通"蔽"，掩护。 招天下之精兵——谓招惹各国前来攻打。 ⑤弃仇雠（chóu）而得石交——即今所谓化敌为友。石交：金石之交。极言其关系之牢固，难以改变。 ⑥附秦——使秦国归附。 以十城取天下——谓以十城予燕，而换得号令天下之权。 ⑦忠信者，所以自为也——意谓讲"忠"讲"信"，都只是为了个人的"道德修养"。自为：为自己。 ⑧进取——意即为了国家事功而不择手段。 ⑨曾非欺之也——并非欺骗齐王。 ⑩详僵——假装摔倒。详：通"佯"。僵：仰面摔倒。 ⑪使人刺苏秦，不死，殊而走——谓苏秦被刺而将死，刺客乃逃走。殊：谓将死而尚未咽气。 ⑫臣即死——我倘若就此而死。即：若，假如。 车裂臣以徇于市——谓载其尸体巡行示众。

苏秦既死，其事大泄[1]。齐后闻之，乃恨怒燕。燕甚恐。苏秦之弟曰代，代弟苏厉，见兄遂，亦皆学[2]。及苏秦死，代乃求见燕王，欲袭故事[3]。曰："臣，东周之鄙人也。窃闻大王义甚高，鄙人不敏，释钼耨而干大王。至于邯郸，所见者绌于所闻于东周，臣窃负其志。[4]及至燕廷，观王之群臣下吏，王，天下之明王也。"燕王曰："子所谓明王者何如也？"对曰："臣闻明王务闻其过，不欲闻其善，臣请谒王之过。夫齐、赵者，燕之仇雠也[5]；楚、魏者，燕之援国也。今王奉仇雠以伐援国，非所以利燕也。王自虑之，此则计过；无以闻者[⑥]，非忠臣也。”王曰：“夫齐者固寡人之仇，所欲伐也，直患国敝力不足也。子能以燕伐齐，则寡人举国委子。”对曰：“凡天下战国七，燕处弱焉。独战则不能，有所附则无不重。南附楚，楚重；西附秦，秦重；中附韩、魏，韩、魏重。且苟所附之国重，此必使王重矣。今夫齐，长主而自用也[⑦]。南攻楚五年，畜聚竭；[⑧]西困秦三年，士卒罢敝；北与燕人战，覆三军，得二将；然而以其余兵南面举五千乘之大宋，而包十二诸侯。[⑨]此其君欲得，其民力竭，恶足取乎？且臣闻之，数战则民劳，久师则兵敝矣。”燕王曰：“吾闻齐有清济、浊河可以为固，长城、巨防足以为塞，[⑩]诚有之乎？”对曰：“天时不与，虽有清济、浊河，恶足以为固！民力罢敝，虽有长城、巨防，恶足以为塞！且异日济西不师，所以备赵也；河北不师，所以备燕也。[⑪]今济西河北尽已役矣，封内敝矣。夫骄君必好利，而亡国之臣必贪于财。王诚能无羞从子母弟以为质，宝珠玉帛以事左右，彼将有德燕而轻亡宋，则齐可亡已。[⑫]”燕王曰：“吾终以子受命于天矣。”[⑬]燕乃使一子质于齐。而苏厉因燕质子而求见齐王。齐王怨苏秦，欲囚苏厉。燕质子为谢，已，遂委质为齐臣[⑭]。

燕相子之与苏代婚，而欲得燕权，乃使苏代侍质子于齐。齐使代报燕，燕王哙问曰：“齐王其霸乎？”曰：“不能。”曰：“何也？”曰：“不信其臣。”于是燕王专任子之，已而让位，燕大乱。齐伐燕，杀王哙、子之。燕立昭王，而苏代、苏厉遂不敢入燕，皆终归齐，齐善待之。

苏代过魏，魏为燕执代。齐使人谓魏王曰：“齐请以宋地封泾阳君[⑮]，秦必不受。秦非不利有齐而得宋地也，不信齐王与苏子也。今齐、魏不和如此其甚，则齐不欺秦。秦信齐，齐秦合，泾阳君有宋地，非魏之利也。故王不如东苏子[⑯]，秦必疑齐而不信苏子矣。齐秦不合，天下无变，伐齐之形成矣。”于是出苏代。代之宋，宋善待之。

齐伐宋，宋急，苏代乃遗燕昭王书曰：

夫列在万乘而寄质于齐，名卑而权轻；[17]奉万乘助齐伐宋，民劳而实费；夫破宋，残楚淮北，肥大齐，仇强而国害：此三者皆国之大败也。然且王行之者，将以取信于齐也。齐加不信于王[18]，而忌燕愈甚，是王之计过矣。夫以宋加之淮北，强万乘之国也，而齐并之，是益一齐也。[19]北夷[20]方七百里，加之以鲁、卫，强万乘之国也，而齐并之，是益二齐也。夫一齐之强，燕犹狼顾而不能支，今以三齐临燕，其祸必大矣。虽然，智者举事，因祸为福，转败为功。齐紫，败素也，而贾十倍[21]；越王句践栖于会稽，复残强吴而霸天下：此皆因祸为福，转败为功者也。

今王若欲因祸为福，转败为功，则莫若挑霸齐而尊之，使使盟于周室，焚秦符，[22]曰"其大上计，破秦；其次，必长宾之"[23]。秦挟宾[24]以待破，秦王必患之。秦五世伐诸侯，今为齐下，秦王之志苟得穷齐，不惮以国为功。[25]然则王何不使辩士以此言说秦王曰："燕、赵破宋肥齐，尊之为之下者，[26]燕、赵非利之也。燕、赵不利而势为之者，以不信秦王也。然则王何不使可信者接收燕、赵，令泾阳君、高陵君先于燕、赵？[27]秦有变，因以为质，则燕、赵信秦。秦为西帝，燕为北帝，赵为中帝，立三帝以令于天下。韩、魏不听则秦伐之，齐不听则燕、赵伐之，天下孰敢不听？天下服听，因驱韩、魏以伐齐，曰'必反宋地，归楚淮北。'反宋地，归楚淮北，燕、赵之所利也；并立三帝，燕、赵之所愿也。夫实得所利，尊得所愿，燕、赵弃齐如脱躧矣。[28]今不收燕、赵，齐霸必成。诸侯赞齐而王不从，是国伐也；[29]诸侯赞齐而王从之，是名卑也。今收燕、赵，国安而名尊；不收燕、赵，国危而名卑。夫去尊安而取危卑，智者不为也。"秦王闻若说，必若刺心，然则王何不使辩士以此若言说秦？[30]秦必取，齐必伐矣。[31]夫取秦，厚交[32]也；伐齐，正利也。尊厚交，务正利，圣王之事也。

燕昭王善其书，曰："先人尝有德苏氏，子之之乱而苏氏去燕。燕欲报仇于齐，非苏氏莫可。"乃召苏代，复善待之，与谋伐齐。竟破齐，湣王出走。

久之，秦召燕王，燕王欲往，苏代约[33]燕王曰：

楚得枳而国亡，齐得宋而国亡，齐、楚不得以有枳、宋而事秦[34]者，何也？则有功者，秦之深仇也。秦取天下，非行义也，暴也。秦之行暴，正告天下：

告楚曰："蜀地之甲，乘船浮于汶，乘夏水而下江，五日而至郢。汉中之甲，乘船出于巴，乘夏水而下汉，四日而至五渚。[35]寡人积甲宛东下随，智者不及谋，勇士不及怒，寡人如射隼矣。[36]王乃欲待天下之攻函谷，不亦远乎！"楚王为是故，十七年事秦。

秦正告韩曰："我起乎少曲，一日而断大行。[37]我起乎宜阳而触平阳，二日而莫不尽繇。[38]我离两周而触郑，五日而国举。[39]"韩氏以为然，故事秦。

秦正告魏曰："我举安邑，塞女戟，韩氏太原卷。[40]我下轵道、南阳、封、冀，包两周。[41]乘夏水，浮轻舟，强弩在前，锬戈在后。[42]决荥口，魏无大梁；[43]决白马之口，魏无外黄、济阳；[44]决宿胥之口，魏无虚、顿丘。[45]陆攻则击河内，水攻则灭大梁。[46]"魏氏以为然，故事秦。

秦欲攻安邑，恐齐救之，则以宋委于齐[47]。曰："宋王无道，为木人以写寡人，射其面。寡人地绝兵远，不能攻也。王苟能破宋有之，寡人如自得之。"已得安邑，塞女戟，因以破宋为齐罪。

秦欲攻韩，恐天下救之，则以齐委于天下。曰："齐王四与寡人约，四欺寡人，必率天下以攻寡人者三。有齐无秦，有秦无齐，必伐之，必亡之。”已得宜阳、少曲，致蔺、离石[48]，因以破齐为天下罪。

秦欲攻魏，重楚，则以南阳委于楚。曰：“寡人固与韩且绝矣，残均陵，塞鄳阨[49]，苟利于楚，寡人如自有之。”魏弃与国而合于秦，因以塞鄳阨为楚罪。

兵困于林中，重燕、赵，以胶东委于燕，以济西委于赵。[50]已得讲于魏，至公子延，因犀首属行而攻赵。[51]

兵伤于谯石，而遇败于阳马，而重魏，则以叶、蔡委于魏。[52]已得讲于赵，则劫魏不为割[53]。困则使太后弟穰侯为和，嬴则兼欺舅与母。[54]

適燕者曰“以胶东”[55]，適赵者曰“以济西”，適魏者曰“以叶、蔡”，適楚者曰“以塞鄳阨”，適齐者曰“以宋”，此必令言如循环，用兵如刺蜚，[56]母不能制，舅不能约。

龙贾之战，岸门之战，封陵之战，高商之战，赵庄之战，秦之所杀三晋之民数百万，今其生者皆死秦之孤[57]也。西河之外，上洛之地，三川晋国之祸，三晋之半[58]。秦祸如此其大也，而燕、赵之秦者，皆以争事秦说其主，[59]此臣之所大患也。燕昭王不行，苏代复重于燕。

燕使约诸侯从亲如苏秦时，或从或不，而天下由此宗苏氏之从约。代、厉皆以寿死，名显诸侯。

（以上为第十段，写“苏代”所从事的纵横活动。）

①大泄——指为燕行反间以“破敝齐”的事情暴露。　②见兄遂，亦皆学——遂：成。谓志愿实现。亦皆学：谓亦学纵横之术。　③袭故事——按“其兄苏秦”的老章程办事。　④所见者绌于所闻于东周——意谓在邯郸所见的人对燕王的评价，不如在洛阳所听到的评价高。绌：犹屈，被压低。　窃负其志——内心感到有些失望。负：亏缺。也有人释“负”为抱希望。按：依《战国策》所闻所见的依次升高，解释为“抱希望”较好；依“本传”的中间降低，似解释为“失望”略好。⑤齐、赵者，燕之仇雠也——“赵”字当衍，齐宣王曾趁燕王哙之乱大举

伐燕,故两国间有深仇,而与赵国无涉。 ⑥无以闻者——明知不好而不告诉燕王。 ⑦今夫齐,长主而自用也——长主:有身份、有权威的君主。自用:独断专行,自以为是。按:此时的齐王为齐湣王(前300—前284年在位)。 ⑧南攻楚五年——指齐、韩、魏为楚负其从亲而伐楚事,见《史记·楚世家》。两年后,秦又与齐、韩、魏共伐楚,杀楚将唐昧。攻楚之役,首尾五年。 畜聚竭——指齐国自身的积蓄消耗殆尽。畜:通"蓄"。 ⑨余兵——谓久役之兵。盖与通常之所谓"余勇""剩勇"意同。 包十二诸侯——包:谓围而取之。十二诸侯:即所谓泗上诸侯,如邹、鲁之属。 ⑩清济——即今济水,自河南流来,经济南北,东北流,入渤海,与今山东境内的黄河的流向大体相近。 浊河——即黄河。当时的河道是从今河南西部流来,东北行,经今滑县、濮阳,再东北行,经今山东德州、河北沧州,东北流入海。这一带大体为齐国的西北境。 长城、巨防——即齐之长城,西起今山东平阴东北,东行经泰山北侧,复东行经沂源北,东南折至今青岛黄岛区之琅邪台,大体为当时齐国之南境。 ⑪济西——谓济水以西的齐国地区,如今之山东聊城、阳谷一带。 不师——不征调那里的丁男到别处当兵。 河北——黄河西北属于齐国的地区,如今山东之武城、临清等地。 ⑫将有德燕——按:"有"字衍文,《战国策》于此作"且德燕",可以为证。且:即"将"。德:感念燕国的好处。 轻亡宋——不把出兵灭宋看作一回事。 则齐可亡已——谓齐国益敝,可伐而灭之。 ⑬燕王曰:"吾终以子受命于天矣。"——意谓我一定把你的上述建议看成是老天爷对我的嘱托。 ⑭遂委质为齐臣——谓"苏厉"遂委质为齐臣。委质:献礼以求为人做臣。质:通"贽"。或曰:"委质",即"委身"。按:以上"苏厉"因燕质子为臣于齐事,见《战国策·燕策一》。按:此因燕质子见齐王及侍燕质子于齐的"苏厉",也应该是"苏秦"。 ⑮请以宋地封泾阳君——意即以此向秦国讨好。泾阳君:即公子市,秦昭王之弟,封地泾阳(今陕西泾阳西北)。 ⑯东苏子——放苏代回到东方的齐国去。 ⑰寄质于齐——派人到齐国为质。 名卑而权轻——按:据前文,乃"苏代"劝燕王派质子入齐国,而本文则又说燕向齐国派质子是"名卑而权轻",前后相互抵牾。 ⑱齐加不信于王——"加不"二字颠倒,应作“不加”。 ⑲强万乘之国也——强:当。谓以五千乘之宋加之淮北,足与万乘之国相当。 益一齐——给现在的齐国又增加上一个“齐国”。 ⑳北夷——应作“九夷”。九夷之地东与淮泗十二诸侯相接,而鲁为十二诸侯之一,故此言“齐并九夷与鲁卫”。 ㉑齐紫,败素也,而贾十倍——《正义》曰:“齐君好紫,故齐俗尚之,取恶素帛染为紫,其价十倍贵于余。”意谓聪明人能变废为宝。贾(jià):后作“价”。 ㉒挑霸齐而尊之——意即花言巧语尊齐为霸主。“挑”疑与“誂”通,以言语引诱、怂恿,犹今之所谓“捧杀”。 使使盟于周室——谓使东方各国都派使臣会聚于周天子处,结约定盟。 焚秦符——意即与秦国绝交。 ㉓大上计——最好的打算。 宾——通“摈”,排抑。此指将其扼于西方,使其不得东出。 ㉔挟宾——意即“被宾”,被排斥、抑制。 ㉕秦五世伐诸侯——五世:谓献公、孝公、惠文王、武王、昭王。伐:指对东方诸国进行攻击。 穷——使其困窘、难堪。 不惮(dàn)以国为功——不惜把整个国家豁出去,以求一搏。不惮:不怕,不惜。 ㉖燕、赵破宋肥齐——指前述燕、赵助齐灭宋,使齐壮大。 尊之为之下——即上述“挑霸齐而尊之”云云的一大套活动。 ㉗使可信者接收燕、赵——可信者:可以让燕、赵相信的人。接收燕、赵:意即与燕、赵结盟交好。 令泾阳君、高陵君先于燕、赵——意即派泾阳君、高陵君分别出使燕、赵两国。泾阳君、高陵君皆秦昭王之胞弟。 ㉘实得所利,尊得所愿——实:实际,实惠。尊:指名声,地位。 弃齐如脱躧(xǐ)——抛弃齐国如同甩掉一双破鞋。躧:同“屣”,鞋。 ㉙赞——助,拥戴。 是国伐也——秦受齐伐。 ㉚若说——这种说法。若:这。 刺心——泷川资言曰:“言其切己。” 此若言——犹言“这种说法”。 ㉛秦必取——意谓秦必听取您的建议,结好燕、赵。 齐必伐——齐国必将受到秦国的攻击。 ㉜厚交——意义重大的结交。《战国策》作“上交”。 ㉝约——犹言“劝止”。 ㉞事秦——指到头来还都得向秦国低头。 ㉟汉中——秦郡名,约当今陕西秦岭以南,留坝县、勉县以东,乾佑河流域以西和湖北十堰郧阳区、保康以西,粉青河、珍珠岭以北地。 乘船出于巴——按:“巴”字疑应作“汉”,由汉水顺流东出。 五渚——说法不一,有说在“宛、邓之间,临汉水”者近是。 ㊱积甲宛——聚集兵力于宛城(今河南南阳)。 东下随——东出攻克随县(今湖北随州)。 射隼(sǔn)——指打猎。以喻其轻而易举。 ㊲起乎少曲——自少曲起兵。少曲:韩地名,在今河南孟州。 断大行——断绝韩国都城与其上党地区之间的经由太行山的通道。此通道在当时的"少曲"东北。 ㊳起乎宜阳而触平阳——由宜阳出兵渡黄河北攻平阳。宜阳:韩国西部的重镇,在今河南宜阳西,公元前308年被秦所占。触:进击。平阳:韩县名,在今山西临汾西南。 莫不尽繇——繇:摇动。谓河东地区的韩国地盘为之震动。或曰,徭,戍也。全国各地皆为之紧张戍守。 ㊴离两周而触郑——谓经由洛阳一带而进击韩国都城。离:历,经过。 国举——谓韩国的都城将被攻克。举:拔,攻克。 ㊵举安邑,塞女戟——安邑:魏国旧时的都城,在今山西夏县西北。女戟:地名,在太行山之西。 韩氏太原卷——按:"太原"乃赵地,不属韩。或曰"太原"当作"太行";"卷"犹"断绝"。意即韩国太行山以西的地盘将尽被秦国所占有。 ㊶下轵(zhǐ)道、南阳、封、冀——谓出兵经由轵道、南阳、封、冀诸地。轵道:亭名,在当时秦都咸阳城之东南(今陕西西安东北)。南阳:魏地名,指今黄河以北、太行山以南的今河南济源至获嘉一带。封:封陵,在今山西芮城西南风陵渡镇。冀:可能在今山西稷山县。若断句作"下轵,道封、冀、南阳",亦可。道:经由。 两周——东周居巩(今河南巩义西南),西周居王城(今河南洛阳)。 ㊷浮轻舟——谓乘舟顺黄河东下。 铁戈——铁:通"銛(xiān)",锋利。 ㊸决荥口——在荥口决黄河放水。荥口:在今河南荥阳北。 魏无大梁——言魏国的都城大梁(今河南开封)将被河水吞没。 ㊹白马之口——也称"白马津",在今河南滑县东北,秦汉白马县西北古黄河南岸。 外黄——魏县名,在今河南民权西北。 济阳——魏县名,在今河南兰考东北。 ㊺宿胥之口——在今河南浚县西南。 虚——魏县名,在今河南延津东,古黄河之南。 顿丘——魏邑名,在今河南清丰西南。 ㊻陆攻则击河内——魏之"河内"指今河南新乡、淇县等地区,当时都处于古黄河以北,故称"河内"。 水攻则灭大梁——因决荥口、白马津,决宿胥口都是放水淹黄河以南的魏国之地,而日后秦国灭魏也确实是决荥口以灌大梁。 ㊼以宋委于齐——把宋国抛与齐国，任其吞并。 ㊽已得宜阳、少曲，致蔺、离石——谓秦军攻占宜阳、少曲，韩国又向其割让蔺与离石。蔺：县名，在今山西吕梁离石区西。“蔺”与“离石”当时皆属赵，非韩地。 ㊾残均陵，塞鄳阨——意即攻占了均陵、鄳阨等地区。残：屠戮。塞：占据。均陵：在今湖北均县。鄳阨：也称“黾厄”，“黾塞”。即今河南信阳西南之平靖关。按：均陵、鄳阨本为楚地，不属魏，盖亦策士妄言。 ㊿兵困于林中——指秦伐魏之林中不利。林中：地名，在今河南新郑东。秦昭王二十四年（前283）秦攻魏，至大梁，魏相田文北说赵、燕，赵、燕出兵救魏事，参见《秦本纪》。 重燕、赵——害怕燕、赵再乘机攻秦。 胶东——山东东部胶莱谷地以东，山东半岛地区的习称，当时属齐。“以胶东委于燕”，盖谓令燕国渡渤海以攻齐。 济西——指今山东聊城、茌平等古济水以西地区，当时属齐，西与赵国相邻。 51已得讲于魏——待至一旦与魏国讲和。讲：和解。也有说“讲”同“构”、“媾”，意思相同。 至公子延——“至”当为“质”，谓以公子延为质。郭嵩焘认为“公子延”应作“公子繇”，秦昭王之弟。 因犀首属行（háng）而攻赵——意谓秦派公孙衍统兵攻赵。犀首：即公孙衍。先后曾为秦国将军、大良造，事见《张仪列传》。属行：这里指统兵。 52兵伤于谯石，而遇败于阳马——指伐赵不利。谯石：应作“离石”，即上文所说“致蔺、离石”。阳马：阳邑、马陵，当时皆属赵。 重魏——害怕魏国助赵攻秦。 以叶、蔡委于魏——叶：楚县名，在今河南叶县南。蔡：楚县名，在今河南上蔡西南。 53则劫魏不为割——中华本依《燕策一》增“魏”字，作“则劫魏，魏不为割”，有的本子译作“就胁迫魏国，魏国不肯割地”，与上下文不连贯，今从黄本。意即又反过来胁迫魏国，不使其占有“叶”与“蔡”。 54困则使太后弟穰侯为和——打了败仗就让穰侯去向人家求和。穰侯：魏冉，秦昭王之舅，宣太后之弟，事迹见《穰侯列传》。 嬴则兼欺舅与母——嬴：应作“赢”，战胜。欺舅与母：秦昭王之所以能够取得秦国政权，靠的是宣太后与穰侯魏冉；昭王即位后，魏冉又多有开疆拓土之功。而范雎入秦后，大力排击魏冉与宣太后，致使魏冉与宣太后的晚景凄凉，详见《范雎列传》《穰侯列传》。 55适燕者曰“以胶东”——谴责燕国说是“你侵占了胶东”。适：通“谪”，谴责。

下文“适赵”“适魏”“适楚”“适齐”，意思皆与此同。 ㊻令言如循环——意谓话说得如同车轱辘转，总会找到进攻别国的理由。 用兵如刺蜚——刺蜚：攻击飞虫，以言其易。或曰应作“刺韭”，犹言“除草”。 ㊼死秦之孤——与秦军作战而死的东方将士的孤儿。 ㊽西河之外，上洛之地，三川晋国之祸，三晋之半——按：四句意思不清。西河之外：指今黄河以西的陕西东部地区，这一带战国初期属魏。上洛之地：指今陕西洛南一带的洛水上游地区，这一带战国初期属魏。三川：指今河南西部黄河、雒水、伊水三水流域，战国前期这一带属韩。晋国之祸，三晋之半：大意为西河、上洛、三川是三晋与秦国交战最频繁、最激烈的地方，单是在这三个地区所牺牲的三晋士兵，就占了全部牺牲者的一半。另一说谓秦国占领以上三个地区，就已经占领了三晋国土的一半。 ㊾燕、赵之秦者——谓东方诸国中的亲秦派。“秦”上应增“亲”字读，其意始畅。 皆以争事秦说其主——“以争”似应作“争以”。

太史公曰：苏秦兄弟三人，皆游说诸侯以显名，其术长于权变。而苏秦被反间以死，天下共笑之，讳学其术。[①]然世言苏秦多异，异时事有类之者皆附之苏秦[②]。夫苏秦起闾阎，连六国从亲，此其智有过人者。吾故列其行事，次其时序，毋令独蒙恶声焉。[③]

（以上为第十一段，是作者的论赞，作者称颂了苏秦的政治才干，对其“独蒙恶声”的不幸结局表现了一定的同情。）

①被反间以死——以行反间的罪名被齐国处死。 讳学其术——以学其术为耻。讳：避忌，不肯说或不愿说。 ②世言苏秦多异，异时事有类之者皆附之苏秦——此史公明谓他所看到的苏秦资料不一致，多矛盾抵牾。而造成这种不一致的原因是“异时事有类之者皆附之苏秦”。但他在取用苏秦资料的时候，无意中把苏秦提到了与张仪同时，反而把《战国策》中真正苏秦的事迹改作苏代、苏厉，因而使苏秦的事迹更紊乱了。 ③次其时序——为《战国策》中杂乱无章的材料理出头绪，排出先后。 毋令独蒙恶声焉——由此可知苏秦在秦汉之际是

臭名昭著的，其原因一是来自人们认识的偏颇，同时也是由于论敌的“振暴其短”。史公对苏秦其人是充满同情的。

［**简评**］《苏秦列传》中的材料，今本《战国策》上几乎都有，只是有的节录较详，有的节录较略而已。关于这些材料的真实性，早从宋代就有人开始怀疑，到马王堆帛书（即定名为《战国纵横家书》者）出土后，历史界遂大体上形成定论，唐兰、杨宽、马雍、缪文远、牛鸿恩等对此说之详矣。从研究战国历史的角度看，《苏秦列传》已不能当作原始的依据，不能再作为信史看待；但《苏秦列传》又的确是司马迁精心结撰的一篇很重要的文章，是司马迁的社会理想与其价值观、审美观的集中表现，因此从“成一家之言”的角度分析问题，本文仍有其不容忽视的意义。其一，司马迁同情苏秦，否定张仪；同情东方诸国，而谴责强秦暴力的倾向是一目了然的，这与《史记》中其他战国人物列传所表现的思想倾向也完全一致。其二，本文使用《战国策》资料而略有发挥、改动的，是苏秦穷困时的忍辱发愤，苏秦成功后的报恩报怨，和苏秦最后的以尸体为自己报仇。这些发挥、改动都流露出司马迁所特有的身世之感和他所特有的那种生死观与价值观，这些也可以和《史记》中的其他许多篇章相印证。其三，和《张仪列传》相比照，苏秦游说六国的说辞，可以说都很富有针对性，一篇一个模样；而不像张仪的说辞，几乎全是一个面孔的虚声恫吓，以势压人，因此从文章的可读性上说，本文也较《张仪列传》为优。

［**集评**］《太史公自序》：“天下患衡秦毋餍，而苏子能存诸侯，约从以抑贪强，作《苏秦列传》第九。”

曹操曰：“夫有行之士，未必能进取；进取之士，未必能有行也。陈平岂笃行，苏秦岂守信邪？而陈平定汉业，苏秦济弱燕。

由此言之,士有偏短,庸可废乎?"(《三国志·魏志·武帝纪》)

苏辙曰:"秦强而诸侯弱,游谈之士为横者易为功,而为从者难为力。然而从成则诸侯利而秦病,横成则秦帝而诸侯虏,要之二者皆出于权谲,而从为愈欤?苏秦本说秦为横,不合,而激于燕、赵,甘心于所难。为之期年,而歃血于洹水之上,可不谓能乎?然口血未干,犀首一出而齐、赵背盟,纵约皆破,盖诸侯异心,譬如连鸡不能俱栖,势固然矣。而太史公以为约书入秦,秦人为之闭函谷者十五年,此说客之浮语,而太史公信之,过矣。"(《古史》)

吕祖谦曰:"六国辞有与当时事不合者,皆辩士所增饰也。公子成与李兑弑主父于沙丘,而说赵之辞乃谓'奉阳君捐馆舍'。当是时,秦之势未能胜齐、楚,而说齐、楚之辞皆曰'西面而事秦'。后此二十年,张仪连横说楚怀王,犹曰'长为昆弟之国',况楚威王之世乎!凡此类皆后人所增也。"(《大事记》)

郭嵩焘曰:"秦自孝公用商鞅,为富国强兵之计,其势足以制六国而乘其敝;而六国之君苟取窥利,自便而已,交兵掠地,无有已时。当时惟苏秦合纵,于六国所以自立,最为得其要略,不可以为说士之言而少之。"

又曰:"六国时,惟楚可以支秦;而齐最远,可以安坐承秦之敝;魏不得楚之援,不敢拒秦;韩、赵不得齐之援,亦不敢并力向秦。韩、魏相与拒秦以翼蔽山东,而规画天下大势,保全韩、魏以当秦人之冲,齐、楚之所宜深思远虑,以谋自全之策者也。观楚威王之言,亦略知天下形势与秦人为患六国之隐忧,惜乎六国诸臣之不足知此也。苏秦,说士之弋取富贵者耳,何与天下之大计哉?以苏秦为六国合纵,则尤非其人也。"(《史记札记》)

钱穆曰:"《史记·秦传》载秦说七国辞,皆本《国策》,其辞皆出后人饰托,非实况。如其说秦云:'西有巴蜀、汉中之利,南有巫山、黔中之限,东有函崤之固',诸地入秦皆远在后,苏秦岂

得先及？”（《先秦诸子系年》）

缪文远曰：“燕军从齐北部长驱直入，兵抵齐都，苏秦此时反间阴谋暴露，被齐王车裂而死，魂断临淄。苏秦百折不回，终于帮助燕昭王完成破齐复仇的宿愿。《孙子兵法·用间篇》说：‘燕之兴也，苏秦在齐。’这是对苏秦活动的总结。”（《战国史系年辑证》）

牛鸿恩曰：“作者笔下的苏秦，时而连横，时而合纵，纵横捭阖，没有固定的政治主张，赤裸裸地把取得‘金玉锦绣’‘卿相之尊’作为从事政治活动的目的。为此他发愤读书，简练揣摩，甚至以锥刺股。但是，他的艰苦奋斗，只是为了个人。作者用赞赏的笔调和艳羡的心情，渲染苏秦的成功；用对比和夸张的手法，描绘他失败的困窘和成功以后的富贵尊荣。这在客观上具有暴露作用，使我们看到了一部分策士的灵魂。篇中写了苏秦一家前倨后卑的不同态度，穷形尽相地表现了阶级社会的世态人情。作者善于铺张排比，夸饰形容，语言流畅生动，人物形象鲜明，颇类后世的小说，是一篇很有影响的文学作品。”（《战国策选注》）

诸祖耿曰：“东汉末年，服虔曾见《苏秦书》及《苏秦法百家书说》，……殆皆苏秦身后，天下由此宗苏氏之从约时，先后游士追述互传之作。其中或有缘饰夸耀之词，以耸听闻，亦有异时事类附之者。……虽非寓言，究异实录，视作小说传奇可矣。”（《战国策集注汇考》）

茅坤曰：“苏秦之说六国，大略各因其情以为长短之说：说韩、魏，韩、魏者，秦之近国也，则恐以割地；说燕、赵，燕、赵于秦稍远矣，所患者韩、魏折而入秦，则燕、赵随之，于是恐以韩、魏之不支；说齐、楚，齐、楚于秦为两大之国也，齐又最远，当无恐于秦，则以‘从秦’辱之。此秦所为师事于鬼谷先生者之略，而六国者，既已入于苏秦之‘揣摩’，则不能不举国以从也。”（《补标史记评林》引）

熊宪光曰:“苏秦冒着生命危险,独闯虎穴狼窝般的强齐,执行燕昭王秘密交付的反间使命,背后还有防不胜防的燕大夫们的‘众口与造言’,其处境之险恶,真是危若累卵……(但他)却并未退缩,而是把生死置之度外,施展游说权谋之术,暗中颠覆齐国,最终阴谋败露,以身殉燕,悲壮地结束了可歌可泣的一生。……苏秦的大智大勇,坚韧顽强,善于游说,精于权变是不可否认的。……他以‘进取’自励,执著地追求‘势位富贵’,敢于冲破传统思想的束缚,公然以不信、不廉、不孝之臣自命,……孜孜不倦从事政治、外交活动,具有坚韧不拔、百折不挠、知危而进、必成事功的精神,称得上是一位战国纵横家中‘倔强的、叱咤风云的’英杰。”(《纵横家研究》)

张仪列传第十

张仪者，魏人也。始尝与苏秦俱事鬼谷先生，学术，苏秦自以不及张仪。

张仪已学而游说诸侯，尝从楚相饮，已而楚相亡璧，门下意张仪，[①]曰："仪贫无行，必此盗相君之璧。"共执张仪，掠笞数百，不服，醳[②]之。其妻曰："嘻！子毋读书游说，安得此辱乎？"张仪谓其妻曰："视吾舌尚在不？"其妻笑曰："舌在也。"仪曰："足矣。"

苏秦已说赵王而得相约从亲，然恐秦之攻诸侯，败约后负，念莫可使用于秦者。[③]乃使人微感张仪曰："子始与苏秦善，今秦已当路，子何不往游，以求通子之愿？"[④]张仪于是之赵，上谒[⑤]求见苏秦。苏秦乃诫门下人不为通，又使不得去者数日。已而见之，坐之堂下，赐仆妾之食，因而数让之曰："以子之材能，乃自令困辱至此。吾宁不能言而富贵子？子不足收也。[⑥]"谢去之。张仪之来也，自以为故人，求益，反见辱，怒，念诸侯莫可事，独秦能苦赵，乃遂入秦。

苏秦已而告其舍人曰："张仪，天下贤士，吾殆弗如也。今吾幸先用，而能用秦柄者，独张仪可耳，然贫，无因以进。[⑦]吾恐其乐小利而不遂，故召辱之，以激其意。子为我阴奉之。[8]”乃言赵王，发金币车马，使人微随张仪，与同宿舍，稍稍近就之，奉以车马金钱，所欲用，为取给，而弗告。张仪遂得以见秦惠王，惠王以为客卿，与谋伐诸侯。

苏秦之舍人乃辞去。张仪曰：“赖子得显，方且报德，何故去也？”舍人曰：“臣非知君，知君乃苏君。苏君忧秦伐赵败从约，以为非君莫能得秦柄，故感怒君，使臣阴奉给君资，尽苏君之计谋。今君已用，请归报。”张仪曰：“嗟乎，此在吾术中[9]而不悟，吾不及苏君明矣！吾又新用，安能谋赵乎？为吾谢苏君，苏君之时，仪何敢言；且苏君在，仪宁渠能乎！[10]”张仪既相秦，为文檄告楚相曰：“始吾从若饮，我不盗而璧，若笞我；若善守汝国，我顾且盗而城！[11]”

(以上为第一段，写张仪初入秦。)

①亡——丢失。　意——猜疑，怀疑。　②醳(shì)——通“释”，释放。　③得相约从亲——意谓东方诸国已经相互结约，合纵联盟。败约后负——破坏东方的合纵联盟，使自己的经营归于失败。　使用于秦——使之用事于秦，即在秦国当政。　④微感——轻轻示意。感：打动。　秦已当路——苏秦已在东方各国掌握大权。　往游——前去拜见。　通子之愿——向他表白一下你从政的愿望。　⑤上谒——递进求见名帖。谒：此处为名词，即相当于今之名片。⑥宁——岂，难道。　不足收——不值得收留。　⑦用秦柄——掌握秦国大权。柄：权柄。　无因以进——没有条件进入秦国。　⑧乐小利——满足于一些小得。指在东方找个官做。　不遂——不能实现其大志。遂：完成，实现。　阴奉之——暗中供给其一切用度。　⑨此在吾术中——这些都正是我所学过的权谋之术。　⑩苏君之时——谓苏秦在东方当政之时。　宁渠能乎——哪里就有这种本事？宁：岂。渠：遽，就。　⑪始吾从若饮——若：你。下“若”字同。　我不盗而璧——而：你，你的。　顾且——反而将要。

苴、蜀[1]相攻击，各来告急于秦。秦惠王欲发兵以伐蜀，以为道险狭难至，而韩又来侵秦。秦惠王欲先伐韩，后伐蜀，恐不利；欲先伐蜀，恐韩袭秦之敝，犹豫未能决。司马错[2]与张仪争论于惠王之前，司马错欲伐蜀，张仪曰："不如伐韩。"王曰："请闻其说。"

仪曰："亲魏善楚，下兵三川，[3]塞什谷之口，当屯留之道，[4]魏绝南阳，楚临南郑，[5]秦攻新城、宜阳，以临二周之郊，[6]诛周王之罪，侵楚、魏之地。[7]周自知不能救，九鼎宝器必出。据九鼎，案图籍，挟天子以令于天下，天下莫敢不听，此王业也。今夫蜀，西僻之国而戎翟之伦也，敝兵劳众不足以成名，得其地不足以为利。臣闻争名者于朝，争利者于市。今三川、周室，天下之朝市也，而王不争焉，顾争于戎翟，去王业远矣。"

司马错曰："不然。臣闻之，欲富国者务广其地，欲强兵者务富其民，欲王者务博其德，三资者备而王随之矣。今王地小民贫，故臣愿先从事于易。夫蜀，西僻之国也，而戎翟之长也，有桀纣之乱。[8]以秦攻之，譬如使豺狼逐群羊。得其地足以广国，取其财足以富民缮兵，不伤众而彼已服焉。拔一国而天下不以为暴，利尽西海[9]而天下不以为贪，是我一举而名实附也，而又有禁暴止乱之名。今攻韩，劫天子，恶名也，而未必利也，又有不义之名，而攻天下所不欲，危矣。臣请谒[10]其故：周，天下之宗室也；齐，韩之与国也。周自知失九鼎，韩自知亡三川，将二国并力合谋，以因乎齐、赵而求解乎楚、魏，以鼎与楚，以地与魏，王弗能止也。此臣之所谓危也，不如伐蜀完[11]。"

惠王曰："善，寡人请听子。"卒起兵伐蜀，十月，取之，遂定蜀，贬蜀王更号为侯，而使陈庄相蜀。[12]蜀既属秦，秦以益强，富厚，轻诸侯[13]。

（以上为第二段，写秦惠王用司马错之议伐灭巴蜀事，张仪开始虽不赞成，但既定之后亦鼎力助之，事遂成功，于秦国之发展关系极大。

惟此乃十三年以后事,史公误叙于此。)

①苴(jū)、蜀——都是今四川境内的古代小国名,苴国的都城葭萌,在今广元西南;蜀国的都城在今成都。 ②司马错——秦国名将,司马迁的祖辈,又见于《秦本纪》《太史公自序》。 ③亲魏善楚——意即联合魏、楚两国。 下兵三川——谓秦国出兵攻击今河南洛阳一带,因其地有黄河、伊水、雒水,故称“三川”,后来秦朝即在这一带设立了三川郡。又因为秦国所处的地势高,故向东方出兵曰“下”。战国时期周国占据着今洛阳及其附近不大的地方,而四周的大片地区则属韩国。 ④什谷——地名,在今河南巩义东北,其地属韩。 屯留——韩县名,在今山西长治屯留区南。 ⑤魏绝南阳——魏国出兵南阳,断绝这一带与韩国都城的联系。南阳:韩地名,约当今河南济源至获嘉一带,因其地处太行山之南,黄河之北,故称南阳。 楚临南郑——南郑:即韩国都城新郑(在今河南新郑),当时也叫南郑,楚国出兵以威逼之。 ⑥新城——韩县名,在今河南伊川西南。 宜阳——韩县名,在今河南宜阳西,韩国前期曾建都于此。临二周之郊——威逼东周、西周两个小国的城郊。按:周国至显王(前368—前321年在位)后,周天子越发成为傀儡,他手下的两个贵族,一个控制着王城(今洛阳),称“西周君”;一个控制着巩(今河南巩县西南),称“东周君”,所谓“周天子”就寄居在这两家贵族的屋檐下。详细情况见《周本纪》与《苏秦列传》。今《战国策》中有《西周策》《东周策》,就是记述与这两家贵族有关的事情。 ⑦诛周王之罪——诛:讨伐,因其与韩国联盟。周王:周慎靓王(前320—前315年在位)。按:《战国策》于此作“周主”,盖指东西二周君,以与上句“临二周之郊”一致。 侵楚、魏之地——“楚魏”二字疑应作“三川”,即指二周与韩。 ⑧有桀纣之乱——有夏桀、殷纣一样的昏暴之行。 ⑨利尽西海——意谓所得之利直达蜀国以西的尽头。其实蜀国以西是什么情景,当时中原地区的人并不知道,此盖以“四方尽头皆有海”而想象之。 ⑩谒——陈说,禀告。 ⑪完——完备,完善。 ⑫贬蜀王更号为侯——意即令原来的蜀王仍治其民,只降之为侯而已。 使陈庄相蜀——陈庄:秦将名。 ⑬秦以益强,富厚,轻诸侯——按:以上张仪与司马错论辩与秦灭巴、蜀事,见《战国策·秦策

一》。钟惺认为:伐蜀一事,不为错立传,于张仪传见之,嘉仪之能为国以从错;且伐蜀后秦以富强轻天下,为仪连衡地耳。

秦惠王十年,使公子华与张仪围蒲阳[1],降之。仪因言秦复与魏,而使公子繇质于魏。[2]仪因说魏王曰:“秦王之遇魏甚厚,魏不可以无礼。”魏因入上郡、少梁[3],谢秦惠王。惠王乃以张仪为相,更名少梁曰夏阳。

仪相秦四岁,立惠王为王。居一岁,为秦将,取陕,筑上郡塞。

其后二年,使与齐、楚之相会齧桑[4]。东还而免相,相魏以为秦,[5]欲令魏先事秦而诸侯效之。魏王不肯听仪,秦王怒,伐取魏之曲沃、平周,[6]复阴厚张仪益甚。张仪惭,无以归报。留魏四岁而魏襄王卒,哀王立。张仪复说哀王,哀王不听。于是张仪阴令秦伐魏。魏与秦战,败。

明年,齐又来败魏于观津[7]。秦复欲攻魏,先败韩申差军,斩首八万,诸侯震恐。而张仪复说魏王曰:

魏地方不至千里,卒不过三十万。地四平,诸侯四通辐凑,无名山大川之限。从郑至梁二百余里,车驰人走,不待力而至。梁南与楚境,西与韩境,北与赵境,东与齐境,卒戍四方,守亭鄣者不下十万。[8]梁之地势,固战场也。梁南与楚而不与齐,则齐攻其东;东与齐而不与赵,则赵攻其北;不合于韩,则韩攻其西;不亲于楚,则楚攻其南:此所谓四分五裂之道也。

且夫诸侯之为从者,将以安社稷尊主强兵显名也。今从者一天下,约为昆弟,刑白马以盟洹水之上,以相坚也。而亲昆弟同父母,尚有争钱财,而欲恃诈伪反覆苏秦之余谋,其不可成亦明矣。

大王不事秦,秦下兵攻河外,据卷、衍、燕、酸枣,[9]劫卫取阳晋,则赵不南。[⑩]赵不南而梁不北,梁不北则从道绝,[⑪]从道绝则大王之国欲毋危不可得也。秦折韩而攻梁,韩怯于秦,秦韩为一,梁之亡可立而须也。[⑫]此臣之所为大王患也。

为大王计,莫如事秦。事秦则楚、韩必不敢动;无楚、韩之患,则大王高枕而卧,国必无忧矣。

且夫秦之所欲弱者莫如楚,而能弱楚者莫如梁。楚虽有富大之名而实空虚;其卒虽多,然而轻走易北[⑬],不能坚战。悉梁之兵[⑭]南面而伐楚,胜之必矣。割楚而益梁,亏楚而适秦,嫁祸安国,此善事也。大王不听臣,秦下甲士而东伐,虽欲事秦,不可得矣。

且夫从人多奋辞而少可信,[⑮]说一诸侯而成封侯,是故天下之游谈士莫不日夜扼腕瞋目切齿以言从之便,以说人主。人主贤其辩而牵其说,岂得无眩哉?

臣闻之,积羽沈舟,群轻折轴,众口铄金,积毁销骨,故愿大王审定计议,且赐骸骨辟魏。[⑯]

哀王于是乃倍从约而因仪请成于秦。[⑰]

张仪归,复相秦。三岁而魏复背秦为从。秦攻魏,取曲沃。明年,魏复事秦。

(以上为第三段,写张仪相魏,说魏国背气纵而取连衡。)

①蒲阳——魏县名,即今山西隰县。 ②复与魏——又将蒲阳还给魏国。 公子繇——惠文王之子,亦名"通",或曰"通国"。 ③入上郡、少梁——将上郡、少梁二地割与秦国。上郡:今陕西北部及内蒙古乌审旗等地,原来属魏。少梁:县名,在今陕西韩城市南,原来属魏。 ④啮桑(niè sāng)——魏邑名,在今江苏沛县西南。 ⑤东还而免相——此张仪与秦惠王演戏,故意使惠王罢免自己。 相魏以为秦——去魏国为相,目的是当奸细,为秦国谋利益。 ⑥曲沃——魏县名,在今山西闻喜东北。 平周——魏县名,在今山西介休西。 ⑦败魏于观津——据《六国年表》应作"观泽"。观泽:魏邑名,在今河南清丰西南。观津则在今河北武邑东,当时属赵。 ⑧卒戍四方——意谓

四面的边境都得派兵把守。　守亭鄣者不下十万——意谓剩下可调用的兵力已经不多了。亭鄣:指边防工事。　⑨河外——此指当时黄河以南的今郑州、延津、濮阳等沿河地区,因古代称与此隔河相望的黄河以北为“河内”,故称此黄河南岸为“河外”。　卷——魏县名,在今河南原阳西。　衍——也称“衍氏”,魏县名,在今河南郑州北。燕——魏县名,在今河南延津东北。　酸枣——魏县名,在今河南延津西南。按:由于后来黄河改道,上述诸县现在都已到了黄河之北。　⑩劫卫取阳晋——卫:当时已近于傀儡的小国,国都在今河南濮阳县东南。阳晋:卫县名,在今山东郓城。　赵不南——赵兵不能南下。意即斩断了魏与赵国的联络,盖上述诸地皆在魏都大梁之北侧。　⑪赵不南而梁不北——赵兵不能南下,则魏国也就无法再与北面的赵国、燕国联合。而:则。　从道绝——南北的合纵联盟被拦腰斩断。　⑫秦折韩而攻梁——折韩:制服韩国。折:《战国策》作“挟”,挟制。作“挟”字较畅。　立而须——犹言“翘足可待”。须:待。　⑬轻走易北——不把败逃当作一回事。走:逃跑。北:败。　⑭悉梁之兵——调动魏国全部的军队。悉:尽。　⑮从人——倡导合纵的人。　奋辞——夸口,说大话。　⑯审定计议——仔细考虑何去何从。审:仔细。　赐骸骨辟魏——意即“请放我离开魏国”。赐骸骨:犹今所谓“给我自由”,请求放行。辟魏:离开魏国。　⑰倍从约——背叛与东方诸国的合纵。倍:通“背”,背叛。　请成于秦——请求与秦国建立同盟。即所谓“连衡”。成:也称“平”,即谈判结盟。

秦欲伐齐,齐楚从亲,于是张仪往相楚。[1]楚怀王闻张仪来,虚上舍而自馆之[2]。曰:“此僻陋之国,子何以教之?”仪说楚王曰:“大王诚能听臣,闭关绝约于齐,臣请献商於之地六百里,使秦女得为大王箕帚之妾,秦楚娶妇嫁女,长为兄弟之国,此北弱齐而西益秦也,计无便此者。”楚王大说而许之。群臣皆贺,陈轸独吊之。[3]楚王怒曰:“寡人不兴师发兵得六百里地,群臣皆贺,子独吊,何也?”陈轸对曰:“不然,以臣观之,商於之地不可得而齐秦合，齐秦合则患必至矣。”楚王曰：“有说乎？”陈轸对曰：“夫秦之所以重楚者，以其有齐也。今闭关绝约于齐，则楚孤。秦奚贪夫孤国[④]，而与之商於之地六百里？张仪至秦，必负王，是北绝齐交，西生患于秦也，而两国之兵必俱至。善为王计者，不若阴合而阳绝于齐，使人随张仪。苟与吾地，绝齐未晚也；不与吾地，阴合谋计也。”楚王曰：“愿陈子闭口毋复言，以待寡人得地。”乃以相印授张仪，厚赂之。于是遂闭关绝约于齐，使一将军随张仪。

张仪至秦，详失绥堕车[⑤]，不朝三月。楚王闻之，曰：“仪以寡人绝齐未甚邪？”乃使勇士至宋，借宋之符，北骂齐王[⑥]。齐王大怒，折节而下秦[⑦]。秦齐之交合，张仪乃朝，谓楚使者曰：“臣有奉邑[⑧]六里，愿以献大王左右。”楚使者曰：“臣受令于王，以商於之地六百里，不闻六里。”还报楚王。楚王大怒，发兵而攻秦。陈轸曰：“轸可发口言乎？攻之不如割地反以赂秦，与之并兵而攻齐，是我出地于秦，取偿于齐也，王国尚可存。”楚王不听，卒发兵而使将军屈匄[⑨]击秦。秦齐共攻楚，斩首八万，杀屈匄，遂取丹阳、汉中之地。楚又复益发兵而袭秦，至蓝田，大战，楚大败，于是楚割两城以与秦平。

秦要楚欲得黔中地，欲以武关外易之。[⑩]楚王曰：“不愿易地，愿得张仪而献黔中地。”秦王欲遣之，口弗忍言。张仪乃请行。惠王曰：“彼楚王怒子之负以商於之地，是且甘心于子。[⑪]”张仪曰：“秦强楚弱，臣善靳尚，尚得事楚夫人郑袖，袖所言皆从。且臣奉王之节使楚，楚何敢加诛？假令诛臣而为秦得黔中之地，臣之上愿。”遂使楚。楚怀王至则囚张仪[⑫]，将杀之。靳尚谓郑袖曰：“子亦知子之贱于王乎[⑬]？”郑袖曰：“何也？”靳尚曰：“秦王甚爱张仪而不欲出之[⑭]，今将以上庸之地六县赂楚，美人聘楚，以宫中善歌讴者为媵。[⑮]楚王重地尊秦，秦女必贵而夫人斥矣。不若为言而出之。”于是郑袖日夜言怀王曰：“人臣各为其主用。今地未入秦，秦使张仪来，至重王。王未有礼而杀张仪，秦必大怒攻楚。妾请子母俱迁江南,毋为秦所鱼肉也。”怀王后悔,赦张仪,厚礼之如故。

张仪既出,未去,闻苏秦死,乃说楚王曰:

秦地半天下,兵敌四国,被险带河,四塞以为固。虎贲之士百余万,车千乘,骑万匹,积粟如丘山。法令既明,士卒安难乐死。主明以严,将智以武,虽无出甲,席卷常山之险,必折天下之脊,[16]天下有后服者先亡。且夫为从者,无以异于驱群羊而攻猛虎,虎之与羊不格明矣。今王不与猛虎而与群羊,臣窃以为大王之计过也。

凡天下强国,非秦而楚,非楚而秦,两国交争,其势不两立。大王不与秦,秦下甲据宜阳,韩之上地不通。[17]下河东,取成皋,韩必入臣。梁则从风而动[18]。秦攻楚之西,韩、梁攻其北,社稷安得毋危?

且夫从者聚群弱而攻至强,不料敌而轻战,国贫而数举兵,危亡之术也。臣闻之,兵不如者勿与挑战,粟不如者勿与持久。夫从人饰辩虚辞,高主之节,言其利不言其害,卒有秦祸,无及为已。[19]是故愿大王之孰计之。

秦西有巴蜀,大船积粟,起于汶山,浮江已下,至楚三千余里。舫船载卒,一舫载五十人与三月之食;下水而浮,一日行三百余里。里数虽多,然而不费牛马之力,不至十日而距扞关。[20]扞关惊,则从境以东尽城守矣,黔中、巫郡非王之有。[21]秦举甲出武关,南面而伐,则北地绝[22]。秦兵之攻楚也,危难在三月之内,而楚待诸侯之救,在半岁之外,此其势不相及也。夫恃弱国之救,忘强秦之祸,此臣所以为大王患也。

大王尝与吴人战,五战而三胜,阵卒尽矣;偏守新城,存民苦矣。[23]臣闻功大者易危,而民敝者怨上。夫守易危之功而逆强秦之心,臣窃为大王危之。

且夫秦之所以不出兵函谷十五年以攻齐、赵者，阴谋有合天下之心。楚尝与秦构难，战于汉中，楚人不胜，列侯执珪死者七十余人，遂亡汉中。楚王大怒㉔，兴兵袭秦，战于蓝田，此所谓两虎相搏者也。夫秦楚相敝，而韩魏以全制其后，计无危于此者矣。愿大王孰计之。

秦下甲攻卫阳晋，必大关天下之匈㉕。大王悉起兵以攻宋，不至数月而宋可举，举宋而东指，则泗上十二诸侯尽王之有也。

凡天下而以信约从亲相坚者苏秦，封武安君，相燕，即阴与燕王谋伐破齐而分其地，乃详有罪出走入齐，齐王因受而相之。居二年而觉，齐王大怒，车裂苏秦于市。夫以一诈伪之苏秦，而欲经营天下，混一诸侯，其不可成亦明矣。

今秦与楚接境壤界，固形亲之国也。㉖大王诚能听臣，臣请使秦太子入质于楚，楚太子入质于秦。请以秦女为大王箕帚之妾，效万室之都以为汤沐之邑，长为昆弟之国，终身无相攻伐。臣以为计无便于此者。

于是楚王已得张仪而重出黔中地㉗与秦，欲许之。屈原曰："前大王见欺于张仪，张仪至，臣以为大王烹之；今纵弗忍杀之，又听其邪说，不可。"怀王曰："许仪而得黔中，美利也，后而倍之，不可。㉘"故卒许张仪，与秦亲。

（以上为第四段，写张仪说楚王背纵，与秦国连衡。）

①从亲——因合纵而关系紧密。　张仪往相楚——事在秦惠王更元十二年，楚怀王十六年（前313）。此句中"相"字疑衍，否则与下文"乃以相印授张仪"抵牾。　②自馆之——亲自为其安顿住宿。③陈轸——当时著名的纵横家，后文有传。　吊——对其表示忧虑、悲哀。　④秦奚贪夫孤国——意即秦国为什么要厚待一个孤立无援的楚国呢？奚：为何。贪：厚，厚待。　⑤详失绥堕车——详：通"佯"，假装。失绥：上车时失手没有拉住绳子。　⑥借宋之符，北骂齐王——胡三省曰："既'闭关绝约'，则齐楚之信使不通，故使宋遗借宋符以至

齐。”符:两国间相互往来的通行证。 ⑦折节而下秦——《楚世家》作“折楚符而合于秦”,“符”“节”义同,意即毁弃了齐楚两国结盟的信物,掉头来与秦国联合了。 ⑧奉邑——同“俸邑”。此指秦王赐给张仪的领地。 ⑨屈匄(gài)——楚将名。 ⑩要楚——要挟楚国。 欲以武关外易之——《楚世家》称秦欲“分汉中之半以和楚”。武关:在今陕西丹凤东南,当时属秦,即前文所说的“商於”地区。 ⑪负以商於之地——负:亏待,欺骗。 且甘心于子——且:将。甘心:意即杀了你以解其恨,使心里痛快。 ⑫楚怀王至则囚张仪——句子不顺,应作“张仪至,楚怀王则囚之”。 ⑬子亦知子之贱于王乎——按:“贱”上应增“将”字读。意谓你即将不再受楚王宠爱。 ⑭秦王甚爱张仪而不欲出之——“不”字当作“必”,时张仪为楚所囚,故必欲其救出。 ⑮上庸之地——上庸县及其周围地区。上庸县在今湖北竹山县西南。 聘楚——意即嫁与楚王。 媵(yìng)——陪嫁的男女仆役。 ⑯虽无出甲——言秦国不出兵则已,出兵则定将如何如何。 席卷常山之险——意即翻越恒山,摧毁赵国。 折天下之脊——据《苏秦列传》,赵国是当时东方合纵诸国的首领,其北还有燕国,秦如出兵袭赵,一是打击其首领,同时也斩断了合纵诸国的南北联络,故云“折天下之脊”。 ⑰下甲——出兵。因秦所居之地势高,故东出曰“下”。 宜阳——韩县名,在今河南宜阳西,曾是韩国的都城。 上地不通——上地:上党之地。不通:指韩之上党地区与其国都断绝联络。 ⑱梁则从风而动——指魏亦将随着投靠秦国。 ⑲饰辩虚辞——意即故意编造一些好听的话。 高主之节——夸奖你不事秦的做法。 卒(cù)——后多作“猝”,突然。 ⑳距——抵达。 扞(hàn)关——在今重庆奉节东。 ㉑从境以东——《战国策》作“从竟陵以东”。竟陵:楚县名,在今湖北潜江西北。 城守——指开始筑城,准备防守。 黔中、巫郡非王之有——巫郡:楚郡名,约当今湖北清江中、上游及重庆地区,当时属楚。按:秦兵若抵扞关,则巫郡已被其越过,黔中已落其右后方,故曰两地“非王之有”。 ㉒则北地绝——北地:楚国北境之地,指陈、蔡、汝、颍等。 ㉓偏守新城——偏守:犹言“远守”,远离楚国腹地之防守。新城:新攻得之城,未详所在。 存民苦矣——存民:残存之民。

㉔楚王大怒——按情理当言“大王”。 ㉕攻卫阳晋，必大关天下之匈——意谓秦兵一旦占据阳晋（今山东郓城西），则其他诸国遂不能动。匈：同“胸”，因阳晋处晋、齐、楚诸国之冲。 ㉖接境壤界——壤：用作动词，也是“接”的意思。 形亲——鲍彪曰：“其势当亲。” ㉗于是楚王已得张仪而重出黔中地——于是：此时。重出：不愿意拿出。重：不轻易，不乐意。此与前文楚王之所谓“愿得张仪而献黔中地”相对而言。 ㉘许仪——答应张仪的连衡之说。 得黔中——其实是“保住了黔中”的意思。 后而倍之——已答应了人，事后又反悔。倍：通“背”。

张仪去楚，因遂之韩，说韩王曰：

韩地险恶山居，五谷所生，非菽而麦，民之食大抵菽饭藿羹。[①]一岁不收，民不餍糟糠[②]。地不过九百里，无二岁之食。料大王之卒，悉之不过三十万，而厮徒负养[③]在其中矣。除守徼亭鄣塞，见卒[④]不过二十万而已矣。秦带甲百余万，车千乘，骑万匹，虎贲之士跿跔科头、贯颐奋戟者，[⑤]至不可胜计。秦马之良，戎兵之众，探前趹后，蹄间三寻腾者，[⑥]不可胜数。山东之士被甲蒙胄以会战，秦人捐甲徒裼以趋敌，左挈人头，右挟生虏。[⑦]夫秦卒与山东之卒，犹孟贲之与怯夫；以重力相压，犹乌获[⑧]之与婴儿。夫战孟贲、乌获之士以攻不服之弱国，无异垂千钧之重于鸟卵之上，必无幸矣。[⑨]

夫群臣诸侯不料地之寡，而听从人之甘言好辞，比周以相饰也，[⑩]皆奋曰：“听吾计可以强霸天下。”夫不顾社稷之长利而听须臾之说，诖误人主，[⑪]无过此者。

大王不事秦，秦下甲据宜阳，断韩之上地，东取成皋、荥阳，则鸿台之宫、桑林之苑非王之有也。[⑫]夫塞成皋，绝上地，则王之国分矣。先事秦则安，不事秦则危。夫造祸而求其福报，计浅而怨深，逆秦而顺楚，虽欲毋亡，不可得也。故为大王计，莫如为秦[⑬]。秦之所欲莫如弱楚，而能弱楚者莫如韩。非以韩能强于楚也，其地势然也。今王西面而事秦以攻楚，秦王必喜。夫攻楚以利其地，转祸而说秦，计无便于此者。

韩王听仪计。

（以上为第五段，写张仪说韩王背纵，与秦国连衡。）

①险恶山居——胡三省注："韩有宜阳、成皋，南尽鲁阳，皆山险之地。" 非菽（shū）而麦——不是菽就是麦。而：犹"则"。 菽饭藿羹——以菽为饭，以藿为羹。菽：豆类的统称。藿：豆叶。 ②不餍（yàn）糟糠——连糟糠都得不到满足（都吃不饱）。 ③厮徒负养——在军营割草、养马以及背送各种杂物的人。 ④见卒——可调用的现有士兵。见：同"现"。 ⑤跿跔（tú jū）——腾跳踊跃。 科头——光着脑袋，不戴头盔。士兵以此示勇。今始皇墓之兵马俑即不戴头盔，博物馆之说明即用本文之"科头"为解说。 贯颐——弯弓。颐：弓名。"弯弓"与"奋戟"对文。 ⑥戎兵之众——上下皆言马，"戎兵之众"一句杂出，疑衍。 探前趹后——谓马之前足探向前，后足趹于后。趹谓后足登地，言马走势之疾。 蹄间三寻——八尺谓寻，言马走之疾，前后蹄间超过三寻。 ⑦山东之士——指东方六国的士兵。 被甲蒙胄——身披铠甲，戴着头盔。 捐甲徒裼（xī）——抛掉铠甲，赤着脚，光着膀子。 挈（qiè）——提起。 ⑧乌获——与前之"孟贲"皆古代之勇士名。 ⑨战孟贲、乌获之士——驱孟贲、乌获一类的勇士使之战。 无幸——无法幸免。 ⑩群臣诸侯——《战国策》无"群臣"二字，此疑衍。 比周——犹今之所谓"狼狈为奸"，相互帮衬，其主语是"从（纵）人"。 ⑪须臾之说——暂时听着顺耳的话。 诖（guà）误——以坏主意耽误人。 ⑫荥（xíng）阳——韩县名，在今河南荥阳东北。 鸿台之宫、桑林之苑——皆韩之宫苑名。 ⑬为秦——《战国策》作"事秦"，较此顺畅。

张仪归报，秦惠王封仪五邑，号曰武信君。使张仪东说齐湣王曰：

天下国无过齐者,大臣父兄殷众富乐[①]。然而为大王计者,皆为一时之说,不顾百世之利。从人说大王者,必曰“齐西有强赵,南有韩与梁。齐,负海[②]之国也,地广民众,兵强士勇,虽有百秦,将无奈齐何”。大王贤其说而不计其实。夫从人朋党比周,莫不以从为可。臣闻之,齐与鲁三战而鲁三胜,国以危,亡随其后,虽有战胜之名,而有亡国之实。是何也?齐大而鲁小也。今秦之与齐也[③],犹齐之与鲁也。秦、赵战于河漳[④]之上,再战而赵再胜秦;战于番吾之下,再战又胜秦。四战之后,赵之亡卒数十万,邯郸仅存,虽有战胜之名而国已破矣。是何也?秦强而赵弱。

今秦、楚嫁女娶妇,为昆弟之国。韩献宜阳;梁效河外;赵入朝渑池,割河间以事秦。大王不事秦,秦驱韩梁攻齐之南地,悉赵兵渡清河,指博关,临菑、即墨非王之有也。国一日[⑤]见攻,虽欲事秦,不可得也。是故愿大王孰计之也。

齐王曰:“齐僻陋,隐居东海之上,未尝闻社稷之长利也。”乃许张仪。

(以上为第六段,写张仪说齐王与秦国连衡。)

①大臣父兄殷众富乐——谓齐国的贵族大臣,人人皆习安于富贵享乐。父兄:指同姓大臣。殷众:谓家财富厚,僮仆众多。 ②负海——背靠大海。 ③今秦之与齐也——应作“今秦之与赵也”,下数句皆言秦、赵之间事。 ④河漳——黄河、漳水。当时的黄河流经赵国东侧,在今河北沧州东北入海。漳水经赵国南境,东北流汇入黄河。 ⑤一日——即今所谓“一旦”。

张仪去,西说赵王曰:

敝邑秦王使使臣效愚计于大王。大王收率天下以宾秦,秦兵不敢出函谷关十五年。大王之威行于山东,敝邑恐惧慑伏,缮甲厉兵,饰车骑,[①]习驰射,力田积粟,守四封之内,愁居慑处,不敢动摇,唯大王有意督过之也。②

今以大王之力,举巴蜀,并汉中,包两周,迁九鼎,守白马之津。③秦虽僻远,然而心忿含怒④之日久矣。今秦有敝甲凋兵,军于渑池,愿渡河逾漳,据番吾,会邯郸之下,愿以甲子合战,以正殷纣之事,敬使使臣先闻左右。⑤

凡大王之所信为从者恃苏秦。苏秦荧惑诸侯,以是为非,以非为是,欲反齐国,而自令车裂于市。夫天下之不可一亦明矣。今楚与秦为昆弟之国,而韩、梁称为东藩之臣,齐献鱼盐之地,此断赵之右臂也。夫断右臂而与人斗,失其党而孤居,求欲毋危,岂可得乎?

今秦发三将军:其一军塞午道⑥,告齐使兴师渡清河,军于邯郸之东;一军军成皋,驱韩、梁军于河外;一军军于渑池。约四国为一以攻赵,赵服,必四分其地。是故不敢匿意隐情,先以闻于左右。臣窃为大王计,莫如与秦王遇于渑池,面相见而口相结,请案兵无攻。愿大王之定计。

赵王曰:"先王之时,奉阳君专权擅势,蔽欺先王,独擅绾事,寡人居属师傅,不与国谋计。⑦先王弃群臣,寡人年幼,奉祀之日新,心固窃疑焉,以为一从不事秦,⑧非国之长利也。乃且愿变心易虑,割地谢前过以事秦。方将约车趋行⑨,适闻使者之明诏。"赵王许张仪,张仪乃去。

(以上为第七段,写张仪说赵王与秦国连衡。)

①山东——此指崤山(在今河南洛宁北)以东,泛称东方诸国。缮甲厉兵——修治铠甲,打磨兵器。　饰车骑——整顿战车、战马。饰:通"饬",收拾,整理。　②四封——四方边境。封:边界。　愁居慑处——忧愁苦闷,战战兢兢。　唯大王有意督过之也——"唯"下疑脱"恐"字。督过:二字连读,犹《李斯传》之"督责"。意即责备。③今以大王之力——按:此句主语为"秦"。意即"我们托您的福",并一直下贯"举巴蜀,并汉中"云云。　包两周,迁九鼎——按:秦灭西周在昭王五十一年(前256),灭东周在庄襄王元年(前249),乃在张仪死

后数十年。 守白马之津——意即秦兵已经控制东方诸国的中心地带。白马津:当时的黄河渡口名,在今河南滑县东北,秦汉白马县西北古黄河南岸,当时属卫。 ④心忿含怒——赵王曾为东方诸国合纵的盟主,故秦王对之积怒含愤。 ⑤以甲子合战,以正殷纣之事——意谓秦国将像当年周武王于甲子日讨伐殷纣一样地讨伐赵国。正:即"正法""正典刑"之"正"。意即讨伐。 先闻左右——先来将此事通知你。闻:使之闻,即告知。左右:意思与"执事""阁下"等相同,用于称对方。 ⑥午道——四通八达之道。午:纵横交错的样子。 ⑦先王——指赵肃侯,名语,公元前349—前326年在位。 奉阳君——即赵国的权臣李兑,其事迹见于《赵世家》。 独擅绾(wǎn)事——《战国策》作"独制官事",较此明晰。 居属师傅——谓自己身为太子,一心接受师、傅等官的教导。 不与国谋计——与:参与,过问。 ⑧弃群臣——婉称先王之死。 奉祀——主持祭祀。这里指即位为王。 一从不事秦——一心一意地奉行合纵摈秦。 ⑨方将约车趋行——正准备收拾车马,前往秦国。约车:即今所谓套车。约:指结马于车。趋:赶快,火速。

北之燕,说燕昭王曰:

大王之所亲莫如赵。昔赵襄子尝以其姊为代王妻,欲并代,约与代王遇于句注之塞。①乃令工人作为金斗,长其尾,②令可以击人。与代王饮,阴告厨人曰:"即酒酣乐,进热啜,③反斗以击之。"于是酒酣乐,进热啜,厨人进斟④,因反斗以击代王,杀之,王脑涂地。其姊闻之,因摩笄以自刺,故至今有摩笄之山。⑤代王之亡,天下莫不闻。

夫赵王之很戾无亲,大王之所明见,且以赵王为可亲乎?⑥赵兴兵攻燕,再围燕都而劫大王,大王割十城以谢。今赵王已入朝渑池,效河间以事秦。今大王不事秦,秦下甲云中、九原,驱赵而攻燕,则易水、长城非大王之有也。

且今时赵之于秦犹郡县也,不敢妄举师以攻伐。今王事秦，秦王必喜，赵不敢妄动，是西有强秦之援，而南无齐、赵之患，是故愿大王孰计之。

燕王曰："寡人蛮夷僻处，虽大男子，裁如婴儿，言不足以采正计。[7]今上客幸教之，请西面而事秦，献恒山之尾[8]五城。"燕王听仪。

（以上为第八段，写张仪说燕王与秦国连衡。）

①赵襄子——赵国初建时的国君，名无恤，公元前475—前425年在位。　句（gōu）注之塞——句注山的险要之处。句注山在今山西代县西北。　②金斗——金制大勺。　长其尾——勺柄做得很长。③即酒酣乐——趁着开怀饮酒的时候。　热啜（chuò）——热汤。④进斟——上前为代王斟汤。　⑤摩笄（jī）——将簪子磨锋利。笄：簪子。摩：通"磨"。　摩笄之山——在今河北张家口东南。按：赵襄子嫁姊以杀代王事，详见《赵世家》　⑥很戾——凶狠残暴。很：凶暴。　且以赵王为可亲乎——且：尚，还要。　⑦裁——通"才"，仅仅。言不足以采正计——句子不顺，《战国策》原文作"言不足以求正，谋不足以决事"，较此为顺。就现有的文字只能大致理解为没有分辨是非、听取正确意见的能力。　⑧恒山之尾——指燕之西南界。

仪归报，未至咸阳而秦惠王卒，武王立。武王自为太子时不说张仪，及即位，群臣多谗张仪曰："无信，左右卖国以取容[1]。秦必复用之，恐为天下笑。"诸侯闻张仪有郤武王，皆畔衡，复合从。

秦武王元年，群臣日夜恶张仪未已，而齐让[2]又至。张仪惧诛，乃因谓秦武王曰："仪有愚计，愿效之。"王曰："奈何？"对曰："为秦社稷计者，东方有大变，然后王可以多割得地也。今闻齐王甚憎仪，仪之所在，必兴师伐之。故仪愿乞其不肖之身之梁，齐必兴师而伐梁。梁、齐之兵连于城下而不能相去，王以其间伐韩，入三川。出兵函谷而毋伐，以临周，祭器必出。[3]挟天子，按图籍，此王业也。"秦王以为然，乃具革车三十乘，入仪之梁。齐果兴师伐之。梁哀王恐。张仪曰："王勿患也，请令罢齐兵[4]。"乃使其舍人冯喜之楚，借使之齐[⑤]，谓齐王曰：“王甚憎张仪，虽然，亦厚矣王之托仪于秦也！[⑥]”齐王曰：“寡人憎仪，仪之所在，必兴师伐之，何以托仪？”对曰：“是乃王之托仪也。夫仪之出也，固与秦王约曰：‘为王计者，东方有大变，然后王可以多割得地。今齐王甚憎仪，仪之所在，必兴师伐之。故仪愿乞其不肖之身之梁，齐必兴师伐之。齐、梁之兵连于城下而不能相去，王以其间伐韩，入三川，出兵函谷而无伐，以临周，祭器必出。挟天子，案图籍，此王业也。’秦王以为然，故具革车三十乘而入之梁也。今仪入梁，王果伐之，是王内罢国而外伐与国，广邻敌以内自临，而信仪于秦王也。[⑦]此臣之所谓‘托仪’也。”齐王曰：“善。”乃使解兵。

张仪相魏一岁，卒于魏也。

（以上为第九段，写张仪在新主执政后之受排挤，死于魏。）

①左右卖国以取容——左右：犹言反复无常。取容：讨主子的喜欢。　②齐让——齐王又遣使责备秦国任用张仪。让：责备。　③毋伐——意即不要大张旗鼓，只悄悄地干。　以临周——周：指西周王城，天子所都。　祭器——此指彝器。即钟鼎之类，古代视之为传国之宝。　必出——谓出之以赂秦。　④请令罢齐兵——似应作“请令齐罢兵”。或曰“令”当作“今”，即将，马上。　⑤借使之齐——之：往。即以楚国使者的名义出使齐国。　⑥虽然——尽管如此。　亦厚矣王之托仪于秦也——倒装句，即“王之托仪于秦亦厚矣”。托仪于秦：巩固张仪在秦国的地位。托：寄托，安置。　⑦内罢国而外伐与国——罢国：消耗、疲惫自己的国家。与国：同盟国。　广邻敌以内自临——意即在自己国家的周围广泛树敌，使之来攻打自己。　信仪于秦王——给秦王证明了张仪的话的确可信。

陈轸者，游说之士。与张仪俱事秦惠王，皆贵重，争宠。张仪恶陈轸于秦王曰：“轸重币轻使秦楚之间，将为国交也。[①]今楚不加善于秦而善轸者，轸自为厚而为王薄也。[②]且轸欲去秦而之楚，王胡不听乎？”王谓陈轸曰：“吾闻子欲去秦之楚，有之乎？”轸曰："然。"王曰："仪之言果信矣。"轸曰："非独仪知之也，行道之士尽知之矣。昔子胥忠于其君而天下争以为臣，曾参孝于其亲而天下愿以为子。故卖仆妾不出闾巷而售者，良仆妾也；出妇嫁于乡曲者，良妇也。[③]今轸不忠其君，楚亦何以轸为忠乎？忠且见弃，轸不之楚何归乎？"王以其言为然，遂善待之。

居秦期年，秦惠王终相张仪，而陈轸奔楚。楚未之重也，而使陈轸使于秦。过梁，欲见犀首[④]。犀首谢弗见。轸曰："吾为事来，公不见轸，轸将行，不得待异日。"犀首见之。陈轸曰："公何好饮也？"犀首曰："无事[⑤]也。"曰："吾请令公厌事[⑥]可乎？"曰："奈何？"曰："田需约诸侯从亲，[⑦]楚王疑之，未信也。公谓于王曰：'臣与燕、赵之王有故，数使人来，曰：无事何不相见。愿谒行于王。[⑧]'王虽许公，公请毋多车，以车三十乘，可陈之于庭，明言之燕、赵。"燕、赵客闻之，驰车告其王，使人迎犀首。楚王闻之大怒，曰："田需与寡人约，而犀首之燕、赵，是欺我也[⑨]。"怒而不听其事[⑩]。齐闻犀首之北，使人以事委焉[⑪]。犀首遂行，三国相事皆断于犀首。轸遂至秦。

韩魏相攻，期年不解。秦惠王欲救之，问于左右。左右或曰救之便，或曰勿救便，惠王未能为之决。陈轸适至秦，惠王曰："子去寡人之楚，亦思寡人不？"陈轸对曰："王闻夫越人庄舄乎？"王曰："不闻。"曰："越人庄舄仕楚执珪[⑫]，有顷而病。楚王曰：'舄故越之鄙细人也，今仕楚执珪，贵富矣，亦思越不？'中谢[⑬]对曰：'凡人之思故，在其病也。彼思越则越声，不思越则楚声。'使人往听之，犹尚越声也。今臣虽弃逐之楚，岂能无秦声哉！"惠王曰："善。今韩、魏相攻，期年不解，或谓寡人救之便，或曰勿救便，寡人不能决，愿子为子主计之余，为寡人计之。"陈轸对曰："亦尝有以夫卞庄子刺虎闻于王者乎？庄子欲刺虎，馆竖子[⑭]止之，曰：'两虎方且食牛，食甘必争，争则必斗，斗则大者伤，小者死，从伤而刺之，一举必有双虎之名。'卞庄子以为然，立须之[⑮]。

有顷，两虎果斗，大者伤，小者死。庄子从伤者而刺之，一举果有双虎之功。今韩、魏相攻，期年不解，是必大国伤，小国亡，从伤而伐之，一举必有两实，此犹庄子刺虎之类也。臣主与王何异也[16]？"惠王曰："善。"卒弗救。大国果伤，小国亡，秦兴兵而伐，大克之，此陈轸之计也。

（以上为第十段，写陈轸的三个机警辩智故事。）

①重币轻使——意即带着厚礼在各国之间穿行。轻使：犹言频数往使。 为国交——为国家办理外交。 ②楚不加善于秦——楚国并没有对秦国表现出有多好。 自为厚——为自己谋利益多。 ③不出闾巷——意即迅速被左邻右舍买走。 出妇——妇女被夫家休逐。 嫁于乡曲——意即被本乡本土的男家所娶。乡曲：都是基层编制名，这里意同"乡里"，与上"闾巷"对文。 ④犀首——《集解》引司马彪曰："犀首，魏官名，若今虎牙将军。"按：其人名公孙衍。 ⑤无事——无事可做。按：当时田需为魏相，犀首失意，故饮酒浇愁。 ⑥吾请令公厌事——意谓"我可以让你事多得忙不过来"。厌：饱，满。 ⑦田需——《索隐》曰："需时为魏相。"按《战国策》作"李从"。 约诸侯从亲——此处实际指楚魏之间的联合。 ⑧有故——有旧交。 谒行——犹今所谓"告辞""辞行"。 ⑨田需与寡人约，而犀首之燕、赵，是欺我也——意谓田需让我与楚国交好，可是现在燕、赵却来迎犀首北去，充分表明田需联楚的说法是骗人的。 ⑩不听其事——不听田需倡导的联楚。按：陈轸给犀首出此主意的目的是破坏楚魏联盟，兼报其在楚不被任用之怨。 ⑪以事委焉——将建立齐魏联盟的事情求托于犀首门下。 ⑫执珪——楚国的高级爵位名，其"上执珪"为爵位的最高者。 ⑬中谢——也作"中射"，帝王身边的侍从人员，与"中郎""郎中"等相似。 ⑭馆竖子——客馆里的佣人。 ⑮立须之——站在一旁看着两虎相斗。须：等待。 ⑯臣主与王何异也——意谓为自己的利害得失而选择立场，我的主子与大王您有什么不同呢？

犀首者，魏之阴晋人也，名衍，姓公孙氏。与张仪不善。

张仪为秦之魏，魏王相张仪。犀首弗利，故令人谓韩公叔曰[①]：“张仪已合秦魏矣，其言曰‘魏攻南阳[②]，秦攻三川’。魏王所以贵张子者，欲得韩地也。且韩之南阳已举矣，子何不少委焉以为衍功，则秦魏之交可错矣。[③]然则魏必图秦而弃仪，收韩而相衍。[④]”公叔以为便，因委之犀首以为功[⑤]。果相魏，张仪去。

义渠君[⑥]朝于魏。犀首闻张仪复相秦，害之。犀首乃谓义渠君曰：“道远不得复过，请谒事情。”曰：“中国无事，秦得烧掇焚杅君之国。[⑦]有事，秦将轻使重币事君之国。[⑧]”其后五国伐秦，会陈轸谓秦王曰：“义渠君者，蛮夷之贤君也，不如赂之以抚其志。”秦王曰：“善。”乃以文绣千纯、妇女百人遗义渠君。义渠君致群臣而谋曰：“此公孙衍所谓邪？”乃起兵袭秦，大败秦人李伯之下[⑨]。

张仪已卒之后，犀首入相秦。尝佩五国之相印，为约长[⑩]。

（以上为第十一段，写犀首其人与其倾轧张仪的一些活动。）

①犀首弗利——犀首时在魏，因在魏国无计可施，故借助韩国势力以倾张仪。　韩公叔——公叔时为韩相，为亲楚派。　②南阳——韩国的地区名，约当今河南济源至获嘉一带，因其地处太行、王屋二山之南，又在黄河之北，故曰“南阳”。　③何不少委焉以为衍功——意即你们可以找我，通过我来处理韩魏之间的一些事情。少：稍。　秦魏之交可错——意即他将从中破坏、阻挠张仪倡导的秦魏联盟。错：置，停顿。　④魏必图秦而弃仪——图秦：算计秦国，与秦国为敌。弃仪：抛弃张仪。　收韩——联合韩国。　⑤委之犀首以为功——办事通过犀首，为犀首增功。　⑥义渠君——义渠是当时活动在今陕西西北部及与之邻近的内蒙古、宁夏一带的少数民族名，《匈奴列传》称其君主曰“义渠戎王”。　⑦中国无事——谓关东六国不进攻秦国。　烧掇焚杅（yú）——意即烧杀掠夺。焚杅：焚揉而牵制之。犹控制。　⑧有事——指六国攻秦。　轻使重币事君之国——轻使：迅即派出使臣。重币：厚礼。意即与戎王搞好关系，以解后顾之忧。　⑨大败秦人李伯之下——李伯：《战国策》作“李帛”，疑即《水经注》之伯阳城，在今甘肃天水东。按：以上犀首挑拨义渠与秦关系事，见《战国策·秦策二》。

义渠败秦于李伯,应在五国伐秦之年,即秦惠王后元七年(前318);而犀首挑动义渠君则应在惠王后元七年之前。 ⑩尝佩五国之相印,为约长——杨宽认为:说公孙衍曾继张仪为秦相固然不足信,说公孙衍曾"佩五国之相印,为约长"也是夸大之辞,但公孙衍曾约五国合纵伐秦,当是事实。

太史公曰:三晋多权变之士,夫言从衡强秦者大抵皆三晋之人也。夫张仪之行事甚于苏秦,然世恶苏秦者,以其先死,而仪振暴其短以扶其说,成其衡道。要之,此两人真倾危之士哉!

(以上为第十二段,是作者的论赞,作者称苏秦、张仪都是"倾危之士",但相比之下似更同情苏秦。)

[**简评**] 本文是司马迁根据他当时所见到的类似于今《战国策》或《战国纵横家书》这种本来就很不可靠的"史料"写成的,而在写作过程中又对他所见到的"史料"进行了某种"修改"与"补充",因而离事实也就越来越远。现代战国史研究者们对此进行了深入考辨,成绩突出,结论可信。出于某种情感和价值观的考虑,司马迁似乎更同情苏秦,而厌恶张仪,这种倾向也表现在司马迁对战国时代其他历史人物的感情上。他对于东方六国的人物怀好感的居多,于秦国的将相则怀好感的较少。张仪的历史贡献远远大于苏秦,这是很多古人都已经清楚看到了的,时至今日,则几乎已经成了定论。以科学的眼光来看,《苏秦列传》已经纯乎是一篇小说,而《张仪列传》也是真假参半,写历史的人当然不能再用它。但我们在把《史记》当作一个整体,当我们系统研究司马迁的"一家之言",研究司马迁的政治思想、人生观、价值观及其文学成就时,这两篇作品的地位仍是不能忽视的。《苏秦列传》与《张仪列传》中都还突出地表现了忍辱发愤以及强烈的复仇情绪,这也是《史记》其他篇章中所经常出现的。

［**集评**］《太史公自序》:“六国既从亲,而张仪能明其说,复散解诸侯,作《张仪列传》第十。”

张大可曰:“本篇是连横家的合传,载张仪、陈轸、犀首三人。苏秦为合纵派代表人物,张仪为连横派代表人物,故合纵家与连横家两派人物的合传以两人为代表题篇。两派人物针锋相对,故张仪传的材料组织与苏秦传的结构相似,两传对照十分鲜明。两传材料主要取自《战国策》,文字略有异同。纵横家所言战国史事及形势分析多有夸张,但并非虚言。”(《史记全本新注》)

姚苎田曰:“苏、张同门学术,而苏秦早自以为不及张仪,迨其后,仪以相秦善终,秦以术穷车裂,虽其人品本无低昂,而迹其成败之由,秦之不及仪也明矣……今观《国策》所载苏秦说六国之辞,机局变化,议论精悍,绝无印板气格,所不欲明言者,‘连鸡不能俱栖’之一着耳;张仪说六国事秦,则一味恫疑虚喝,欺昧丧心,文笔漶漫,亦无好致;然则秦之术何必不胜仪?正由露颖太早,既不能为用秦之易,则不得不为用六国之难。自知傀儡场中刻木牵丝原无实用,聊借一朝轰烈,吐引锥刺股之气耳。苏、张皆小人之尤,而张更狙诈无赖,故附辨之,即史公‘毋令独蒙恶声’之旨也。”(《史记菁华录》)

郭嵩焘曰:“史公之意于仪、秦极有轩轾,与世俗之言牴牾,欲知苏秦之愈于张仪,观其行事瞭然矣。此亦史公之微旨也。”又曰:“苏秦、张仪遍历诸侯以售其术,其行径正同,然苏秦犹有赵王资之,所说者尊主强国之术也;张仪则一意挟秦以恫喝诸侯而已,张仪之说行,而六国之亡决矣。何也?说者与受其说者,皆无复有生人之气存故也。”又曰:“张仪魏人,又身相魏,而决意折魏以使入于秦,而倡天下计,其于秦亦非有性命生死之相倚托也,徒与苏秦以术相胜,一纵一横,其势必不两立。而是时秦并天下之势已成,用秦比用六国尤易为力,是以苏秦之名正而成功难,张仪之志诡而取效便。二人者,相与颠倒天下以售其术,遂

使三代以来人心、风俗，败坏绝裂而不可收拾。彼二人者，其倾陂小人之尤者哉！”(《史记札记》)

钟惺曰：“苏秦自以为不及张仪，人未之许，愚谓两人皆富贵热中之人。然仪有功于人国而身享其利，秦苟能享其利不必有功人国，秦意自六国相印而止。故仪为秦连横之前，取蜀、伐魏、伐韩、欺楚得黔中地；秦为六国约从之后，实事实效尺寸无闻焉。秦见疑于燕，乞身之齐，以车裂终；仪见恶于秦，乞身之梁，竟得良死，仪秦才局优劣见矣。”(《史怀》)

吴见思曰：“苏、张是一时人、一流人，俱游说六国，便有六篇文章接连写此两传，岂不费力？乃《苏传》滔滔滚滚数千言，《张传》滔滔滚滚又数千言，各尽其致。游说一纵一横，文法亦一纵一横，吾何以测之也哉！”(《史记论文》)

杨燕起、阎崇东曰：“司马迁以为张仪的成功，是由于苏秦先死，‘而仪振暴其短以扶其说，成其衡道’的。司马迁对于张仪的诋訾苏秦及世人将恶声加之于苏秦的状况，均表现了不平和怨愤，反映出司马迁对主张抗御暴秦的苏秦给予了更多的同情。而对张仪，在他游说六国之最后，借燕群臣之言，评其为不过是一个‘无信，左右卖国以取容’的‘饶舌’者，褒贬之情自见。”(《〈史记〉精华导读》)

马非百曰：“景春曰：‘公孙衍、张仪，岂不诚大丈夫哉？一怒而诸侯惧，安居而天下息。’公孙衍且勿论，若张仪在惠王一代，对于秦国统一运动，所贡献者诚不止一端。吾观张仪初为秦相魏，破坏魏、齐同盟，使魏去齐而昵秦。后又相楚，破坏楚、齐同盟，使楚去齐而昵秦……李斯所谓散六国之从，使之西面而事秦者，此二事殆其最彰明较著者矣。抑尝论之，张仪外交政策之主要核心厥为弱楚，而弱楚之谋之得以成功，又由于巴、蜀、汉中之兼并。……盖此南进政策之得以顺利进行，实苏秦之合从运动有以无意中助成之也。而张仪之善于利用时势，亦诚不可及哉!”又曰:“吾观秦人自惠王后九年定巴、蜀后,……至始皇初立,前后才七十年,秦地已由巴蜀、汉中,越宛有郢,楚威日蹙、势日迫,秦又置东郡以压迫之,于是楚乃不得不由陈而迁于更东之寿春。而秦遂无复有南顾之忧,乃得以专心致志于北方各国之各个击破,盖皆经营巴蜀以制服楚国之明效也。司马错则云:‘得蜀则得楚,楚亡而天下并矣。’错之功亦大矣哉!”(《秦集史》)

鲍彪曰:“轸之辩类捷给,而其所称譬,皆当于人心,不诡于正。论周衰辩士,未有若轸之绝伦离群者也。”(《战国策注》)

李贽曰:“士之有智谋者未必正直,正直者未必有智谋。……予以为智谋之士可贵也。若夫惇厚清谨,士之自好者亦能为之,以之保身虽有余,以之待天下国家缓急之用则不足,是亦不足贵矣。”(《藏书》)

钱穆曰:“张仪以楚怀王十八年重至楚,是年即秦惠王末年。楚囚张仪,既而释之,仪得返秦,值惠王卒,武王立。武王自为太子时,已不悦张仪,及即位,群臣多谗张仪,遂至魏,以魏哀王九年五月卒,即秦武王之元年也。计其自秦至楚,复返秦而至魏以卒,前后最多不出十七月,其间更无时北说韩、东说齐,又西说魏、北说燕,甚明。且仪之去楚,怀王已悔之,使人追仪勿及;时齐尤恶张仪,仪决不敢幸脱楚祸,复说齐、赵。且张仪去秦,乃见逐于武王,又何为为之说六国,令相率事秦哉?余观仪生平足迹所到,仅为魏、秦、楚三国,燕、齐非所及。至《秦本纪》称‘武王立,韩、魏、齐、楚、越皆宾从’……此乃秦史夸大之辞,然亦并不及燕,亦非张仪连横之效。今《史》《策》载张仪为秦连横事,皆虚。”(《先秦诸子系年》)

樗里子甘茂列传第十一

樗里子[1]者，名疾，秦惠王之弟也，与惠王异母。母，韩女也[2]。樗里子滑稽多智，秦人号曰“智囊”。

秦惠王八年，爵樗里子右更，使将而伐曲沃，尽出其人，[3]取其城，地入秦。秦惠王二十五年，使樗里子为将伐赵，虏赵将军庄豹，拔蔺。[4]明年，助魏章[5]攻楚，败楚将屈丐，取汉中地。秦封樗里子，号为严君[6]。

秦惠王卒，太子武王立，逐张仪、魏章，而以樗里子、甘茂为左右丞相。秦使甘茂攻韩，拔宜阳[7]。使樗里子以车百乘入周，周以卒迎之，[8]意甚敬。楚王怒，让周，以其重秦客。游腾[9]为周说楚王曰：“知伯之伐仇犹，遗之广车，[10]因随之以兵，仇犹遂亡。何则？无备故也。齐桓公伐蔡，号曰诛楚，其实袭蔡。今秦，虎狼之国，使樗里子以车百乘入周，周以仇犹、蔡观焉[11]。故使长戟居前，强弩在后，名曰卫疾，而实囚之。且夫周岂能无忧其社稷哉？恐一旦亡国以忧大王[12]。”楚王乃悦。

秦武王卒，昭王立，樗里子又益尊重。

昭王元年，樗里子将伐蒲[13]。蒲守恐，请胡衍[14]。胡衍为蒲谓樗里子曰：“公之攻蒲，为秦乎？为魏乎？为魏则善矣，为秦则不为赖[15]矣。夫卫之所以为卫者，以蒲也。今伐蒲入于魏，卫必折而从之[16]。魏亡西河之外而无以取者，兵弱也。今并卫于魏，魏必强。魏强之日，西河之外必危矣。且秦王将观公之事，害秦而利魏，王必罪公。”樗里子曰：“奈何？”胡衍曰：“公释蒲勿攻，臣试为公入言之，以德卫君。[17]”樗里子曰：“善。”胡衍入蒲，谓其守曰：“樗里子知蒲之病矣，其言曰‘必拔蒲’。衍能令释蒲勿攻。”蒲守恐，因再拜曰：“愿以请。”因效金三百斤，曰：“秦兵苟退，请必言子于卫君，使子为南面。[18]”故胡衍受金于蒲以自贵于卫。于是遂解蒲而去。还击皮氏[19]，皮氏未降，又去。

昭王七年，樗里子卒，葬于渭南章台[20]之东。曰：“后百岁，是当有天子之宫夹我墓。”樗里子疾室在于昭王庙西渭南阴乡樗里，[21]故俗谓之“樗里子”。至汉兴，长乐宫在其东，未央宫在其西，武库正直其墓。[22]秦人谚曰：“力则任鄙[23]，智则樗里。”

（以上为第一段，写樗里子其人与其在惠王、武王以及昭王初期对发展秦国所做的历史贡献。）

①樗（chū）里子——姓嬴，名疾，以其所居之地为号。 ②母，韩女也——韩国国君之女。 ③右更——秦爵二十级之第十四级。秦爵二十级详见《商君列传》注。 曲沃——魏邑名，在今河南灵宝东北。 尽出其人——将曲沃的居民全部逐出，赶回魏国。 ④虏赵将军庄豹——其人也称“赵庄”“赵壮”。 蔺——赵邑名，在今山西吕梁离石区西。 ⑤魏章——原魏人，后为秦将。 ⑥号为严君——严道之君长。严道：秦邑名，即今四川荥经。 ⑦宜阳——韩县名，曾为韩国都城。宜阳故城在今河南宜阳西。 ⑧樗里子以车百乘入周——谓将伐宜阳的战利品兵车百辆送给寄居于王城的周赧王。目的是收买与炫耀武力，且为秦武王之抵周做准备。盖王城在宜阳东北，相距不远。 以卒迎之——一种重大仪式，如今之检阅仪仗队等，故引起楚国不满。 ⑨游腾——姓游名腾，西周君属下的说客。 ⑩知伯——春秋末期晋国贵族首领，名瑶。曾与韩氏、赵氏、魏氏结伙灭掉范氏、中行氏，后来被赵氏、韩氏、魏氏三家所灭。详见《晋世家》。 仇犹——少数民族

部落名,其地约当今山西盂县。 遗(wèi)之广车——遗:给,赠送。广车:即兵车。 ⑪以仇犹、蔡观焉——意谓周国是将秦的“朝周”与知伯、齐桓的企图袭取仇犹与蔡同等看待的。观:看待。 ⑫以忧大王——给大王带来麻烦、忧虑。因当时周与楚有联盟关系,故游腾措辞如此。 ⑬蒲——卫邑名,又名“蒲阪”,在卫国都城的西南方。在今河南长垣。 ⑭胡衍——缪文远认为:其人无考,盖假托人物。 ⑮不为赖——不算好。《集解》曰:“赖,利也。” ⑯今伐蒲入于魏,卫必折而从之——语句不顺。王念孙以为应作“今蒲入于秦,卫必折而入于魏”,谓卫因失蒲而求救于魏国。 ⑰入言之——《战国策》作“臣请为公入戒蒲守”,即入蒲向其守将讲明停止进攻之意。 以德卫君——意谓这样可以让卫君感谢你对他的好处。 ⑱效金——拿出金子给胡衍。 使子为南面——意即让你得到领地,成为封君。 ⑲皮氏——魏邑名,在今山西河津西。 ⑳渭南章台——章台:秦国的台观名,因当时的秦都咸阳在渭水北岸,而章台建于渭水南岸,故特标曰“渭南章台”。后来汉代的未央宫即建在当年秦国章台的旧址上。 ㉑室——即今所谓“家”。 阴乡——古乡名,在今陕西西安西北。 ㉒长乐宫——也称东宫,西汉时为太后所居,建成于高祖七年(前200),在古长安城的东部。 在其东——在樗里子的坟墓东侧。 未央宫——西汉时为皇帝所居,建成于高祖八年(前199),在古长安城的西部,今其前殿的台基尚巍然存在。 武库——西汉王朝的兵器库,在古长安城内的长乐宫与未央宫之间。 正直其墓——正好建在樗里子的坟墓之上。王韦认为:樗里子之占墓,智见百岁后,不虞胡衍须臾见欺。 ㉓任鄙——秦国勇士,武王时人,与乌获、孟说并称。《秦本纪》有“武王有力好戏,力士任鄙、乌获、孟说等皆至大官”之语。

甘茂者,下蔡[①]人也。事下蔡史举先生,学百家之说。[②]因张仪、樗里子而求见秦惠王。王见而说之,使将,而佐魏章略定汉中地。

惠王卒,武王立,张仪、魏章去,东之魏。蜀侯煇、相壮反[③],

秦使甘茂定蜀。还，而以甘茂为左丞相，以樗里子为右丞相。

秦武王三年，谓甘茂曰："寡人欲容车通三川，以窥周室，而寡人死不朽矣。[4]"甘茂曰："请之魏，约以伐韩，而令向寿辅行。[5]"甘茂至，谓向寿曰："子归，言之于王曰：'魏听臣矣，然愿王勿伐。'事成，尽以为子功。"向寿归，以告王，王迎甘茂于息壤[6]。甘茂至，王问其故。对曰："宜阳，大县也，上党、南阳积之久矣。名曰县，其实郡也。今王倍数险[7]，行千里攻之，难。昔曾参之处费[8]，鲁人有与曾参同姓名者杀人。人告其母曰'曾参杀人'，其母织自若也。顷之，一人又告之曰'曾参杀人'，其母尚织自若也。顷又一人告之曰'曾参杀人'，其母投杼下机，逾墙而走。夫以曾参之贤与其母信之也，三人疑之，其母惧焉。今臣之贤不若曾参，王之信臣又不如曾参之母信曾参也，疑臣者非特三人，臣恐大王之投杼也。始张仪西并巴蜀之地，北开西河之外，南取上庸，天下不以多张子而以贤先王。魏文侯令乐羊将而攻中山，三年而拔之。乐羊返而论功，文侯示之谤书一箧。乐羊再拜稽首曰：'此非臣之功也，主君之力也。'今臣，羁旅之臣也，樗里子、公孙奭二人者挟韩而议之，[9]王必听之，是王欺魏王而臣受公仲侈之怨[10]也。"王曰："寡人不听也，请与子盟。"卒使丞相甘茂将兵伐宜阳。五月而不拔，樗里子、公孙奭果争之。武王召甘茂，欲罢兵。甘茂曰："息壤在彼[11]。"王曰："有之。"因大悉起兵[12]，使甘茂击之，斩首六万，遂拔宜阳。韩襄王使公仲侈入谢，与秦平。

武王竟至周，而卒于周。其弟立，为昭王。王母宣太后，楚女也[13]。楚怀王怨前秦败楚于丹阳而韩不救，乃以兵围韩雍氏，韩使公仲侈告急于秦。秦昭王新立，太后楚人，不肯救。公仲因[14]甘茂，茂为韩言于秦昭王曰："公仲方有得秦救，故敢捍楚也[15]。今雍氏围，秦师不下殽，公仲且仰首而不朝，公叔且以国南合于楚[16]。楚、韩为一，魏氏不敢不听，然则伐秦之形成矣。不识坐而待伐孰与伐人之利?"秦王曰:"善。"乃下师于殽以救韩,楚兵去。

秦使向寿平宜阳[17],而使樗里子、甘茂伐魏皮氏。向寿者,宣太后外族也,而与昭王少相长,故任用。[18]向寿如楚,楚闻秦之贵向寿,而厚事向寿。[19]向寿为秦守宜阳,将以伐韩。韩公仲使苏代谓向寿曰:"禽困覆车[20]。公破韩,辱公仲,公仲收国复事秦,自以为必可以封。[21]今公与楚解口地,封小令尹以杜阳。[22]秦楚合,复攻韩,韩必亡。韩亡,公仲且躬率其私徒以阏于秦,愿公孰虑之也。[23]"向寿曰:"吾合秦、楚非以当韩也,子为寿谒之公仲,曰'秦韩之交可合也'。"苏代对曰:"愿有谒于公。人曰'贵其所以贵者贵'。[24]王之爱习公也,不如公孙奭;其智能公也,不如甘茂。[25]今二人者皆不得亲于秦事[26],而公独与王主断于国者何?彼有以失之也。公孙奭党于韩,而甘茂党于魏,故王不信也。今秦楚争强而公党于楚,是与公孙奭、甘茂同道也,公何以异之?人皆言楚之善变也,而公必亡之,是自为责也。[27]公不如与王谋其变也,善韩以备楚,[28]如此则无患矣。韩氏必先以国从公孙奭而后委国于甘茂。韩,公之仇也。今公言善韩以备楚,是外举不辟仇也。"向寿曰:"然,吾甚欲韩合[29]。"对曰:"甘茂许公仲以武遂,反宜阳之民,今公徒收之,甚难。[30]"向寿曰:"然则奈何?武遂终不可得也?"对曰:"公奚不以秦为韩求颍川于楚?此韩之寄地也。[31]公求而得之,是令行于楚而以其地德韩[32]也。公求而不得,是韩、楚之怨不解而交走秦[33]也。秦、楚争强,而公徐过楚以收韩[34],此利于秦。"向寿曰:"奈何[35]?"对曰:"此善事也。甘茂欲以魏取齐[36],公孙奭欲以韩取齐。今公取宜阳以为功,收楚、韩以安之,而诛齐魏之罪,是以公孙奭、甘茂无事也。[37]"

甘茂竟言秦昭王,以武遂复归之韩。向寿、公孙奭争之,不能得。向寿、公孙奭由此怨,谗甘茂。茂惧,辍伐魏蒲阪,亡去。樗里子与魏讲,罢兵[38]。

甘茂之亡秦奔齐，逢苏代。代为齐使于秦。甘茂曰："臣得罪于秦，惧而遁逃，无所容迹。臣闻贫人女与富人女会绩[39]，贫人女曰：'我无以买烛，而子之烛光幸有余，子可分我余光，无损子明而得一斯便[40]焉。'今臣困，而君方使秦而当路[41]矣。茂之妻子在焉，愿君以余光振[42]之。"苏代许诺。遂致使[43]于秦。已，因说秦王曰："甘茂，非常士也。其居于秦，累世重矣。自殽塞及至鬼谷，其地形险易皆明知之。彼以齐约韩、魏反以图秦，非秦之利也。"秦王曰："然则奈何？"苏代曰："王不若重其贽、厚其禄以迎之，使彼来则置之鬼谷，终身勿出。"秦王曰："善。"即赐之上卿，以相印迎之于齐。甘茂不往。苏代谓齐湣王曰："夫甘茂，贤人也。今秦赐之上卿，以相印迎之。甘茂德王之赐，好为王臣，故辞而不往。今王何以礼之？"齐王曰："善。"即位之上卿而处之。秦因复甘茂之家以市于齐。[44]

齐使甘茂于楚，楚怀王新与秦合婚而欢。而秦闻甘茂在楚，使人谓楚王曰："愿送甘茂于秦。"楚王问于范蜎[45]曰："寡人欲置相于秦[46]，孰可？"对曰："臣不足以识之。"楚王曰："寡人欲相甘茂[47]，可乎？"对曰："不可。夫史举，下蔡之监门也，大不为事君，小不为家室，以苟贱不廉闻于世，甘茂事之顺焉。[48]故惠王之明，武王之察，张仪之辩，而甘茂事之，取十官而无罪。[49]茂诚贤者也，然不可相于秦。夫秦之有贤相，非楚国之利也。且王前尝用召滑于越，而内行章义之难，越国乱。[50]故楚南塞厉门而郡江东。[51]计王之功所以能如此者，越国乱而楚治也。今王知用诸越而忘用诸秦，臣以王为巨过[52]矣。然则王若欲置相于秦，则莫若向寿者可。夫向寿之于秦王，亲也，少与之同衣，长与之同车，以听事[53]。王必相向寿于秦，则楚国之利也。"于是使使请秦相向寿于秦。秦卒相向寿，而甘茂竟不得复入秦，卒于魏。

甘茂有孙曰甘罗。

（以上为第二段，写甘茂对秦国发展所做的历史贡献，及其离秦后的种种遭遇。)

①下蔡——楚县名,在今安徽凤台。 ②史举——战国中期的著名学者。传说他曾在上蔡(今河南上蔡西南)为人监门,盖隐者。 学百家之说——或可理解为兼收并蓄,盖杂家。 ③蜀侯煇、相壮反——据《秦本纪》,惠王后元十四年(前311),“蜀相壮杀蜀侯来降”。武王元年(前310),“诛蜀相壮”。蜀侯煇:“煇”字依本纪当作“通”。秦之灭蜀,在惠王后元九年(前316);十一年(前314),惠王封其子通于蜀,令陈壮为其相。陈壮也作“陈庄”。但据《张仪列传》,惠王之灭蜀后,贬蜀王为侯,使陈庄相蜀。然则“蜀侯煇”,盖原蜀王,与本纪说法不同,二者难以判断。 ④容车通三川——三川:指今河南洛阳一带,因其地有伊水、雒水、黄河三条河流。关于“容车”的讲法有二:一是极言道路之窄,仅能通过一辆车子。意思是只要打开一条能通过一辆车子的窄路即可,是向东方开拓的一种婉转说法。也有人说“容车”是丧葬时运载死者衣冠及画像的车。照此,其意盖谓“即使我死了,我也想能到三川的周都去看一看,只有这样我才瞑目”。这是一种表示其决心的说法。以上二说皆可。 窥周室——窥:偷看。李光缙认为:将欲取之,而不正言,故曰“窥”。 死不朽矣——犹言死亦甘心,死亦瞑目。 ⑤约以伐韩——谓约魏随秦共同伐韩。因韩与周相邻,破韩之后,秦车即能畅通三川。 令向寿辅行——让向寿伴随我一道前去。向寿:秦人,宣太后的亲信。泷川资言认为:武王亦欲使向寿监视甘茂。 ⑥王迎甘茂于息壤——意谓武王将甘茂召回至息壤。息壤:秦地名,其地约在咸阳城东。 ⑦倍数险——跨越许多险要之处,如崤山、五谷等。 ⑧处费——居住于费(今山东费县西北)。 ⑨羁旅——寄居客中,即今所谓“旅客”。甘茂原为楚人,仕于秦,故自称“羁旅”。 公孙奭(shì)——秦国贵族,《战国策》也作“公孙郝”“公孙赫”,为秦王所亲幸。也有人说即“公孙衍”。 挟韩而议之——抓着伐韩的事情进行非议诋毁。挟:持。 ⑩臣受公仲侈之怨——意即我要遭到韩国群臣的痛恨。公仲侈:韩国宰相。“侈”为“倗”字之讹。泷川资言曰:“负约,故曰‘欺魏王’;为伐韩之计,故曰‘受公仲侈之怨’。” ⑪息壤在彼——谓息壤之盟,还在那里。 ⑫因大悉起兵——疑“大”字衍,《战

国策》作“因悉起兵”。 ⑬王母宣太后,楚女也——昭王之母原为惠王的姬妾,楚人,芈姓,在秦宫位号“八子”。武王死后,昭王靠着其母与其舅穰侯的力量取得王位,即位后,尊其母为太后,“宣”字是谥。⑭因——通过,借助。 ⑮公仲方有得秦救,故敢捍楚也——语略不顺。“方”在这里即“仗恃”之意。扞楚:抵抗楚国。扞:抵抗。“有得”二字似应削其一。 ⑯不下崤——不东出崤塞。崤塞在今河南渑池西,三门峡陕州区东南,是当时秦与东方诸国间的天然屏障。又因西方地势高,故用“下”字。 公仲且仰首而不朝——仰首:《战国策》作“抑首”,失措不知所出之状。不朝:不再朝于秦。 公叔——韩公子,韩臣中的亲楚派。 ⑰平宜阳——意即稳定新占领区的社会秩序。 ⑱外族——娘家方面的亲属。盖楚人。 少相长——小时候一起长大。 任用——受宠爱、信任。 ⑲向寿如楚——“向寿”下应增“尝”字,谓过去之事。 厚事——谓花重金与之结好。 ⑳禽困覆车——意谓禽兽被逼到走投无路时,犹能抵触,倾覆人车。禽:《说文》段注云:“禽者,走兽总名。” ㉑公破韩,辱公仲——指前拔宜阳等事而言。 自以为必可以封——自以为必可得秦国之封赏。泷川资言曰:“‘可以封’下添‘而未得’三字看。” ㉒解口——秦地名,离韩国不远,在今河南洛阳东北。 杜阳——秦邑名,在今陕西麟游西北。按:以上二事皆言向寿之亲楚,欲联楚以伐韩。 ㉓躬率——亲自率领。 以阏于秦——以与秦国相拼。阏:制,抗争。意即公仲侈将收合“私徒”以与秦国相拼。或曰“阏”字同“扼”,意即劫而杀之。 孰虑——孰:“熟”的古字。 ㉔有谒于公——有些事情想和您说。 贵其所以贵者贵——意即能发挥自己长处的人就能立于不败之地。 ㉕爱习——亲近,熟悉。 智能——用作动词,即对其智能的估计、评价。 ㉖亲于秦事——过问、决断秦国的大事。亲:靠近。 ㉗善变——反复无常,不守信约。 公必亡之——你替楚国做保证,说它不会反复无常。亡:通“无”。 自为责也——这就把日后出问题的责任揽到自己身上来了。 ㉘谋其变——考虑到它日后的变化。 善韩以备楚——与韩亲善以防备楚国的变化。 ㉙甚欲韩合——语略不顺。“欲”下似应有“与”字,意即很想与韩国结成联盟。 ㉚许公仲以武遂——答应公仲把武遂还给韩国。武遂:韩邑名,在今山西垣曲东南,一说在今山西临汾西南,此前被秦占领。 反宜阳之民——徐孚远认为:欲秦归宜阳俘民于韩,非并以宜阳地与韩也。按:即前文所谓“尽出其人,取其城,地入秦”。 今公徒收之,甚难——意谓别人想与韩国联盟都答应过条件,而今你却想空手套白狼,那很困难。 ㉛以秦为韩求颍川于楚——以秦国的身份向楚国请求把颍川还给韩国。颍川:韩郡名,相当于今河南登封、宝丰以东,尉氏、漯河以西,新密以南,叶县、舞阳以北地区,当时已被楚国占领。 寄地——凌稚隆认为:颍川本韩地,楚取之,故云“寄地”。 ㉜以其地德韩——为韩讨回颍川,令韩感谢秦国、向寿。 ㉝交走秦——意谓都趋附秦国,企图借秦国势力以对付对方。 ㉞徐过楚以收韩——《正义》曰:“若二国皆事秦,公则渐说楚之过失以收韩。”过:用作动词,讲说楚的过失。 ㉟奈何——中井积德曰:“又言‘奈何’者,沈吟之意也,非诘问。” ㊱欲以魏取齐——想借用魏国的力量达到制齐的目的。 ㊲取宜阳以为功——指巩固秦对宜阳的占领而言。 收楚、韩以安之——意即与楚、韩两国都保持一种联盟状态。 诛齐魏之罪——谓向寿稳定了韩、楚与秦的关系后,就可以集中力量来对付魏与齐了。诛:讨。 无事——即今北京话“没戏”,什么也干不成了。 ㊳樗里子与魏讲,罢兵——讲:通“<u>斠</u>”,讲和。 ㊴会绩——聚在一起搓麻线。 ㊵得一斯便——枫山、三条本作“得一斯使”。意即得到一个勤杂工可供使唤,因贫女可为富女做些临时性的服务工作。斯:仆役。 ㊶当路——谓处于关键地位,说话有分量。 ㊷振——“赈”的本字,救济,救助。 ㊸致使——向秦王转达了齐王的意旨。 ㊹复甘茂之家——免除甘茂家的赋税徭役。 以市于齐——市:做交易。意即免得甘茂挑动齐国做不利于秦的事。 ㊺范蜎——《战国策·楚策》作“范环”,楚人。 ㊻置相于秦——派人到秦国去做宰相。 ㊼欲相甘茂——意即送甘茂入秦为相。 ㊽大不为事君——大的方面不服务于君长,即甘心当隐士。 小不为家室——小的方面不为家庭积聚钱财。 苟贱不廉——苟且于贫贱,又不廉洁。以上三句极言史举之性情乖张。 事之顺——在其面前很谨慎,使其挑不出毛病。“顺”“慎”二字古多通用。 ㊾察——明细,即好吹毛求疵。 取十官而无罪——言其能应付一切局面，处好各种关系。 ㊿用召滑于越——派召滑到越国任职。 内行章义之难，越国乱——泷川资言曰："行章义之难，使召滑启章义，作难于越也。内，斥越而言。章义，盖越人。"按：以上是《史记》本文的意思，而召滑、章义乱越的具体事实不详，文字亦难于索解。 ㉛南塞厉门——南以厉门为塞。指将楚国领土扩展到了南岭。厉门：方位不详，有说在今广西恭城东北。 郡江东——将旧属吴、越的江东之地占为楚有，并在其地设郡。 ㊾巨过——大过。 ㊿以听事——意即使之任职决事。按："少与之同衣，长与之同车，以听事"云云，盖谓秦之用向寿盖以"亲"，非以"贤"。

甘罗者，甘茂孙也。茂既死后，甘罗年十二，事秦相文信侯吕不韦。

秦始皇帝使刚成君蔡泽于燕，三年而燕王喜使太子丹入质于秦。秦使张唐往相燕，欲与燕共伐赵以广河间之地。张唐谓文信侯曰："臣尝为秦昭王伐赵，赵怨臣，曰：'得唐者与百里之地。'今之燕必经赵，臣不可以行。"文信侯不快，未有以强也。甘罗曰："君侯何不快之甚也？"文信侯曰："吾令刚成君蔡泽事燕三年，燕太子丹已入质矣，吾自请张卿相燕而不肯行。"甘罗曰："臣请行之[①]。"文信侯叱曰："去！我身自请之而不肯，女焉能行之[②]？"甘罗曰："大项橐生七岁为孔子师[③]，今臣生十二岁于兹矣。君其试臣，何遽叱乎？"于是甘罗见张卿曰："卿之功孰与武安君[④]？"卿曰："武安君南挫强楚，北威燕、赵，战胜攻取，破城堕邑，不知其数，臣之功不如也。"甘罗曰："应侯之用于秦也，孰与文信侯专？[⑤]"张卿曰："应侯不如文信侯专。"甘罗曰："卿明知其不如文信侯专与？"曰："知之。"甘罗曰："应侯欲攻赵，武安君难之，去咸阳七里而立死于杜邮。[⑥]今文信侯自请卿相燕而不肯行，臣不知卿所死处矣。"张唐曰："请因孺子行[⑦]。"令装治行。[⑧]

行有日，甘罗谓文信侯曰："借臣车五乘，请为张唐先报赵。"文信侯乃入言之于始皇曰："昔甘茂之孙甘罗，年少耳，然名家之子孙，诸侯皆闻之。今者张唐欲称疾不肯行，甘罗说而行之。今愿先报赵，请许遣之。”始皇召见，使甘罗于赵。赵襄王郊迎甘罗。甘罗说赵王曰：“王闻燕太子丹入质秦欤？”曰：“闻之。”曰：“闻张唐相燕欤？”曰：“闻之。”“燕太子丹入秦者，燕不欺秦也；张唐相燕者，秦不欺燕也。燕、秦不相欺者，伐赵，危矣。燕、秦不相欺，无异故，欲攻赵而广河间。王不如赍臣五城以广河间，请归燕太子，与强赵攻弱燕。”赵王立自割五城以广河间，秦归燕太子。赵攻燕，得上谷三十城，令秦有十一。[9]

甘罗还报秦，乃封甘罗以为上卿，复以始甘茂田宅赐之。

（以上为第三段，写甘茂之孙甘罗的神奇游说活动。）

①臣请行之——意谓让我打发他去。行：使之前去。 ②女焉能行之——女：通“汝”。 ③大项橐（tuó）——项橐：《淮南子·修务训》：“夫项橐七岁为孔子师。‘大’字或作‘夫’字，发语词。” ④武安君——白起，秦国名将，以功封武安君。事迹详见《白起王翦列传》。 ⑤应侯——范雎，原魏人，后入秦为相，被封为应侯。事迹详见《范雎蔡泽列传》。用于秦——在秦国执政。 专——指大权独揽。 ⑥应侯欲攻赵——指范雎为相，欲令武安君白起攻赵邯郸事，在昭王四十九年（前258）。 武安君难之——武安君分析当时形势，以为在那种情况下，攻邯郸难以取胜，推辞不往。 立死于杜邮——秦王命白起为将攻赵，白起不听；秦王又命范雎催促之，白起仍不听。于是秦王免白起为士伍，迁之阴密。出咸阳西门十里，至杜邮（亭驿名），赐剑令其自裁。 ⑦因孺子行——凭着你的这些话，我去了。 ⑧令装治行——派人收拾行装，准备起行。 ⑨得上谷三十城——上谷：燕郡名，相当于今河北张家口、小五台山以东，赤城、北京延庆区以西及内长城和北京昌平区以北地。 令秦有十一——赵国将攻燕所得的地盘给了秦国十分之一。

太史公曰：樗里子以骨肉重[1]，固其理，而秦人称其智，故颇采焉[2]。甘茂起下蔡闾阎，显名诸侯，重强齐楚。[3]甘罗年少，然出一奇计，声称后世。虽非笃行之君子，然亦战国之策士也。④方秦之强时，天下尤趋⑤谋诈哉！

(以上为第四段，是作者的论赞，作者称道了樗里子、甘茂以及甘罗的突出才智，与其为秦国发展所做出的历史贡献。)

①以骨肉重——靠着亲缘关系受到重用。指樗里子为秦惠王之弟。 ②故颇采焉——主语为写史者。 ③闾阎——犹言里巷。指一般平民。 重强齐楚——为强齐、楚所重。 ④笃(dǔ)行——办事诚实厚道。 策士——说长道短，帮人筹谋划策的人。 ⑤趋——时兴，重视、讲究。

［**简评**］ 本篇记述了樗里子、甘茂、向寿、甘罗四人的智能才干，以及他们为发展秦国所做出的贡献。这些人在当时所从事的种种活动，以及他们为国家、为个人所采用的手段，都和苏秦、张仪差不多，故司马迁说他们是“战国策士”，说他们的行为是“尤趋谋诈”。司马迁对他们翻手为云、覆手为雨的智能与口辩，是不能不惊异、叹服的，但对这些人的品质却无法欣赏。司马迁之写苏秦、张仪、陈轸、苏代，以及本文中的樗里子、甘茂、向寿、甘罗等人，主要材料都是来自《战国策》。而《战国策》本身就不是一部严谨的史书，其中为了突出某些策士的才干，而充满夸张、捏造之辞，许多说法是根本不可信的。由于秦始皇的烧书，使司马迁在写战国时代的历史时，可资参考的东西太少，这是没有办法的事。我们在读《史记》中这几篇与《战国策》关系密切的作品时，应该特别注意要有自己的分析。

［**集评**］ 《太史公自序》：“秦所以东攘雄诸侯，樗里、甘茂之策，作《樗里甘茂列传》第十一。”

吴见思曰：“樗里子与甘茂合传，以同为丞相作关合，而余事则随处照映，以为章法。一篇词调，俱以俊逸娟楚、转折顿挫为妙，通篇总用一样笔法，是战国文字。樗里子、甘茂合传，而中间

附一向寿、一甘罗，处处穿插照应。而甘茂、向寿两人，又打成一片。孰谓史公数人合传，何尝非一篇文字哉。”(《史记论文》)

凌约言曰：“樗里子以惠王异母弟而致其信，任之不疑，历武王、昭王，任为相，又益尊重。夫秦素猜忌而残忍之国也，非‘智囊’何以周旋其间，而结数主之心耶？”(《史记评林》引)

凌稚隆曰：“‘滑稽多智’是一篇骨子，中叙其伐曲沃、伐赵、伐楚、释蒲，以至于知百岁后事，皆言其‘智’也。故以‘智则樗里’句结之，正与前‘秦人号曰智囊’句相应。”(《史记评林》)

戴表元曰：“战国之世，秦人以形势诈力，颉颃诸侯，故为秦者易为功，而事诸侯者难为力。樗里、二甘、魏冉之于当时，固非有过人杰出之谋，而白起、王翦虽为善战，然不过纵燎于顺风，采果于垂熟，而凡其尽锐以为取胜之道者，皆其不可再用者也。此非为不当责以古良将之风，其视同时廉颇、李牧辈犹远愧之，而得为贤乎？盖当是时，秦势八九成矣，天方假毒其手以树君中原，谋不必工，所施而服；战不必良，所向而克。彼诸侯之臣，固有贤于樗里、二甘、魏冉之谋，勇于白起、王翦之战，其君用之未必能专，信之未必能决，而又连栖争鸣，佐寇自贼，颠倒谬误，卒俱坠于彀中而后已。而数子乘时逐利，各以能名见登于好事之齿舌；彼诸国之臣，其材实过之者，国败身辱，而名字因暧昧而不彰，岂非所遇者幸不幸耶？”(《剡源戴先生文集》)

苏辙曰：“苏秦为诸侯弱秦，而张仪为秦弱诸侯，其说犹可言也。如樗里疾、公孙奭党于韩，甘茂党于魏，向寿党于楚，皆借秦之强，以摇动诸侯而成其私，民生其间，其受害可胜言乎？今世虽无战国相倾之势，然士居其间，其以喜怒成败天下事者多矣，人主诚得其情，其罪可胜诛乎？”(《古史》)

柳宗元曰：“彼甘罗者，左右反覆，得利弃信，使秦背燕之亲，已而反与赵合以致危于燕，天下是以益知秦无礼不信，视函谷若虎豹之窟，罗之徒实使然也。”(《与杨诲之疏解车义第二书》)

穰侯列传第十二

穰侯魏冉者,秦昭王母宣太后弟也。[①]其先楚人,姓芈氏[②]。

秦武王卒,无子,立其弟为昭王。昭王母故号为芈八子,及昭王即位,芈八子号为宣太后。[③]宣太后非武王母,武王母号曰惠文后,先武王死。宣太后二弟:其异父长弟曰穰侯,姓魏氏,名冉;同父弟曰芈戎,为华阳君。[④]而昭王同母弟曰高陵君、泾阳君。[⑤]而魏冉最贤,自惠王、武王时任职用事。武王卒,诸弟争立,唯魏冉力为能立昭王。[⑥]昭王即位,以冉为将军,卫咸阳,诛季君之乱,[⑦]而逐武王后出之魏,昭王诸兄弟不善者皆灭之,[⑧]威振秦国。昭王少,宣太后自治,任魏冉为政。

(以上为第一段,写穰侯以协助昭王夺权即位之功执掌秦政。)

①穰侯魏冉——秦昭王之舅,封地穰,即今河南邓州。原属楚,此时已属秦。　宣太后弟——宣太后之异父长弟。宣太后:秦惠文王(前337—前311年在位)之妃。　②其先楚人,姓芈(mǐ)氏——此谓宣太后原为楚人,姓芈。　③故号为芈八子——在被昭王尊为"太后"前,一直被人称为"芈八子"。八子:妃嫔的封号名。据《汉书·外戚传》:"汉兴,因秦之称号……適称皇后,妾皆称夫人。又有美人、良人、八子、七子、长使、少使之号焉。"　号为宣太后——按:"宣"字是谥,非生前之所称,此处之行文似有语病。　④同父弟曰芈戎——寻数句语

意,似谓宣太后母之前夫姓芈,生宣太后;后夫姓魏,生魏冉。宣太后之父又娶妻,乃生芈戎。所谓"同父弟",以示其非同母也。 华阳君——封地华阳,在今河南新郑北。按:华阳君又称"新城君""叶阳君"。 ⑤同母弟——此指最亲近的同胞兄弟,既同母,又同父。 高陵君、泾阳君——据《秦本纪》之《索隐》,高陵君名"显",泾阳君名"悝"。 ⑥武王卒,诸弟争立——视下文,先取得王位者为公子壮,后又起而挤夺之者即秦昭王。 唯魏冉力为能立昭王——徐孚远曰:"宣太后为八子时,魏冉已用事,能援立昭王,是冉以才进,非缘戚属也。" ⑦咸阳——秦国都城,在今陕西咸阳东北。 季君之乱——季君即公子壮(惠文王子,武王之弟),僭立而号曰"季君"。盖惠文后与公子壮结党,故立之;及穰侯等诛公子壮,孝文后忧死,故云"不得良死"。 ⑧逐武王后出之魏——武王后原是魏女,亦非赞同昭王继位者,故逐其回国。 诸兄弟不善者——实即凡与昭王作对的人。

昭王七年,樗里子死,而使泾阳君质于齐。赵人楼缓来相秦,赵不利,乃使仇液之秦,请以魏冉为秦相。[①]仇液将行,其客宋公谓液曰:"秦不听公,楼缓必怨公[②]。公不若谓楼缓曰'请为公毋急秦[③]'。秦王见赵请相魏冉之不急,且不听公[④]。公言而事不成,以德楼子;事成,魏冉故德公矣。[⑤]"于是仇液从之。而秦果免楼缓而魏冉相秦。

欲诛吕礼,礼出奔齐。[⑥]昭王十四年,魏冉举白起,使代向寿将而攻韩、魏,败之伊阙,斩首二十四万,虏魏将公孙喜。明年,又取楚之宛、叶。魏冉谢病免相,以客卿寿烛为相。其明年,烛免,复相冉,乃封魏冉于穰,复益封陶,号曰穰侯[⑦]。

穰侯封四岁,为秦将攻魏,魏献河东方四百里。[⑧]拔魏之河内,取城大小六十余。昭王十九年,秦称西帝,齐称东帝。月余,吕礼来,而齐、秦各复归帝为王[⑨]。魏冉复相秦,六岁而免。免二岁,复相秦。四岁,而使白起拔楚之郢,秦置南郡。[⑩]乃封白起为武安君。白起者,穰侯之所任举也,相善。于是穰侯之富,富于王室。

昭王三十二年，穰侯为相国，将兵攻魏，走芒卯，入北宅，遂围大梁。[⑪]梁大夫须贾说穰侯曰[⑫]："臣闻魏之长吏谓魏王曰：'昔梁惠王伐赵，战胜三梁，拔邯郸，赵氏不割，而邯郸复归；齐人攻卫，拔故国，杀子良，卫人不割，而故地复反。卫、赵之所以国全兵劲而地不并于诸侯者，以其能忍难而重出地也[⑬]。宋、中山数伐割地，而国随以亡。臣以为卫、赵可法，而宋、中山可为戒也。秦，贪戾之国也，而毋亲。蚕食魏氏，又尽晋国，战胜暴子，割八县，地未毕入，兵复出矣。[⑭]夫秦何厌之有哉！今又走芒卯，入北宅，此非敢攻梁也，且劫王以求多割地，王必勿听也。今王背楚、赵而讲秦[⑮]，楚、赵怒而去王，与王争事秦，秦必受之。秦挟楚、赵之兵以复攻梁，则国求无亡不可得也。愿王之必无讲也。王若欲讲，少割而有质[⑯]，不然，必见欺。'此臣之所闻于魏也，愿君之以是虑事也[⑰]。《周书》曰'惟命不于常'，此言幸之不可数也。[⑱]夫战胜暴子，割八县，此非兵力之精也，又非计之工也，天幸为多矣。今又走芒卯，入北宅，以攻大梁，是以天幸自为常也，智者不然。臣闻魏氏悉其百县胜甲以上戍大梁，[⑲]臣以为不下三十万。以三十万之众守梁七仞之城，臣以为汤、武复生，不易攻也。夫轻背楚、赵之兵，陵七仞之城，战三十万之众，而志必举之，[⑳]臣以为自天地始分以至于今，未尝有者也。攻而不拔，秦兵必罢，陶邑必亡，[㉑]则前功必弃矣。今魏氏方疑，可以少割收也。[㉒]愿君逮楚、赵之兵未至于梁，亟以少割收魏。魏方疑而得以少割为利，必欲之，则君得所欲矣。[㉓]楚、赵怒于魏之先己也，必争事秦，从以此散，而君后择焉。[㉔]且君之得地岂必以兵哉！割晋国，秦兵不攻，而魏必效绛、安邑。[㉕]又为陶开两道，几尽故宋，卫必效单父。[㉖]秦兵可全，而君制之，何索而不得，何为而不成！愿君熟虑之而无行危。[㉗]"穰侯曰："善。"乃罢梁围。

明年，魏背秦，与齐从亲。秦使穰侯伐魏，斩首四万，走魏将暴鸢，得魏三县。穰侯益封。

明年,穰侯与白起客卿胡阳复攻赵、韩、魏,破芒卯于华阳下,斩首十万,取魏之卷、蔡阳、长社,赵氏观津。且与赵观津[28],益赵以兵,伐齐。齐襄王惧,使苏代为齐阴遗穰侯书曰:“臣闻往来者言曰‘秦将益赵甲四万以伐齐’,臣窃必之敝邑之王曰[29]:‘秦王明而熟于计,穰侯智而习于事,必不益赵甲四万以伐齐。’是何也?夫三晋之相与也,秦之深仇也。[30]百相背也,百相欺也,不为不信,不为无行。[31]今破齐以肥赵,赵,秦之深仇,不利于秦。此一也。秦之谋者必曰:‘破齐,弊晋、楚,而后制晋、楚之胜。[32]’夫齐,罢国也,以天下攻齐,如以千钧之弩决溃痈也,必死,安能弊晋、楚?此二也。秦少出兵,则晋、楚不信也;多出兵,则晋、楚为制于秦。齐恐,不走秦,必走晋、楚[33]。此三也。秦割齐以啖晋、楚,晋、楚案之以兵,秦反受敌。[34]此四也。是晋、楚以秦谋齐,以齐谋秦也[35],何晋、楚之智而秦、齐之愚?此五也。故得安邑以善事之,亦必无患矣[36]。秦有安邑,韩氏必无上党矣[37]。取天下之肠胃[38],与出兵而惧其不反也,孰利?臣故曰秦王明而熟于计,穰侯智而习于事,必不益赵甲四万以伐齐矣。”于是穰侯不行[39],引兵而归。

(以上为第二段,写穰侯在其执政期间与名将白起合作大破东方诸国,使秦国空前强大的历史功勋。)

①楼缓——赵国贵族,当时著名的说客。事迹见于《平原君虞卿列传》。 来相秦——盖谓秦王有请其来任秦相之意。 仇液——有《战国策》作“仇郝”。 ②秦不听公,楼缓必怨公——意即如果你的进说不成,楼缓照样当了秦丞相,那你就白白地得罪了楼缓。 ③为公毋急秦——不要紧催着秦国任用魏冉为相。 ④且不听公——意谓将不任用魏冉为相。且:将。 ⑤公言而事不成,以德楼子——意谓如果由于仇液虽已传达赵国使命但未紧催,致使秦国未任魏冉,而任用了楼缓,那你就向楼缓讨了好。 事成,魏冉故德公矣——意谓事成了,魏冉必定会因此感激你,因为毕竟是你向秦王提出了任命魏冉的建议。故:必定。 ⑥欲诛吕礼——主语为“秦王”。吕礼:秦将,爵为五大

夫。后辗转用事于齐、魏、秦诸国间。　礼出奔齐——事在昭王十三年(前294),据杨宽《战国史》,是年齐国大臣作乱,齐相孟尝君外走,吕礼遂继之为相。　⑦乃封魏冉于穰,复益封陶——除将穰县(今河南邓州)封给魏冉外,还把陶县(今山东菏泽定陶区北)加封给他。　⑧穰侯封四岁——亦即穰侯二次为秦相的第四年。　魏献河东方四百里——据《魏世家》,魏昭王六年(秦昭王十七年,前290),“予秦河东地方四百里”。河东:即今山西西南部临近黄河的一带地区。　⑨吕礼来,而齐、秦各复归帝为王——同年十二月,齐湣王听苏秦计,自动取消帝号,合纵摈秦;秦昭王无奈也只得又取消了“帝”号,照旧称“王”。

⑩四岁——穰侯复相秦的第四年,即昭王二十九年(前278)。　拔楚之郢——此“郢”指楚国前期的国都江陵(今湖北荆州西北江陵故城)。　南郡——秦郡名,郡治即楚的旧都江陵。　⑪昭王三十二年——亦即魏安釐王二年(前275)。　穰侯为相国——盖第四次出任相国。　走芒卯——打跑了魏将芒卯。芒卯:《战国策》作“孟卯”。　北宅——亦称宅阳,在今河南荥阳东北。　大梁——即今河南开封,当时魏国的首都。　⑫梁大夫须贾说穰侯曰——梁大夫:即魏大夫,魏自迁都到大梁后,有时也被人们称作“梁”国。须贾:人名,魏中大夫,其事迹又见于《范雎蔡泽列传》。　⑬兵劲——兵强。　重出地——不轻易把土地割给别人。　⑭蚕食魏氏,又尽晋国——按:用语别扭,“晋”亦时人对“魏”之称。《索隐》曰:“河东、河西、河内,并是魏地,即故晋国。今言秦蚕食魏氏,尽晋国之地也。”　战胜暴(pù)子——暴子:姓暴,名鸢,韩国将领。　地未毕入——该割的地盘尚未交割完毕。

⑮背楚、赵而讲秦——背叛与楚、赵的友好,而与秦国结盟。讲:和解。　⑯少割而有质——割给秦国的地盘要尽量少,而且还必须让秦国派出人质。按:《战国纵横家书》作“必少割而有质”,行文有力,但与后文“不然,必见欺”之“必”字重复。　⑰愿君之以是虑事也——希望你把以上情况做为考虑问题的基础。君:指穰侯。　⑱惟命不于常——天命是不专注于一家的。惟:发语词。此语见《尚书》中的《周书·康诰》。　幸之不可数——侥幸的事情不可能频繁发生。数:屡次;频繁。　⑲百县——代指魏国的全部疆域。　胜甲——刚能穿起

铠甲的孩子。 ⑳轻背楚、赵之兵——指不顾楚、赵这两个魏国的同盟者的存在。轻:不重视。背:置之于背后不顾。 陵——登。 举——拔,攻克。 ㉑罢——通"疲"。 陶邑必亡——《正义》曰:"定陶近大梁,穰侯攻梁兵疲,定陶必为魏伐。" ㉒方疑——何去何从,尚在犹豫间。 以少割收——以少割地为诱,收之为同盟国。 ㉓魏方疑而得以少割为利,必欲之——利:枫山本与《战国纵横家书》皆作"和",作"和"字顺。 君得所欲——你的愿望也就实现了。 ㉔先己——谓先己投靠秦国。 从以此散——应作"从以散",合纵联盟散伙之后。"此"字衍文;"以"通"已"。 ㉕割晋国,秦兵不攻——即上文所说的"以少割收魏"。这里的"晋国"指魏。 魏必效绛、安邑——效:献出。绛:魏邑名,在今山西侯马。安邑:魏国前期的国都,在今山西夏县西北。泷川资言曰:"效绛、安邑,既往之事,'必'字疑衍,《策》无。"按:《史记》中有关战国部分的记事,多有舛误,此处只能勉强随文而解。 ㉖为陶开两道——谓穰侯由秦至其封地定陶,从此有两条路可通。《正义》曰:"穰故封定陶,故宋及单父是陶之南道也;魏之安邑及绛是陶北道。" 几尽故宋——旧时的宋地,今后将尽为秦有。 单(shàn)父——一作"亶父",鲁邑名,即今山东单县。按:以上六句逻辑次序不顺。 ㉗秦兵可全,而君制之——按:《战国纵横家书》作"秦兵苟全",作"苟"字行文更顺。 无行危——言莫行围梁之危事。 ㉘与赵观津——将观津归还给赵国。 ㉙往来者——此指从秦国来的人。 臣窃必之敝邑之王曰——我对我们的国王做保证说。必:肯定,做保证。 ㉚三晋——指韩、赵、魏三国。 相与——相亲附,这里指联合。 秦之深仇也——是秦国最不愿意、最深恶痛绝的。 ㉛百相背也,百相欺也——指韩、赵、魏三国出尔反尔,屡屡对秦国失信、背叛。 不为不信,不为无行——而他们自己却不觉得是不守信用,没有操行。 ㉜破齐,弊晋、楚——《正义》曰:"今晋、楚伐齐,晋、楚之国亦弊败。" 而后制晋、楚之胜——当晋、楚战胜齐国,自身也被削弱后,秦国再来趁机制服晋、楚。 ㉝齐恐,不走秦,必走晋、楚——齐国一害怕,就不会归附秦国,而是去归附晋、楚了。走:投奔,投靠。 ㉞秦割齐以啖(dàn)晋、楚——意谓秦率晋、楚伐齐,原是为了自己得利;结果却是让齐国割地喂给了晋、楚。啖:喂。 晋、楚案之以兵——谓晋、楚以其兵把守住齐国给他们的割地。案:通"按"。 秦反受敌——泷川资言曰:"枫山、三条本'敌'作'弊',义长。" ㉟以秦谋齐,以齐谋秦——借用秦国以算计齐国,又借用齐国以算计秦国。 ㊱故得安邑以善事之,亦必无患矣——按:二语生涩,《战国策》作"秦得安邑,善齐以安之,亦必无患矣",较此明畅。 ㊲秦有安邑,韩氏必无上党矣——意谓秦国一旦占据安邑,则韩国的上党一带便将不保。 ㊳取天下之肠胃——此以"肠胃"比喻上党所处地势之重要。 ㊴于是穰侯不行——不再施行"益赵伐齐"的计划。

昭王三十六年,相国穰侯言客卿灶[①],欲伐齐取刚、寿,以广其陶邑。于是魏人范雎[②]自谓张禄先生,讥穰侯之伐齐,乃越三晋以攻齐也,以此时奸说秦昭王。[③]昭王于是用范雎。范雎言宣太后专制,穰侯擅权于诸侯,泾阳君、高陵君之属太侈,富于王室。于是秦昭王悟,乃免相国,令泾阳之属皆出关,就封邑。[④]穰侯出关,辎车千乘有余。

穰侯卒于陶,而因葬焉。秦复收陶为郡。

(以上为第三段,写穰侯以权大为昭王所忌,范雎乘机进谗,穰侯被罢斥而死。)

①穰侯言客卿灶——言:向秦王举荐。客卿灶:客卿名灶,史失其姓。 ②范雎(jū)——原魏人,在魏国受害后,改名张禄,被秦国使臣带入秦国。事迹详见《范雎蔡泽列传》。 ③讥穰侯之伐齐,乃越三晋以攻齐也——意谓越数国以伐敌,乃穰侯图谋私利,对秦国无好处。说辞详见《范雎蔡泽列传》。 奸说——求见进说。奸:通"干",求。 ④泾阳之属——指泾阳君公子市、高陵君公子悝、华阳君芈戎。 皆出关,就封邑——东出函谷关,到各自的封地上去。

太史公曰:穰侯,昭王亲舅也。而秦所以东益地,弱诸侯,尝称帝于天下,天下皆西乡稽首[①]者,穰侯之功也。及其贵极富溢,一夫开说，身折势夺而以忧死，况于羁旅之臣乎！[②]

（以上为第四段，是作者的论赞，作者盛赞穰侯之历史功勋，对穰侯的悲剧结局表达了深深感慨。）

①西乡稽首——谓臣服于秦。乡：通“向”。稽首：叩头。　②一夫开说——指范雎向秦昭王进言。开说：有本作“关说”，二者皆可，意思相同。　羁旅——寄寓异国异乡为客的人，如当时之“客卿”即此。

［**简评**］　魏冉为昭王之舅，昭王之所以得立，实乃得力于魏冉，此其第一大功；魏冉为相数十年，任举白起为将，将相合力，佐昭王开疆辟土，对东方六国构成高屋建瓴之势，为日后秦的统一奠定了坚实基础，此又其不可磨灭之第二大功。身为贵戚，又有盖世之功，而能善于持满者鲜矣，故遂有“贵极富溢”之态，于是君臣之间的矛盾遂成为不可避免，此其所以不得善终者也。更何况穰侯推行的政治路线是“近交远攻”，费力大而秦国所得的实际地盘不多，反倒是更多地表现了穰侯的图谋私利。正是在以上两种情况下，遂使范雎的“谗言”得以奏效。而范雎推行的政策是“远交近攻”，对于扩大秦国领土而言，也的确更能立竿见影，因此也就很难完全否定范雎排斥魏冉的行为了。司马迁同情魏冉，而魏冉又确实有让人抓到把柄，这其间的祸福倚伏，的确是令人深深感慨的。此文应与《白起王翦列传》《范雎蔡泽列传》参照阅读。

［**集评**］　《太史公自序》：“苞河山，围大梁，使诸侯敛手而事秦者，魏冉之功，作《穰侯列传》第十二。”

李光缙曰：“霸国之相最久，无过于管仲、魏冉者。管仲以桓公元年执齐政，至卒凡四十一年；魏冉以昭襄元年为将军，执秦政，封侯，至十二年为相，至罢凡三十六年。”（《补标史记评林》）

凌稚隆曰：“太史公首贤魏冉，继历叙其摧齐、挠楚、破魏、围

梁之功，以见四相而封陶者非过也。卒以一夫开说，忧愤而亡，秦王其少恩哉！”（《史记评林》）

陈子龙曰：“穰侯数有功于魏，未尝得志于齐也，然一欲取刚、寿，而遽以近交远攻罢，以其意常在陶耳。”（《史记测义》）

苏辙曰：“秦诛商君、逐穰侯，君臣皆失之矣。彼二子者，知得而不知丧，虽智能伯秦，而不能免其身，盖无足言者。而惠王以怨诛鞅，至诬以畔逆；昭王以逼迁冉，至出老母、逐弱弟而不顾，甚矣，其少恩也。彼公子虔方欲报怨，固不暇为国虑矣；而范雎将毁人以自成而至于是，可畏也哉！”（《古史》）

钟惺曰：“穰侯有功于秦，在举白起；范雎逐穰侯，岂能听白起之留于秦哉？《史记·穰侯传》云，秦置南郡，乃封白起为武安君。白起者，穰侯之所任举也，相善。插此一段，明起之死，死于此也。祸福机缘，看得甚透。”（《史怀》）

李景星曰：“穰侯事迹，大半在《范雎传》中，故此传只用点次法、总括法、虚写法，而偏以须贾说辞、苏代书辞详叙其间，以形容其‘贵极富溢’，患得患失之心；又以太后及华阳三君安顿首尾，以为‘贵极富溢’之衬；至赞语中乃揭明‘贵极富溢’四字，而以咏叹收之，遂觉通篇局阵异常灵活，此文家避实击虚法也。使多用实叙，不惟此传笨拙不堪，即《范雎传》亦因之减色矣。”（《四史评议》）

吴见思曰：“穰侯事大都备于《范雎传》中，此只用点次法，以须贾说词及苏代书词两篇出色，前后以简略相配，以成章法。文章只如说话，说得出，说得尽，便是好文章，故孔子曰‘辞达而已矣’。然要说得出，说得尽，自有多少波澜曲折，原非易事；不然万语千言，欲明反晦，千头万绪，何处说起？所以见作文之难也。看须贾一篇，主为魏，客秦，傍为楚、赵，处处洗发出来，层层折入进去，利害是非，无不详尽，自成一篇好文字矣。”（《史记论文》）

白起王翦列传第十三

白起者，郿人也，善用兵，事秦昭王。①昭王十三年，而白起为左庶长，将而击韩之新城。②是岁，穰侯相秦，举任鄙③以为汉中守。其明年，白起为左更④，攻韩、魏于伊阙，斩首二十四万，又虏其将公孙喜，拔五城。起迁为国尉，涉河取韩安邑以东，到乾河。⑤明年，白起为大良造，攻魏，拔之，取城小大六十一。⑥明年，起与客卿错攻垣城，拔之⑦。后五年，白起攻赵，拔光狼城。后七年，白起攻楚，拔鄢、邓五城。其明年，攻楚，拔郢，烧夷陵，遂东至竟陵。楚王亡去郢，东走徙陈。⑧秦以郢为南郡，白起迁为武安君。武安君因取楚，定巫、黔中郡。⑨昭王三十四年，白起攻魏，拔华阳，走芒卯，而虏三晋将，斩首十三万。与赵将贾偃战，沈其卒二万人于河中。昭王四十三年，白起攻韩陉城，拔五城，斩首五万。四十四年，白起攻南阳太行道⑩，绝之。

（以上为第一段，写白起前期在与韩、魏、赵、楚作战中建立的丰功伟绩。）

①郿——秦县名，县治在今陕西眉县东。 秦昭王——名稷，一作“则”，惠文王之子，武王之弟，公元前306—前251年在位。 ②左庶长——秦爵位名，为第十级。 新城——韩县名，县治在今河南伊川西

南。 ③任鄙——秦将,曾以勇力得宠于武王,秦人有"力则任鄙,智则樗里"之称。 ④左更——秦二十等爵的第十二级。 ⑤国尉——即后来之"太尉",国家的最高军事长官。 涉河——渡过黄河。 取韩安邑以东,到乾河——此句行文欠明畅,其意盖谓取安邑以东之韩地,至于乾河。安邑:原是魏国的都城,在今山西夏县西北。梁惠王六年(前364),为了加强对东部地区的控制,而将都城东迁到了大梁。梁惠王十八年,亦即秦孝公十年(前352)秦兵攻占安邑,从此安邑遂归于秦,见《秦本纪》。乾河:也称教水,在今山西垣曲东,自北向南流入黄河。 ⑥大良造——即"大上造",秦爵的第十六级。 取城小大六十一——《魏世家》及《六国表》皆云事在昭王十八年(前289),乃司马错事,非白起。 ⑦客卿错——即司马错,秦国名将,司马迁的祖先,为秦国取蜀有大功。事迹参见《张仪列传》。 ⑧亡去郢——逃离郢都。 徙陈——将国都迁到了陈县。陈:今河南周口淮阳区。 ⑨因取楚——趁势平定了楚地。 巫——楚郡名,郡治在今重庆巫山。 黔中郡——楚郡名,郡治临沅,即今湖南常德。按:据《秦本纪》,秦取楚之巫郡、黔中郡在昭王三十年(前277),任其事者为"蜀守若",非白起;《春申君传》与《白起传》同。 ⑩太行道——指今山西上党地区翻越太行山与今河南新郑一带相通的山道,即"羊肠坂"。

四十五年,伐韩之野王。野王降秦,上党道绝。[①]其守冯亭与民谋曰:"郑道已绝,韩必不可得为民。[②]秦兵日进,韩不能应,不如以上党归赵。赵若受我,秦怒,必攻赵。赵被兵,必亲韩。韩赵为一,则可以当秦[③]。"因使人报赵。赵孝成王与平阳君、平原君计之。[④]平阳君曰:"不如勿受。受之,祸大于所得。"平原君曰:"无故得一郡,受之便。"赵受之,因封冯亭为华阳君。

四十六年,秦攻韩缑氏、蔺,拔之。

四十七年,秦使左庶长王龁攻韩,取上党。上党民走赵。赵军长平,以按据上党民。[⑤]四月,龁因攻赵。赵使廉颇将。赵军士卒犯秦斥兵,秦斥兵斩赵裨将茄。[⑥]六月,陷赵军,取二鄣四尉。

七月,赵军筑垒壁而守之。秦又攻其垒,取二尉,败其阵,夺西垒壁。廉颇坚壁以待秦,秦数挑战,赵兵不出。赵王数以为让⑦。而秦相应侯又使人行千金于赵为反间,曰:“秦之所恶,独畏马服子赵括将耳,廉颇易与,且降矣。⑧”赵王既怒廉颇军多失亡,军数败,又反坚壁不敢战,而又闻秦反间之言,因使赵括代廉颇将以击秦。秦闻马服子将,乃阴使武安君白起为上将军,而王龁为尉裨将,令军中有敢泄武安君将者斩。⑨赵括至,则出兵击秦军。秦军详败而走,张二奇兵以劫之⑩。赵军逐胜,追造秦壁,壁坚拒不得入。而秦奇兵二万五千人绝赵军后,又一军五千骑绝赵壁间⑪,赵军分而为二,粮道绝。而秦出轻兵击之,赵战不利,因筑壁坚守,以待救至。秦王闻赵食道绝,王自之河内,赐民爵各一级⑫,发年十五以上悉诣长平,遮绝赵救及粮食。

至九月,赵卒不得食四十六日,皆内阴相杀食。来攻秦垒,欲出。为四队,四五复之⑬,不能出。其将军赵括出锐卒自搏战,秦军射杀赵括。括军败,卒四十万人降武安君。武安君计曰:“前秦已拔上党,上党民不乐为秦而归赵。赵卒反覆,非尽杀之,恐为乱。”乃挟诈⑭而尽坑杀之,遗其小者二百四十人归赵。前后斩首虏四十五万人,赵人大震⑮。

(以上为第二段,写白起最辉煌的长平之战,这是白起一生军事活动的巅峰。)

①野王——韩县名,即今之河南沁阳。　上党道绝——韩国的上党郡与韩国首都新郑的联络被斩断。　②其守冯亭——上党郡的郡守冯亭。郑道——联络新郑的通道。即经由野王县的太行道。　韩必不可得为民——句子不顺,意思即不能再为韩国之民。　③韩赵为一,则可以当秦——按:冯亭处于被抛弃的局势下,降赵仍不失为韩,用心未尝不善。　④平阳君——赵豹,惠文王之弟,孝成王之叔。封地平阳,在今河北临汾西南。　平原君——赵胜,惠文王的同父异母弟,孝成王之叔。事迹详见《平原君列传》。　⑤长平——韩县名,县治在今山西高平西北。　按据——犹言“镇抚”,镇抚其民,不使散亡。　⑥斥

兵——也称斥候,即侦察兵。裨将——副将,偏将。 ⑦数以为让——多次地指责廉颇畏惧退缩。让:指责。 ⑧秦之所恶(wù)——秦国所最怵头的。 马服子——马服君赵奢的儿子。赵奢是赵国名将,曾大破秦兵于阏与,因功被封为“马服君”。事迹见《廉颇蔺相如列传》。或谓“马服”既是赵奢的封号,也是赵括的封号,“子”是对人的敬称,“马服子”在这里即称赵括。 易与——容易对付。与:打交道。 ⑨王龁(hé)为尉裨将——意思是将王龁降为白起的助手,做为白起的副将。但这里的“尉”字似不应理解为将军部下的“都尉”“校尉”之职,而应该是管理全军司法的“军尉”“中尉”之类。 有敢泄武安君将者斩——陈子龙认为:敌将怯者,虚声以下之;敌将轻者,藏形以诱之。赵括轻锐之士,故秦不泄武安君也,亦可见武安君名震于诸侯矣。 ⑩详——通“佯”,假装。 张二奇兵以劫之——左右翼埋伏下两支军队准备截断他的退路。 ⑪绝赵壁间——语略不顺,意即断绝了赵军营壁内的部队与外面的联络。 ⑫赐民爵各一级——给河内地区的每个百姓都长一级。秦汉时代一般的平民也可以有级,即按照前面所说二十级进行累计,“级”多了,可以做官,可以享受特权,可以用以赎罪,甚至可以买卖。 ⑬四五复之——意即向外突了四五次。 ⑭挟诈——使用欺骗手段。 ⑮前后斩首虏四十五万人——首虏:原指斩敌之首与捉得俘虏。有时也单指“首级”或俘虏,此处意谓在战场上被杀与投降后被活埋共四十五万人。

四十八年十月,秦复定上党郡[①]。秦分军为二:王龁攻皮牢,拔之;司马梗定太原。[②]韩、赵恐,使苏代厚币说秦相应侯曰:“武安君禽马服子乎?”曰:“然。”又曰:“即围邯郸乎?”曰:“然。”“赵亡则秦王王矣,武安君为三公。[③]武安君所为秦战胜攻取者七十余城,南定鄢、郢、汉中,北禽赵括之军,虽周、召、吕望之功不益于此矣。今赵亡,秦王王,则武安君必为三公,君能为之下乎?虽无欲为之下,固不得已矣。秦尝攻韩,围邢丘[④],困上党,上党之民皆反为赵,天下不乐为秦民之日久矣。今亡赵,北地入燕,东地入齐,南地入韩、魏,则君之所得民亡几何人[⑤]。故不如因而割之,无以为武安君功也。”于是应侯言于秦王曰:“秦兵劳,请许韩、赵之割地以和,且休士卒。”王听之,割韩垣雍[⑥]、赵六城以和。正月,皆罢兵。武安君闻之,由是与应侯有隙。

其九月,秦复发兵,使五大夫王陵攻赵邯郸。是时武安君病,不任行。[⑦]四十九年正月,陵攻邯郸,少利,秦益发兵佐陵。陵兵亡五校[⑧]。武安君病愈,秦王欲使武安君代陵将。武安君言曰:“邯郸实未易攻也。且诸侯救日至,彼诸侯怨秦之日久矣。今秦虽破长平军,而秦卒死者过半,国内空。远绝河山而争人国都,赵应其内,诸侯攻其外,破秦军必矣。不可。”秦王自命,不行;乃使应侯请之,武安君终辞不肯行,遂称病。

秦王使王龁代陵将,八九月围邯郸[⑨],不能拔。楚使春申君及魏公子将兵数十万攻秦军,秦军多失亡。武安君言曰:“秦不听臣计,今如何矣!”秦王闻之,怒,强起武安君,武安君遂称病笃。应侯请之,不起。于是免武安君为士伍,迁之阴密。[⑩]武安君病,未能行。居三月,诸侯攻秦军急,秦军数却,使者日至。秦王乃使人遣白起,不得留咸阳中。武安君既行,出咸阳西门十里,至杜邮[⑪]。秦昭王与应侯群臣议曰:“白起之迁,其意尚怏怏不服,有余言[⑫]。”秦王乃使使者赐之剑自裁[⑬]。武安君引剑将自刭,曰:“我何罪于天而至此哉?”良久,曰:“我固当死。长平之战,赵卒降者数十万人,我诈而尽坑之,是足以死。”遂自杀。武安君之死也,以秦昭王五十年十一月。死而非其罪,秦人怜之,乡邑皆祭祀焉。

(以上为第三段,写白起的悲惨结局。)

①复定上党郡——按:上党地区原已于三年前降秦,后由于冯亭降赵,生出枝节,今已破赵军,重得上党,故曰“复”。　②秦分军为二——按:应依《秦本纪》作“分军为三”,此只言王龁、司马梗二军,未数武安君先归之一军。　皮牢——韩县名,县治在今山西翼城东北。　太原——指晋阳(今山西太原西南古城营)一带地区,当时属赵,后

来秦国在这一带设立太原郡，郡治晋阳。 ③赵亡则秦王王矣——赵国一被消灭，则秦王即将称王于天下。中井积德曰："下'王'字疑当作'帝'。" 武安君为三公——三公：指丞相、太尉、御史大夫。此借指人臣中之权位最高者。 ④围邢丘——"邢丘"当作"陉"，即前文"昭王四十三年，白起攻韩陉城，拔五城"事，"丘"字当衍。 ⑤所得民亡几何人——亡几何：犹言"没有多少"。按：前四国皆言"地"，于秦不应独言"人"。《秦策》于此作"则秦所得无几何"，较此为长。 ⑥垣雍——韩县名，县治在今河南原阳西。 ⑦五大夫王陵——五大夫：秦爵二十级中的第九级。 是时武安君病，不任行——不能率师出征。任：堪。长平之胜后，白起原欲立即进攻邯郸，而范雎因忌妒白起之功，劝说昭王罢兵；至次年，昭王又欲攻赵，以命白起，白起遂愤而称病。 ⑧亡五校——损失了五个师团的人马。校：本谓军营。后指军队之一部。 ⑨八九月围邯郸——将邯郸包围了八九个月。 ⑩免武安君为士伍——免去白起的一切官爵，将其降到普通士兵的地位。士伍：士兵五人为一"伍"，此处指普通士兵。 阴密——秦县名，县治在今甘肃灵台。 ⑪杜邮——亭驿名，在当时咸阳城西南，今陕西咸阳东北。 ⑫有余言——有无尽的怨言。 ⑬秦王乃使使者赐之剑自裁——《战国策》甘罗述武安君之死曰"去咸阳七里，绞而杀之"，与此不同。

王翦者，频阳[①]东乡人也，少而好兵，事秦始皇。始皇十一年，翦将攻赵阏与[②]，破之，拔九城。十八年，翦将攻赵。岁余，遂拔赵，赵王降，尽定赵地为郡。明年，燕使荆轲为贼于秦，秦王使王翦攻燕。燕王喜走辽东，翦遂定燕蓟而还。秦使翦子王贲击荆[③]，荆兵败。还击魏，魏王降，遂定魏地。

秦始皇既灭三晋，走燕王，而数破荆师。秦将李信者，年少壮勇，尝以兵数千逐燕太子丹至于衍水中，卒破得丹，始皇以为贤勇。于是始皇问李信："吾欲攻取荆，于将军度用[④]几何人而足？"李信曰："不过用二十万人。"始皇问王翦，王翦曰："非六十万人不可。"始皇曰："王将军老矣，何怯也！李将军果势壮勇[⑤]，其言是也。”遂使李信及蒙恬将二十万南伐荆。王翦言不用，因谢病，归老于频阳。李信攻平与，蒙恬攻寝，大破荆军。信又攻鄢、郢，破之，于是引兵而西，与蒙恬会城父。荆人因随之，三日三夜不顿舍，大破李信军，入两壁，杀七都尉，秦军走。⑥

始皇闻之，大怒，自驰如频阳，见谢王翦曰：“寡人以不用将军计，李信果辱秦军。今闻荆兵日进而西，将军虽病，独忍弃寡人乎！”王翦谢曰：“老臣罢病悖乱，⑦唯大王更择贤将。”始皇谢曰：“已矣，将军勿复言！”王翦曰：“大王必不得已用臣，非六十万人不可。”始皇曰：“为听将军计耳⑧。”于是王翦将兵六十万人，始皇自送至灞上。王翦行，请美田宅园池甚众。始皇曰：“将军行矣，何忧贫乎？”王翦曰：“为大王将，有功终不得封侯，故及大王之向臣，⑨臣亦及时以请园池为子孙业耳。”始皇大笑。王翦既至关，使使还请善田者五辈。⑩或曰：“将军之乞贷，亦已甚矣。”王翦曰：“不然。夫秦王怚而不信人⑪。今空秦国甲士而专委于我，我不多请田宅为子孙业以自坚⑫，顾令秦王坐而疑我邪？”

王翦果代李信击荆。荆闻王翦益军而来，乃悉国中兵以拒秦。王翦至，坚壁而守之，不肯战。荆兵数出挑战，终不出。王翦日休士洗沐，而善饮食抚循之，亲与士卒同食。久之，王翦使人问军中戏乎？对曰：“方投石超距。⑬”于是王翦曰：“士卒可用矣。”荆数挑战而秦不出，乃引而东。翦因举兵追之，令壮士击，大破荆军。至蕲南，杀其将军项燕⑭。荆兵遂败走，秦因乘胜略定荆地城邑。岁余，虏荆王负刍，竟平荆地为郡县。因南征百越之君，而王翦子王贲，与李信破定燕、齐地。

秦始皇二十六年，尽并天下，王氏、蒙氏功为多，名施于后世。

秦二世之时，王翦及其子贲皆已死，而又灭蒙氏⑮。陈胜之反秦，秦使王翦之孙王离击赵，围赵王及张耳巨鹿城。或曰：“王离，秦之名将也。今将强秦之兵，攻新造之赵，举之必矣。客曰：

“不然。夫为将三世者必败。以败者何也？必其所杀伐多矣，其后受其不祥。今王离已三世将矣。”居无何，项羽救赵，击秦军，果虏王离，王离军遂降诸侯。

（以上为第四段，写王翦在辅佐秦始皇统一六国中所建立的历史功勋。）

①频阳——秦县名，县治在今陕西富平东北。 ②阏(yù)与——赵县名，县治即今山西和顺县。 ③秦使翦子王贲击荆——荆：指楚。按：秦始皇的父亲名叫“子楚”，但楚国之所以称“荆”则由来甚早，非至始皇时始然。或谓楚国最初建国于“荆山”附近，故称曰“荆”。《左传》称楚人有所谓“昔我先王熊绎辟在荆山，筚路蓝缕以处草莽”。 ④度用——估计需要。度：忖度，估计。 ⑤果势壮勇——《集解》引徐广曰：“‘势’一作‘新’。”张文虎认为：《御览》引“势”作“断”，义长。“新”与“断”同从“斤”而误。 ⑥顿舍——停顿，息宿。 大破李信军——事在秦王政二十二，楚王负刍三年（前225）。 ⑦罢病悖乱——罢病：身体不好。悖乱：精神不好。罢，通“疲”。 ⑧为听将军计耳——为：似应读作“唯”，意即一切都听你的。杨树达《词诠》以为“为”字之义同“将”，“将要”，相同用法又见于《卫将军骠骑列传》《匈奴列传》《韩信卢绾列传》。 ⑨有功终不得封侯——按：秦国之功臣将相，能封侯者向来较少，王翦之前丰功伟绩如张仪、司马错、白起；王翦后立有殊勋之李斯、蒙恬，皆未闻封侯。 向——亲近，宠用。 ⑩既至关——出行至函谷关，在今河南灵宝东北王垛村。 五辈——五批。 ⑪怚而不信人——粗暴且又多疑。怚：通“粗”。 ⑫自坚——使其对自己坚信不疑。 ⑬投石——练习投得远，投得准。 超距——即跳高，跳远。 ⑭项燕——楚国的最后一员名将，项羽的祖父。 ⑮灭蒙氏——指杀蒙恬、蒙毅。事见《蒙恬列传》《李斯列传》。

太史公曰：鄙语云：“尺有所短，寸有所长。”[①]白起料敌合变，出奇无穷，声震天下，然不能救患于应侯。[②]王翦为秦将，夷六国，当是时，翦为宿将，始皇师之，然不能辅秦建德，固其根本，偷合取容，以至圽身[③]。及孙王离为项羽所虏，不亦宜乎！彼各有所短也。

（以上为第五段，是作者的论赞，表现了作者对两位名将生平功业的深沉感慨与怅惘遗憾之情。）

①鄙语——谚语，俗话。 尺有所短，寸有所长——犹今所谓“小有小的好处，大有大的难处”。《楚辞·卜居》云：“夫尺有所短，寸有所长，物有所不足，智有所不明。” ②料敌合变——即临事制宜，随机应变。 不能救患于应侯——意即没能事先防备范雎对自己的谗害。③偷合取容，以至圽(mò)身——偷合：苟且迎合，不讲原则地与他人搞在一起。取容：犹今之所谓“保官保命”。圽身：亡身。圽，同“殁”。

［**简评**］ 作品记述了白起、王翦在协助秦国统一六国中的丰功伟绩，歌颂了他们出众的军事才华，但同时对白起的嗜杀成性，于字里行间进行了谴责。作品对于范雎进谗，秦昭王竟将白起赐死的悲惨结局，表现了深沉的慨叹与惋惜，此事可以和《穰侯列传》《蒙恬列传》《淮阴侯列传》等一同思考。作品还对王翦的“偷合取容”，不能匡敝救偏，不能辅佐秦始皇建立德政，进行了批评，这和他在《蒙恬列传》里指责蒙恬“阿意兴功”，说他“不以此时强谏，振百姓之急，养老存孤，务修众庶之和”，意思是一样的。有人认为司马迁这种批评是强人所难，不合情理，其实也不尽然。季布作为一个后来归附刘邦的将领，品级很低，但在匈奴人侮辱吕后，樊哙唱言兴兵的时刻，季布不也挺身而出，严词厉色地斥责了樊哙，阻止了一场不合时宜的战争吗？从这种前后对比中，我们可以看出司马迁的政治理想，和他对于功臣将相们的希望与要求。另外，白起不善于居功持满，颇有点类似韩信；而王翦则未雨绸缪，步步深思熟虑，可谓善于持身矣，颇有些类似萧何、曹参。他们思想行为不同，其结局遂大不一样。

［**集评**］ 《太史公自序》：“南拔鄢郢，北摧长平，遂围邯郸，武安为率；破荆灭赵，王翦之能，作《白起王翦列传》第十三。”

牛运震曰:“起、翦以善兵合传。《白起传》云‘善用兵,事秦昭王’;《王翦传》云‘少好兵,事秦始皇’,此其一篇之眼目也,正其两传自相联络处。”(《史记评注》)

王鏊曰:“善为战者,知己知彼。已能胜敌,而敌未可胜,不战也。赵创于长平之祸,惧而自完,应侯岂不知其未可胜哉?而强使白起者,修郄也。起长于料敌,而不长于料主;主急于得地,而雎亟于杀起。当时伐赵起亦死,不伐赵起亦死也。虽然等死耳,违命其庸愈乎!”(《补标史记评林》)

黄震曰:“白起以穰侯荐为秦将,其斩杀之数多,而载于史者凡百万,不以数载者不预焉。长平之役,秦民年十五以上者皆诣之,而死者过半,以此类推,秦之死于兵者,又不可以数计也。苏代说应侯间之起不复为秦用,而赐之死,自秦而言,虽杀之非其罪;自公理而言,一死何以尽其罪哉!”(《黄氏日钞》)

苏辙曰:“予读太史公《白起传》,秦之再攻邯郸也,起与范雎有怨,称病不行,以亡其躯,慨然叹曰:‘起以武夫,无所曲信,而困于游谈之士。使起勉强一行,兵未必败,而免于死矣。及览《战国策》,观起自陈成败之迹,乃知邯郸法不可行,而起非特以怨不行,盖为之流涕也。”又曰:“王翦与始皇议灭楚非六十万不行,予始疑其过,及观田单与赵奢论兵,乃知老将之言不妄也……攻千里之国,毁百年之业,不乘大隙,非大众不可。彼决机两阵之间,为一日成败之计,乃可以少击众耳。”(《古史》)

郭嵩焘曰:“王翦始议取荆非六十万人不可,以荆兵剽轻,与战杀伤必多,欲厚集兵力以应之,盖其意在举荆略定其地,非但取胜一战之功而已。其后闻李信军破,荆军三日三夜不顿舍,度其轻剽之气可以持重困之,而仍历岁余而始定,亦略见王翦之策荆,老谋深算,规画始终,以出万全也。”(《史记札记》)

陈仁锡曰:“秦取诸侯,非德也,力也。秦人此举,不难于胜楚,而难于定楚。荆地五千里,带甲百余万,苟非六十万人临之,即不胜之，而反者数起，诸侯且乘其隙矣。翦之昭然远见，岂可忽哉！”又曰：“起、翦传以‘善用兵’‘少而好兵’二句做纲领。”（《史记评林》）

吴见思曰：“此两传俱用一样笔法相对，前边战功一顿点过，白起只抽长平一事，王翦只抽破楚一事，姿态色泽，抑扬变化，各臻其妙。”（《史记论文》）

李景星曰：“白起、王翦以善用兵合传。……《白起传》重写长平之战，而于前路步步用顿挫法；《王翦传》重写破荆之事，而于前路步步用反趁法，写得两人用兵惊天动地，几于无可复加。而一则于篇末备记其临死之言，一则于篇末详载其后世之败，赞语又总收之曰‘彼各有所短也’。是即《孟子》“善战服上刑’之义。于此见太史公为文不但叙事极工，并且持论极正。”（《四史评议》）

孟子荀卿列传第十四

太史公曰①:余读孟子书,至梁惠王问“何以利吾国”,②未尝不废书而叹也。曰:嗟乎,利诚乱之始也!夫子罕言利者,常防其原也。③故曰“放于利而行④,多怨”。自天子至于庶人,好利之弊何以异哉!

(以上为第一段,是作者篇前的小序,慨叹了“好利”给社会人生带来的不安宁。)

①太史公曰——司马迁写《史记》以“太史公曰”领起发议论,多数置于篇尾,但也有一部分置于篇头,如《儒林列传》《货殖列传》与本篇;也有开头有小序,而篇末仍有“太史公曰”以发议论者,如《循吏列传》《酷吏列传》《游侠列传》等,总之是视需要而定。 ②孟子书——即今所谓《孟子》,战国时邹人孟轲著,全书共七篇,以讲“仁政”、反“霸道”,讲“仁义”、反“利欲”为中心,是儒家学派的经典著作之一。 梁惠王——即魏惠王,名䓨(yīng),公元前369—前319年在位。因魏国后来迁都大梁(今河南开封),故也称“梁国”,魏惠王也称“梁惠王”。 问“何以利吾国”——见《孟子·梁惠王上》,王问孟子:“叟不远千里而来,亦将有以利吾国乎?”孟子回答:“王何必曰利?亦有仁义而已矣。” ③夫子罕言利——《论语·子罕》:“子罕言利,与命,与仁。”夫子:以称孔子。罕:少。 防其原——从根本上予以防止。原:本原;根本。

按：以上诸“利”字，有的似指“财货”之利，有的似指“利害”之利，孟轲不加区分而笼统予以否定，王充《论衡·刺孟篇》曾对之进行了攻驳。

④放于利而行——语见《论语·里仁》。指依据利己的原则办事。放：依据。

孟轲，驺[①]人也。受业子思之门人[②]。道既通，游事齐宣王，宣王不能用。适梁，梁惠王不果所言，则见以为迂远而阔于事情。[③]当是之时，秦用商君，富国强兵；楚、魏用吴起，战胜弱敌[④]；齐威王、宣王用孙子、田忌之徒，而诸侯东面朝齐。天下方务于合从连衡，以攻伐为贤，而孟轲乃述唐、虞、三代之德，是以所如者不合[⑤]。退而与万章之徒序《诗》《书》，[⑥]述仲尼之意，作《孟子》七篇。其后有驺子之属。

（以上为第二段，写孟轲的简单事迹。）

①驺——鲁地名，原名“邾”，后改称“驺”，也作“邹”，在今山东邹城。　②受业子思之门人——《索隐》曰：“王劭以‘人’为衍字，则以轲亲受业孔伋之门也。今言‘门人’者，乃受业于子思之弟子也。”今讲《孟子》者，皆取“受业于子思之门人”说。　③不果所言——不兑现自己对孟子所答应的诺言。即空口称赞孟子的学说而不采纳施行。　迂远——大而无当。　阔于事情——不切合实际。　④战胜弱敌——战而胜之，使敌削弱。　⑤所如者不合——走到哪里都与那里的统治者无法合作。如：往，到。　⑥万章之徒——犹言“万章等人”。万章是孟子学生中的优秀者，今《孟子》中有《万章》篇，记载了万章向孟子的问学情况。　序《诗》《书》——对《诗经》《尚书》进行叙述、阐释。

齐有三驺子[①]。其前驺忌，以鼓琴干威王，[②]因及国政，封为成侯而受相印，[③]先孟子[④]。

其次驺衍[⑤]，后孟子。驺衍睹有国者益淫侈，不能尚德[⑥]，若《大雅》“整之于身，施及黎庶”矣，[⑦]乃深观阴阳消息而作怪迂之变，《终始》《大圣》之篇十余万言。[⑧]其语闳大不经，必先验小物，推而大之，至于无垠。[9]先序今以上至黄帝，学者所共术，大并世盛衰，[10]因载其禨祥度制，推而远之，至天地未生，窈冥不可考而原也。[11]先列中国名山大川，通谷禽兽，水土所殖，物类所珍，[12]因而推之，及海外人之所不能睹。称引天地剖判以来，五德转移，[13]治各有宜，而符应若兹。[14]以为儒者所谓中国者，于天下乃八十一分居其一分耳[15]。中国名曰赤县神州。赤县神州内自有九州，禹之序九州是也，不得为州数。[16]中国外如赤县神州者九，乃所谓九州也[17]。于是有裨海环之，人民禽兽莫能相通者，[18]如一区中者，乃为一州。如此者九，乃有大瀛海环其外，天地之际焉[19]。其术皆此类也[20]。然要其归，必止乎仁义节俭、君臣上下、六亲之施，始也滥耳。[21]王公大人初见其术，惧然顾化，其后不能行之。[22]

是以驺子重于齐。适梁，惠王郊迎，执宾主之礼[23]。适赵，平原君侧行襒席。[24]如燕，昭王拥彗先驱，[25]请列弟子之座而受业，筑碣石宫[26]，身亲往师之。作《主运》[27]。其游诸侯见尊礼如此，岂与仲尼菜色陈蔡，孟轲困于齐梁同乎哉！[28]故武王以仁义伐纣而王，伯夷饿不食周粟；卫灵公问陈，而孔子不答[29]；梁惠王谋欲攻赵，孟轲称大王去邠[30]。此岂有意阿世俗苟合而已哉！持方枘欲内圜凿，[31]其能入乎？或曰，伊尹负鼎而勉汤以王[32]，百里奚饭牛车下而缪公用霸[33]，作先合，然后引之大道。[34]驺衍其言虽不轨，傥亦有牛鼎之意乎？[35]

自驺衍与齐之稷下先生[36]，如淳于髡、慎到、环渊、接子、田骈、驺奭之徒，[37]各著书言治乱之事，以干世主，岂可胜道哉！

（以上为第三段，写阴阳学家驺衍的行迹与学说。）

①三驺子——指驺忌、驺衍、驺奭。　②驺忌——也作“邹忌”，曾为齐威王相，其最有名的故事是“讽齐王纳谏”，见《战国策·齐策一》。　以鼓琴干威王——干：求见。邹忌以弹琴的道理求见齐威王的故事，见《田敬仲完世家》。　③因及国政——由鼓琴之理说到治国安民之理。　封为成侯而受相印——《田敬仲完世家》曰：“驺忌子见（齐威

王)三月而受相印……居期年,封以下邳,号曰成侯。” ④先孟子——由于邹忌的活动在孟子之前,而其身份又是政客,与本文主要写学者不同,故此处从略。 ⑤驺衍——战国时期的阴阳学家,由于其言论“闳大不经”,故被人称之为“谈天衍”。 ⑥不能尚德——不能崇尚德治。尚:尊崇。 ⑦《大雅》——《诗经》中的部类名,共有作品三十一篇,多是对周朝祖先的颂歌,也有部分作品批评到了西周末期的昏庸帝王。整之于身,施(yì)及黎庶——旧说古代帝王的听诗听乐,都是为了自己从中受到教育,提高道德,而后再将这种道德发展、推广到黎民百姓中去。施:推广,延伸。 ⑧阴阳消息——阴阳二气的彼此消长起伏。怪迂——怪诞迂曲。迂:大而无当。 《终始》《大圣》——都是邹衍著作中的篇名。《汉书·艺文志》“阴阳”家中有《邹子》四十九篇,《邹子终始》五十六篇,今皆不存。 ⑨不经——不合常规,不合儒家经典的说法。 无垠(yín)——无边。 ⑩黄帝——司马迁心目中的中国各族人民的始祖,其《五帝本纪》即从黄帝写起。 学者所共术——学者共同所讲的东西。术:通“述”。 大并世盛衰——《索隐》曰:“言其并大体随代盛衰,观时而说事。”亦即依朝代兴亡而说其盛衰。 ⑪禨(jī)祥度制——即阴阳家至今仍讲的什么宜,什么不宜;怎样宜,怎样不宜的一套理论。禨祥:迷信鬼神和灾祥。 窈冥——昏暗不明。此指荒远不可知的事物。如天地是怎样形成的,万物是怎样产生的。不可考而原——无可考察,无法解释。 ⑫水土所殖——水土上生长的东西。殖:生殖,繁殖。 物类所珍——人类所珍视的各种东西。物类:这里指人类。 ⑬天地剖判——即开天辟地。古称天地合在一起,混沌不分,后来由于某种力量才上下分开了。 五德转移——五德也称“五行”。本指金、木、水、火、土五种元素。后来邹衍等将这五种元素的相生相克与人类社会的吉凶变化联系起来,即有了所谓“五德转移”或“五德终始”说,从此形成了一套玄虚、迷信的东西,影响中国古代社会两千多年。 ⑭治各有宜——与“五德”中的某一“德”相对应的王朝(如说夏朝是“木德”,商朝是“金德”,周朝是“火德”等),都必须有自己特殊的一套礼法制度。 符应若兹——意谓人类社会有什么问题,上天就要表现出与之相应的祥瑞与灾异,二者之间像符契一样地准确无误。 ⑮八十一分居其一分——中国的神州大地不过是全宇宙的八十一分之一。 ⑯禹之序九州——大禹治水后所划分的九州，据《尚书·禹贡》为：冀州、青州、兖州、徐州、扬州、荆州、豫州、梁州、雍州，其实乃战国时人的说法。 不得为州数——这不是邹衍所说的“大九州”的州数。 ⑰如赤县神州者九，乃所谓九州也——这才是真正的“九州”。 ⑱于是——在这里。指每一个州。 裨（pí）海——小海。古人认为中国的四周都有海。《索隐》曰：“九州之外，更有大瀛海，故知此‘裨’是小海也。” 莫能相通——如中国（赤县神州）的人民、禽兽不能与其他八州相同、相通。 ⑲大瀛海环其外，天地之际焉——在“大九州”的周围，有更大的海环绕着，那才是天与地的分界。范文澜认为：这些虽出推测，但扩展了空间观念和时间观念，应是邹衍学说中的有益部分。 ⑳其术皆此类也——按：驺衍讲“阴阳”、讲“五德终始”，令人讨厌；但其想象宇宙之广阔，却令人心旷神怡，后代的地理学、天文学几乎恰好证实了这种思路。 ㉑要其归——考察其最根本的思想。要：关键、根本。这里用作动词。归：旨归。 君臣上下、六亲之施——即奴隶社会、封建社会里的各种人际等级关系准则。六亲：有说指父、母、兄、弟、妻、子，他说不录。 始也滥耳——乍听起来虚无缥缈，荒诞不经。 ㉒惧然顾化——惊奇地注意其说法，为其说法所打动。顾：正视，关注。 其后不能行之——因其说“必止乎仁义节俭”，这些要求让富贵之人无法接受。 ㉓执宾主之礼——意即将其视为平等的客人，不将其视为臣子。 ㉔适赵——到达赵都邯郸（今河北邯郸）。 平原君——赵胜，赵惠文王之弟，为赵国之相，以养士闻名。事迹见《平原君列传》。 侧行——侧身引路，以表示对客人的敬重。 襒席——以袖子挥掸坐席。襒：拂拭。按：邹衍至赵事，又见于《平原君列传》。钱穆认为：衍至赵见平原君，在信陵君破秦存赵之后，其时梁惠王死已七十二年。 ㉕如燕——到达燕都蓟县（治今北京西南）。如：去，往。 昭王——名职，燕王哙之子，公元前311—前279年在位。为报齐宣王入侵之仇，招贤纳士，发愤图强。详情见《荆燕世家》。 拥彗先驱——抱着扫帚在前引路。彗：扫帚。 ㉖碣石宫——《正义》曰：“碣石宫在幽州蓟县西三十里，宁台之东。” ㉗《主运》——《邹子》

书中的篇目名。钱穆认为：据《韩非书》，则邹衍乃与剧辛同僚耳，自赵往燕，则仕燕王喜（前254—前222年在位），绝不与齐宣、燕昭相涉。《燕召公世家》又云："燕昭王于破燕之后即位，卑身厚币以招贤者，……乐毅自魏往，邹衍自齐往，剧辛自赵往，士争趋燕。"《燕策》亦云然。其说殊误，时仅有一乐毅耳，邹衍、剧辛皆在后。《史》《策》为盛言"士争趋燕"，遂误攀后来者以为说，非情事也。又认为：顾史公云云者，盖误于燕、齐方士之说耳。方士以神仙遇秦始皇，乃引燕昭王、齐威、宣王以为重。若仅言齐王建、燕王喜，亡国之君，不足以歆动始皇之心也。

㉘菜色陈蔡——孔子率徒欲往楚国，行至陈蔡之间，被陈蔡两国围困绝粮数日事。详见《孔子世家》。菜色：指饥民的面色。陈：春秋时的诸侯国名，国都陈县（今河南周口淮阳区）；蔡：春秋时期的诸侯国名，国都上蔡（今河南上蔡西南）。　孟轲困于齐梁——指孟轲游齐、梁多年，而始终未被齐宣王、梁惠王任用事。　㉙卫灵公问陈，而孔子不答——《论语·卫灵公》："卫灵公问陈于孔子，孔子对曰：'俎豆之事，则尝闻之矣；军旅之事，未之学也。'"事亦见于《孔子世家》。卫灵公：春秋后期卫国国君，名元，公元前534—前493年在位。陈："阵"的古字，指军旅之事。　㉚孟轲称大王去邠（bīn）——孟轲之讲说太王为躲避狄人侵扰而率众离邠迁居岐山事。见《孟子·梁惠王》，然并非因回答梁惠王问侵赵事而及，乃对滕文公语。大王：即周文王之祖父古公亶父，原居于邠（也作"豳"，今陕西旬邑西），后迁于岐山（今陕西岐山）。大：通"太"。　㉛方枘——方形的榫子。　圜凿——圆形的孔槽。圜：同"圆"。按：史公此段议论，与《伯夷列传》《游侠列传》韵味相同，盖同情仲尼、孟轲，亦深发自己悲世不遇之感慨。　㉜伊尹负鼎而勉汤以王——伊尹是商汤的大臣，开始时欲见汤无由，"乃为有莘氏媵臣，负鼎俎，以滋味说汤致王道"，最后辅佐汤灭夏而王天下。事见《殷本纪》。负鼎俎：背着炊具。　㉝百里奚饭牛车下而缪公用霸——百里奚原是春秋时期虞国人，曾为人养牛。晋灭虞后，将百里奚作为媵臣送给秦国。百里奚中途逃跑，被楚人所俘，秦穆公以五张羊皮将其换到秦国，任以为大臣。后来百里奚为秦穆公的称霸做出了贡献。事见《秦本纪》。缪：通"穆"。用：因，因而。以上两句的意思是，伊尹、百里奚

与商汤、秦穆公遇会的过程,看起来有些低三下四。 ㉞作先合——先合起来一道共事。 引之大道——再设法引导其君主走上古代圣贤所倡导的仁义之道。 ㉟不轨——不合大道。 傥——或者,或许。 牛鼎之意——指百里奚饭牛、伊尹负鼎那样的求见方式。按:史公这里对邹衍的学说估价过高。范文澜认为:阴阳五行家传播"推五行终始之运"的学说,要人们一举一动都要听命于鬼神的天数,这种学说影响最广泛而流传又极久远,是战国诸家学说中最有害的一种。 ㊱稷下先生——《索隐》曰:"按稷,齐之城门也,谓齐之学士集于稷门之下。"又引虞喜曰:"齐有稷山,立馆其下,以待游士。"按:若曰"稷山",则与后文之"开第康庄之衢"不合,作城门解略好。 ㊲慎到——赵人,刑名家。 环渊——楚人,老子弟子。 接子、田骈——皆属道家。 驺奭(shì)——齐人,阴阳家。

淳于髡,齐人也,博闻强记,学无所主[①]。其谏说,慕晏婴之为人也,然而承意观色为务[②]。客有见髡于梁惠王,惠王屏左右,独坐而再见之,[③]终无言也。惠王怪之,以让客曰:"子之称淳于先生,管、晏不及,及见寡人,寡人未有得也。岂寡人不足为言邪?何故哉?"客以谓髡。髡曰:"固也。吾前见王,王志在驱逐;[④]后复见王,王志在音声[⑤]:吾是以默然。"客具以报王,王大骇,曰:"嗟乎,淳于先生诚圣人也!前淳于先生之来,人有献善马者,寡人未及视,会先生至。后先生之来,人有献讴者,未及试,亦会先生来。寡人虽屏人,然私心在彼,有之。"后淳于髡见,壹语连三日三夜无倦。惠王欲以卿相位待之,髡因谢去。于是送以安车驾驷,束帛加璧,黄金百镒。终身不仕。

慎到,赵人。田骈、接子,齐人。环渊,楚人。皆学黄老道德之术[⑥],因发明序其指意。故慎到著十二论,环渊著上下篇,[⑦]而田骈、接子皆有所论焉。

驺奭者,齐诸驺子,亦颇采驺衍之术以纪文。[⑧]

于是齐王嘉之,自如淳于髡以下,皆命曰列大夫,[⑨]为开第康庄之衢,[10]高门大屋,尊宠之。览天下诸侯宾客[11],言齐能致天下贤士也。

(以上为第四段,写淳于髡的善于察言观色。)

①学无所主——作学问没有一个中心,也可以说不属于某一派,是个杂家。 ②承意观色为务——指善于察言观色、顺着统治者的意思进行谏说,这与史公在《管晏列传》里所赞颂晏婴的那种"至其谏说,犯君之颜"有很大差别。 ③见髡(kūn)——向梁惠王推荐淳于髡。 再见——两次接见。 ④前见王——第一次见到梁王。 志在驱逐——心里想着驰骋打猎。 ⑤后复见王——第二次见到梁王。 志在音声——心里想着音乐。 ⑥黄老道德之术——即西汉初期所经常讲的"黄老思想",道家学派的一个分支,该学派尊黄帝、老子为其始祖,而学说则是讲"道"讲"德",讲"清静无为",而欲达到"无不为"。 ⑦慎到著十二论——《集解》引徐广曰:"今《慎子》,刘向所定,有四十一篇。" 环渊著上下篇——《汉书·艺文志》称其著"《蜎子》十三篇"。 ⑧齐诸驺子——齐国驺氏各家中的一个。 纪文——写作文章。 ⑨嘉之——称道稷下的这些学人。 列大夫——列于大夫,即享受"大夫"的待遇。 ⑩开第——建造府第。 康庄之衢——即四通八达的大街。 ⑪览天下诸侯宾客——招揽各诸侯国的君主与宾客们看。览:通"揽",招揽。

荀卿,赵人。年五十始来游学于齐。[1]驺衍之术迂大而闳辩;奭也文具难施[2];淳于髡久与处,时有得善言[3]。故齐人颂曰:"谈天衍,雕龙奭,炙毂过髡。[4]"田骈之属皆已死。齐襄王时,而荀卿最为老师[5]。齐尚修列大夫之缺,而荀卿三为祭酒焉。[6]齐人或谗荀卿,荀卿乃适楚,而春申君以为兰陵令。春申君死而荀卿废,因家兰陵。李斯尝为弟子,已而相秦。荀卿嫉浊世之政,亡国乱君相属,不遂大道而营于巫祝[7],信禨祥,鄙儒小拘,如庄周等又猾稽乱俗[8],于是推儒、墨、道德之行事兴坏[9],序列著数万言而卒。因葬兰陵。

而赵亦有公孙龙为坚白同异之辩,剧子之言;⑩魏有李悝,尽地力之教;⑪楚有尸子、长卢;⑫阿之吁子焉⑬。自如孟子至于吁子,世多有其书,故不论其传云。

盖墨翟,宋之大夫,善守御,为节用。⑭或曰并孔子时,或曰在其后。

(以上为第五段,写荀子的学术活动。)

①荀卿——名况,"卿"者,时人相尊而号为卿。仕齐为祭酒,仕楚为兰陵令。汉人为避宣帝讳亦称之为"孙卿"。　年五十始来游学于齐——按:《风俗通义》云威王、宣王时荀卿来齐,其时年十五;而《史记》则称其五十始来齐,说法不同。　②文具难施——文章写得头头是道,但是难以施行。　③久与处,时有得善言——与之相处得时间长了,偶尔也能听到一两句好话。　④谈天衍,雕龙奭——《集解》引刘向《别录》曰:"驺衍之所言五德终始,天地广大,尽言天事,故曰'谈天';驺奭修衍之文,饰若雕镂龙文,故曰'雕龙奭'。"中井积德曰:"衍之术一味迂阔,荡荡茫茫,如谈天也。'谈天'亦是比喻,非以其书言天事而称也。奭之'雕龙',亦谓其不中用也。太史公既下语曰'迂大'、曰'难施',何劳别解。"按:中井积德说是。　炙毂过髡——意谓淳于髡像个给车轴上油的瓶子。炙毂过:亦作"炙輠",古时车上盛贮油膏用以润滑车轴的器具。　⑤最为老师——谓在齐国稷下学者中年纪最长,学问最大。　⑥修列大夫之缺——享受"列大夫"待遇的学者一旦出现空缺,就立即进行增补。修:完善,增补。　祭酒——官名,各部门、各地区都有此职。此指荀卿在稷下学者中任祭酒。　⑦相属——连续不断。　不遂大道——不按儒家讲的"大道"而行。　营于巫祝——指被鬼神邪说所迷惑。营:通"瞢"。巫祝:沟通人与鬼神的神职人员。　⑧猾稽乱俗——指《庄子》中的人物、故事、语言多荒诞奇特,出人意表,与儒、墨等家的论述现实事务不同;尤其是庄周所讲的大至安邦济世,小至处世为人的思想原则与儒家背道而驰,故史公称其"猾稽乱俗"。　⑨推儒、墨、道德之行事兴坏——对儒家、墨家、道家的思想学说,以及这些学说在被用于实践后对社会发展所产生的好坏

影响进行分析研究。按：荀子例来被称为“儒家”，但其思想学说实际上已与孔丘、孟轲有了很大不同，他吸收各家各派之优长，而具有了一种突出的综合性。 ⑩公孙龙——战国后期的逻辑学家，《汉书·艺文志》载有《公孙龙子》十六篇。事迹又见于《平原君虞卿列传》，与《仲尼弟子列传》所载的“公孙龙”不是同一人。 坚白同异之辩——有关“坚石”“白马”的若干属性的辨析。其《白马篇》云：“‘白马非马，可乎？’曰：‘可。’曰：‘何哉？’曰：‘马者，所以命形也；白者，所以命色也，命色者非命形也。’”其《坚白篇》云：“‘坚、白、石三，可乎？’曰：‘不可。’‘二可乎？’曰：‘可。’”谓目视石，但见白，不知其坚，则谓之白石；手触石，则知其坚，而不知其白，谓之坚石。是坚白终不可合为一也。 剧子之言——犹言“大学问家之言”。郭嵩焘引向秀说，谓“墨家谓其道理成者为‘巨子’，犹儒家之‘硕儒’。此云‘剧子’，即‘巨子’也”。 ⑪李悝（kuī）——《魏世家》《货殖传》皆作“李克”（与儒家之李克非一人），战国初期的法家人物，其著作被后世称为“法经”。 尽地力之教——教导人们充分发挥土地的潜力，即发展农业。 ⑫尸子——晋人，即尸佼，曾为秦相卫鞅之客。 长卢——事迹不详，《汉书·艺文志》道家类载有《长卢子》九篇。 ⑬阿之吁子——阿：齐县名，在今山东东阿。吁子：有谓应作“芈子”，《汉书·艺文志》儒家类载有《芈子》十八篇。 ⑭善守御——《墨子》中有《公输篇》，讲墨子为说服楚国停止攻宋，在沙盘上为楚将演习防守，结果大挫楚人，制止了一场战争。《墨子》中尚有《备城门》《备高临》《备梯》《备水》《备穴》《备突》等篇，专讲防守之事。 为节用——《墨子》中有《节用》《节葬》等篇，以明强本节用之义。

［**简评**］ 孟子的名声自汉以后始大，自南宋以后始无异辞，而骎骎乎近于“圣”矣，这是随着封建统治者的尊儒与《孟子》书被钦定为科举考试的读本而日益确定下来的。今日读《孟子》，看其气大声洪，走到哪里辩到哪里，不论什么人，都被他辩得落荒而走；但为什么在孟子活着的时候，和在他去世后的几十年

内,竟无人更多地提起孟子呢?甚至战国末期的《韩非子》《吕氏春秋》,其中涉及历史人物那么多,居然也只字不提孟子,这就不得不令人作出别的结论了。大概可以这样说:孟子在他活着的时候影响并不大,其书的流传也未必广,许多人似乎还并不把他看成一个有资格被批判的论敌。荀子在他的《非十二子》中说孟轲"材剧志大,闻见博杂,按往旧造说,谓之'五行',其僻违而无类,幽隐而无说,闭约而无解,案饰其辞而祇敬之曰'此真先君子之言也'。子思唱之,孟轲和之,世俗之沟犹瞀儒,嚾嚾然不知其所非也,遂受而传之,以为仲尼、子游为兹厚于后世,是则子思、孟轲之罪也"。并将其与魏牟、田骈、墨翟等一道被视作必须彻底"息灭"的十二种声音之一。可这已经是战国末期的事了,而且这位提出者却又恰恰也是"圣门"中人,同室操戈得相当严厉。自秦火至刘邦建汉,再至武帝尊儒的百余年间,朝野上下又是没有一个人提及孟子。而在这时,能不借任何势力的依托,全凭司马迁孤心独运地从历来不受欢迎的先秦儒家人物中甄拔出孟子,并为之立传,这实在可以说得上是耸人听闻。司马迁能从被世人咒骂的政治家中甄拔出商鞅,能从历来无人提起而被贾谊偶尔说出的故事中甄拔出屈原,再加上这位孟轲,这都是司马迁写中国古代史的重大发现。孟轲等如果地下有灵,也的确应该感谢这位异代的知音、异代的伯乐,尽管这篇《孟子荀卿列传》中真正说到孟子的话也不过就是几句而已。司马迁之后,能再次赞颂孟轲,并以自比孟轲为荣的是扬雄,他在《法言·渊骞》中盛称孟轲之勇,说孟轲"勇于义而果于德,不以贫富贵贱动其心";在《法言·吾子》中扬雄说:"扬墨塞路,孟子辞而辟之,廓如也。后之塞路有矣,窃自比于孟子。"这种高度的评价比司马迁又前进了一步。但由于扬雄的《法言》流传不广,扬雄自身的问题又有争议,而且不久孟轲又被王充在《论衡》中挖苦了一回,于是遂又再度归于沉寂。孟子第三次被中国社会所重视,并逐渐确定了其不可动摇的地位，这力量全在于唐代的韩愈，以及宋代的王安石和朱熹。

［**集评**］《太史公自序》：“猎儒墨之遗文，明礼义之统纪，绝惠王利端，列往世兴衰，作《孟子荀卿列传》第十四。”

李景星曰：“战国之时，诸子争鸣，而学术最纯者惟孟子，其次则荀子，故太史公此传即以‘孟荀’为题。文法以拉杂胜，与《伯夷列传》略同，但彼以虚写，此以实衬；又与《仲尼弟子传》略同，但彼用正锋，此用奇笔。其于诸子之中，独推‘孟荀’……其于‘孟荀’之中，又归重孟子。”（《四史评议》）

黄震曰：“太史公之传孟子，首举‘不言利’之对，叹息以先之，然后为之传。而传自‘受业子思’之外复无他语，惟详述一时富国强兵之流，与驺衍迂怪不可究诘以取重当世之说，形孟子之守道不变，与仲尼菜色陈蔡者同科。奇哉迁之文，卓哉迁之识欤！盖传申韩于老庄之后者，所以讥老庄；而传淳于髡诸子于孟荀之间者，所以表孟、荀也。荀卿年五十始自赵学于齐，三为齐祭酒，后为楚兰陵令，春申君死而卿废，卒死于兰陵葬焉。嫉世之浊，而鄙儒小拘如庄周等又滑稽乱俗，于是著书数万言，此亦能守道不变者，故太史公进之与孟子等。”（《黄氏日钞》）

赵恒曰：“读《孟子》书，首揭孟子答梁惠‘利国’之问，而合之于孔子‘罕言’之旨，推尊孟子之意至矣。其时稷下诸儒犹多，而推尊孟子，使后人以孔孟并称者，自太史公始。‘受业子思之门人’，师友渊源之出于孔子也。‘述唐虞三代之德’，立身行道之出于孔子也。‘退而与万章’云云，著书立言之出于孔子也。至末言‘岂与仲尼菜色云云同乎哉’，困厄不遇之不异于孔子也。以下言其不阿世俗以苟合，如伯夷、孔子，持方枘而不能内圆凿，岂肯为邹衍作先合，然后引之大道，欲如伊尹之负鼎，百里之饭牛，枉寻直尺之为哉？牛鼎之说，在《孟子》已断其所传之妄，而

此传乃举以论衍有牛鼎之意，则孟子所谓好事者之流，直指衍辈言也。”（《补标史记评林》）

吕思勉曰：“《孟子》一书，存儒家大义实多。他姑勿论，民贵君轻之义，非《孟子》即几于泯没不传。此外道性善，明仁义，亦皆孔门大义，至可宝贵。康有为谓‘孟子传孔门大同之义’，荀卿只传小康’，合否今姑勿论，要其为书，则远出荀卿之上，非他儒书所能比并，真孔门之马鸣、龙树矣。又《孟子》书中，存古经说甚多，其言《春秋》处，今人多已知之；言《尚书》处，则知者较鲜。予按《万章上》篇言尧舜禅让事，无一不与《书大传》合者。盖今文《书》说，亦民贵君轻之大义也。若无此义，则《尧典》一篇诚乃极无谓之物矣。”（《经子解题》）

范文澜曰：“孟子自在为孔子的继承人，《孟子》七篇充分发挥了孔子学说的仁义部分。大体说来，作为孟子思想中心的仁义学说，表现在他的反对非儒家学派和他的政治思想、哲学思想三个方面。孟子反对当时各种非儒家学说，主要是‘辟杨墨’……孟子的政治思想，基本上是劝国王行仁政，以达到全国统一的目的……孟子的哲学思想是性善论，这是仁义学说的必然的出发点。”

又曰：“荀子在儒家中是和孟子有同等地位的大师，在诸子百家中也是和孟子一样善于评论异家，表彰儒学，是孟子以后最大的儒者。……孟子法先王，是想行周公、孔子的所谓‘王道’；荀子法后王是要实行战国末年已经成熟了的中央集权制度。孔孟政治学说经荀子的修正，不再是迂阔难行的儒学了。”（《中国通史简编》）

谢墉曰：“荀子生孟子之后，最为战国老师，太史公作传论次诸子，独以孟子荀卿相提并论，盖自周末历秦、汉以来，孟荀并称久矣。小戴所传《三年问》，全出《礼论篇》；《乐记》《乡饮酒义》所引，俱出《乐论篇》；《聘义》‘子贡问贵玉贱珉’，亦与《德行篇》

大同;大戴所传《礼三本篇》,亦出《礼论篇》,以《宥坐篇》末'见大水'一则附之;《哀公问五义》,出《哀公篇》之首。则知荀子所著载在二戴《记》者尚多,而本书或反缺佚。愚窃尝读其全书,而知荀子之学之醇正,文之博达,自四子而下,洵足冠冕群儒,非一切名法诸家所可同类共观也。"(《史记会注考证》引)

严可均曰:"荀子自是孟子以后第一人,非但传《礼》传《乐》也,又传《诗》、传《春秋》。申公受《诗》于浮丘伯,浮丘伯,荀子弟子,是《鲁诗》荀子所传也。《韩诗外传》引《荀子》以说《诗》者四十余事,是韩婴亦荀子私淑弟子也。子夏五传至荀子,荀子传大毛公,见陆德明《经典叙录》,是《毛诗》亦荀子所传也。《荀子·大略篇》言《春秋》贤穆公善胥命,是为《公羊春秋》之学;瑕丘江公受《穀梁春秋》及《诗》于申公,是《穀梁春秋》荀子所传也;左丘明作传以授曾申,曾申五传至荀子,是《左氏春秋》荀子所传也。刘向《孙卿书录》称孙卿善为《诗》《礼》《易》《春秋》,今观《非相》《大略》二篇,是善为《易》。古籍阙亡,其受授不得尽知也。孔子之道在"六经",自《尚书》外,皆由荀子得传。"(《史记会注考证》引)

徐与乔曰:"《孟荀传》错叙十数子,叙孟、荀偏少,诸子偏多。叙诸子斜斜整整,离离合合,每回顾《孟子传》首,读《孟子》书数笔,闲闲散散,空领一篇。谓诸子之阴以利于当世而遇,孟子独不遇,故盛称诸子,却是反形孟子。不独'仲尼菜色'一笔,合到孟子,即淳于以下绝不提孟子,而笔笔形孟子。'开第康庄',言齐招致天下贤士,此中却不见一孟子,至结始缴。盖宾主参互变化出没之妙,至此篇极矣。"(《史汉初学辨体》)

杨燕起、阎崇东曰:"这是一篇战国中后期的学术史,介绍了这个时期层出不穷、名目繁多的阴阳、儒、墨、名、法、道德诸家的隐显荣辱及其各自的特色,但突出了两点。一是肯定了齐国稷下之学的历史作用。齐国以其财力为有学术才能的人创造出优厚的物质条件，以网罗各方人才‘各著书言治乱之事’，为学术的繁荣做出了贡献。记叙中司马迁是予以肯定的；二是表明了从春秋末叶儒学占主导之后，通过百家争鸣所形成的学术思想走向融合的总趋势。驺衍的阴阳学说为儒学所派生，淳于髡无所主是杂家，慎到、田骈、环渊由道家走向法家，到了荀子，则是‘推儒、墨、道德之行事兴坏’，是由儒家走向法家的集大成者……故司马迁的著述内涵是丰富的，反映了他观察的敏锐……此篇言利有两方面的用意。一借讥刺邹衍迎合世俗，缺乏学术气节，是对以董仲舒为首所创立的新儒学提出了批评，说他们的追求利禄已不是孔孟的原始儒学……一借学术谈政治，说利是乱之始，会产生“多怨”，以言武帝诸所作为好大喜功带来了一系列的社会混乱……司马迁所叹，就是叹息当代的学术与政治。”（《〈史记〉精华导读》）

孟尝君列传第十五

孟尝君名文,姓田氏①。文之父曰靖郭君田婴。田婴者,齐威王少子而齐宣王庶弟也。田婴自威王时任职用事,与成侯邹忌及田忌将而救韩伐魏。成侯与田忌争宠,成侯卖田忌②。田忌惧,袭齐之边邑,不胜,亡走。会威王卒,宣王立,知成侯卖田忌,乃复召田忌以为将。宣王二年,田忌与孙膑、田婴俱伐魏,败之马陵,虏魏太子申而杀魏将庞涓。宣王七年,田婴使于韩、魏,韩、魏服于齐。婴与韩昭侯、魏惠王会齐宣王东阿南,盟而去。明年,复与梁惠王会甄③。是岁,梁惠王卒。宣王九年,田婴相齐,齐宣王与魏襄王会徐州而相王也④。楚威王闻之,怒田婴。明年,楚伐败齐师于徐州,而使人逐田婴⑤。田婴使张丑说楚威王,威王乃止。田婴相齐十一年,宣王卒,湣王即位。即位三年,而封田婴于薛。

(以上为第一段,写孟尝君家族的来源,与其父田婴受封之开始。)

①孟尝君——田文的封号。 ②成侯卖田忌——卖:出卖。这里指诬陷。按:邹忌与公孙闬(hàn)合谋怂恿齐王派田忌伐魏,欲借刀杀人;后田忌大胜,邹忌与公孙闬又栽赃诬陷田忌谋反事,详见《战国策·齐策一》与《田敬仲完世家》。 ③甄——齐邑名,在今山东鄄城

北旧城镇。 ④齐宣王与魏襄王会徐州而相王也——徐州：也作“舒州”，即当时之所谓“薛”，在今山东枣庄薛城区，当时属齐。相王：相互推尊为王。按周王朝的规定，只有周天子称“王”，其他诸侯只能称“公”“侯”“伯”，春秋时代尚如此。战国以来，周天子名存实亡，七国诸侯的势力强大，因此他们也逐渐改变旧号相继各自称“王”。 ⑤使人逐田婴——意谓楚国派人入齐，威迫齐王使其罢逐田婴。

初，田婴有子四十余人。其贱妾有子名文，文以五月五日生。婴告其母曰：“勿举也①。”其母窃举生之。及长，其母因兄弟而见其子文于田婴②。田婴怒其母曰：“吾令若去此子，而敢生之，何也③？”文顿首，因曰④：“君所以不举五月子者，何故？”婴曰：“五月子者，长与户齐，将不利其父母⑤。”文曰：“人生受命于天乎？将受命于户邪？”婴默然。文曰：“必受命于天，君何忧焉？必受命于户，则可高其户耳，谁能至者！”婴曰：“子休矣⑥。”

久之，文承间⑦问其父婴曰：“子之子为何？”曰：“为孙。”“孙之孙为何？”曰：“为玄孙。”“玄孙之孙为何？”曰：“不能知也。”文曰：“君用事相齐，至今三王矣，齐不加广而君私家富累万金，门下不见一贤者。文闻将门必有将，相门必有相。今君后宫蹈绮縠而士不得短褐，仆妾余粱肉而士不厌糟糠。⑧今君又尚厚积余藏，欲以遗所不知何人，而忘公家之事日损，文窃怪之。”于是婴乃礼文，使主家待宾客。宾客日进，名声闻于诸侯。诸侯皆使人请薛公田婴以文为太子⑨，婴许之。婴卒，谥为靖郭君。而文果代立于薛，是为孟尝君。

（以上为第二段，写孟尝君的少年不凡，以能力才干得以继其父为有土封君。）

①勿举也——举：古代为初生儿举行的一种洗沐礼，通常用为“养育”之义。此处的“勿举”即不要养活他。按：“举”为古代对新生儿的洗沐礼，不见于《辞源》《辞海》，唯《史记索隐》于此条下有“‘举’谓浴而乳之”一语，弥足珍贵。 ②因兄弟——让田文跟着他的那些“合

法”的兄弟。 ③吾令若去此子——若:尔,你。去:抛弃,扔掉。 而敢生之——你竟敢养活他。而:同上文“若”,你。 ④文顿首,因曰——按:史公于此处设身处地,揣摩情理,用心极细。家长严责其母,其母位卑,不敢分说,处境尴尬;此时有子女出面代为分说,极为合适,《红楼梦》中探春代王夫人向贾母申诉委屈即此理。 ⑤长与户齐,将不利其父母——《索隐》引《风俗通义》曰:“俗说五月五日生子,男害父,女害母也。”长与户齐:长到像门那样高。 ⑥子休矣——犹言“你不用说啦”。休:停止。按:以上孟尝君为自己辩护生存权利事,《战国策》不载,然通过早期一言一事以预示此人日后之不凡,乃《史记》之常用手法。 ⑦承间——趁机,趁空隙。 ⑧蹈绮縠(hú)——指穿着绫罗绸缎。蹈:践踏。言其衣饰之长大,亦言其不珍惜。绮縠:指精美的丝织品。 短褐(shù hè)——亦作“竖褐”。裋褐古时贫苦人穿的粗布衣服。 不厌糟糠——连吃糟粮都不能满足。厌:后作“餍”,饱;满足。 ⑨请薛公田婴以文为太子——太子:先秦与西汉初期,帝王与其他有土封君的嫡长子都称“太子”,后来才专称皇帝的嫡长子。

孟尝君在薛,招致诸侯宾客及亡人有罪者,皆归孟尝君[①]。孟尝君舍业厚遇之,以故倾天下之士。[②]食客数千人,无贵贱一与文等[③]。孟尝君待客坐语,而屏风后常有侍史[④],主记君所与客语,问亲戚居处。客去,孟尝君已使使存问,献遗其亲戚。[⑤]孟尝君曾待客夜食,有一人蔽火光[⑥]。客怒,以饭不等,辍食辞去。孟尝君起,自持其饭比之。客惭,自刭。士以此多归孟尝君。孟尝君客无所择,皆善遇之。人人各自以为孟尝君亲己。

秦昭王闻其贤,乃先使泾阳君为质于齐,以求见孟尝君。[⑦]孟尝君将入秦,宾客莫欲其行,谏,不听。苏代谓曰:“今旦代从外来,见木禺人与土禺人相与语[⑧]。木禺人曰:‘天雨,子将败矣。’土禺人曰:‘我生于土,败则归土。今天雨,流子而行,未知所止息也。’今秦,虎狼之国也,而君欲往,如有不得还,君得无为土禺人所笑乎?”孟尝君乃止。

齐湣王二十五年，复卒使孟尝君入秦，昭王即以孟尝君为秦相。人或说秦昭王曰："孟尝君贤，而又齐族也，今相秦，必先齐而后秦，秦其危矣。"于是秦昭王乃止。囚孟尝君，谋欲杀之。孟尝君使人抵昭王幸姬求解。幸姬曰："妾愿得君狐白裘。"此时孟尝君有一狐白裘，直千金，天下无双，入秦献之昭王，更无他裘。孟尝君患之，徧问客，莫能对。最下坐有能为狗盗者，曰："臣能得狐白裘。"乃夜为狗，以入秦宫臧⑨中，取所献狐白裘至，以献秦王幸姬。幸姬为言昭王，昭王释孟尝君。孟尝君得出，即驰去，更封传⑩，变名姓以出关。夜半至函谷关。秦昭王后悔出孟尝君，求之已去，即使人驰传逐之⑪。孟尝君至关，关法鸡鸣而出客。孟尝君恐追至，客之居下坐者有能为鸡鸣，而鸡尽鸣，遂发传⑫出。出如食顷，秦追果至关，已后孟尝君出⑬，乃还。始孟尝君列此二人于宾客，宾客尽羞之，及孟尝君有秦难，卒此二人拔之。自是之后，客皆服。

孟尝君过赵，赵平原君客之。赵人闻孟尝君贤，出观之，皆笑曰："始以薛公为魁然也，今视之，乃眇小丈夫耳。⑭"孟尝君闻之，怒。客与俱者下，斫击杀数百人，遂灭一县以去。⑮

（以上为第三段，写孟尝君养客，及诸客为之效力的情形。）

①孟尝君在薛，招致诸侯宾客及亡人有罪者，皆归孟尝君——按：三句词语不顺，应削去"招致"二字，或削去"皆归孟尝君"五字，二者不能并存，然《史记》此类句子非一。亡人：逃犯。 ②舍业厚遇之——不惜花费产业，而厚养宾客。 倾天下之士——意即使天下士皆来归己。倾：以天平为喻，己处一低，则他处之物皆倾向于己。 ③无贵贱一与文等——王念孙曰："'文'当为'之'字之误也……'之'字指食客言。"陈子龙曰："观冯驩有'幸舍''代舍'之迁，则孟尝之待客本不等，何得云'无贵贱'？" ④侍史——犹今之所谓书记官。 ⑤存问——慰问。存：省视，慰问。 献遗（wèi）——赠送。 ⑥蔽火光——背着火光，躲在黑影里吃。 ⑦泾阳君——名市（fú），昭王之弟，因其封地在泾阳（今陕西泾阳西北），故称"泾阳君"。 求见孟尝君——意即请孟尝君入秦。

⑧木禺——亦作“木偶”。泥胎。 ⑨宫臧(zàng)——宫廷里的仓库。臧:通“藏”。 ⑩更封传(zhuàn)——改换了通行证上的名字。封传:即今之通行证,古代也称“繻”“过所”。 ⑪驰传逐之——乘传车飞速追赶。传:传车,古代驿站专用车。 ⑫发传——出示通行证。发:打开。 ⑬后孟尝君出——意即当追兵赶到函谷关时,孟尝君已经出关了。 ⑭始以薛公为魁然也——薛公:薛邑的封君。孟尝君的封邑在薛,故以此相称。魁然:身躯高大的样子。 眇小——矮小。 ⑮客与俱者——即“与俱之客”,跟随孟尝君的宾客侍从。 下——指从车上下来。 灭一县以去——按:此言夸大不足信。

齐湣王不自得,以其遣孟尝君①。孟尝君至,则以为齐相,任政。

孟尝君怨秦,将以齐为韩、魏攻楚,因与韩、魏攻秦,而借兵食于西周。苏代为西周谓曰:“君以齐为韩、魏攻楚九年,取宛、叶以北以强韩、魏,今复攻秦以益之。②韩、魏南无楚忧,西无秦患,则齐危矣。韩、魏必轻齐畏秦,臣为君危之。君不如令敝邑深合于秦,而君无攻,又无借兵食。③君临函谷而无攻,令敝邑以君之情谓秦昭王曰:‘薛公必不破秦以强韩、魏。其攻秦也,欲王之令楚王割东国以与齐,而秦出楚怀王以为和。’君令敝邑以此惠秦,秦得无破而以东国自免也,秦必欲之。楚王得出,必德齐。齐得东国益强,而薛世世无患矣。秦不大弱,而处三晋之西,三晋必重齐④。”薛公曰:“善。”因令韩、魏贺秦⑤,使三国无攻,而不借兵食于西周矣。是时,楚怀王入秦,秦留之,故欲必出之。秦不果出楚怀王。

孟尝君相齐,其舍人魏子为孟尝君收邑入,三反而不致一入。⑥孟尝君问之,对曰:“有贤者,窃假与之⑦,以故不致入。”孟尝君怒而退魏子。居数年,人或毁孟尝君于齐湣王曰:“孟尝君将为乱。”及田甲劫湣王,湣王意疑孟尝君,孟尝君乃奔。魏子所与粟贤者闻之,乃上书言孟尝君不作乱,请以身为盟⑧,遂自刭宫门以明孟尝君。湣王乃惊，而踪迹验问，孟尝君果无反谋，乃复召孟尝君[9]。孟尝君因谢病，归老于薛。湣王许之。

其后，秦亡将吕礼相齐，欲困苏代。代乃谓孟尝君曰："周最于齐，至厚也，[10]而齐王逐之，而听亲弗相吕礼者，欲取秦也。[11]齐、秦合，则亲弗与吕礼重矣。有用[12]，齐、秦必轻君。君不如急北兵，趋赵以和秦、魏，收周最以厚行，[13]且反齐王之信，又禁天下之变[14]。齐无秦，则天下集齐，亲弗必走，则齐王孰与为其国也！[15]"于是孟尝君从其计，而吕礼嫉害于孟尝君[16]。

孟尝君惧，乃遗秦相穰侯魏冉书曰："吾闻秦欲以吕礼收齐，齐，天下之强国也，子必轻矣[17]。齐、秦相取以临三晋，吕礼必并相矣，是子通齐以重吕礼也。[18]若齐免于天下之兵，其雠子必深矣[19]。子不如劝秦王伐齐。齐破，吾请以所得封子。[20]齐破，秦畏晋之强，秦必重子以取晋。[21]晋国弊于齐而畏秦，晋必重子以取秦。[22]是子破齐以为功，挟晋以为重；是子破齐定封，秦、晋交重子。若齐不破，吕礼复用，子必大穷。"于是穰侯言于秦昭王伐齐，而吕礼亡。

后齐湣王灭宋，益骄，欲去孟尝君。孟尝君恐，乃如魏。魏昭王以为相，西合于秦、赵，与燕共伐破齐。齐湣王亡在莒，遂死焉。齐襄王立，而孟尝君中立于诸侯[23]，无所属。齐襄王新立，畏孟尝君，与连和，复亲薛公。文卒，谥为孟尝君。诸子争立，而齐、魏共灭薛。孟尝绝嗣无后也。

（以上为第四段，写孟尝君为齐相，及离齐为魏相时期的事迹。）

①不自得——即心不安，心有惭愧。以其派孟尝君入秦，而孟尝君几不得归。　②以强韩、魏——因韩、魏南与楚国为邻，齐国不可能"越国以鄙远"，因此战胜得地后只有归韩、魏所有，使韩、魏变强。今复攻秦以益之——韩、魏西与秦国为邻，齐助之伐秦，得地后仍然只能归于韩、魏，使韩、魏的国力更强。　③敝邑——谦指西周。　深合——紧密结交。　④必重齐——因为西有秦国的威胁，韩、魏不得不

交好齐国，借以加强自己。重：倚重，借重。 ⑤因令韩、魏贺秦——应依《战国策》作“因令韩庆入秦”。 ⑥魏子——史失其名。 收邑入——收其封地之租税。 三反而不致一入——去了三次而未给孟尝君带回一点收入。 ⑦窃假与之——我自己做主借给了他们。假：借。 ⑧请以身为盟——意谓愿以自己的生命发誓愿、做保证。 ⑨召孟尝君——按：以上“魏子”与某“贤者”的故事，《战国策》不载，前人多以为即后文冯驩事之不同传说。 ⑩周最于齐，至厚也——周最：周国的公子，前曾任职于齐。按：周最，也作“周聚”，周最“厚”齐是东方各国联盟的一种表现。 ⑪亲弗——人名，《战国策》作“祝弗”，齐湣王的信臣，亲秦派。 取秦——与秦国结盟交好。 ⑫有用——谓亲弗与吕礼一旦在齐国掌权用事。按：“有用”二字不顺。缪文远认为：有，如也，言二子用事于齐，则齐、秦皆将轻田文也。 ⑬北兵——向北方进兵。即威胁赵国。 趋赵以和秦、魏——促使赵国与秦、魏联合。趋：赶快。缪文远认为：谓不如急北方之兵促赵之应秦、魏，而相与以攻齐也。 收周最以厚行——收留周最，显示自己行为的敦厚。 ⑭反齐王之信——吴师道曰：“齐用吕礼以合秦取信，今反之，使不合也。”陈抗认为：使齐王失信于秦。 禁天下之变——《索隐》曰：“‘变’谓齐、秦合则亲弗、吕礼用，用则秦、齐轻孟尝也。” ⑮齐无秦，则天下集齐——无秦：指不与秦国联盟。集齐：指靠拢齐国。 齐王孰与为其国也——意即除了您，齐王还能依靠谁呢？为：治，治理。按：苏代这段话表面上是为孟尝君着想，实际上是为了维护自己，并维护他所倡导的合纵路线。 ⑯吕礼嫉害于孟尝君——嫉害：嫉恨。按：以上“苏代”谓孟尝君语，见《战国策·东周策》，而《东周策》未云说话者为谁。 ⑰子必轻矣——意谓倘若齐、秦联合，则吕礼权重，甚而将并相齐、秦，那时穰侯的地位必将下落。 ⑱临三晋——谓齐、秦联合，以兵力威胁韩、赵、魏三国。 并相——谓并相齐、秦两国。 通齐——《战国策》作“收齐”，指齐、秦联合。 ⑲若齐免于天下之兵，其雠子必深矣——吴师道曰：“齐无兵患则可以肆志于冉，与‘秦得天下则伐齐深’文意同。” ⑳劝秦王伐齐——谓劝秦王率韩、魏以伐齐。 吾请以所得封子——我为你向秦王请求，把秦国此次伐齐之所得全部奖赏给你。盖即所谓"以广陶封"。 ㉑齐破,秦畏晋之强——晋:此处指韩、魏,韩、魏随秦伐齐,破齐后,韩、魏获得实惠,其国力变强。 重子以取晋——仰仗你以加强与韩、魏的友好关系。 ㉒晋国弊于齐——韩魏在伐齐战争中被消耗。弊:疲惫,损耗。 必重子以取秦——按:前云"齐破,秦畏晋之强",此又云"晋国敝于齐而畏秦",以见说客之随意转换,不顾自相矛盾。 ㉓孟尝君中立于诸侯——谓孟尝君占据其薛县,而独立于诸国之间。

初,冯驩闻孟尝君好客,蹑屩而见之。[①]孟尝君曰:"先生远辱[②],何以教文也?"冯驩曰:"闻君好士,以贫身归于君。"孟尝君置传舍十日,孟尝君问传舍长曰[③]:"客何所为?"答曰:"冯先生甚贫,犹有一剑耳,又蒯缑[④]。弹其剑而歌曰'长铗归来乎,食无鱼'。"孟尝君迁之幸舍[⑤],食有鱼矣。五日,又问传舍长。答曰:"客复弹剑而歌曰'长铗归来乎,出无舆'。"孟尝君迁之代舍[⑥],出入乘舆车矣。五日,孟尝君复问传舍长,舍长答曰:"先生又尝弹剑而歌曰'长铗归来乎,无以为家'。"孟尝君不悦。

居期年,冯驩无所言。孟尝君时相齐,封万户于薛。其食客三千人。邑入不足以奉客。使人出钱于薛[⑦],岁余不入,贷钱者多不能与其息,客奉将不给。[⑧]孟尝君忧之,问左右:"何人可使收债于薛者?"传舍长曰:"代舍客冯公形容状貌甚辩,长者,[⑨]无他伎能,宜可令收债。"孟尝君乃进冯驩而请之曰:"宾客不知文不肖,幸临文者三千余人。邑入不足以奉宾客,故出息钱于薛。薛岁不入[⑩],民颇不与其息。今客食恐不给,愿先生责[⑪]之。"冯驩曰:"诺。"辞行。至薛,召取孟尝君钱者皆会,得息钱十万。乃多酿酒,买肥牛,召诸取钱者,能与息者皆来,不能与息者亦来,皆持取钱之券书合之。[⑫]齐为会,日杀牛置酒。[⑬]酒酣,乃持券如前合之,能与息者,与为期[⑭];贫不能与息者,取其券而烧之。曰:"孟尝君所以贷钱者,为民之无者以为本业[⑮]也;所以求息者,为无以奉客也。今富给者以要期，贫穷者燔券书以捐之。[16]诸君强饮食，有君如此，岂可负哉！[17]”坐者皆起，再拜。

孟尝君闻冯驩烧券书，怒而使使召驩。驩至，孟尝君曰：“文食客三千人，故贷钱于薛。文奉邑少，而民尚多不以时与其息，客食恐不足，故请先生收责之。闻先生得钱，即以多具牛酒而烧券书，何？”冯驩曰：“然。不多具牛酒即不能毕会[18]，无以知其有余不足。有余者，为要期。不足者，虽守而责之十年，息愈多，急，即以逃亡自捐之。[19]若急，终无以偿[20]，上则为君好利不爱士民，下则有离上抵负之名，非所以厉士民彰君声也。[21]焚无用虚债之券，捐不可得之虚计，令薛民亲君而彰君之善声也，君有何疑焉！[22]”孟尝君乃拊手[23]而谢之。

齐王惑于秦、楚之毁，以为孟尝君名高其主而擅齐国之权，遂废孟尝君。诸客见孟尝君废，皆去。冯驩曰：“借臣车一乘，可以入秦者，必令君重于国而奉邑益广，可乎？”孟尝君乃约车币[24]而遣之。冯驩乃西说秦王曰：“天下之游士冯轼结靷[25]西入秦者，无不欲强秦而弱齐；冯轼结靷东入齐者，无不欲强齐而弱秦。此雄雌之国也，势不两立为雄，雄者得天下矣。”秦王跽而问之曰[26]：“何以使秦无为雌而可？”冯驩曰：“王亦知齐之废孟尝君乎？”秦王曰：“闻之。”冯驩曰：“使齐重于天下者，孟尝君也。今齐王以毁废之，其心怨，必背齐；背齐入秦，则齐国之情，人事之诚，尽委之秦，齐地可得也，岂直为雄也？君急使使载币阴迎孟尝君，不可失时也。如有齐觉悟，复用孟尝君，则雌雄之所在未可知也。”秦王大悦，乃遣车十乘黄金百镒以迎孟尝君。冯驩辞以先行，至齐，说齐王曰：“天下之游士冯轼结靷东入齐者，无不欲强齐而弱秦者；冯轼结靷西入秦者，无不欲强秦而弱齐者。夫秦齐雄雌之国，秦强则齐弱矣，此势不两雄。今臣窃闻秦遣使车十乘载黄金百镒以迎孟尝君。孟尝君不西则已，西入相秦则天下归之，秦为雄而齐为雌，雌则临菑、即墨危矣。王何不先秦使之未到，复孟尝君，而益与之邑以谢之？孟尝君必喜而受之。秦虽强国，岂可以请人相而迎之哉！折秦之谋，而绝其霸强之略。”齐王曰：“善。”乃使人至境候秦使。秦使车适入齐境，使还驰告之[27]，王召孟尝君而复其相位，而与其故邑之地，又益以千户。秦之使者闻孟尝君复相齐，还车而去矣。

自齐王毁废孟尝君，诸客皆去。后召而复之，冯驩迎之。未到，孟尝君太息叹曰：“文常好客，遇客无所敢失，食客三千有余人，先生所知也。客见文一日废，皆背文而去，莫顾文者。今赖先生得复其位，客亦有何面目复见文乎？如复见文者，必唾其面而大辱之。”冯驩结辔下拜[28]。孟尝君下车接之，曰：“先生为客谢乎[29]？”冯驩曰：“非为客谢也，为君之言失。夫物有必至，事有固然，君知之乎？”孟尝君曰：“愚不知所谓也。”曰：“生者必有死，物之必至也；富贵多士，贫贱寡友，事之固然也。君独不见夫朝趋市者乎？明旦，侧肩争门而入；日暮之后，过市朝者掉臂而不顾[30]。非好朝而恶暮，所期物忘其中[31]。今君失位，宾客皆去，不足以怨士[32]而徒绝宾客之路。愿君遇客如故。”孟尝君再拜曰：“敬从命矣。闻先生之言，敢不奉教焉。”

（以上为第五段，补叙冯驩客孟尝君的一段异文，类似写法亦见于《郦生陆贾列传》。）

①冯驩（huān）——亦作“冯煖（xuān）”，音同。战国时齐国游士。 蹑蹻（jué）——穿着草鞋，贫穷落魄的样子。 ②远辱——谦词，犹言“大老远地来到我这里，让你蒙受屈辱啦”。 ③传（zhuàn）舍——犹言“客馆”。既称驿站上的客馆，也称都城中或贵族私家的客馆。与下文之“代舍”“幸舍”相对，这里用以称下等客馆。 传舍长——孟尝君家客馆的总管，由下文知其亦管“幸舍”“代舍”之事。 ④蒯缑（kuǎi gōu）——蒯：草绳。缑：剑柄。《集解》曰：“言其剑把无物可装，以小绳缠之也。” ⑤幸舍——这里指中等客馆。 ⑥代舍——这里指上等客馆。凌登第认为：此与前文“无贵贱皆与文等”句，自相矛盾。 ⑦出钱于薛——放债给薛邑的百姓。 ⑧不入——指收不上钱来。

客奉——养客之资。　不给——接不上了。　⑨形容状貌甚辩——辩:别,指眉目分明,伟丽出众的样子。或曰:"辩"指心路,谓聪慧,有才干。　长者——犹言"厚道人"。　⑩岁不入——年景不好,没有收成。岁:年成。　⑪责——讨,收账。　⑫取钱之券书——借钱时所立的契约。　合——对证,当面验看。　⑬齐为会——召集借债者全部到会。　日——当天,整天。　⑭与为期——和他们商定一个交钱的日子。　⑮为民之无者以为本业——给无以为生的人提供一点谋生的本钱。　⑯要期——指约定日期还债。要:相约。　捐——谓将其欠债豁免。　⑰强饮食——犹今所谓"多保重",汉诗中有所谓"努力加餐饭",与此意同。　负——辜负,背叛。　⑱毕会——全部到会。　⑲守——把持;把持着债券。　自捐之——意指一逃了事。　⑳若急,终无以偿——泷川资言曰:"'若急'二字疑衍。"按:若依泷川说将"若急"二字视为衍文,则"终无以偿"四字应连上句读,作"急,即以逃亡自捐之,终无以偿"。　㉑离上抵负——犹言"叛离君上,犯有罪责"。抵:触,犯。负:谓罪累。　厉士民——提高下属士民的思想道德。厉:通"励",劝勉。　彰君声——显扬治民者的名声。　㉒虚债——犹今所谓"呆账""死账",徒有其名,实际无法收回的债务。　虚计——同"虚债"。计:簿记,债券。　有——通"又"。　㉓拊手——拍手。醒悟赞赏的样子。　㉔约车币——整备车马礼物。约:整顿,收拾。币:指礼品,如璧、帛等。　㉕冯轼结靷(yǐn)——即指驱车、乘车。冯:通"凭"。冯轼:双手放在车厢前面的横木上,这是一种恭敬的乘车姿态。结靷:犹今之所谓"拴车"。靷:引车前行的皮带。　㉖秦王跽(jì)而问之曰——跽:长跪。古人之所谓"坐",即跪在席上,身子压着小腿;当遇有紧急或表示郑重,便挺起上身,成为"长跪",即"跽"。　㉗使还驰告之——齐使将探得结果还报齐王。　㉘结辔(pèi)下拜——结辔:盘起缰绳。因当时冯驩正为孟尝君赶车,现下车行礼,故须放下手中的缰绳。　㉙为客谢乎——为那些宾客赔礼说情吗?谢:道歉,请罪。　㉚过市朝者掉臂而不顾——市朝:即市场。掉臂:摇臂。此指摇臂而行,一种旁若无人的样子。不顾:不回头。　㉛所期物忘其中——所期物:期望要买的东西。忘其:亦作"亡其",抑或,还是。　㉜不足以怨士——值不得怨恨他们。

太史公曰：吾尝过薛，其俗闾里率多暴桀子弟，与邹、鲁殊。[1]问其故，曰："孟尝君招致天下任侠[2]，奸人入薛中盖六万余家矣。"世之传孟尝君好客自喜，名不虚矣。

（以上为第六段，是作者的论赞，写孟尝君养客对当地风俗的影响。）

①闾里——犹今所谓"街道""里巷"。泛指民间、基层。 率——大抵，大多是。暴桀——刚猛桀傲，不驯顺。 邹、鲁——春秋时代的诸侯国名，邹也称"邾"，国都邾，在今山东邹城东南；鲁国的都城即今山东曲阜。邹是孟子的故乡，鲁是孔子的故乡，两国都以知书达礼、温文尔雅著称。 ②任侠——以侠义行为自任之人。即好打抱不平，能急人之难的侠义之士等等。

［**简评**］《史记》记述战国时代的事情，年代错乱最厉害的是齐、魏两国，其中更以齐国为尤甚。本文写孟尝君的一生活动，其事迹本身多数还算可信，但所有齐国诸侯的系年，没有一个是正确的。本文记述了孟尝君与养士和在士人协助下从事政治活动的情景，反映了战国后期齐国国内和齐国与其他各国之间的复杂的矛盾斗争。作者对他笔下的孟尝君是不喜欢的，他的一生活动都是在谋求私利，维护其个人的富贵尊荣。他为了个人利益，甚至不惜勾结外敌来攻打自己的国家。他的政治见解并不比朝秦暮楚的苏代之流更高明。他与养士，乃是一种豢养与被豢养，收买与被收买的关系。即使卓荦如冯驩者，也不过是为孟尝君私人效力的一只鹰犬而已。这些都与信陵君、平原君养士用于国家，形成鲜明对照。但作品在写到冯驩忠于孟尝君，并劝孟尝君无须介意诸客的反复无常、不念交情时，则流露了司马迁对世态炎凉的深深感慨，并对冯驩的士为知己者用，表现了由衷的赞赏。钱穆曰："迁书记孟尝、平原、信陵、春申四公

子故事,均不见于《战国策》,而如孟尝君门下之冯驩,平原君门下之毛遂,信陵君门下之侯嬴,此皆三公子三千食客中所稀见难得之杰出人材,然世人亦仅知孟尝、平原、信陵而已,自经迁书之详载,乃知孟尝、平原、信陵之得为孟尝、平原、信陵,其背后乃大有人在。此乃一番绝大提示,绝大指点。”(《现代学术论衡》)这方面又表现了司马迁高度重视下层人物的民主精神。

［**集评**］《太史公自序》:“好客喜士,士归于薛,为齐捍楚、魏,作《孟尝君列传》第十五。”

司马光曰:“君子之养士,以为民也。……大则利天下,小则利一国。是以君子丰禄以富之,隆爵以尊之,养一人而及万人者,养贤之道也。今孟尝君之养士也,不恤智愚,不择臧否,盗其君之禄,以立私党,张虚誉,上以侮其君,下以蠹其民,是奸人之雄也,乌足尚哉!《书》曰:‘受为天下逋逃主,萃渊薮。’此之谓也。”(《资治通鉴》)

王安石曰:“世皆称孟尝能得士,士以故归之,而卒赖其力以脱于虎豹之秦。嗟乎,孟尝君特鸡鸣狗盗之雄耳,岂足以得士?不然,擅齐之强,得一士焉宜可以南面而制秦,尚取鸡鸣狗盗之力哉?鸡鸣狗盗之出其门,此士之所以不至也。”(《读孟尝君传》)

吴大廷曰:“王荆公谓孟尝君‘鸡鸣狗盗之雄’,信不足以云‘得士’,然太史公于食客三千皆佚其名,独载冯驩事甚备,岂以其失相之时,诸客亡且尽,驩独左右营画,卒复其位,且益封焉,视世之趋炎附势者何如哉?”(《小西腴山馆文钞》)

苏辙曰:“战国以诈力相侵伐二百余年,兵出未尝有名。秦昭王欺楚怀王而囚之,要以割地,诸侯孰视,无敢以一言问秦者。惟田文免相于秦,几不得脱,归而怨之,乃借楚为名,与韩魏伐秦,兵至函谷,秦人震恐,割地以予韩魏,仅乃得免。自山东难秦,未有若此其壮者也。夫兵直为壮,曲为老,有名之兵,谁能御之?使田文能奋其威,则是役也,齐可以伯。惜其听苏代之计,临函谷而无攻,以求楚东国,而出师之名索然以尽。东国既不可得,而怀王卒死于秦。由此观之,秦惟不遇桓、文,是以横行而莫之制耳,世岂有以大义屈于不义者哉?"(《古史》)

邵宝曰:"以一时排难权变言之,西伯之贤,亦以宝货美女脱羑里之囚,君子不以'临难苟免'非之。然则鸡鸣狗盗之客谓之士固不可,谓之无功于孟尝君亦不可。不然孟尝君且客死秦关,如怀王之不反矣。"(《补标史记评林》引)

姚苎田曰:"为相而结客,固将以网罗天下之英才,而为国树人也。即不然,亦必绿池应教,文章枚马之俦;东阁从游,参佐邢温之选。于以鼓吹风雅,翊赞丝纶,不无小补云尔。田文起庶孽之中,假声援之助,挟持浮说,固非本怀,乃至号召奸人,侈张幸舍,家作逋逃之薮,身为盗贼之魁。语有之:'披其枝者伤其心,根之拔者实将落。'齐之不亡亦幸矣!岂特鸡鸣狗盗近出门墙,为士林之耻,而裹足不前也哉!夫药笼之品,应不弃乎溲勃之才;夹袋之名,或曲隐乎疵瑕之士。鸡鸣狗盗处之末座,政亦何嫌?但文之立心已非,设科无择,忘公室而便身图,遂致甘为奸魁而不惜耳。"(《史记菁华录》)

李景星曰:"《孟尝君传》中间叙孟尝君事,而以田婴、冯驩附传分寄两头,章法最为匀适。合观通篇,又打成一片,如无缝天衣。盖前叙田婴,见孟尝君之来历若彼;后叙冯驩,见孟尝君之结果如此。养士三千,仅得一士之用,其余纷纷并鸡鸣狗盗之不若也。太史公于此有微意哉!然读传后赞语,曰'暴桀子弟',曰'任侠奸人'而终之曰'好客自喜',则史公不但不满于孟尝之客,其不满孟尝之意,又明言之矣。"(《四史评议》)

钟惺曰:"战国四君好客之说,春申牵入者也,其他则信陵尚矣。平原好客而眼不及孟尝,然其意犹在为国。孟尝则一意工

于自为者也。”(《史怀》)

陈仁锡曰:“太史公作四传,俱见好客意。……”又曰:“魏公子,三代以上人也;平原,亦忠臣也;孟尝,则齐之贼矣。”(《史记评林》)

吴见思曰:“四君传俱以好客为主,而信陵之客独胜;次则平原,尚有一毛遂;至孟尝之客,冯驩差强人意,余则盗贼势利之徒,写得极其不堪,而千古之下独传孟尝,何也?”(《史记论文》)

钱穆曰:“迁书记孟尝、平原、信陵、春申四公子故事,均不见于《战国策》,而如孟尝君门下之冯驩,平原君门下之毛遂,信陵君门下之侯嬴,此皆三公子三千食客中所稀遘难得之杰出人材。然世人亦仅知孟尝、平原、信陵而已,自经迁书之详载乃知孟尝、平原、信陵之得为孟尝、平原、信陵,其背后乃大有人在。此乃一番绝大提示,绝大指点。”(《现代中国学术论衡》)

平原君虞卿列传第十六

平原君赵胜[①]者，赵之诸公子[②]也。诸子中胜最贤，喜宾客，宾客盖[③]至者数千人。平原君相赵惠文王及孝成王，三去相，三复位，封于东武城[④]。

平原君家楼临民家。民家有躄[⑤]者，槃散行汲[⑥]。平原君美人居楼上，临见，大笑之。明日，躄者至平原君门，请曰："臣闻君之喜士，士不远千里而至者，以君能贵士而贱妾也。臣不幸有罢癃[⑦]之病，而君之后宫临而笑臣，臣愿得笑臣者头。"平原君笑应曰："诺。"躄者去，平原君笑曰："观此竖子，乃欲以一笑之故杀吾美人，不亦甚乎！"终不杀。居岁余，宾客门下舍人稍稍[⑧]引去者过半。平原君怪之，曰："胜所以待诸君者未尝敢失礼，而去者何多也？"门下一人前对曰："以君之不杀笑躄者，以君为爱色而贱士，士即去耳。"于是平原君乃斩笑躄者美人头，自造门[⑨]进躄者，因谢焉。其后门下乃复稍稍来。是时齐有孟尝，魏有信陵，楚有春申，故争相倾[⑩]以待士。

（以上为第一段，写平原君平日养士的情况。）

①平原君赵胜——赵武灵王之子，赵惠文王之弟。因其最早的封地在平原（今山东平原县西南），故称之为平原君。 ②诸公子——除

太子以外的国王的其他儿子。 ③盖——约略,差不多。 ④东武城——赵邑名,在今山东武城县西北。因当时赵国的西北部还有一个武城,故对此加"东"字以别之。 ⑤躄(bì)——跛,腿瘸。 ⑥槃散——行路一拐一拐的样子。 汲(jí)——从井里向上提水。 ⑦罢癃——指残疾,废疾。罢:通"疲"。段玉裁曰:"'罢'者,废置之意。凡废置不能事事曰'罢癃'。" ⑧稍稍——犹言"渐渐""逐渐"。 ⑨造门——登门。造:至。 ⑩相倾——犹言"互相竞赛""互相争夺"。倾:倒,使之归己。

秦之围邯郸,赵使平原君求救,合从[①]于楚,约与食客门下有勇力文武备具者二十人偕。平原君曰:"使文能取胜,则善矣。文不能取胜,则歃血于华屋之下[②],必得定从[③]而还。士不外索,取于食客门下足矣。"得十九人,余无可取者,无以满二十人。门下有毛遂者,前,自赞[④]于平原君曰:"遂闻君将合从于楚,约与食客门下二十人偕,不外索。今少一人,愿君即以遂备员而行矣[⑤]。"平原君曰:"先生处胜之门下几年于此矣?"毛遂曰:"三年于此矣。"平原君曰:"夫贤士之处世也,譬若锥之处囊中,其末立见[⑥]。今先生处胜之门下三年于此矣,左右未有所称诵,胜未有所闻,是先生无所有也。先生不能,先生留。[⑦]"

毛遂曰:"臣乃今日请处囊中耳。使遂蚤得处囊中,乃颖脱而出,非特其末见而已。"平原君竟与毛遂偕。十九人相与目笑之而未废[⑧]也。

毛遂比至楚,与十九人论议,十九人皆服。平原君与楚合从[⑨],言其利害,日出而言之,日中不决。十九人谓毛遂曰:"先生上。"毛遂按剑历阶而上[⑩],谓平原君曰:"从之利害,两言而决耳。今日出而言从,日中不决,何也?"楚王谓平原君曰:"客何为者也?"平原君曰:"是胜之舍人也。"楚王叱曰:"胡不下! 吾乃与而君[⑪]言,汝何为者也!"毛遂按剑而前曰:"王之所以叱遂者,以楚国之众也。今十步之内,王不得恃楚国之众也,王之命县于遂手。吾君在前,叱者何也?⑫且遂闻汤以七十里之地王天下,文王以百里之壤而臣诸侯,岂其士卒众多哉?诚能据其势而奋其威。今楚地方五千里,持戟百万,此霸王之资也。以楚之强,天下弗能当。白起,小竖子耳,率数万之众,兴师以与楚战,一战而举鄢郢,再战而烧夷陵,三战而辱王之先人。此百世之怨而赵之所羞,而王弗知恶焉。合从者为楚,非为赵也。吾君在前,叱者何也?"楚王曰:"唯唯,诚若先生之言,谨奉社稷而以从⑬。"毛遂曰:"从定乎?"楚王曰:"定矣。"毛遂谓楚王之左右曰:"取鸡狗马之血来⑭。"毛遂奉铜槃而跪进之楚王曰:"王当歃血而定从,次者吾君,次者遂⑮。"遂定从于殿上。毛遂左手持槃血而右手招十九人曰:"公相与歃此血于堂下,公等录录⑯,所谓因人成事者也。"

平原君已定从而归,归至于赵,曰:"胜不敢复相士。胜相士多者千人,寡者百数,自以为不失天下之士,今乃于毛先生而失之也。毛先生一至楚,而使赵重于九鼎大吕⑰。毛先生以三寸之舌,强于百万之师。胜不敢复相士。"遂以为上客。

(以上为第二段,写毛遂佐助平原君使楚结盟的经过。)

①合从——指东方六国间的联合。从:"纵"的古字。 ②则歃(shà)血于华屋之下——按:此文略不顺。上文既云"若文能取胜则善矣,文不能取胜……",下文应云"则必以武歃血于华屋之下"。歃血:古人盟誓时的一种仪式,宰杀牲畜,盛血以盘,盟誓者以口沾吮之。歃:吮吸。华屋:指殿堂,朝会之所。 ③定从——订好合纵盟约。 ④自赞——即自荐。赞:告。 ⑤愿君即以遂备员而行矣——备员:犹言"充数"。按:此语虽措辞委婉,但充满自信,且似不容商量。 ⑥其末立见——锥子尖立刻就会露出来。见:同"现"。 ⑦先生不能,先生留——泷川资言曰:"叠用四'先生'字,平原君声音状貌,千载如生。"按:数语逻辑推理,滚滚而下,亦不容人商量。 ⑧废——应作"发"。王念孙曰:"'废'即'发'之借字。谓目笑之而未发于口也。"(《读书杂志》) ⑨与楚合从——指与楚王讲说合纵抗秦的事情。 ⑩历

阶——一步一磴台阶。按：根据当时上台阶的礼节，每上一磴要并一下脚，然后再上第二磴。现因事情紧急，故毛遂不顾礼法历阶而上。⑪而君——你的君长。而：尔，你。 ⑫吾君在前，叱者何也——意谓当着我们君长的面，你为什么这样地叱责我呢？因为叱责随员，也就是对人家君长的无礼。 ⑬谨奉社稷而以从——按："而以从"三字略不顺，疑"而"字为衍文。"谨奉社稷以从"，犹言愿交出整个国家来听候你的使唤。 ⑭取鸡狗马之血来——《索隐》曰："盟之所用牲，贵贱不同，天子用牛及马，诸侯用犬及豭（猪），大夫已下用鸡。" ⑮次者遂——林云铭曰："把自己插入，占了多少地步。" ⑯录录——即今之所谓"庸庸碌碌"，无所作为的样子。录：今皆写作"碌"。 ⑰九鼎大吕——指传国的宝器。九鼎据说是夏禹所铸，经夏、商、周三代，一直被奉为传国之宝。大吕：《正义》曰："周庙大钟。"

平原君既返赵，楚使春申君将兵赴救赵，魏信陵君亦矫夺晋鄙军[①]往救赵，皆未至。秦急围邯郸，邯郸急，且降，平原君甚患之。邯郸传舍吏子李同说平原君曰[②]："君不忧赵亡邪？"平原君曰："赵亡则胜为虏，何为不忧乎？"李同曰："邯郸之民，炊骨易子而食[③]，可谓急矣，而君之后宫以百数，婢妾被绮縠，余粱肉，而民褐衣不完[④]，糟糠不厌[⑤]。民困兵尽，或剡木为矛矢[⑥]，而君器物钟磬自若[⑦]。使秦破赵，君安得有此？使赵得全，君何患无有？今君诚能令夫人以下编于士卒之间，分功而作[⑧]，家之所有尽散以飨士，士方其危苦之时，易德[⑨]耳。"于是平原君从之，得敢死之士三千人。李同遂与三千人赴[⑩]秦军，秦军为之却三十里。亦会楚、魏救至，秦兵遂罢，邯郸复存。李同战死，封其父为李侯[⑪]。

虞卿欲以信陵君之存邯郸[⑫]为平原君请封。公孙龙[⑬]闻之，夜驾见平原君曰："龙闻虞卿欲以信陵君之存邯郸为君请封，有之乎？"平原君曰："然。"龙曰："此甚不可。且王举君而相赵者，非以君之智能为赵国无有也。割东武城而封君者，非以君为有功也，而以国人无勋[⑭]，乃以君为亲戚故也。君受相印不辞无能，割地[15]不言无功者，亦自以为亲戚故也。今信陵君存邯郸而请封，是亲戚受城而国人计功也[16]。此甚不可。且虞卿操其两权[17]，事成，操右券以责[18]；事不成，以虚名德君，君必勿听也。”平原君遂不听虞卿。

平原君以赵孝成王十五年卒。子孙代[19]，后竟与赵俱亡。

平原君厚待公孙龙，公孙龙善为坚白之辩[20]，及邹衍过赵言至道[21]，乃绌公孙龙。

（以上为第三段，写平原君采纳李同、公孙龙的意见所做的对赵国有利的事情。）

①矫夺晋鄙军——假传王命夺取了晋鄙所统率的军队。矫：假，诈。事情详见《魏公子列传》。　②传（zhuàn）舍——公家为过往官吏歇宿而准备的馆舍。犹今之招待所。　李同——即李谈。司马迁为避父讳而写作李同。《说苑》作“李谈”。　③炊骨易子而食——炊骨：谓以骨为柴。易子而食：谓人不忍自食其子，故与人交换而食之。极言围城中的山穷水尽之状。　④褐衣不完——连件完整的粗布短衣都穿不上。　⑤糟糠不厌——连吃糟糠都不能管够。厌：后作“餍”，饱，足。中井积德曰：“‘褐衣不完’二句疑错文，宜在上文‘炊骨’之上，‘而民’二字衍文。”　⑥剡（yǎn）木为矛矢——削尖木棍当兵器用。剡：削尖。⑦钟磬——乐器名。　自若——和从前一样。　⑧分功而作——意谓也和别人一样领一份任务，一同劳动。功：劳动任务。　⑨易德——容易取得别人对自己的感谢。　⑩赴——扑向，冲击。　⑪李侯——封邑在李（今河南温县西南故李城），故称李侯。　⑫信陵君之存邯郸——详见《魏公子列传》。信陵君是平原君的亲戚，信陵君的军队又是平原君请来的，所以邯郸得救，平原君也有其功。　⑬公孙龙——赵人，是当时以讲形式逻辑与诡辩著称的学者。《汉书·艺文志》载有《公孙龙子》十四篇，属名家类。　⑭非以君为有功也，而以国人无勋——二句文字不顺，应作：“非以君为有功而国人无勋也。”　⑮割地——指接受封地。　⑯亲戚受城而国人计功——意谓你以前是凭着亲戚的身份来接受封地，现在又以普通人的身份计算功劳来向国家讨

价还价。 ⑰操其两权——意即把着两边，两头都吃着。权：权柄，把柄。 ⑱操右券以责——像债主一样地手持契约向你讨取报酬。券：指契约。古代的契约都是中分为二，债权人持其右半，称为右券，可以持之向借贷者讨钱。 ⑲子孙代——后世相继为平原君。 ⑳坚白之辩——辩论“坚”与“白”的区别。他说一块白石头，就眼睛来看，只能得到“白”的概念；用手来摸，只能得到“坚”的概念，所以“坚”和“白”是两个概念，不能合而为一。见《公孙龙子·坚白篇》。 ㉑至道——真正的道理。

虞卿者，游说之士也。蹑蹻檐簦[①]说赵孝成王。一见，赐黄金百镒，白璧一双；再见，为赵上卿，故号为虞卿[②]。

秦赵战于长平，赵不胜，亡一都尉。赵王召楼昌[③]与虞卿曰：“军战不胜，尉复死，寡人使束甲而趋之[④]，何如？”楼昌曰：“无益也，不如发重使为媾[⑤]。”虞卿曰：“昌言媾者，以为不媾军必破也。而制媾[⑥]者在秦。且王之论秦也，欲破赵之军乎，不邪？”王曰：“秦不遗余力矣，必且欲破赵军。”虞卿曰：“王听臣，发使出重宝以附楚、魏，楚、魏欲得王之重宝，必内[⑦]吾使。赵使入楚、魏，秦必疑天下之合从，且必恐。如此，则媾乃可为也。”赵王不听，与平阳君为媾[⑧]，发[⑨]郑朱入秦。秦内之。赵王召虞卿曰：“寡人使平阳君为媾于秦，秦已内郑朱矣，卿以为奚如？”虞卿对曰：“王不得媾，军必破矣。天下贺战胜者皆在秦矣。郑朱，贵人也，入秦，秦王与应侯必显重[⑩]以示天下。楚、魏以赵为媾，必不救王。秦知天下不救王，则媾不可得成也。”应侯果显郑朱以示天下贺战胜者，终不肯媾。长平大败，遂围邯郸，为天下笑。

秦既解邯郸围，而赵王入朝[⑪]，使赵郝约事于秦[⑫]，割六县而媾。虞卿谓赵王曰：“秦之攻王也，倦而归乎？王以其力尚能进，爱王而弗攻乎？”王曰：“秦之攻我也，不遗余力矣，必以倦而归也。”虞卿曰：“秦以其力攻其所不能取，倦而归，王又以其力之所不能取以送之，是助秦自攻也。来年秦复攻王，王无救矣。”王以虞卿之言告赵郝。赵郝曰："虞卿诚能尽秦力之所至乎[13]？诚知秦力之所不能进[14]，此弹丸之地弗予，令秦来年复攻王，王得无割其内而媾乎？"王曰："请听子割矣，子能必使来年秦之不复攻我乎？"赵郝对曰："此非臣之所敢任也。他日三晋之交于秦，相善也[15]。今秦善韩、魏而攻王，王之所以事秦必不如韩、魏也。今臣为足下解负亲之攻[16]，开关通币，齐交韩、魏[17]；至来年而王独取攻于秦[18]，此王之所以事秦必在韩、魏之后也。此非臣之所敢任也。"

王以告虞卿。虞卿对曰："郝言'不媾，来年秦复攻王，王得无割其内而媾乎？'今媾，郝又以不能必秦之不复攻也。今虽割六城，何益？来年复攻，又割其力所不能取而媾，此自尽之术也，不如无媾。秦虽善攻，不能取六县；赵虽不能守，终不失六城。秦倦而归，兵必罢[19]。我以六城收天下[20]以攻罢秦，是我失之于天下而取偿于秦也。吾国尚利，孰与坐而割地，自弱以强秦哉？今郝曰'秦善韩、魏而攻赵者，必以王之事秦不如韩、魏也'，是使王岁以六城事秦也，即坐而城尽。来年秦复求割地，王将与之乎？弗与，是弃前功而挑秦祸也；与之，则无地而给之。语曰：'强者善攻，弱者不能守。'今坐而听秦，秦兵不弊而多得地，是强秦而弱赵也。以益强之秦而割愈弱之赵，其计故不止矣[21]。且王之地有尽而秦之求无已，以有尽之地而给无已之求，其势必无赵矣。"

赵王计未定，楼缓[22]从秦来，赵王与楼缓计之，曰："予秦地如毋予，孰吉[23]？"缓辞让曰："此非臣之所能知也。"王曰："虽然，试言公之私[24]。"楼缓对曰："王亦闻夫公甫文伯母乎？公甫文伯仕于鲁，病死，女子为自杀于房中者二人。其母闻之，弗哭也。其相室[25]曰：'焉有子死而弗哭者乎？'其母曰：'孔子，贤人也，逐于鲁，而是人不随也。今死而妇人为之自杀者二人，若是者必其于长者薄而于妇人厚也。'故从母言之，是为贤母；从妻言之，是必不免为妒妻。故其言一也，言者异则人心[26]变矣。今臣新从秦来,而言‘勿予’,则非计也;言‘予之’,恐王以臣为为秦也:故不敢对。使臣得为大王计,不如予之。”王曰:“诺。”

虞卿闻之,入见王曰:“此饰说也,王慎勿予!”楼缓闻之,往见王。王又以虞卿之言告楼缓。楼缓对曰:“不然。虞卿得其一,不得其二。夫秦赵构难而天下皆说,何也?曰:‘吾且因强而乘弱[27]矣。’今赵兵困于秦,天下之贺战胜者则必尽在于秦矣,故不如亟割地为和,以疑天下而慰秦之心。[28]不然,天下将因秦之强怒,乘赵之弊,瓜分之。赵且亡,何秦之图乎?故曰虞卿得其一,不得其二。愿王以此决之,勿复计也。”

虞卿闻之,往见王曰:“危哉,楼子之所以为秦者!是愈疑天下,而何慰秦之心哉?独不言其示天下弱乎?且臣言‘勿予’者,非固勿予而已也。秦索六城于王,而王以六城赂齐。齐,秦之深仇也,得王之六城,并力西击秦,齐之听王,不待辞之毕也。则是王失之于齐而取偿于秦也。而齐、赵之深仇可以报矣,而示天下有能为也。王以此发声[29],兵未窥于境[30],臣见秦之重赂至赵而反媾于王也。从秦为媾[31],韩、魏闻之,必尽重王;重王,必出重宝以先于王[32],则是王一举而结三国之亲,而与秦易道[33]也。”赵王曰:“善。”则使虞卿东见齐王,与之谋秦。虞卿未返,秦使者已在赵矣。楼缓闻之,亡去。赵于是封虞卿以一城。

居顷之,而魏请为从[34],赵孝成王召虞卿谋。过平原君,平原君曰:“愿卿之论从[35]也。”虞卿入见王。王曰:“魏请为从。”对曰:“魏过。”王曰:“寡人固未之许。”对曰:“王过。”王曰:“魏请从,卿曰魏过,寡人未之许,又曰寡人过,然则从终不可乎?”对曰:“臣闻小国之与大国从事[36]也,有利则大国受其福,有败则小国受其祸。今魏以小国请其祸,而王以大国辞其福,臣故曰王过,魏亦过。窃以为从便。”王曰:“善。”乃合魏为从。

虞卿既以魏齐之故,不重万户侯卿相之印,与魏齐间行,卒去赵,困于梁[37]。魏齐已死,不得意,乃著书[38]。上采《春秋》,下观近世，曰《节义》《称号》《揣摩》《政谋》，凡八篇，以刺讥国家得失，世传之曰《虞氏春秋》。

（以上为第四段，写虞卿坚守合纵，为维护赵国利益所作的贡献。）

①蹑蹻(jué)——穿着草鞋。蹻：草鞋。　檐簦(dēng)——犹今之所谓“打着伞”。檐：通“担”，扛，打着。簦：长柄笠。即伞。都是走远路的用具。指远行。　②号为虞卿——《集解》引谯周曰：“食邑于虞。”泷川资言曰：“虞，其氏，故命其节曰《虞氏春秋》；卿，盖其字，犹荀卿、荆卿之类，未必为上卿之故。”　③楼昌——赵将。　④使束甲而趋之——谓使长平赵军进攻秦军，与之决战。束甲：犹言“卷甲”，为奔袭敌人，故卷甲而行以求速。　⑤重使——重要的使臣。　媾(gòu)——求和。　⑥制媾——在媾和当中起决定作用。制：控制，决定。　⑦内——“纳”的古字，接纳。　⑧平阳君——即赵豹，惠文王之胞弟，孝成王之叔。　为媾——指决定求和。　⑨发——派遣。派郑朱入秦为质。　⑩显重——谓假意“显重”郑朱，以离间东方他国与赵国的关系，从而更加孤立赵国。　⑪入朝——谓往朝秦王。　⑫约事于秦——约定好从此服从秦国。　⑬诚能尽秦力之所至乎——真的能估计秦国力量最大到什么程度吗？　⑭诚知秦力之所不能进——按：此句下面缺东西，应作：“诚知秦力之所不能进，则可矣；不者，此弹丸之地弗予，令秦明年复来攻，王得无割其内而媾乎？”割其内：谓不止割此六县，还要割更靠后的地盘给秦国。　⑮他日三晋之交于秦，相善也——大意为，过去韩、赵、魏三国和秦国的关系，都是好的。按：此处的行文略不顺，《新序》记此事作“他日三晋之交与秦，相若也”。言三国过去与秦国的关系，都差不多。语意比较明晰。　⑯解负亲之攻——解除因背叛盟国而招来的攻击。负亲：背叛亲交。指接受韩国的上党地区，而举兵抵抗秦军事，这是长平之战的起因。详见《廉蔺列传》。　⑰齐交韩、魏——让赵国与秦国的关系能够和韩魏与秦国的关系相同。　⑱取攻于秦——招来秦国的攻击。　⑲罢——通“疲”，疲惫。　⑳以六城收天下——豁出六个城去，用以收买拉拢东方的各个国家。　㉑其计故不止矣——他们（秦国）的打算就会更加没完没了啦。故：“固”，势必。　㉒楼缓——亦为当时有名的辩士。亲秦派。

㉓予秦地如毋予,孰吉——犹言割地给秦国与不割地给秦国哪个好。如:与,和。 ㉔试言公之私——犹言试谈一下你个人的意见。 ㉕相室——协助处理家事者,如师傅、保姆之类。相:佐助。 ㉖人心——指别人的想法、看法。 ㉗因强而乘弱——言东方各国都想趁机借着秦国的力量来侵凌赵国。乘:凌驾、侵凌。 ㉘疑天下——使东方各国疑心赵与秦的关系好(而不敢攻赵)。 慰秦——安慰、讨好秦国。 ㉙发声——宣布、声张。 ㉚兵未窥于境——犹言等不到齐赵之兵接近秦国的边境。 ㉛从秦为媾——答应秦国,和他讲和。 ㉜先于王——争先地结好于您。 ㉝易道——犹言“易地”,互相更换了主动与被动的地位。 ㉞魏请为从——魏国请求与赵国联合。 ㉟论从——论述合纵的好处。即劝赵王与魏联合。 ㊱从事——打交道。指两国联合。 ㊲“以魏齐之故”五句——魏齐原是魏相,曾毒打过范雎。范雎后为秦相,恃秦国之强,向魏国索取魏齐。魏齐逃至赵国投平原君。秦国又向赵国索取。赵王惧,欲捕之以献。虞卿时为赵相,谏赵王不听,于是乃弃相印伴魏齐一同奔魏投信陵君。信陵君迟疑未见,魏齐遂羞愤自杀,虞卿亦留居、穷困于大梁。事情参见《范雎蔡泽列传》。间行:潜行。 ㊳不得意,乃著书——梁玉绳曰:“虞卿尝再相赵,则其著书非穷愁之故,史误言之也。”

太史公曰:平原君,翩翩浊世之佳公子也,然未睹大体[①]。鄙语曰:“利令智昏。”平原君贪冯亭邪说[②],使赵陷长平兵四十余万众,邯郸几亡。虞卿料事揣情,为赵画策,何其工也!及不忍魏齐,卒困于大梁,庸夫且知其不可,况贤人乎?然虞卿非穷愁,亦不能著书以自见于后世云[③]。

(以上为第四段,是作者的论赞。作者对平原君的浅薄平庸予以批评,而对虞卿的品质才干则给予了高度评价,对其穷困境遇表现了深切同情。)

①未睹大体——不识大局。 ②贪冯亭邪说——赵孝成王四年(前262),秦国攻韩,韩王割其上党地区(今山西的晋东南地区,相当于长治和晋城两市全境)归秦。上党守冯亭不欲降秦,而愿降赵。时平

阳君赵豹反对，而平原君赵胜则劝赵王接受冯亭的投降，于是引起了秦赵之间的长平之战。　③“然虞卿非穷愁”二句——凌稚隆曰：“太史公亦因以自见云。”（《史记评林》）林云铭曰：“赞中以‘未睹大体’一语为平原君写照，是平日之喜宾客皆成末节可知。至论虞卿扬而又抑，抑而又扬，以能著书于后世，虽卿相之荣不与易，则二人之轩轾自见。先辈以为太史公自寄其意，良然。”（《古文析义》）

［**简评**］　作品围绕长平之战，邯郸之围，记叙了平原君在坚守合纵，维护赵国利益方面所进行的活动。作者对平原君的平庸无识，以及他养士的徒有其名是不满的，这与信陵君不能相提并论（这点应再参看《赵世家》《魏公子列传》）；但是平原君能听人劝谏，忠于国家，这与孟尝君的一切为图谋私利，甚至不惜勾引敌兵自伐其国，亦不可同日而语。

［**集评**］　《太史公自序》：“争冯亭以权，如楚以救邯郸之围，使其君复称于诸侯，作《平原君虞卿列传》第十六。”

苏辙曰：“赵胜倾身下士，以窃一时之声可耳；至于为国计虑，胜不知也。赵欲距燕，有廉颇、赵奢不能用，而割地与齐以借田单，知单之贤而不知其不为赵用也。及韩冯亭以上党嫁祸于赵，赵豹明其不可，而胜贪取之。长平之祸成于胜一言，此皆贵公子不知务之祸也。乃欲使之相危国，拒强秦，难矣哉！”又曰：“游说之士皆历抵诸侯，以左右网其利，独虞卿始终事赵，专持从说，其言前后可考，无翻覆之病。观其赴魏齐之急，捐相印、弃万户侯而不顾，此固义侠之士，非说客也哉！”（《古史》）

黄震曰：“去谗而远色，固尊贤之道也。平原君以宾客稍引去，乃斩笑躄者美人头，虽曰人情所难，然已甚矣。邯郸之急，得毛遂以合楚之从，得李同募死士以须楚、魏之救，邯郸之获全，固平原君力也。然向使不受上党之嫁祸，则赵必无长平之败，亦必无邯郸之围，平原之功于是不足赎误国之罪矣。太史公谓‘使赵陷长平兵四十余万，邯郸几亡’，非欤？而谯周乃称‘长平之陷，易将之咎，何怨平原’吁，何惑也！”

又曰：“秦攻长平，虞卿劝赵附楚、魏以和秦，而后秦可和。赵不听，故秦卒不和，而赵大败。其后赵将割六城事秦，虞卿使于齐以谋秦，而秦反和赵。及魏欲与赵约从，则卿亟劝成之。卿无言不效，无谋不忠，大要归于结和邻国以自重，而使秦反轻，此至当不易之说也，与一时东西捭阖之士异矣。弃赵卿相，而与故交魏齐俱困大梁，以著《虞氏春秋》，其必有决烈之见，而岂其愚也哉！”（《黄氏日钞》）

鲍彪曰：“虞卿可谓见善明者矣，当赵以四十万覆于长平之下，凡在赵庭（廷）之臣孰不魄夺气丧，愿媾秦以偷须臾之宁？卿独为之延虑却顾，折楼缓之口，挫强秦之心，反使秦人先赵而媾。于此亦足以见从者天下之势。七国辩士策必中、计必得，而不失其正，惟卿与陈轸有焉，贤矣哉！”（《战国策注》）

吴见思曰：“此传史公剪取战国之文，故另是一种笔仗，纯以姿致风度为妙，绝无粗踈生矫之态，读之觉和易近人。……两传最佳者，则毛遂定楚从处，如华岳插天，不阶寸土，而奇峰怪石，劈面相迎；虞卿对郝、缓处，如山泉下垂，逐层喷落，而平流容与，曲折骏使，各成其妙。”（《史记论文》）

李景星曰：“赵国兵祸，莫甚于长平之败，莫急于邯郸之围，当时能为赵援，使之弱而不至于亡者，楚、魏是也。平原君克致楚、魏之师，虞卿亦尝劝赵王发使以附楚、魏；及秦兵退后，虞卿又欲以邯郸之存为平原君请封，二人于赵均有关系，而虞卿之于平原君，又独自有关系，故史公以之合传。”（《四史评议》）

洪迈曰：“《太史公书》不待称说，若云褒赞其高古简妙处，殆是摹写星日之光辉，多见其不知量也。然予每展读至魏世家、苏秦、平原君、鲁仲连传，未尝不惊呼击节，不自知其所以然。……

平原君使楚，客毛遂愿行。君曰：‘先生处胜之门下几年于此矣？’曰：‘三年于此矣。君曰：‘先生处胜之门下三年于此矣，左右未有所称诵，胜未有所闻，是先生无所有也。先生不能，先生留。’遂力请行，面折楚王，再言‘吾君在前，叱者何也？’至左手持盘血，而右手招十九人于堂下，其英姿雄风，千载而下尚可想见，使人畏而仰之。卒定从而归，至于赵，平原君曰：‘胜不敢复相士，胜相士多者千人，寡者百数，今乃于毛先生而失之。毛先生一至楚，而使赵重于九鼎大吕；毛先生以三寸之舌，强于百万之师。胜不敢复相士。’……是三者重沓熟复，如骏马下注千丈坡，其文势正尔，风行于上而水波，真天下之至文也。”（《容斋随笔》）

姚苎田曰：“唐人咏史有‘买丝绣出平原君’，又‘未知肝胆向谁是，令人却忆平原君’……而其附见于《范雎传》中者，平原之肝胆可以矢天地而泣鬼神。”（《史记菁华录》）

魏公子列传第十七

魏公子无忌者，魏昭王少子而魏安釐王异母弟也。昭王薨，安釐王即位，封公子为信陵[1]君。是时范雎亡魏相秦[2]，以怨魏齐故，秦兵围大梁，破魏华阳下军，走芒卯。魏王及公子患之。

公子为人仁而下士，士无贤不肖皆谦而礼交之，不敢以其富贵骄士。士以此方数千里争往归之，致食客三千人。当是时，诸侯以公子贤，多客，不敢加兵谋魏十余年。[3]

公子与魏王博[4]，而北境传举烽，言"赵寇至，且入界"。魏王释博，欲召大臣谋。公子止王曰："赵王田猎耳，非为寇也。"复博如故。王恐，心不在博。居顷，复从北方来传言曰："赵王猎耳，非为寇也。"魏王大惊，曰："公子何以知之？"公子曰："臣之客有能深得赵王阴事者，赵王所为，客辄以报臣，臣以此知之。"是后魏王畏公子之贤能，不敢任公子以国政。

魏有隐士曰侯嬴，年七十，家贫，为大梁夷门监者[5]。公子闻之，往请，欲厚遗之。不肯受，曰："臣修身洁行数十年，终不以监门困故而受公子财。"公子于是乃置酒大会宾客。坐定，公子从车骑，虚左[6]，自迎夷门侯生。侯生摄[7]敝衣冠，直上载公子上坐，不让，欲以观公子。公子执辔愈恭。侯生又谓公子曰："臣有客在市屠中，愿枉[8]车骑过之。”公子引车入市，侯生下见其客朱亥，俾倪[9]故久立与其客语，微察公子。公子颜色愈和。当是时，魏将相宗室宾客满堂，待公子举酒。市人皆观公子执辔。从骑皆窃骂侯生。侯生视公子色终不变，乃谢客就车。至家，公子引侯生坐上坐，遍赞宾客[10]，宾客皆惊。酒酣，公子起，为寿侯生前。侯生因谓公子曰：“今日嬴之为公子亦足矣。嬴乃夷门抱关[11]者也，而公子亲枉车骑，自迎嬴于众人广坐之中，不宜有所过[12]，今公子故过之。然嬴欲就公子之名，故久立公子车骑市中，过客以观公子，公子愈恭。市人皆以嬴为小人，而以公子为长者能下士也。”于是罢酒，侯生遂为上客。

侯生谓公子曰：“臣所过屠者朱亥，此子贤者，世莫能知，故隐屠间耳。”公子往数请之，朱亥故不复谢，公子怪之。

（以上为第一段，写信陵君的平日养士，尤其是着重写了信陵君礼待侯嬴的情况。）

①信陵——古邑名，在今河南宁陵西。　②范雎亡魏相秦——范雎字叔，原魏人，因遭须贾诬陷，几被魏齐（时为魏相）打死。后来逃到秦国，改名张禄，为秦昭王相。详见《范雎蔡泽列传》。　③“诸侯以公子贤”三句——郭嵩焘曰：“按《魏世家》，安釐王元年，秦拔魏两城；二年，又拔二城；三年，拔四城；四年，秦破魏，予秦南阳以和；九年，秦拔魏怀；十一年，秦拔魏郪丘；齐楚攻魏，秦救之，魏王因欲伐韩求故地，信陵君谏；二十年，秦围邯郸，信陵君矫夺晋鄙军救赵。盖自魏安釐王立，无岁不有秦兵。是时秦益强，六国日益弱，而赵将楼昌攻魏几，廉颇攻魏房子，又攻安阳。所谓‘诸侯不敢加兵谋魏十余年’，是史公极意描写之笔，无事实也。”　④博——下棋。　⑤夷门监者——夷门的守门人。夷门：魏都大梁（今河南开封）的东门。　⑥虚左——空着左边的座位，当时以左为尊位。　⑦摄（shè）——整理。　⑧枉——委屈，屈就。谦辞。　⑨俾倪——同“睥睨”，斜视，用余光偷看人。　⑩遍赞宾客——一个个地把宾客向侯生做了介绍。赞：说明，介绍。　⑪抱关——守门。　⑫过——过分。指超出常格的礼数。

魏安釐王二十年，秦昭王已破赵长平军，又进兵围邯郸。公子姊为赵惠文王弟平原君夫人，数遗魏王及公子书，请救于魏。魏王使将军晋鄙将十万众救赵。秦王使使者告魏王曰："吾攻赵旦暮且下，而诸侯敢救者，已拔赵，必移兵先击之。"魏王恐，使人止晋鄙，留军壁邺，[①]名为救赵，实持两端以观望。平原君使者冠盖相属于魏，让魏公子曰："胜所以自附为婚姻者，以公子之高义，为能急人之困。今邯郸旦暮降秦而魏救不至，安在公子能急人之困也！且公子纵轻胜，弃之降秦，独不怜公子姊邪？"公子患之，数请魏王，及宾客辩士说王万端。魏王畏秦，终不听公子。公子自度终不能得之于王，计不独生而令赵亡，乃请宾客，约车骑百余乘，欲以客往赴秦军，与赵俱死。

行过夷门，见侯生，具告所以欲死秦军状。辞决而行，侯生曰："公子勉之矣！老臣不能从。"公子行数里，心不快，曰："吾所以待侯生者备矣，天下莫不闻，今吾且死而侯生曾无一言半辞送我，我岂有所失哉？"复引车还，问侯生。侯生笑曰："臣固知公子之还也。"曰："公子喜士，名闻天下。今有难，无他端[②]而欲赴秦军，譬若以肉投馁虎，何功之有哉？尚安事客？然公子遇臣厚，公子往而臣不送，以是知公子恨之复返也。"公子再拜，因问。侯生乃屏人间语，曰："嬴闻晋鄙之兵符常在王卧内，而如姬最幸，出入王卧内，力能窃之。嬴闻如姬父为人所杀，如姬资[③]之三年，自王以下欲求报其父仇，莫能得。如姬为公子泣，公子使客斩其仇头，敬进如姬。如姬之欲为公子死，无所辞，顾未有路耳。公子诚一开口请如姬，如姬必许诺，则得虎符夺晋鄙军，北救赵而西却秦，此五霸之伐[④]也。"公子从其计，请如姬，如姬果盗晋鄙兵符与公子。

公子行，侯生曰："将在外，主令有所不受，以便国家。公子即合符，而晋鄙不授公子兵而复请之，事必危矣。臣客屠者朱亥可与俱,此人力士。晋鄙听,大善;不听,可使击之。”于是公子泣。侯生曰:“公子畏死邪?何泣也?”公子曰:“晋鄙嚄唶[⑤]宿将,往恐不听,必当杀之,是以泣耳,岂畏死哉?”于是公子请朱亥。朱亥笑曰:“臣乃市井鼓刀屠者,而公子亲数存[⑥]之,所以不报谢者,以为小礼无所用。今公子有急,此乃臣效命之秋也。”遂与公子俱。公子过谢侯生。侯生曰:“臣宜从,老不能。请数公子行日,以至晋鄙军之日,北乡自刭,以送公子。”公子遂行。

至邺,矫魏王令代晋鄙。晋鄙合符,疑之,举手视公子曰:“今吾拥十万之众,屯于境上,国之重任。今单车来代之,何如哉?”欲无听。朱亥袖四十斤铁椎,椎杀晋鄙,公子遂将晋鄙军。勒兵下令军中曰:“父子俱在军中,父归;兄弟俱在军中,兄归;独子无兄弟,归养。”得选兵[⑦]八万人,进兵击秦军。秦军解去,遂救邯郸,存赵。赵王及平原君自迎公子于界,平原君负韊矢为公子先引[⑧]。赵王再拜曰:“自古贤人未有及公子者也。”当此之时,平原君不敢自比于人。公子与侯生决,至军,侯生果北乡自刭。

魏王怒公子之盗其兵符,矫杀晋鄙,公子亦自知也。已却秦存赵,使将将其军归魏,而公子独与客留赵。赵孝成王德公子之矫夺晋鄙兵而存赵,乃与平原君计,以五城封公子。公子闻之,意骄矜而有自功之色。客有说公子曰:“物有不可忘,或有不可不忘。夫人有德于公子,公子不可忘也;公子有德于人,愿公子忘之也。且矫魏王令,夺晋鄙兵以救赵,于赵则有功矣,于魏则未为忠臣也。公子乃自骄而功之,窃为公子不取也。”于是公子立自责,似若无所容者。赵王埽除自迎,执主人之礼,引公子就西阶[⑨]。公子侧行辞让,从东阶上。自言罪过,以负于魏,无功于赵。赵王侍酒至暮,口不忍献五城,以公子退让也。公子竟留赵。赵王以鄗为公子汤沐邑,[⑩]魏亦复以信陵奉公子。公子留赵。

(以上为第二段,写信陵君在侯嬴、朱亥等人协助下完成窃符救赵这一历史壮举的经过。)

①壁——营垒。这里用作动词,驻扎。 邺——古都邑名,在今河北临漳。 ②他端——其他办法。端:头绪、办法。 ③资——蓄积,存在心里。一说,给,购求。 ④五霸之伐——春秋五霸一样的功业。伐:功业。 ⑤嚄唶(huò zé)——形容气势盛。用以形容勇士的威猛。 ⑥存——恤问。 ⑦选兵——犹言"精兵",经过挑选的士兵。《廉颇蔺相如列传》有所谓"选车""选骑",与此意同。 ⑧"平原君负韊(lán)矢"句——韊矢:装着箭的箭囊。替人家背着箭囊在前引路,表示最大的感谢与最高的敬意。 ⑨引公子就西阶——《礼记·曲礼上》:主人就东阶,客就西阶。客若降等,则就主人之阶。 ⑩鄗(hào)——地名,在今河北柏乡北。 汤沐邑——古代诸侯因要按时往朝天子,故天子在其京郊附近赐给诸侯一块领地,以供他们"斋戒沐浴"的开销之用。此地称为汤沐邑。

公子闻赵有处士[1]毛公藏于博徒,薛公藏于卖浆家,公子欲见两人,两人自匿不肯见公子。公子闻所在,乃间步[2]往从此两人游,甚欢。平原君闻之,谓其夫人曰:"始吾闻夫人弟公子天下无双,今吾闻之,乃妄从博徒卖浆者游,公子妄人耳。"夫人以告公子,公子乃谢夫人去,曰:"始吾闻平原君贤,故负魏王而救赵,以称[3]平原君。平原君之游,徒豪举耳,不求士也。无忌自在大梁时,常闻此两人贤,至赵,恐不得见。以无忌从之游,尚恐其不我欲也,今平原君乃以为羞,其不足从游。"乃装为去。夫人具以语平原君,平原君乃免冠谢,固留公子。平原君门下闻之,半去平原君归公子,天下士复往归公子,公子倾[4]平原君客。

公子留赵十年不归。秦闻公子在赵,日夜出兵东伐魏。魏王患之,使使往请公子。公子恐其怒之,乃诫门下:"有敢为魏王使通者,死。"宾客皆背魏之赵,莫敢劝公子归。毛公、薛公两人往见公子曰:"公子所以重于赵,名闻诸侯者,徒以有魏也。今秦攻魏,魏急而公子不恤,使秦破大梁而夷先王之宗庙,公子当何面目立天下乎?”语未及卒,公子立变色,告车趣驾⑤归救魏。

(以上为第三段,写信陵君礼待毛薛二公,并在二人劝导下返魏救国的经过。)

①处士——有才德而隐居不仕的人。 ②间步——改形容变服步行。 ③称——称心,合意。 ④倾——倒,使之倒向一方。 ⑤告车趣(cù)驾——告诉管车马的人迅即驾驭车马速行。趣:急促,迅速。

魏王见公子,相与泣,而以上将军印授公子,公子遂将。魏安釐王三十年,公子使使遍告诸侯。诸侯闻公子将,各遣将将兵救魏。公子率五国之兵破秦军于河外①,走蒙骜②。遂乘胜逐秦军至函谷关,抑秦兵,秦兵不敢出。当是时,公子威振天下。诸侯之客进兵法,公子皆名之③,故世俗称《魏公子兵法》。

秦王患之,乃行金万斤于魏,求晋鄙客,令毁公子于魏王曰:“公子亡在外十年矣,今为魏将,诸侯将皆属,诸侯徒闻魏公子,不闻魏王。公子亦欲因此时定南面而王,诸侯畏公子之威,方欲共立之。”秦数使反间,伪贺公子得立为魏王未也。魏王日闻其毁,不能不信,后果使人代公子将。公子自知再以毁废,乃谢病不朝,与宾客为长夜饮,饮醇酒,多近妇女。日夜为乐饮者四岁,竟病酒而卒。其岁,魏安釐王亦薨。

秦闻公子死,使蒙骜攻魏,拔二十城,初置东郡。其后秦稍蚕食魏,十八岁而虏魏王,屠大梁。

高祖始微少时,数闻公子贤。及即天子位,每过大梁,常祠公子。高祖十二年,从击黥布还,为公子置守冢五家,世世岁以四时奉祠公子。

(以上为第四段,写信陵君归国后晚年的遭遇。)

①“公子率五国之兵”句——五国:指韩、赵、楚、齐、燕。河外:古代称今河南省之黄河以南地区曰“河外”;称其黄河以北曰“河内”。 ②蒙骜——秦将,蒙恬的祖父,为秦上卿。 ③公子皆名之——总的署名为魏公子。按:古代召集许多人集体著书,以召集者的名字命名,是

常有的事,如《吕氏春秋》《淮南子》等都是,不能以今天的观点视为剽掠。

太史公曰:吾过大梁之墟,求问其所谓夷门。夷门者,城之东门也。天下诸公子亦有喜士者矣,然信陵君之接岩穴隐者,不耻下交,有以也。名冠诸侯,不虚耳。高祖每过之而令民奉祠不绝也。

(以上为第五段,是作者的论赞,表现了作者对信陵君的无限敬仰之情。)

[**简评**] 本篇主旨在于歌颂信陵君的礼贤下士和侯嬴诸人的“士为知己者死”。作者对他们的表现表达了高度的钦敬,对信陵君这个一身系魏国安危的人物的悲惨结局,寄予了极大的感慨和同情。史公《自序》云:“能以富贵下贫贱,贤能诎于不肖,唯信陵君为能之,作《魏公子列传》。”很明确,本篇要表现的中心问题是魏公子的礼贤下士,这是司马迁的一个重要的社会理想。信陵君还有一篇关系魏国安危的大议论,因与本篇中心不合,故载于《魏世家》了。本文写侯嬴,在于突出他为知己者死。但是侯嬴与程婴、聂政之流不同,后者只是为了某一个人,它所反映的乃是一种收买与被收买、豢养与被豢养的关系;侯嬴等人的活动是为了抗秦救赵,而救赵亦是为救魏国自己,事关重大,二者不可等量齐观。窃符救赵是本文的中心事件,这个事件的成功是信陵君礼贤下士的结果,也是侯嬴等士为知己者死的归宿,政治色彩极其鲜明。这是本篇人物形象之所以分外感人的决定因素,也是本篇文章之所以远远高出孟尝、平原、春申三传的根本原因。后人于战国四公子中,特别推崇魏公子,这是完全可以理解的。

［**集评**］《太史公自序》:“能以富贵下贫贱,贤能诎于不肖,唯信陵君为能行之,作《魏公子列传》第十七。”

荀况曰:“能抗君之命,窃君之重,反君之事,以安国之危、除君之辱,功伐足以成国之大利,谓之拂……信陵君之于魏可谓‘拂’矣。传曰‘从道不从君’,此之谓也。”(《荀子·臣道》)

茅坤曰:“信陵君是太史公胸中得意人,故本传亦太史公得意文。”(《史记钞》)

郭沫若曰:“信陵君和如姬那样的历史人物,是不是值得称颂呢?我认为在关于‘窃符救赵’这一件事上是值得称颂的。这在当时是不失为一种爱国行动,譬如荀子便很称赞信陵君,称之为‘拂臣’……信陵君在战国四公子中要算是最好的一个,最坏的是孟尝君。他们虽然先后齐名,但本质悬殊,不能相比。信陵君是有著作的人,和‘鸡鸣狗盗之雄’毕竟不同。”(《由〈虎符〉说到悲剧精神》)

李晚芳曰:“战国四君,皆以好士称,惟信陵之好出自中心。观其下交岩穴,深得孟氏不挟之旨。盖其质本仁厚,性复聪慧。聪慧则能知人用人,仁厚则待贤自有一段惓慕不尽之真意,非勉强矫饰者可比,此贤士所以乐为用也。余三君,孟尝但营私耳,平原徒豪举耳,黄歇愈不足道,类皆好士以自为,而信陵则好士以为国也。好士为国,故其得士之效,亦动关乃国之奠安。得侯生而救赵之功成,救赵即救魏也;得毛薛而救魏摈秦之功成。秦,天下之仇,而魏则祖宗之国也。以信陵之才,自足以存魏强魏,而所取之士,皆多奇谋卓见,足以赞其存魏强魏之功。故未任事,则天下畏其贤而多客,不敢窥魏;一任事,能使暴秦辄退走不迭,而天下诸侯皆亲魏。乃两以毁废,此天之不祚魏也。‘竟病酒而卒’五字,太史公痛惜之声,泪溢笔下。即以魏亡缀诸传末,以其有系于魏之存亡也。”

又曰:“篇中摹写其下交贫贱,一种虚衷折节,自在心性中流出。太史公以秀逸之笔，曲曲传之，不特传其事，而并传其神。迄今读之，犹觉数贤人倾心相得之神、尽心尽策之致活现纸上，真化工笔也。”（《读史管见》）

汤谐曰：“一篇是救赵抑秦两截，起手将线路一一提清，已后一气贯注。当时秦患已极，六国中公卿将相，惟信陵真能下士，从谏若流，故独能抑秦。救赵正所以抑秦，而非其始能救赵，则后亦不能抑秦也。文二千五百余字，而‘公子’字凡一百四十余，见极尽慨慕之意。其神理处处酣畅，精彩处处焕发，体势处处密栗，态味处处浓郁，机致处处飞舞，节奏处处铿锵。初读之爱其诸美毕兼，领取无尽；读之既久，更如江心皓月，一片空明，我终不能测其意境之所至矣！”（《史记半解》）

李景星曰：“通篇以‘客’起，以‘客’结，最有照应。中间所叙之客，如侯生，如朱亥，如毛公、薛公，固卓卓可称；余如探赵阴事者，万端说赵王者，与百乘赴秦军者，斩如姬仇头者，说公子忘德者，背魏之赵者，进兵法者，亦皆随事见奇，相映成姿。盖魏公子一生大节在救赵却秦；成救赵却秦之功，全赖乎客；而所以得客之力，实本于公子之好客。故以好客为主，随路用客穿插，便成一篇绝妙佳文。写侯生处，笔笔如绘，乃又为好客作颊上毫也。传中称‘公子’者凡一百四十七处，因其钦佩公子者深，故低徊萦绕，特于烦复处作不尽之致。赞语从凭吊著笔，冷妙之极。”（《四史评议》）

牛运震曰：“太史公出力写魏公子，善于旁处衬托，虚处描摹，复处萦绕，情致有余而光景如生，真佳传也。”（《史记评注》）

梁启超曰：“信陵君这样一个人，胸襟很大，声名很远。从正面写，未尝不可以，总觉得费力而且不易出色。太史公就用旁敲侧击的方法，用力写侯生，写毛公、薛公，都在这些小人物身上着笔，本人反为很少。因为如此，信陵君的为人格外显得伟大，格外显得奇特。这种写法不录文章，不写功业，专从小处落墨，把

大处烘托出来，除却太史公以外，别的人能够做到的很少。"（《中国历史研究法补编》）

姚苎田曰："此传以'存赵'起、'抑秦'终，然'窃符救赵'本未交兵；即'逐秦至关'，亦只数言带叙，其余摹情写景，按之无一端实事。乃千载读之，无不神情飞舞，推为绝世伟人。文章有神，夫岂细故哉！"又曰："侯生千古大侠，迥非朱家、郭解一流人所及。想其遁迹夷门，桑榆日薄，而一腔热血，未遇真知己者酬之，其意中固久将四公子本领车轮打算，而知其无如信陵贤矣。然至白首从人，而或仍归豪举，则前此自爱谓之何？故必再四试之，知其人信可依也，然尚不遽告以真心之言；直至大事临机，而后一场轰烈，为天地间不可少之人。唐人《夷门歌》有云：'非但慷慨献奇谋，意气兼将身命酬。向风刎颈送公子，七十老翁何所求？'可谓善论古者矣。"（《史记菁华录》）

钱穆曰："迁书记孟尝、信陵、平原、春申四公子故事，均不见于《战国策》，而如孟尝君门下之冯煖，信陵君门下之侯嬴，平原君门下之毛遂，此皆三公子三千食客中所稀遘难得之杰出人才。然世人亦仅知孟尝、信陵、平原而已，自经迁书之详载乃知孟尝、信陵、平原之得为孟尝、信陵、平原，其背后乃大有人在。此乃一番绝大提示，绝大指点。"（《现代中国学术论衡》）

春申君列传第十八

春申君者，楚人也，名歇，姓黄氏。游学博闻，事楚顷襄王。顷襄王以歇为辩，使于秦。秦昭王使白起攻韩、魏，败之于华阳，禽魏将芒卯，韩、魏服而事秦。秦昭王方令白起与韩、魏共伐楚，未行，而楚使黄歇适至于秦，闻秦之计。当是之时，秦已前使白起攻楚，取巫、黔中之郡，拔鄢郢，东至竟陵，楚顷襄王东徙治于陈县。黄歇见楚怀王之为秦所诱而入朝，遂见欺，留死于秦。顷襄王，其子也，秦轻之，恐壹举兵而灭楚。歇乃上书说秦昭王曰：

天下莫强于秦、楚。今闻大王欲伐楚，此犹两虎相与斗。两虎相与斗而驽犬受其弊[①]，不如善楚。臣请言其说：臣闻物至则反，冬夏是也；致至则危，累棋是也。今大国之地，遍天下有其二垂，此从生民已来，万乘之地未尝有也。[②]先帝文王、庄王之身，三世不妄接地于齐，以绝从亲之要。[③]今王使盛桥守事于韩，盛桥以其地入秦，是王不用甲，不信威，而得百里之地。[④]王可谓能矣。王又举甲而攻魏，杜大梁之门，举河内，拔燕、酸枣、虚、桃，入邢、魏之兵云翔而不敢救[⑤]。王之功亦多矣。王休甲息众，二年而后复之[⑥]；又并蒲、衍、首、垣，以临仁、平丘，黄、济阳婴城[⑦]而魏氏服；王又割濮磿之北，注齐秦之要，绝楚赵之脊，天下五合六聚而不敢救：王之威亦单矣。[8]

王若能持功守威，绌攻取之心而肥仁义之地，使无后患，三王不足四，五伯不足六也。[9]王若负人徒之众，仗兵革之强，乘毁魏之威，而欲以力臣天下之主，臣恐其有后患也。《诗》曰："靡不有初，鲜克有终。"《易》曰："狐涉水，濡其尾[10]。"此言始之易，终之难也。何以知其然也？昔智氏见伐赵之利而不知榆次之祸，吴见伐齐之便而不知干隧之败。[11]此二国者，非无大功也，没利于前而易患于后[12]也。吴之信越也，从而伐齐，既胜齐人于艾陵，还为越王禽三渚之浦[13]。智氏之信韩、魏也，从而伐赵，攻晋阳城，胜有日矣，韩、魏叛之，杀智伯瑶于凿台之下。今王妒楚之不毁也，而忘毁楚之强韩、魏也，臣为王虑而不取也。

《诗》曰："大武远宅而不涉[14]。"从此观之，楚国，援也；邻国，敌也。《诗》云："趯趯毚兔，遇犬获之。他人有心，余忖度之[15]。"今王中道而信韩、魏之善王也，此正吴之信越也。臣闻之，敌不可假，时不可失。臣恐韩、魏卑辞除患而实欲欺大国也。[16]何则？王无重世之德于韩、魏，而有累世之怨焉。夫韩、魏父子兄弟接踵而死于秦者将十世矣。本国残，社稷坏，宗庙毁。刳腹绝肠，折颈摺颐[17]，首身分离，暴骸骨于草泽，头颅僵仆，相望于境，父子老弱系脰束手[18]为群虏者相及于路。鬼神孤伤，无所血食。[19]人民不聊生，族类离散，流亡为仆妾者，盈满海内矣。故韩、魏之不亡，秦社稷之忧也，今王资之与攻楚，不亦过乎！

且王攻楚，将恶出兵？王将借路于仇雠之韩、魏乎？兵出之日而王忧其不返也，是王以兵资于仇雠之韩、魏也。王若不借路于仇雠之韩、魏，必攻随水右壤[20]。随水右壤，此皆广川大水，山林溪谷，不食之地也。王虽有之，不为得地，是王有毁楚之名而无得地之实也。

且王攻楚之日，四国必悉起兵以应王[21]。秦、楚之兵构而不离，魏氏将出而攻留、方与、铚、湖陵、砀、萧、相，故宋必尽。齐人南面攻楚，泗上必举。此皆平原四达，膏腴之地，而使独攻[22]。王破楚以肥韩、魏于中国而劲齐[23]。韩、魏之强，足以校于秦[24]；齐南以泗水为境，东负海，北倚河，而无后患。天下之国莫于强齐、魏，齐、魏得地葆利而详事下吏[25]，一年之后，为帝未能，其于禁王之为帝有余矣。

夫以王壤土之博，人徒之众，兵革之强，壹举事而树怨于楚，迟令韩、魏归帝重于齐[26]，是王失计也。臣为王虑，莫若善楚。秦、楚合而为一以临韩，韩必敛手[27]。王施以东山之险，带以曲河之利，韩必为关内之侯。[28]若是而王以十万戍郑，梁氏寒心，许、鄢陵婴城，而上蔡、召陵不往来也，如此而魏亦关内侯矣。王壹善楚，而关内两万乘之主，注地于齐，齐右壤可拱手而取也。[29]王之地一经两海，要约天下，是燕赵无齐楚，齐楚无燕赵也。[30]然后危动燕、赵，直摇齐、楚，此四国者不待痛而服矣。

昭王曰："善。"于是乃止白起而谢韩、魏，发使赂楚，约为与国。

（以上为第一段，写春申君止秦联韩、魏攻楚事。）

①驽犬受其弊——意谓两虎相斗而疲敝，驽犬将乘势而制之。驽犬：劣等狗。　②遍天下有其二垂——二垂：犹言二极，两个方向的尽头。胡三省曰："秦国之地，有天下西、北之二垂也。"　万乘——万辆兵车。此指称王称霸的大国。　③接地于齐——谓将秦国的国境向东推展，直到与齐境连接起来。　绝从亲之要——要：古"腰"字。意即吞并韩、魏，地接齐国，则是将东方的合纵联盟拦腰斩断。　④盛桥——也作"成桥""盛蛴"，秦王政之弟，被封为长安君。　守事于韩——派驻韩国以监督之。　不信威——不必展示威力。信：通"伸"。　⑤邢、魏之兵云翔而不敢救——邢：应作"荆"，指楚国。云

翔：迟疑、徘徊的样子。 ⑥复之——疑当作“复出”。 ⑦黄、济阳婴城——黄：也称小黄，魏县名，在今河南开封祥符区东北。济阳：魏县名，在今河南兰考东北。婴城：环城。这里指闭门防守。 ⑧割濮磨(lì)之北——意即占据了今河南濮阳与山东鄄城等地区。濮：濮水，其一支经山东东明南，又东经菏泽北注入巨野泽。磿：地名，盖地近濮也。

注齐秦之腰——将兵力投放在齐与秦国的中分地带。注：集中投放。意即加强秦与齐的联络。 绝楚赵之脊——打断楚、赵连接的脊梁。

五合六聚——指多次联盟、合兵。 王之威亦单矣——单：通“殚”，尽。意即发挥到了极致。 ⑨持功守威——保持现有的成功与威势。

绌——通“黜”，去掉。 肥仁义之地——即广行仁义之举。肥：增加。地：犹“道”。 三王不足四，五伯不足六——意即不难于和“三王”并列，合称“四王”；不能于和“五霸”并列，合称“六伯”。不足：不难，不费力。 ⑩狐涉水，濡其尾——语出《易·未济》彖辞，《正义》曰：“言狐惜其尾，每涉水，举尾不令湿，比至极困，则濡之。” ⑪智氏见伐赵之利而不知榆次之祸——春秋末期晋国贵族智瑶势大骄横，率韩、魏二家伐赵氏于晋阳（治今山西太原西南古城营），结果赵氏诱使韩、魏二家倒戈，三家遂共灭智氏，过程详见《赵世家》。榆次：在当时的晋阳东南，相传智瑶被三家打败后，身死于榆次城南的凿台之下。

吴见伐齐之便而不知干隧之败——春秋末期吴王夫差倚仗国力强盛，多次出兵北伐齐，而不提防南邻的越国，结果趁吴王北与齐国争胜之际，越国出兵袭吴，吴兵惨败，吴王自杀。过程详见《吴太伯世家》《越王句践世家》。干隧：在今江苏苏州西北，相传吴王夫差自杀于此。

⑫没利于前而易患于后——没利：被眼前的利益所障蔽。没：沉溺，掩蔽。易患：轻视潜藏的祸患。 ⑬三渚之浦——《战国策》作“三江之浦”，三江指娄江、松江、东江，都离当时的吴国都城（今苏州）不远。

⑭大武远宅而不涉——强盛的大军不长途跋涉以攻伐远方之敌。远宅：向远处扩展地盘。按：此句出于《逸周书·大武》，原文作“大武远宅不薄”。 ⑮趯（yuè）趯毚（chán）兔，遇犬获之。他人有心，余忖度之——语出《诗经·小雅·巧言》，原文作“他人有心，予忖度之。趯趯毚兔，遇犬获之”。趯趯：跳跃貌。毚兔：狡兔。朱熹《诗集传》：“以见

谗人之心,我皆得之,不能隐其情也。” ⑯敌不可假——假:宽容,放松。 卑辞除患而实欲欺大国也——除患:不露任何忧虑戒备之意。大国:指秦。 ⑰折颈摺(lā)颐——摺颐:划破脸面。颐:面颊。⑱系脰(dòu)束手——系着脖子,捆着双手。脰:脖子。 ⑲鬼神——指战死者的祖宗先人。 孤伤——孤苦悲伤。 无所血食——指无人祭祀。因祭祀须杀牲,故称享受祭祀曰“血食”。 ⑳随水右壤——随水以西。指今河南西南部与湖北西北部地区,当时属楚。随水:也称溠(zhà)水,源于桐柏山,向南流入涢水。 ㉑四国必悉起兵以应王——四国:指齐、赵、韩、魏。言以兵从之,蹑秦之后。 ㉒而使独攻——魏尽故宋,齐取泗上,是使齐、魏攻伐而独得其利。 ㉓王破楚以肥韩、魏于中国而劲齐——意谓破楚的结果是在中原地区肥了韩、魏,在东方壮大了齐国。中国:指中原地区。劲齐:使齐国强劲。 ㉔韩、魏之强,足以校(jiào)于秦——校:较量,对抗。 ㉕详事下吏——假装服从秦王。详:通“佯”,假装。下吏:犹言“执事”,以尊称对方。 ㉖迟令韩、魏归帝重于齐——乃令韩、魏将帝号之尊归之于齐。迟:还,反而。帝重:称帝之重。指国家的形势、地位而言。 ㉗敛手——缩手,束手。指畏惧、老实。 ㉘施以东山之险——意即加强东山一带的防御力量。东山:指华山、崤山等秦国东境诸山。 带以曲河之利——意即强化今风陵渡一带黄河的有利防务。曲河:即今风陵渡一带自北而到此向东转弯的那段黄河。 韩必为关内之侯——意谓韩国将成为秦国国内的小封君,不再是独立国家。关内之侯:秦爵二十级的第十九级,其封君只有封号,而无封地。 ㉙关内两万乘之主——使两个万乘之主成为了秦国的关内侯。关内:用作动词。 注地于齐——将秦国国界东推至与齐地相连。 齐右壤——齐国的西部地区。 ㉚一经两海——经:横穿。言横穿中国之东西二极。按:古说中国四面环海,秦居西方,倘得再占据齐地,则是贯穿东、西两海。 要约天下——要约:犹方管束也。 燕赵无齐楚,齐楚无燕赵——言东方的合纵诸国彼此断绝联络,无法呼应。

黄歇受约归楚,楚使歇与太子完入质于秦,秦留之数年。楚顷襄王病，太子不得归。而楚太子与秦相应侯善，于是黄歇乃说应侯曰："相国诚善楚太子乎？"应侯曰："然。"歇曰："今楚王恐不起疾，秦不如归其太子。太子得立，其事秦必重而德相国无穷，是亲与国而得储万乘也。[1]若不归，则咸阳一布衣耳；楚更立太子，必不事秦。夫失与国而绝万乘之和，非计也，愿相国孰虑之。[2]"应侯以闻秦王。秦王曰："令楚太子之傅先往问楚王之疾，返而后图之。"黄歇为楚太子计曰："秦之留太子也，欲以求利也。今太子力未能有以利秦也，歇忧之甚。而阳文君子二人在中，王若卒大命，太子不在，阳文君子必立为后，太子不得奉宗庙矣。[3]不如亡秦，与使者俱出；臣请止，以死当之。[4]"楚太子因变衣服为楚使者御以出关，而黄歇守舍，常为谢病[5]。度太子已远，秦不能追，歇乃自言秦昭王曰："楚太子已归，出远矣。歇当死，愿赐死。"昭王大怒，欲听其自杀也。应侯曰："歇为人臣，出身以徇其主，太子立，必用歇，故不如无罪而归之，以亲楚。"秦因遣黄歇。

（以上为第二段，写春申君舍身脱楚太子于难。）

①事秦必重——重：厚。　德相国——感念相国你的恩德。　储万乘——储备着一个未来的万乘之君。　②绝万乘之和——断绝了和楚国这样一个万乘之国的友好关系。　孰虑——孰："熟"的古字。　③阳文君——楚顷襄王的兄弟，其名与事迹不详。　在中——在宫中，王的身边。　卒大命——犹言"尽天年"，即死。卒：尽。大命：生来所秉的年限。　不得奉宗庙——指不能继位为王，因为只有帝王才能主持祭祀王族的宗庙。　④亡秦——从秦国逃走。　臣请止，以死当之——止：留，留下来处理善后事宜。按：春申君事迹之尚可信且尤光辉者，仅此而已，盖不亚于"完璧归赵"之蔺相如与"鸿门宴"之张良。　⑤常为谢病——称说太子有病，不能见秦人。

歇至楚三月，楚顷襄王卒，太子完立，是为考烈王。考烈王元年，以黄歇为相，封为春申君[1]，赐淮北地十二县。后十五岁，黄歇言之楚王曰："淮北地边齐，其事急，请以为郡便。"因并献淮北十二县，请封于江东[②]。考烈王许之。春申君因城故吴墟[③]，以自为都邑。

春申君既相楚，是时齐有孟尝君，赵有平原君，魏有信陵君，方争下士，招致宾客，以相倾夺，辅国持权。

春申君为楚相四年，秦破赵之长平军四十余万。五年，围邯郸。邯郸告急于楚，楚使春申君将兵往救之，秦兵亦去，春申君归。春申君相楚八年，为楚北伐灭鲁，以荀卿为兰陵令。当是时，楚复强。

赵平原君使人于春申君，春申君舍之于上舍。赵使欲夸楚，为玳瑁簪，刀剑室以珠玉饰之，请命春申君客。[④]春申君客三千余人，其上客皆蹑珠履以见赵使，赵使大惭。

春申君相十四年，秦庄襄王立，以吕不韦为相，封为文信侯，取东周[⑤]。

春申君相二十二年，诸侯患秦攻伐无已时，乃相与合从，西伐秦，而楚王为从长，春申君用事。至函谷关，秦出兵攻，诸侯兵皆败走。楚考烈王以咎春申君，春申君以此益疏。

客有观津人朱英，谓春申君曰："人皆以楚为强而君用之弱，其于英不然。[⑥]先君时善秦二十年而不攻楚，何也？秦逾黾隘之塞而攻楚[⑦]，不便；假道于两周，背韩、魏而攻楚，不可。[⑧]今则不然，魏旦暮亡，不能爱许、鄢陵，其许魏割以与秦。[⑨]秦兵去陈百六十里，臣之所观者，见秦、楚之日斗也。"楚于是去陈徙寿春；而秦徙卫野王，作置东郡[⑩]。春申君由此就封于吴，行相事。[⑪]

（以上为第三段，写黄歇为楚相时的一些事迹。）

①封为春申君——赵一清曰："春申本以蕲春、申、息得名，至徙江东，城故吴墟，则今苏州也。松江之黄浦，一名春申浦，盖亦以歇得名。" ②江东——指今无锡、苏州、上海等一带地区。 ③故吴墟——春秋末期吴王阖庐、吴王夫差的都城，即今江苏苏州。 ④夸楚——向楚人夸耀自己的阔气。 玳瑁簪——饰以玳瑁的发簪。 刀剑室——刀

鞘、剑鞘。　请命——求见。实即故意前往炫耀。　⑤取东周——周天子自春秋以来逐渐成为傀儡，至周显王（前368—前321年在位）时，仅存的一小块领地又被其属下的两个贵族所瓜分，一称“东周君”，一称“西周君”。公元前256年，周赧王死，秦昭王派兵灭西周；至庄襄王元年（前249），秦又派兵灭东周，从此周武王所建立的绵延八百余年的周王朝遂彻底灭亡。　⑥君用之弱——在你执政期间使国家变弱了。其于英不然——在我朱英看来不是如此。　⑦秦逾黾隘之塞而攻楚——黾隘之塞：也叫黾塞，在今河南信阳西南平靖关，是今河南与湖北两省间的天然屏障。按：秦自昭王二十九年（楚顷襄王二十一年，前278）攻占楚国旧都郢，在其地设立南郡，楚国被迫迁都于陈（今河南周口淮阳区）。在此以后，秦如从南郡出兵攻陈，则须翻越黾隘之塞。⑧假道于两周——指秦兵由函谷关东出，直奔楚之新都陈。假道：借道。　背韩、魏——越过韩、魏两国之地。　不可——谓当时的韩、魏尚强，恐其联合两周以断绝秦兵之退路。　⑨不能爱许、鄢陵——爱：吝惜。许（今河南许昌东）、鄢陵（今河南鄢陵西北）皆魏之县名。　其许魏割以与秦——按：语句不顺，似有讹误。“魏”字疑衍。其许：《史记会注考证》作“其计”。泷川资言曰：“‘计’，各本作‘许’，盖涉上文而误，今从枫山、三条本。”其计割以与秦：意即定将“许”与“鄢陵”割与秦国。　⑩徙卫野王，作置东郡——将卫国的末代国君（卫君角）迁之于野王（今河南沁阳），并将卫国原来的那一带地区设立为“东郡”。⑪就封于吴——到自己的领地吴县去作封君。　行相事——还兼任着楚国的丞相。

楚考烈王无子，春申君患之，求妇人宜子者进之，甚众，卒无子。赵人李园持其女弟，欲进之楚王，闻其不宜子，恐久毋宠。李园求事春申君为舍人，已而谒归，故失期。[①]还谒，春申君问之状，对曰：“齐王使使求臣之女弟，与其使者饮，故失期。”春申君曰：“娉入乎？”对曰：“未也。”春申君曰：“可得见乎？”曰：“可。”于是李园乃进其女弟，即幸于春申君。知其有身，李园乃与其女弟谋。园女弟承间以说春申君曰："楚王之贵幸君，虽兄弟不如也。今君相楚二十余年，而王无子，即百岁后将更立兄弟。则楚更立君后，亦各贵其故所亲，君又安得长有宠乎？非徒然也，君贵用事久，多失礼于王兄弟，兄弟诚立，祸且及身，何以保相印江东之封乎？今妾自知有身矣，而人莫知。妾幸君未久，诚以君之重而进妾于楚王，王必幸妾；妾赖天有子男，则是君之子为王也，楚国尽可得，孰与身临不测之罪乎？"春申君大然之，乃出李园女弟谨舍，而言之楚王。[②]楚王召入幸之，遂生子男，立为太子，以李园女弟为王后。楚王贵李园，园用事。

李园既入其女弟，立为王后，子为太子，恐春申君语泄而益骄，阴养死士，欲杀春申君以灭口，而国人颇有知之者。

春申君相二十五年，楚考烈王病。朱英谓春申君曰："世有毋望之福[③]，又有毋望之祸。今君处毋望之世，事毋望之主，安可以无毋望之人乎？[④]"春申君曰："何谓毋望之福？"曰："君相楚二十余年矣，虽名相国，实楚王也。今楚王病，旦暮且卒，而君相少主，因而代立当国，如伊尹、周公，王长而反政，不即遂南面称孤而有楚国[⑤]？此所谓毋望之福也。"春申君曰："何谓毋望之祸？"曰："李园不治国而君之仇也，不为兵而养死士之日久矣。[⑥]楚王卒，李园必先入据权而杀君以灭口。此所谓毋望之祸也。"春申君曰："何谓毋望之人？"对曰："君置臣郎中[⑦]，楚王卒，李园必先入，臣为君杀李园。此所谓毋望之人也。"春申君曰："足下置之。李园，弱人也，仆又善之，且又何至此！"朱英知言不用，恐祸及身，乃亡去。

后十七日，楚考烈王卒，李园果先入，伏死士于棘门[⑧]之内。春申君入棘门，园死士侠刺春申君，斩其头，投之棘门外。[⑨]于是遂使吏尽灭春申君之家。而李园女弟初幸春申君有身而入之王所生子者遂立，是为楚幽王。

是岁也，秦始皇帝立九年矣，嫪毐亦为乱于秦，觉，夷其三族,而吕不韦废。

(以上为第四段,写春申君阴谋窃楚的可耻结局。)

①谒归——请假回家。 故失期——故意超过假期。 ②乃出李园女弟——出:令其出居于外。 谨舍——别为馆舍使居,奉卫甚谨。 ③毋望之福——意想不到的洪福。毋望:意想不到。 ④毋望之世——指楚国政治形势的变化无常。 毋望之主——指病中的楚王生死莫测。 毋望之人——意想不到而忽然降临的贵人。盖朱英自指。 ⑤不即遂南面称孤而有楚国——否则就干脆自己正式做楚国的国王。 ⑥李园不治国而君之仇——君之仇:应从《国策》作"王之舅",意即李园虽不掌国政,但他是楚王之舅。 不为兵而养死士——虽然不掌握军队,但却养了不少亡命徒。不为兵:指不为将军。 ⑦置臣郎中——将我安插在楚王的卫队里。郎:帝王的侍从警卫人员。 ⑧棘门——《正义》曰:"寿州城门。"棘:通"戟"。棘门,即宫门,立戟为卫。 ⑨侠刺——两侧夹持而刺。侠:通"夹",在两旁。 斩其头,投之棘门外——按:今安徽淮南有春申君墓,距寿县城十二公里。

太史公曰:吾适楚,观春申君故城,宫室盛矣哉!初,春申君之说秦昭王,及出身遣楚太子归,何其智之明也!后制于李园,旄[①]矣。语曰:"当断不断,反受其乱。"春申君失朱英[②]之谓邪?

(以上为第五段,是作者的论赞,作者对春申君的前半生英明、后半生昏悖,表现了某种感慨。)

①旄——通"耄",年老。 ②失朱英——谓不用朱英之言。

[**简评**] 本文之写春申君主要有三事:一为上书秦王,劝其勿伐楚;二为舍身遣送楚太子离秦反国,以承王位;三为送孕妾进宫,以图篡取楚国政权。其他诸事,仅只提到而已,不足论也。其上书秦王,劝其勿伐楚事,经《战国策》研究者考辨,已可断定非春申君所作,其所论之或功或过,皆与春申君无关,此应首先明确。其送孕妾入宫一节,近于吕不韦之所为。吕不韦事,历史

家皆以为当时之恶秦者所编造，至今已基本定论；春申君事，亦有人明辨其非，大概亦属子虚乌有。其舍身以掩护太子归国事，是春申君一生行事之最为卓荦者。

作品前半部分深赞了春申君对维护楚国所做的艰苦努力，其上秦王书虽如饮鸩止渴，但毕竟还是可以暂缓楚国的燃眉之急；其出身以脱楚太子之难，大义凛然，其行为与完璧归赵的蔺相如和鸿门宴上的张良相同。至为相后，富贵尊荣，利令智昏，竟完全成了与以前性质不同的两个人物。其与平原君客的斗富，只能表现他的庸劣；其进李园妹与楚王，则更成了又一个吕不韦，其身死族灭是理所应得的。司马迁之所以遗憾地说他的不用朱英之言为"当断不断"，这是由于司马迁看重春申君前期所做的贡献，在为他的成为"两截人"而深深惋惜。

［**集评**］《太史公自序》："以身徇君，遂脱强秦；使驰说之士南向走楚者，黄歇之义，作《春申君列传》第十八。"

凌稚隆曰："此传前叙春申君以智能安楚，而就封于吴；后叙春申君以奸谋盗楚，而身死棘门，为天下笑。模写情事，春申君殆两截人。太史公谓平原君'利令智昏'，余于春申君亦云。"（《史记评林》）

牛运震曰："春申君独有止秦攻楚、归楚太子一事，于楚有社稷功，他不足称也。太史公作传，止综叙其事实，不加分外摹写，且牵吕不韦事夹记伴叙，则春申君之为人可知矣。虽以好客与三公子联传，而用笔大有轩轻处。"（《史记评注》）

余有丁曰："春申之死，智以利昏也。使当园妹进说之时，峻斥之，则无此祸矣。既惑于邪，而包藏祸心，移人家国，则乱贼而已。以乱召乱，理固宜然，故歇之旄不在于失朱英，而在于惑园妹也。"（《史记评林》引）

吴见思曰："一篇精神处全在上秦王一书，段落曲折，情事详晰，读之令人心开目明，文笔极一时之俊。次之朱英一说，字字风稜；面园妹数语，言言宛媚，各臻其胜……初读《春申传》时，因想吕不韦盗秦、黄歇盗楚是一时事，何不以作合传？乃史公偏不双序，却于传后一点，有意无意，眉目得顾盼之神，而笔墨在蹊径之外，岂可臆测乎？”（《史记论文》）

陈仁锡曰：“《孟尝传》有魏子、冯驩，《平原传》有毛遂，《信陵传》有侯生、毛公、薛公，《春申传》有朱英，皆宾客之雄者，附见四君传中，光景动人。”（《补标史记评林》）

邓以讚曰：“四豪食客各数千，然就中独冯、毛、侯、朱为奇。信陵自迎固为上；孟尝至令收债而谢之，次；平原至令自赞，又次；春申说而不听，下矣。英具小识，非彼三贤同。”（《补标史记评林》引）

钟惺曰：“春申君，楚功臣也。上书秦昭王全楚，护太子归国立为王，其功在社稷，然皆从富贵起念，所以不能烛李园之奸，所谓器满智昏也。详其始末，与好士无干？玳瑁簪、珠履，直是玉石村富人狡绘耳。”又曰：“‘歇遣太子与使者出，自请止，以死当之。’……胆智如此，岂不能消楚之一春申君乎？愚尝观歇此举，觉相如完璧归赵一事，大智而小用之。”（《史怀》）

李景星曰：“四君以爱客联传，其三君皆得客之力，孟尝君有冯驩，平原君有毛遂，信陵君有侯嬴，或以免身，或以救国，好客之效，昭然共见。独春申君有一朱英而不能用，遂至丧身覆族，虽与三君并列，其不及三君远甚。……通篇可分两截读，而以“为楚相”三字为中间枢纽。为楚相以前，极写其致身之由：如说秦昭王也，归楚太子也，轰轰烈烈，活现出一有作为人举动。为楚相以后，极写其杀身之故，如邪说易入也，忠言不用也，糊糊涂涂，又活托出一受愚弄人心肠。……论其心术人品，与吕不韦如出一辙，只以好客一节与三君同，故附于三君之后。”（《四史评议》）

潘世恩曰:“春申君相楚二十余年,楚王之贵幸春申君,虽兄弟不如。李园以椒房之亲,心害其宠,至有棘门之祸。而《传》乃谓‘园既入其女弟为王后,子为太子,恐春申君事泄而益骄,欲杀之以灭口’。试思此何如事?信或有之,则言出而祸随,身死族灭,尚可骄之欤?……自来文人好为议论,不顾事理之有无,而妄逞臆说,以取悦人之耳目,遂使贤否混淆,是非倒置,往往而然。独惜司马迁以良史之才,而几同于秽史也。夫人臣出身徇主,功建名立,不幸而死于匪人之手,此忠臣义士所愤惋而不平者,而史又从而诬之。春申君之行谊,卓卓如此,犹尚不免,其他可胜道哉!”(《有真意斋文集》)

范雎蔡泽列传第十九

范雎[1]者，魏人也，字叔。游说诸侯，欲事魏王，家贫无以自资，乃先事魏中大夫须贾。

须贾为魏昭王使于齐，范雎从。留数月，未得报[2]。齐襄王闻雎辩口[3]，乃使人赐雎金十斤及牛酒，雎辞谢不敢受。须贾知之，大怒，以为雎持魏国阴事告齐，故得此馈，令雎受其牛酒，还其金。既归，心怒雎，以告魏相。魏相，魏之诸公子，曰魏齐。魏齐大怒，使舍人笞击雎，折胁摺齿[4]。雎详死，即卷以箦，置厕中。[5]宾客饮者醉，更溺雎，故僇辱以惩后，令无妄言者。[6]雎从箦中谓守者曰："公能出我，我必厚谢公。"守者乃请出弃箦中死人。魏齐醉，曰："可矣。"范雎得出。后魏齐悔，复召求之。魏人郑安平闻之，乃遂操范雎亡，[7]伏匿，更名姓曰张禄。当此时，秦昭王使谒者[8]王稽于魏。郑安平诈为卒，侍王稽。王稽问："魏有贤人可与俱西游者乎？"郑安平曰："臣里中有张禄先生，欲见君，言天下事。其人有仇，不敢昼见。"王稽曰："夜与俱来。"郑安平夜与张禄见王稽。语未究，王稽知范雎贤，谓曰："先生待我于三亭[9]之南。"与私约而去。

王稽辞魏去，过载范雎入秦。至湖[10]，望见车骑从西来。范雎曰:“彼来者为谁?”王稽曰:“秦相穰侯东行县邑[11]。”范雎曰:“吾闻穰侯专秦权,恶内诸侯客[12],此恐辱我,我宁且匿车中。”有顷,穰侯果至,劳王稽,因立车而语曰:“关东有何变?[13]”曰:“无有。”又谓王稽曰:“谒君得无与诸侯客子俱来乎?无益,徒乱人国耳。[14]”王稽曰:“不敢。”即别去。范雎曰:“吾闻穰侯智士也,其见事迟,乡者疑车中有人,忘索之。[15]”于是范雎下车走,曰:“此必悔之。”行十余里,果使骑还索车中,无客,乃已。王稽遂与范雎入咸阳。

已报使[16],因言曰:“魏有张禄先生,天下辩士也。曰‘秦王之国危于累卵,得臣则安。然不可以书传也’。臣故载来。”秦王弗信,使舍,食草具,[17]待命岁余。

当是时,昭王已立三十六年,南拔楚之鄢郢,楚怀王幽死于秦。秦东破齐。湣王尝称帝,后去之。数困三晋。厌天下辩士,无所信。

(以上为第一段,写范雎的早年不遇,与其辗转入秦的过程。)

①范雎(jū)——中华本作“睢”,泷川资言引张文虎曰:“宋本、毛本作‘雎’……黄刊姚本《战国策》作‘雎’。”泷川资言曰:“武梁祠画像有‘范且’,钱氏跋尾云:‘战国、秦、汉人多以“且”为名……如穰且、豫且、夏无且、龙且,皆是。且旁或加“隹”,如范雎、唐雎。文殊而音不殊也。’然则作‘睢’者误。” ②未得报——得不到齐国执政者的回音。③辩口——善说,有口才。 ④折胁——打断了肋骨。 摺(lā)齿——打掉了牙齿。摺:击毁。 ⑤详——通“佯”,假装。 卷以箦(zé)——用席卷其起来。箦:竹篾或芦苇编织的席。 ⑥更溺雎——交替着向范雎身上撒尿。更:轮番、交相。 故——故意。 僇辱——侮辱。僇:通“戮”,辱。 妄言——指随意向国外走漏消息。 ⑦郑安平——事迹见后文。 操范雎亡——带着范雎一道潜逃。亡:潜逃。⑧谒者——官名,帝王的侍从官名,为帝王主管收发传达及相礼。⑨三亭——魏邑名,在今河南尉氏西南,当时魏都大梁(今河南开封)的西南方。 ⑩至湖——西行到达湖县。湖县的县治在今河南灵宝西

北，当时属秦。 ⑪东行县邑——来视察东方的郡县。行：巡视，视察。 ⑫恶内诸侯客——不愿接纳来自东方诸国的人。内："纳"的古字。纳入。 ⑬劳（lào）王稽——问候王稽东行的辛苦。劳：慰问。 立车——停车。 关东——谓函谷关（在今河南灵宝东北王垛村）以东。此指东方诸国。 ⑭谒君——对时为"谒者"的王稽的敬称。 诸侯客子——东方诸国的士子欲来秦国为客者。 徒乱人国——白为我们的国家添乱。 ⑮见事迟——遇事反应慢。 乡者——方才。乡：通"向"。 索——搜查。 ⑯已报使——向秦王汇报完有关出使的事情后。 ⑰使舍，食（sì）草具——意谓虽然对其口出大言不相信，但也还是让他住了下来，不过给予的生活待遇不高。草具：粗劣的饭食。

穰侯，华阳君，昭王母宣太后之弟也；而泾阳君、高陵君皆昭王同母弟也。穰侯相，三人者更将，有封邑，以太后故，私家富重于王室。及穰侯为秦将，且欲越韩、魏而伐齐纲寿，欲以广其陶封[①]。范雎乃上书曰：

臣闻明主立政，有功者不得不赏，有能者不得不官，劳大者其禄厚，功多者其爵尊，能治众者其官大。故无能者不敢当职焉，有能者亦不得蔽隐。使以臣之言为可，愿行而益利其道；以臣之言为不可，久留臣无为也。语曰："庸主赏所爱而罚所恶；明主则不然，赏必加于有功，而刑必断于有罪。"今臣之胸不足以当椹质，而要不足以待斧钺，岂敢以疑事尝试于王哉！[②]虽以臣为贱人而轻辱，独不重任臣者之无反复于王邪？[③]

且臣闻周有砥砨，宋有结绿，梁有县藜，楚有和朴，此四宝者，土之所生，良工之所失也，而为天下名器。[④]然则圣王之所弃者，独不足以厚国家乎？[⑤]

臣闻善厚家者取之于国，善厚国者取之于诸侯。天下有明主则诸侯不得擅厚者，何也？为其割荣也。[⑥]良医知病人之死生，而圣主明于成败之事，利则行之，害则舍之，疑则少尝之[7],虽舜禹复生,弗能改已。语之至者,臣不敢载之于书,[8]其浅者又不足听也。意者臣愚而不概于王心邪?[9]亡其言臣者贱而不可用乎?[10]自非然者,臣愿得少赐游观之间,望见颜色。[11]一语无效,请伏斧质。

于是秦昭王大说,乃谢王稽,使以传车召范雎。[12]

于是范雎乃得见于离宫,详为不知永巷而入其中。[13]王来而宦者怒,逐之,曰:“王至!”范雎缪为曰[14]:“秦安得王?秦独有太后、穰侯耳。”欲以感怒昭王。昭王至,闻其与宦者争言,遂延迎,谢曰:“寡人宜以身受命久矣,会义渠之事急,寡人旦暮自请太后;[15]今义渠之事已,寡人乃得受命。窃闵然不敏,敬执宾主之礼。[16]”范雎辞让。是日观范雎之见者,群臣莫不洒然变色易容者[17]。

秦王屏左右,宫中虚无人。秦王跽而请曰:“先生何以幸教寡人?”范雎曰:“唯唯[18]。”有间[19],秦王复跽而请曰:“先生何以幸教寡人?”范雎曰:“唯唯。”若是者三。秦王跽曰:"先生卒不幸教寡人邪?”范雎曰:“非敢然也。臣闻昔者吕尚之遇文王也,身为渔父而钓于渭滨耳。若是者,交疏也。已说而立为太师,载与俱归者,其言深也。故文王遂收功于吕尚而卒王天下。乡使文王疏吕尚而不与深言,是周无天子之德,而文武无与成其王业也。今臣羁旅之臣也,交疏于王,而所愿陈者皆匡君之事,处人骨肉之间,[20]愿效愚忠而未知王之心也。此所以王三问而不敢对者也。臣非有畏而不敢言也。臣知今日言之于前而明日伏诛于后,然臣不敢避也。大王信行臣之言,死不足以为臣患,亡不足以为臣忧,[21]漆身为厉、被发为狂不足以为臣耻。且以五帝之圣焉而死,三王之仁焉而死,五伯之贤焉而死,乌获、任鄙之力焉而死,成荆、孟贲、王庆忌、夏育之勇焉而死。[22]死者,人之所必不免也。处必然之势,可以少有补于秦,此臣之所大愿也,臣又何患哉!伍子胥橐载而出昭关[23],夜行昼伏,至于陵水,无以糊其口,膝行蒲伏，稽首肉袒，鼓腹吹篪，乞食于吴市，[24]卒兴吴国，阖庐为伯。使臣得尽谋如伍子胥，加之以幽囚，终身不复见，是臣之说行也，臣又何忧？箕子、接舆漆身为厉，被发为狂，无益于主。假使臣得同行于箕子，可以有补于所贤之主，是臣之大荣也，臣有何耻？臣之所恐者，独恐臣死之后，天下见臣之尽忠而身死，因以是杜口裹足，莫肯乡秦耳。足下上畏太后之严，下惑于奸臣之态[25]，居深宫之中，不离阿保之手，终身迷惑，无与昭奸。[26]大者宗庙灭覆，小者身以孤危，此臣之所恐耳。若夫穷辱之事，死亡之患，臣不敢畏也。臣死而秦治，是臣死贤于生。"秦王跽曰："先生是何言也！夫秦国辟远，寡人愚不肖，先生乃幸辱至于此，是天以寡人慁先生而存先王之宗庙也。[27]寡人得受命于先生，是天所以幸先王，而不弃其孤也。先生奈何而言若是！事无小大，上及太后，下至大臣，愿先生悉以教寡人，无疑寡人也。"范雎拜，秦王亦拜。

范雎曰："大王之国，四塞以为固，北有甘泉、谷口，南带泾、渭，右陇、蜀，左关、阪，[28]奋击百万，战车千乘，利则出攻，不利则入守，此王者之地也；民怯于私斗而勇于公战，此王者之民也。王并此二者而有之。夫以秦卒之勇，车骑之众，以治诸侯，譬若施韩卢而搏蹇兔也，[29]霸王之业可致也，而群臣莫当其位[30]。至今闭关十五年，不敢窥兵于山东者，是穰侯为秦谋不忠，而大王之计有所失也。"秦王跽曰："寡人愿闻失计。"

然左右多窃听者，范雎恐，未敢言内，先言外事，以观秦王之俯仰[31]。因进曰："夫穰侯越韩、魏而攻齐纲寿，非计也。少出师则不足以伤齐，多出师则害于秦。臣意王之计，欲少出师而悉韩、魏之兵也，则不义矣。[32]今见与国之不亲也，越人之国而攻，可乎？其于计疏矣。[33]且昔齐湣王南攻楚，破军杀将，再辟地千里，而齐尺寸之地无得焉者，岂不欲得地哉，形势不能有也[34]。诸侯见齐之罢弊，君臣之不和也，兴兵而伐齐，大破之。士辱兵顿，皆咎其王,曰:‘谁为此计者乎?’王曰:‘文子为之[35]。’大臣作乱,文子出走。故齐所以大破者,以其伐楚而肥韩、魏也。此所谓借贼兵而赍盗粮[36]者也。王不如远交而近攻,得寸则王之寸也,得尺亦王之尺也。今释此而远攻,不亦缪乎!且昔者中山之国地方五百里,赵独吞之,功成名立而利附焉,天下莫之能害也。今夫韩、魏,中国之处而天下之枢也[37],王其欲霸,必亲中国以为天下枢,以威楚、赵。[38]楚强则附赵,赵强则附楚,楚、赵皆附,齐必惧矣。[39]齐惧,必卑辞重币以事秦;齐附而韩、魏因可虏也。”昭王曰:“吾欲亲魏久矣,而魏多变之国也,寡人不能亲。请问亲魏奈何?”对曰:“王卑词重币以事之;不可,则割地而赂之;不可,因举兵而伐之。”王曰:“寡人敬闻命矣。”乃拜范雎为客卿,谋兵事。卒听范雎谋,使五大夫绾伐魏,拔怀[40]。后二岁,拔邢丘。

客卿范雎复说昭王曰:“秦韩之地形,相错如绣[41]。秦之有韩也,譬如木之有蠹也,人之有心腹之病也。天下无变则已,天下有变,其为秦患者孰大于韩乎?王不如收韩。”昭王曰:“吾固欲收韩,韩不听,为之奈何?”对曰:“韩安得无听乎?王下兵而攻荥阳,则巩、成皋之道不通;[42]北断太行之道,则上党之师不下。[43]王一兴兵而攻荥阳,则其国断而为三[44]。夫韩见必亡,安得不听乎?若韩听,而霸事因可虑矣。”王曰:“善。”且欲发使于韩。

范雎日益亲,复说用数年矣,因请间,说曰:“臣居山东时,闻齐之有田单,不闻其有王也;闻秦之有太后、穰侯、华阳、高陵、泾阳,不闻其有王也。夫擅国之谓王,能利害之谓王,制杀生之威之谓王。今太后擅行不顾,穰侯出使不报,华阳、泾阳等击断无讳,高陵进退不请。[45]‘四贵’备而国不危者,未之有也。为此‘四贵’者下[46],乃所谓无王也。然则权安得不倾,令安得从王出乎?臣闻善治国者,乃内固其威而外重其权。穰侯使者操王之重,决制于诸侯,剖符于天下,政適伐国[47],莫敢不听。战胜攻取则利归于陶国,弊御于诸侯;[48]战败则结怨于百姓,而祸归于社稷。《诗》

曰:‘木实繁者披其枝,披其枝者伤其心;大其都者危其国,尊其臣者卑其主。[49]’崔杼、淖齿管齐,射王股,擢王筋,县之于庙梁,宿昔而死;[50]李兑管赵,囚主父于沙丘,百日而饿死。[51]今臣闻秦太后、穰侯用事,高陵、华阳、泾阳佐之,卒无秦王[52],此亦淖齿、李兑之类也。且夫三代所以亡国者,君专授政,纵酒驰骋弋猎,不听政事。其所授者,妒贤嫉能,御下蔽上,以成其私,不为主计,而主不觉悟,故失其国。今自有秩以上至诸大吏,下及王左右,无非相国之人者。见王独立于朝,臣窃为王恐,万世之后,有秦国者非王子孙也。”

昭王闻之大惧,曰:“善。”于是废太后,逐穰侯、高陵、华阳、泾阳君于关外。[53]秦王乃拜范雎为相,收穰侯之印,使归陶。因使县官给车牛以徙,千乘有余。[54]到关,关阅其宝器,宝器珍怪多于王室。

秦封范雎以应[55],号为应侯。当是时,秦昭王四十一年也。

(以上为第二段,写范雎进说,倾倒穰侯、取得秦相的过程,是本文的中心部分。)

①广其陶封——扩大其固有的封地陶邑的地盘。　②胸不足以当椹(zhēn)质,而要不足以待斧钺——意即我也不是不怕被按在砧板上腰斩的。不足:经不住。当:对,伏。椹质:杀人用的砧板。椹:砧板。要:古“腰”字。　疑事——不能肯定、没有把握的事情。　③轻辱——不怕受侮辱。轻:不看重。　重——重视,相信。　任臣者——指王稽。任:保任,推荐人时为之做担保。即下文所谓“任人而所任不善者,各以其罪罪之”。　无反复——不会出尔反尔,不会做没有把握的事。　④周有砥砨(è),宋有结绿,梁有县藜,楚有和朴——砥砨、结绿、县藜、和朴:都是美玉名。县:同“悬”。　良工之所失也——都曾被有名的工匠错误地判断为石头。　⑤圣王之所弃者——圣王:称秦王。所弃,雎自谓也。　独不足以厚国家乎——难道就不能对国家有些用处吗?厚:使之厚重。　⑥擅厚——专有其富厚。　割荣——分去了“明主”所应该独擅的尊荣。　⑦疑则少尝之——对把握不大而

又必须做的事情可以先稍稍尝试一下。少:稍;略微。 ⑧语之至者——隐指太后、穰侯等人的事情。至:中肯,到位。 不敢载之于书——其意仍是请求面谈。 ⑨意者——莫非,莫不是。 不概于王心——不能使你的心里感到满意。《集解》引徐广曰:“一作‘溉’,音同。”李笠曰:“‘概’与‘溉’音同字通,‘溉’与‘沃’同义。”沃:润泽,慰藉。按:今本《战国策》作“阖”,即“关合”“关涉”之意。徐注音同,非也。 ⑩亡其——转折语词,犹言“还是”。 言臣者——指王稽。言:推荐。 ⑪自非然者——如果不是这样。 少赐游观之间——给我一点你游乐剩余的空隙。间:缝隙。 望见颜色——意即让我见你一面。 ⑫谢王稽——向王稽表示歉意。 使以传(zhuàn)车召范雎——传车:古代驿站的专用车辆。按:当时范雎就在咸阳,似无须使用“传车”,《战国策》作“使人持车召之”。 ⑬离宫——京城以外的宫殿,以供帝王游乐、外出之所用者。 详——通“佯”,假装。 永巷——有时是指宫中监狱,也叫“掖庭”,但此处之所谓“永巷”则与监狱无关,乃通向深宫的长巷。 ⑭缪为曰——故意地往错处说。缪:通“谬”。 ⑮以身受命——当面听从你的教导。 义渠之事——义渠是当时活动在今陕西西北部和与之邻近的内蒙古、宁夏一带的少数民族名。据《匈奴列传》:“秦昭王时,义渠戎王与宣太后乱,有二子,宣太后诈而杀义渠戎王于甘泉,遂起兵伐残义渠。” 旦暮自请太后——谓随时得与太后商量。 ⑯窃闵然不敏——深感自己冥顽不灵。窃:谦词。闵然:昏昏然。 敬执宾主之礼——请允许我恭敬地把你当做贵客接待。 ⑰洒(xiǎn)然——肃敬而兼有恐惧貌。 变色易容——脸色改变。以言其气氛之紧张。 ⑱唯——只应声而不说话的样子。 ⑲有间——过了一会儿。 ⑳羁旅——寄居为客。 匡君——扶佐帝王。匡:正,扶危使正。 处人骨肉之间——意即要议论人家骨肉至亲之间的关系。 ㉑信行——听信而采纳施行。 亡——逃亡,流亡。

㉒乌获、任鄙——都是秦国的大力士,见《秦本纪》。 成荆、孟贲——都是古代的勇士。 王庆忌——春秋末期吴王僚之子,以勇著称。按:庆忌未曾称王,此处似应称“王子庆忌”。 夏育——或曰卫人,力举千钧。 ㉓橐(tuó)载而出昭关——钻在口袋里,让车拉着混

出了昭关。 ㉔蒲伏——同“匍匐”,爬行。 稽首——叩头。 肉袒——光着膀子,做出一种乞求的姿态。 篪(chí)——中国古管乐器。用竹制成,单管横吹。 乞食于吴市——《吴越春秋》谓“伍子胥奔吴,至溧阳,女子击漂濑水之上,子胥过而乞一餐”。按:旧时溧阳县治在今江苏溧阳西北,其地当时属吴。 ㉕下惑于奸臣之态——意即被奸臣的巧言令色所迷惑。《索隐》曰:“态谓奸臣诈之志也。” ㉖阿保——指负责侍应生活起居的人员,如今所谓保姆之类。 无与昭奸——昭:明,无人为之指明奸恶。 ㉗幸辱——都是谦词。意谓使我幸运,使你蒙辱。 天以寡人慁(hùn)先生——慁:犹今之所谓“打扰”“麻烦”。这里也是谦词。 ㉘右陇、蜀——西侧有陇山、蜀山。陇山在今陕西陇县西南,延伸于陕、甘边境。蜀山指今陕西南部与四川邻接的大山。 左关、阪——东侧有函谷关、商坂。函谷关在今河南灵宝东北,是秦国东出的门户;商坂:即今商州之商洛山,秦、楚之间的险塞。 ㉙以治诸侯——治:整治,征伐。《战国策》作“以当诸侯”。当:对付。 施韩卢而搏蹇(jiǎn)兔——让最迅猛的猎狗追跛足的兔子。施:放出。韩卢:韩国出产的迅猛的猎狗。蹇:跛足。 ㉚莫当其位——即不称其职。当:对,相称。 ㉛俯仰——低头抬头,以见其对范雎所言的听取与否定。 ㉜臣意王之计——我估计你的打算。意:估计,猜想。 欲少出师而悉韩、魏之兵——想自己少出兵,而让韩、魏发倾国之兵。 不义——不仗义。 ㉝今见与国之不亲也——今见:马上就将看到。今:将。与国:同盟国,指韩、魏。不亲:不亲附。 其于计疏矣——疏:疏漏,不合理。 ㉞形势不能有也——客观形势决定了它不可能占有楚国的领土,因为相隔悬远。 ㉟文子为之——文子:指田文,即孟尝君。 ㊱借贼兵而赍盗粮——给盗贼提供兵器与食粮,使其来打自己。借:给予。赍:资助。 ㊲中国之处——谓其处于华夏诸国的中心。之:此处其义同“是”。 天下之枢——天下各国的枢纽之处。枢:门轴。鲍彪曰:“言出入来往所由。” ㊳亲中国——先与地处各国中心的韩、魏搞好关系。 以为天下枢——以韩、魏作为控制其他诸国的关键。 以威楚、赵——意即先使韩、魏亲附后,再向外扩展,使南方之楚、北方之赵亲附秦国。 ㊴楚强则附赵,赵强则附楚——意谓视南北的形势而定，先设法收服其较弱的一方。附：使之亲附、归附。楚、赵皆附——谓楚、赵两国一旦都亲附于秦。 ㊵五大夫绾（wǎn）伐魏，拔怀——五大夫是秦爵二十级中的第九级。绾：人名，史失其姓。怀：魏县名，在今河南武陟西南。 ㊶相错如绣——领土犬牙交错，如同锦绣上的花纹交插。 ㊷荥阳——韩县名，县治在今河南荥阳东北。 巩、成皋之道不通——意谓韩国都城新郑与其西部地区、与周国的联络将被断绝。巩：周县名，在今河南巩义西南。成皋：韩县名，在今河南荥阳汜水镇西。 ㊸太行之道——此指晋东南长治地区与河南新郑之间的太行山上的通道，即羊肠坂，在今山西晋城南，见《史记正义》。 上党之师——韩国驻扎在上党（今山西长治地区）的军队。不下——不能再回到新郑。因上党一带地势高，故称其南归曰"下"。 ㊹其国断为三——断为新郑以南、新城一带与上党一带三块。 ㊺击断无讳——随意杀人而无顾忌。 进退不请——提拔人、贬斥人不向昭王请示。 ㊻为此"四贵"者下——屈居于"四贵"的专权跋扈之下。 ㊼政適伐国——征伐敌国。政：通"征"。適：通"敌"。㊽利归于陶国——谓好处归穰侯所有。陶国：穰侯的封地。 弊御于诸侯——意即有了弊病则推卸给其他国家。也有人将这两句断为"战胜攻取，则利归于陶，国弊御于诸侯"。意即好处归穰侯所有，而国家为战争所疲敝，结果被其他诸侯所制。 ㊾"《诗》曰：'木实繁者披其枝'"四句——见于《逸周书·周祝篇》，其文云："叶之美也，解其柯；柯之美也，离其枝；枝之美也，拔其本。"孙诒让认为：古书引《书》，或通称《诗》。牛鸿恩认为："诗"同"志"，泛指古代的记事之书。木实繁者披其枝：树木结果太多，树枝就将被压断。木实：树木的果实。披：裂下，折断。披其枝者伤其心：树枝披下，树心就将受伤。大其都者危其国：国内封君的都城过大，就将构成对国家首都的威胁。尊其臣者卑其主：做大臣的如果太尊贵，其帝王也就变得卑贱了。 ㊿崔杼、淖齿管齐——崔杼：春秋中后期的齐国贵族。淖（nào）齿：战国后期楚国的将领。管齐：执齐国之政。 射王股——齐庄公与崔杼的妻子私通，被崔杼堵在家里。庄公越墙逃跑，被崔杼射了下来，遂杀之。事见《左传·襄公二十五年》与《齐太公世家》。 擢王筋，县之于庙梁，宿昔而死——据《田敬仲完世家》，燕将乐毅伐齐，破临菑，齐湣王逃至莒县。楚派淖齿救齐，因任齐相。淖齿欲与燕勾结共分齐国，遂将齐湣王杀死。所谓“擢王筋，县之于庙梁，宿昔而死”云云，亦范雎肆意夸大之说。擢：抽。县：同“悬”。宿昔：即“夙夕”，早晚。此极言时间之短，很快就死了。泷川资言引张文虎曰：“两‘王’字皆‘主’之讹。” ㉛李兑——战国中后期赵国大臣。 囚主父于沙丘——主父即赵武灵王。据《赵世家》，武灵王提前退位，自称“主父”，传其国于少子何，即惠文王。长子章作乱，兵败，逃依武灵王于沙丘宫（在今河北广宗西北）。赵臣李兑遂围困沙丘宫，公子章被杀，武灵王被饿死。 ㉜卒无秦王——其心目中根本没有秦王。卒：终，根本。 ㉝于是废太后——梁玉绳引《经史问答》曰：“太后忧死是实，未必显有黜退之举。观穰侯尚得之国于陶，无甚大谴，其所谓‘逐’者如此，则所谓‘废’者亦只夺其权也。是时昭王年长，而宣太后尚事事亲裁，便是不善处嫌疑之际；一旦昭王置之高阁，安得不忧死？故人以为‘废’。” 逐穰侯、高陵、华阳、泾阳君于关外——让魏冉、公子悝、芈戎、公子市四人都离开京城，到各自的封地去。关外：函谷关以外。 ㉞县官给车牛以徙——意即由公家出车牛帮着他们搬家。县官：指国家、公家；有时也指帝王本人。千乘有余——此极言穰侯私家之富，受人谗谤，非无因也。 ㉟秦封范雎以应——应：秦县名，县治在今河南鲁山东。

范雎既相秦，秦号曰张禄，而魏不知，以为范雎已死久矣。魏闻秦且东伐韩、魏，魏使须贾于秦。范雎闻之，为微行，敝衣间步之邸，[①]见须贾。须贾见之而惊曰：“范叔固无恙乎[②]！”范雎曰：“然。”须贾笑曰：“范叔有说于秦邪[③]？”曰：“不也。雎前日得过于魏相，故亡逃至此，安敢说乎！”须贾曰：“今叔何事[④]？”范雎曰：“臣为人庸赁[⑤]。”须贾意哀之，留与坐饮食。曰：“范叔一寒如此哉！”乃取其一绨袍以赐之。须贾因问曰：“秦相张君，公知之乎？吾闻幸于王，天下之事皆决于相君。今吾事之去留在张君，孺子岂有客习于相君者哉？[⑥]”范雎曰：“主人翁习知之，唯雎亦得谒,睢请为见君于张君。”须贾曰:“吾马病,车轴折,非大车驷马,吾固不出。”范睢曰:“愿为君借大车驷马于主人翁。”

范睢归取大车驷马,为须贾御之,入秦相府。府中望见,有识者皆避匿。须贾怪之。至相舍门[7],谓须贾曰:“待我,我为君先入通于相君。”须贾待门下,持车[8]良久,问门下曰:“范叔不出,何也?”门下曰:“无范叔。”须贾曰:“乡者与我载而入者。”门下曰:“乃吾相张君也。”须贾大惊,自知见卖,乃肉袒膝行,因门下人谢罪。于是范睢盛帷帐,待者甚众,见之。须贾顿首言死罪,曰:“贾不意君能自致于青云之上,贾不敢复读天下之书,不敢复与天下之事。贾有汤镬之罪,请自屏于胡貉之地,唯君死生之![9]”范睢曰:“汝罪有几?”曰:“擢贾之发以续贾之罪[10],尚未足。”范睢曰:“汝罪有三耳。昔者楚昭王时而申包胥为楚却吴军,楚王封之以荆五千户,包胥辞不受,为丘墓之寄于荆也。今睢之先人丘墓亦在魏,公前以睢为有外心于齐而恶睢于魏齐,公之罪一也。当魏齐辱我于厕中,公不止,罪二也。更醉而溺我,公其何忍乎?罪三矣。然公之所以得无死者,以绨袍恋恋,有故人之意,故释公。”乃谢罢。入言之昭王,罢归须贾[11]。

须贾辞于范睢,范睢大供具,尽请诸侯使,与坐堂上,食饮甚设。而坐须贾于堂下,置莝豆其前,令两黥徒夹而马食之。[12]数曰:“为我告魏王,急持魏齐头来!不然者,我且屠大梁。”须贾归,以告魏齐。魏齐恐,亡走赵。匿平原君所。

范睢既相,王稽谓范睢曰:“事有不可知者三,有不可奈何[13]者亦三。宫车一日晏驾[14],是事之不可知者一也;君卒然捐馆舍[15],是事之不可知者二也;使臣卒然填沟壑[16],是事之不可知者三也。宫车一日晏驾,君虽恨于臣[17],无可奈何。君卒然捐馆舍,君虽恨于臣,亦无可奈何。使臣卒然填沟壑,君虽恨于臣,亦无可奈何。”范睢不怿[18],乃入言于王曰:“非王稽之忠,莫能内臣于函谷关;非大王之贤圣,莫能贵臣。今臣官至于相,爵在列侯,王稽之官尚止于谒者，非其内臣之意也。”昭王召王稽，拜为河东守，三岁不上计。[19]又任郑安平[20]，昭王以为将军。范睢于是散家财物，尽以报所尝困厄者[21]。一饭之德必偿，睚眦之怨必报。

范睢相秦二年，秦昭王之四十二年，东伐韩少曲、高平，拔之。[22]

秦昭王闻魏齐在平原君所，欲为范睢必报其仇，乃详为好书[23]遗平原君曰：“寡人闻君之高义，愿与君为布衣之友，君幸过寡人，[24]寡人愿与君为十日之饮。”平原君畏秦，且以为然[25]，而入秦见昭王。昭王与平原君饮数日，昭王谓平原君曰：“昔周文王得吕尚以为太公，齐桓公得管夷吾以为仲父，今范君亦寡人之叔父也。范君之仇在君之家，愿使人归取其头来；不然，吾不出君于关。”平原君曰：“贵而为交者，为贱也；富而为交者，为贫也。[26]夫魏齐者，胜之友也，在，固不出也，今又不在臣所。”昭王乃遗赵王书曰：“王之弟在秦[27]，范君之仇魏齐在平原君之家。王使人疾持其头来；不然，吾举兵而伐赵，又不出王之弟于关。”赵孝成王乃发卒围平原君家，急，魏齐夜亡出，见赵相虞卿。虞卿度赵王终不可说，乃解其相印，与魏齐亡，间行。念诸侯莫可以急抵者，乃复走大梁，欲因信陵君以走楚。[28]信陵君闻之，畏秦，犹豫未肯见，曰：“虞卿何如人也？”时侯嬴在旁，曰：“人固未易知，知人亦未易也。夫虞卿蹑屩檐簦，一见赵王，赐白璧一双，黄金百镒；再见，拜为上卿；三见，卒受相印，封万户侯。当此之时，天下争知之。夫魏齐穷困过虞卿，虞卿不敢重爵禄之尊，解相印，捐万户侯而间行。急士之穷[29]而归公子，公子曰‘何如人’。人固不易知，知人亦未易也！”信陵君大惭，驾如野[30]迎之。魏齐闻信陵君之初难见之，怒而自刭。赵王闻之，卒取其头予秦。秦昭王乃出平原君归赵。

昭王四十三年，秦攻韩汾陉，拔之，因城河上广武。[31]

后五年，昭王用应侯谋，纵反间卖赵[32]。赵以其故，令马服子代廉颇将。秦大破赵于长平,遂围邯郸。已而与武安君白起有隙,言而杀之。任郑安平,使击赵。郑安平为赵所围,急,以兵二万人降赵。应侯席藁请罪[33]。秦之法,任人而所任不善者,各以其罪罪之。于是应侯罪当收三族[34]。秦昭王恐伤应侯之意,乃下令国中:"有敢言郑安平事者,以其罪罪之。"而加赐相国应侯食物日益厚,以顺适其意。后二岁,王稽为河东守,与诸侯通[35],坐法诛。而应侯日益以不怿。

昭王临朝叹息,应侯进曰:"臣闻'主忧臣辱,主辱臣死'。今大王中朝而忧,臣敢请其罪。"昭王曰:"吾闻楚之铁剑利而倡优拙。夫铁剑利则士勇,倡优拙则思虑远[36]。夫以远思虑而御勇士,吾恐楚之图秦也。夫物不素具,不可以应卒,今武安君既死,而郑安平等畔,[37]内无良将而外多敌国,吾是以忧。"欲以激励[38]应侯。应侯惧,不知所出。蔡泽闻之,往入秦也。

(以上为第三段,写范雎得势后的报恩报仇,及其此后的衰落失势。)

①微行——便服出行。　间步之邸——间步:偷偷步行。邸:诸国客馆。各国为其使臣在客地所修的馆舍,即今之驻外办事处。　②固无恙乎——一直就挺好吗?固:本来,原来。　③有说于秦邪——又对秦王进行游说了吗?有:通"又"。说:游说,进言。　④何事——从事何种工作。　⑤为人庸赁(lìn)——给人做长工、短工。　⑥去留——指事情办得成与办不成。　孺子——原为老者对青少年的不客气称呼。今则为身份高对身份低者的不客气之称。　岂有客习于相君者哉——你有什么人认识张相君吗?习:熟悉,认识。　⑦相舍门——此指相府内宅的门。前已云"入秦相府","府中望见,有识者皆辟匿"矣,故知此门乃在相府之内。　⑧持车——守着车子。持:看守。　⑨汤镬(huò)之罪——该用开水煮死的罪过。镬:无足大鼎。古代的一种刑具。　自屏于胡貉之地——意谓情愿被发配到异族边荒之区,永不出头。屏:亦作"摒"。这里谓退避。胡貉:古代中原地区对北方与东北方少数民族的称呼。貉:即"貊(mò)"。　唯君死生之——请您对

我的生死做出判决。 ⑩擢贯之发以续贯之罪——续即后世"擢发难数"典故之来源。 ⑪罢归须贾——意即办理完须贾来秦要办的事情,让其回国。 ⑫莝(cuò)豆——喂牲口的草料。莝:铡碎的草。令两黥徒夹而马食之——黥徒:受刑后而为奴隶者。夹而马食之:一边一个奴隶押着他,让他像马吃草似的吃那些"莝豆"。 ⑬不可奈何——无计可施,无法补偿。 ⑭宫车一日晏驾——婉指昭王突然死去。晏驾:不能按时乘车出来。晏:晚。 ⑮君卒然捐馆舍——婉指范雎突然死去。卒:后多作"猝",突然。捐馆舍:抛下馆舍而去。婉指达官贵人的死。 ⑯使臣卒然填沟壑——假如我突然死了。使:假使。填沟壑:死后无人殡葬,只有扔在沟里。指贫贱人的死。此王稽谦指自己。 ⑰君虽恨于臣——你即使对我的未被任用而深感遗憾。恨:遗憾。 ⑱不怿(yì)——不高兴。因王稽无任大事之才,偏又力求大任,故范雎"不怿"。 ⑲河东守——河东郡的郡守。河东郡的郡治安邑,在今山西夏县西北。 三岁不上计——言其为郡守无政绩,不称职。上计:指地方官按时向朝廷交纳赋税钱粮,同时也报告自己在任的治绩。 ⑳又任郑安平——又保任郑安平为官。任:举荐,担保。有罪过时要负其责、任其咎。 ㉑所尝困厄者——与范雎一同遭受过磨难的人。 ㉒少曲——古地名,在今河南济源东北。当时的少水转弯处。 高平——也称作"向",在今河南济源西南。 ㉓详为好书——详:通"佯",假装。好书:表示友好的书信。 ㉔布衣之友——平等而重交情的朋友。布衣:指平民。 幸过寡人——希望你到我这里来一趟。幸:谦词。 ㉕以为然——信其话以为真。 ㉖"贵而为交者,为贱也"四句——意谓一个富贵人之所以与人交朋友,是防备自己日后有个贫贱的时候。 ㉗王之弟在秦——按:"王之弟"应作"王之叔"。平原君乃惠文王之弟,赵孝成王之叔。 ㉘以急抵——在困穷无路的情况下去投奔他。 欲因信陵君以走楚——想通过信陵君的关系南逃楚国。 ㉙急士之穷——把别人的困厄视为自己的当务之急。 ㉚驾如野——驾着车子到郊外去迎接。 ㉛汾陉(xíng)——韩国要塞名,在今山西曲沃东北。 因——顺便。 城河上广武——在黄河边上的广武(今河南荥阳东北)筑城。 ㉜纵反间卖赵——指秦用反间计挑拨赵国,使其撤掉了廉颇,而任赵括为将,以镇守长平。 ㉝应侯席槁请罪——因郑安平乃范雎所保任。席藁:跪在草席上。这是古人听候治罪的一种态度。 ㉞当收三族——当收其三族而灭之。三族:父族、母族、妻族;或曰父母、兄弟、妻子。 ㉟与诸侯通——与东方诸国相勾结。 ㊱倡优——帝王身边的演艺人员。 思虑远——意谓帝王不被声色所诱惑,则其注意力就能集中到考虑国家大事上来。 ㊲素具——平时准备齐全。 应卒——应付突然事变。卒:后多作"猝",突发。 畔——通"叛",指其战败降赵。 ㊳激励——此处乃"讽讥"之意,与今表示"鼓励"者不同,故范雎闻之而"惧"。

蔡泽者,燕人也。游学干诸侯小大甚众,不遇。而从唐举相[①],曰:"吾闻先生相李兑,曰'百日之内持国秉[②]',有之乎?"曰:"有之。"曰:"若臣者何如?"唐举孰视而笑曰:"先生曷鼻,巨肩,魋颜,蹙齃,膝挛。[③]吾闻圣人不相,殆先生乎?[④]"蔡泽知唐举戏之,乃曰:"富贵吾所自有,吾所不知者寿也,愿闻之。"唐举曰:"先生之寿,从今以往者四十三岁。"蔡泽笑谢而去,谓其御者曰:"吾持粱刺齿肥[⑤],跃马疾驱,怀黄金之印,结紫绶于要,揖让人主之前,[⑥]食肉富贵,四十三年足矣。"去之赵,见逐。之韩、魏,遇夺釜鬲于涂。[⑦]闻应侯任郑安平、王稽皆负重罪于秦,应侯内惭,蔡泽乃西入秦。

将见昭王,使人宣言以感怒应侯曰[⑧]:"燕客蔡泽,天下雄俊弘辩智士也。彼一见秦王,秦王必困君而夺君之位。"应侯闻,曰:"五帝三代之事,百家之说,吾既知之,众口之辩,吾皆摧之,是恶能困我而夺我位乎?"使人召蔡泽。蔡泽入,则揖应侯。应侯固不快,及见之,又倨,应侯因让之曰:"子尝宣言欲代我相秦,宁有之乎?"对曰:"然。"应侯曰:"请闻其说。"蔡泽曰:"吁,君何见之晚也!夫四时之序,成功者去[⑨]。夫人生百体坚强[⑩],手足便利,耳目聪明而心圣智,岂非士之愿与?"应侯曰:"然。"蔡泽曰:"质仁秉义,行道施德,得志于天下,天下怀乐敬爱而尊慕之,皆愿以为君王，岂不辩智之期与[11]？”应侯曰：“然。”蔡泽复曰：“富贵显荣，成理万物，使各得其所；性命寿长，终其天年而不夭伤；天下继其统，守其业，传之无穷；名实纯粹，泽流千里，世世称之而无绝，与天地终始。岂道德之符[12]而圣人所谓吉祥善事者与？”应侯曰：“然。”

蔡泽曰：“若夫秦之商君，楚之吴起，越之大夫种，其卒然亦可愿与[13]？”应侯知蔡泽之欲困己以说，复谬曰[14]：“何为不可？夫公孙鞅之事孝公也，极身无贰虑，尽公而不顾私；设刀锯以禁奸邪，信赏罚以致治；披腹心，示情素，蒙怨咎，欺旧友，夺魏公子卬，[15]安秦社稷，利百姓，卒为秦禽将破敌，攘地千里。吴起之事悼王也，使私不得害公，谗不得蔽忠，言不取苟合，行不取苟容，不为危易行，行义不辟难，然为霸主强国，不辞祸凶。大夫种之事越王也，主虽困辱，悉忠而不解；主虽绝亡，尽能而弗离，成功而弗矜，贵富而不骄怠。若此三子者，固义之至也，忠之节也[16]。是故君子以义死难，视死如归；生而辱不如死而荣。士固有杀身以成名，唯义之所在，虽死无所恨。何为不可哉？”

蔡泽曰：“主圣臣贤，天下之盛福也；君明臣直，国之福也；父慈子孝，夫信妻贞，家之福也。故比干忠而不能存殷，子胥智而不能完吴，申生孝而晋国乱。是皆有忠臣孝子，而国家灭乱者，何也？无明君贤父以听之，故天下以其君父为僇辱而怜其臣子[17]。今商君、吴起、大夫种之为人臣，是也；其君，非也。故世称三子‘致功而不见德’，岂慕不遇世死乎？夫待死而后可以立忠成名，是微子不足仁，孔子不足圣，管仲不足大[18]也。夫人之立功，岂不期于成全[19]邪？身与名俱全者，上也；名可法而身死者，其次也；名在僇辱而身全者，下也。”于是应侯称善。

蔡泽少得间[20]，因曰：“夫商君、吴起、大夫种，其为人臣尽忠致功则可愿矣，闳夭事文王[21]，周公辅成王也，岂不亦忠圣乎？以君臣论之，商君、吴起、大夫种其可愿[22]孰与闳夭、周公哉？”应侯曰："商君、吴起、大夫种弗若也。"蔡泽曰："然则君之主慈仁任忠，惇厚旧故，其贤智与有道之士为胶漆，义不倍功臣，[23]孰与秦孝公、楚悼王、越王乎？"应侯曰："未知何如也。"

蔡泽曰："今主亲忠臣，不过秦孝公、楚悼王、越王，君之设智，能为主安危修政，治乱强兵，批患折难，[24]广地殖谷，富国足家，强主，尊社稷，显宗庙，天下莫敢欺犯其主，主之威盖震海内，功彰万里之外，声名光辉传于千世，君孰与商君、吴起、大夫种？"应侯曰："不若。"蔡泽曰："今主之亲忠臣不忘旧故不若孝公、悼王、句践，而君之功绩爱信亲幸又不若商君、吴起、大夫种，然而君之禄位贵盛，私家之富过于三子，而身不退者，恐患之甚于三子，窃为君危之。语曰'日中则移，月满则亏'，物盛则衰，天地之常数也。进退盈缩，与时变化，圣人之常道也。故'国有道则仕，国无道则隐'。圣人曰'飞龙在天，利见大人'，'不义而富且贵，于我如浮云'。今君之怨已雠而德已报，意欲至矣，而无变计，[25]窃为君不取也。"且夫翠、鹄、犀、象，其处势非不远死也，而所以死者，惑于饵也。苏秦、智伯之智，非不足以辟辱远死也，而所以死者，惑于贪利不止也。是以圣人制礼节欲，取于民有度，使之以时，用之有止，故志不溢，行不骄，常与道俱而不失，故天下承而不绝[26]。昔者齐桓公九合诸侯，一匡天下，至于葵丘之会，有骄矜之志，畔者九国。吴王夫差兵无敌于天下，勇强以轻诸侯，陵齐晋，故遂以杀身亡国。夏育、太史噭叱呼骇三军，然而身死于庸夫。[27]此皆乘至盛而不返道理，不居卑退处俭约之患也。

"夫商君为秦孝公明法令，禁奸本，尊爵必赏，有罪必罚。平权衡，正度量，调轻重，决裂阡陌，以静生民之业而一其俗。[28]劝民耕农利土，一室无二事，力田稸积，习战陈之事，[29]是以兵动而地广，兵休而国富，故秦无敌于天下，立威诸侯，成秦国之业。功已成矣，而遂以车裂。楚地方数千里，持戟百万，白起率数万之师以与楚战，一战举鄢郢以烧夷陵，再战南并蜀汉。又越韩、魏而攻强赵，北坑马服，诛屠四十余万之众，尽之于长平之下，流血成川，沸声若雷，遂入围邯郸，使秦有帝业。楚、赵天下之强国而秦之仇敌也，自是之后，楚、赵皆慑伏不敢攻秦者，白起之势也。身所服者七十余城，功已成矣，而遂赐剑死于杜邮。吴起为楚悼王立法，卑减大臣之威重，罢无能，废无用，损不急之官，塞私门之请，一楚国之俗，禁游客之民，精耕战之士，南收杨越，北并陈、蔡，破横散从，使驰说之士无所开其口，禁朋党以励百姓，定楚国之政，兵震天下，威服诸侯。功已成矣，而卒枝解[30]。大夫种为越王深谋远计，免会稽之危，以亡为存，因辱为荣，垦草入邑，[31]辟地殖谷，率四方之士，专上下之力[32]，辅句践之贤，报夫差之仇，卒擒劲吴，令越成霸。功已彰而信矣，句践终负而杀之。此四子者，功成不去，祸至于此。此所谓信而不能诎[33]，往而不能返者也。范蠡知之，超然辟世，长为陶朱公。

"君独不观夫博者乎？或欲大投，或欲分功，[34]此皆君之所明知也。今君相秦，计不下席，谋不出廊庙[35]，坐制诸侯；利施三川，以实宜阳[36]；决羊肠之险，塞太行之道[37]；又斩范、中行之涂[38]，六国不得合从；栈道千里，通于蜀汉，使天下皆畏秦。秦之欲得矣，君之功极矣，此亦秦之分功之时也[39]。如是而不退，则商君、白公、吴起、大夫种是也。吾闻之，'鉴于水者见面之容，鉴于人者知吉与凶'。《书》曰'成功之下，不可久处'。四子之祸，君何居焉？君何不以此时归相印，让贤者而授之，退而岩居川观[40]，必有伯夷之廉，长为应侯，世世称孤，而有许由、延陵季子之让，乔、松之寿，[41]孰与以祸终哉？即君何居焉[42]？忍不能自离[43]，疑不能自决，必有四子之祸矣。《易》曰'亢龙有悔[44]'，此言上而不能下，信而不能诎，往而不能自返者也。愿君孰计之！"应侯曰："善。吾闻'欲而不知止，失其所以欲；有而不知足，失其所以有'。先生幸教，雎敬受命。"于是乃延入坐，为上客。

后数日，入朝，言于秦昭王曰："客新有从山东来者曰蔡泽，其人辩士，明于三王之事，五伯之业，世俗之变，足以寄秦国之政。臣之见人甚众，莫及，臣不如也。臣敢以闻。"秦昭王召见，与语，大说之，拜为客卿。应侯因谢病请归相印。昭王强起应侯，应侯遂称病笃。范雎免相，昭王新说蔡泽计画，遂拜为秦相，东收周室。

蔡泽相秦数月，人或恶之，惧诛，乃谢病归相印，号为纲成君㊺。居秦十余年，事昭王、孝文王、庄襄王。卒事始皇帝，为秦使于燕，三年而燕使太子丹入质于秦。

（以上为第四段，写蔡泽同样以口辩说倒范雎，取其相位而代之。）

①从唐举相——找唐举给他看相。唐举：当时有名的看相人。②持国秉——掌握国家大权。秉：通"柄"，权柄。 ③孰视——仔细看了一会儿。孰："熟"的古字。 曷（xiē）鼻——鼻有横文，其状若蝎。 巨肩——其肩之宽大，异于常人。 魋（tuí）颜——谓上额突出。 蹙齃（è）——鼻梁塌陷。蹙：缩。齃：鼻梁。 膝挛——膝关节伸不直。 ④圣人不相——圣人往往没有好相貌。 殆先生乎——大概你就是这种状况吧。殆：大概，莫非。 ⑤持梁刺齿肥——应作"持粱啮肥"。意即吃好的。啮肥：吃肥肉。 ⑥结紫绶于要——紫绶：紫色的绶带。秦时的三公金印紫绶。要：古"腰"字。 揖让人主之前——指受到帝王的尊敬与礼让。 ⑦之韩、魏，遇夺釜鬲（lì）于涂——又去韩、魏，结果在半道上饭锅被人抢走了。遇夺：被夺。釜鬲：都是煮饭用的炊具。釜：锅。鬲：曲脚鼎。涂：通"途"。 ⑧宣言——扬言，放出话去。 感怒——激之使怒。 ⑨四时之序，成功者去——春、夏、秋、冬，轮回交替，自己的任务一完成就自动离去。 ⑩百体坚强——百体：指整个身体。泷川资言曰："枫，三本作'四体'。" ⑪岂不辩智之期与——这不是明智人的期望吗？ ⑫岂非道德之符——岂不是符合大道的事情吗？ ⑬其卒然亦可愿与——他们的死也是人们所乐意的吗？牛鸿恩谓此句中的"然"字同"焉"，表示句中停顿。 ⑭复谬曰——还是故意地说。谬：假装，故意强词夺理。 ⑮披腹心，示情素——犹今所谓披肝沥胆。指一心为了秦国。素：同"愫"，本心，真

情。 蒙怨咎——豁出受人怨恨而不顾。蒙:冒,顶着。 欺旧友,夺魏公子卬——指商鞅在战场上假意约魏公子卬叙旧,而乘机将其袭捕事。夺:《秦策》作"虏",似应作"虏"。按:以上商君协助孝公变法,一心为秦事。详见《商君列传》。 ⑯忠之节也——节:极。或谓"节"指"法度",即"标准""楷模"之意。 ⑰天下以其君父为僇辱而怜其臣子——僇辱:犹今所谓"可耻""可恨"。 ⑱大:赞美,称颂。 ⑲成全——事业成功,人身完好。 ⑳少得间——抓到了一点空隙。㉑闳夭事文王——闳夭是周文王的佐命大臣,与散宜生等齐名。事迹见《周本纪》。 ㉒其可愿——其让人羡慕的程度。 ㉓其贤智与有道之士为胶漆——按:语略不顺。大意谓其人贤智,能够与有道之士相处如胶漆;或谓其能够与贤智、有道之士相处如胶漆。 义不倍功臣——能做到决不背叛功臣。倍:通"背",背叛。 ㉔君之设智,能——你的施展谋略、才能。设:施展。 批患折难——即排除患难。批、折:在这里都是排除的意思。 ㉕怨已雠——犹言仇已报。雠:或作报,取得相等之偿。 意欲至矣——凡是想做的事情都已经做到啦。 而无变计——还不另做别的打算。 ㉖天下承而不绝——承:拥戴,尊从。 ㉗夏育、太史噭——都是古代有名的勇士。夏育是战国时卫国人,能举千斤鼎,《索隐》引高诱注说他后来"为田搏所杀"。太史噭事迹不详,恐非《田单列传》中之太史噭。 身死于庸夫——具体不详,不知高诱之所谓"田搏"者是否即"庸夫"。 ㉘平权衡——统一全国的秤。权:秤砣。衡:秤杆。 正度量——统一全国的丈尺与升斗。 调轻重——调整赋税的轻重,如《商君列传》"民有二男以上不分异者倍其赋"等等。 决裂阡陌——指废除旧有的井田制度,实行新的土地政策。 静生民之业——稳定黎民各自应从事的职业,不得随意游动、跳槽。静:安定,稳定。 一其俗——统一民间的风俗。 ㉙劝民耕农利土——语略不顺。大意谓鼓励农民耕种,充分发挥地力。利土:尽土地之宜。 一室无二事——一个家庭不准从事两种职业。力田稸积,习战陈之事——此即法家所鼓励之"耕""战"。陈:"阵"的古字。 ㉚功已成矣,而卒枝解——梁玉绳曰:"吴起以射死,此言'支解',仍《秦策》之误。" ㉛免会稽之危——越被吴国打败后,越王句践曾一度栖居于会稽山上。后经文种、范蠡等与吴国谈判，句践始得回其都城。句践的都城会稽，即今浙江绍兴市。会稽山在绍兴市城南。垦草入邑——除草始能进入城邑。极言其城市的一片荒芜。 ㉜专上下之力——集中全国上下的一切力量。专：集中。 ㉝信而不能诎——意即不懂张弛之道，不晓谦退守成之理。信：通“伸”。诎：屈服。 ㉞博——赌博。 大投——下大赌注。犹今所谓“孤注一掷”。 分功——钱多而下小注，慢慢来。 ㉟计不下席，谋不出廊庙——即今所谓“运筹帷幄”。不必离席，从容地决策于朝堂之上。 ㊱利施三川，以实宜阳——词语略涩。大意谓扬威于三川地区，以加强自己宜阳一带的实力。三川：指今河南洛阳一带地区，因其地有黄河、伊水、雒水而言，当时这里属周国。宜阳：在今河南宜阳西，原来属韩，五十年前已被秦国攻取。 ㊲决羊肠之险，塞太行之道——决：斩断。羊肠之险：即羊肠坂，一说在今山西东南部晋城南，是河南中部到山西东南部的交通要道。塞：断绝。 ㊳斩范、中行之涂——意即占据朝歌（今河南淇县）一带。范氏、中行氏是春秋末期晋国的两大贵族，因与智氏、赵氏、韩氏、魏氏闹矛盾被驱逐，先是逃到了朝歌，后又东逃到齐国。事见《赵世家》。 ㊴此亦秦之分功之时也——意谓对秦国来说，现在该是大赢家下小赌注，该“悠着一点”的时候了。 ㊵岩居川观——退居山林，闲观流水。指过隐士生活。 ㊶许由——相传为尧时隐士，尧以天下让许由，许由不受。事见《庄子·让王》。 延陵季子——即季札，吴王寿梦之第四子，其父欲传吴国于季札，季札不受。其长兄、次兄、三兄又三次以吴国相传，季札始终未受。事见《吴太伯世家》。 乔、松——王子乔、赤松子，都是传说中的神仙。 ㊷即君何居焉——那么你打算选择哪种结局呢？即：则。按：此句“何居焉”三字疑涉上文而衍。若削此“何居焉”三字，“即君”二字与下文“忍而不能离”连读，则转折有力，又免下句起语平弱之病。即：若，假如。 ㊸忍不能自离——知其不可而犹自坚持。 ㊹亢龙有悔——《周易·乾卦》文，孔颖达疏：“似圣人有龙德，上居天位，久而亢极，物极则反，故有悔也。”亢：居高而骄。 ㊺号为纲成君——意即秦王封之为纲成君。

太史公曰：韩子称“长袖善舞，多钱善贾[①]”，信哉是言也！范雎、蔡泽世所谓一切辩士[②]，然游说诸侯至白首无所遇者，非计策之拙，所为说力少[③]也。及二人羁旅入秦，继踵取卿相，垂功于天下者，固强弱之势异也。然士亦有偶合，贤者多如此二子，不得尽意，[④]岂可胜道哉！然二子不困厄，恶能激乎[⑤]？

（以上为第五段，是作者的论赞，就范雎、蔡泽二人的奇特经历抒发了自己多方面的深沉感慨。）

①长袖善舞，多钱善贾——二语见《韩非子·五蠹》。此盖比喻秦国的势力强大，故为秦国办事易见功效。 ②一切辩士——“一切”，在这里引申为“一时”，即一时中的佼佼者。 ③所为说力少——所游说的对象都国力不强。 ④偶合——碰巧赶上了机会。 不得尽意——不能充分展现自己的才智。 ⑤恶能激乎——如何能激发起奋斗之志。按：《太史公自序》《报任安书》皆有“文王拘而演《周易》，仲尼厄而作《春秋》”云云；《苏秦列传》有“使我有雒阳负郭田二顷，吾岂能佩六国相印乎”；《平原君虞卿列传》有“然虞卿非穷愁，亦不能著书以自见于后世云”，皆史公结合古人以抒发个人感慨。

［**简评**］ 作品的着眼点是突出地表现了两个“口辩之士”由一布衣轻易取代宰相的惊人才智。范雎是利用间隙，分化挑拨，蔡泽是顺水推舟，虚声恫吓；前者近于阴险，后者近于妄诞，其共同目标都是推倒前人，取其荣名爵禄而代之。司马迁对这种人原无好感，只是告诉大家世界上还有这样一些人，凭着口辩才智竟能如此耸人听闻地颠倒造化的事情。我们则应该透过作者的主观爱憎，透过《战国策》原文的那些夸张描写，而看到范雎在秦国发展史上的实际贡献。范雎毫无疑问地应该进入商鞅、张仪、魏冉、吕不韦、李斯等为秦国富强做出了重大贡献的杰出政治家的行列。司马迁用了一个“长袖善舞，多钱善贾”的谚语来说范雎、蔡泽，这固然很有道理，但其目的却无疑是将范雎、蔡泽的才干向下拉低了一截。范雎与穰侯、白起的矛盾，有公念，也有私

心;有罪孽,也有时势之必然。封建社会最高集团里的许多事情,有些是难以说清的。作品中所引的范雎上书和范雎、蔡泽的诸段说辞,都见于《战国策》,而范雎最初的倒霉受罪,和他得志后酣畅淋漓的复仇,都不见于《战国策》,应是司马迁的发挥居多。而"太史公曰"最后连带感慨的灾难困厄激发人、鼓舞人创造伟业的思想,也是在《史记》中经常表现的重要主题之一。

[**集评**] 《太史公自序》:"能忍訽于魏齐,而信威于强秦,推贤让位,二子有之,作《范雎蔡泽列传》第十九。"

司马光曰:"穰侯援立昭王,除其灾害,荐白起为将,南取鄢郢,东属地于齐,使天下诸侯稽首而事秦,秦益强大者,穰侯之功也。虽其专恣骄贪足以贾祸,亦未尽如范雎之言。若雎者,亦非能为秦忠谋,直欲得穰侯之处,故扼其吭而夺之耳。遂使秦王绝母子之义,失舅甥之恩,要之,雎真倾危之士哉!"(《资治通鉴》)

苏辙曰:"范雎相秦,其所以利秦者少,而害秦者多。以魏冉之专,忘其旧勋而逐之可也;并逐宣太后,使昭王以子绝母,不已甚乎?宣太后之于秦,非有郑武姜、庄襄后之恶也。郑武姜、庄襄后犹不可绝,而雎勇绝之,独不愧颍考叔、茅焦乎?及雎任秦事,杀白起而用王稽、郑安平,使民怨于内,兵折于外,曾不若魏冉之一二。以予观之,范雎、蔡泽自为身谋,取卿相可耳,未见有益于秦也。"(《古史》)

黄震曰:"范雎以口舌攘穰侯之位,而蔡泽复以口舌攘之雎,所谓螳螂捕蝉,黄雀在后也。然穰侯以君臣骨肉之亲,则雎攘之也难;范雎当君臣疑阻之际,则泽攘之也易。雎远交近攻之策真有益于秦,泽特羁困之余,窃富贵耳,殆非雎比世。惟雎以离间昭王母子兄弟而得之,泽劝雎功成身退,心虽私而论则正矣。"(《黄氏日钞》)

罗大经曰:"范雎、蔡泽皆辩士,太史公以之连传,然雎倾危,泽明坦。雎幽险诡秘，危人骨肉，全是小人意态；泽方入关，便宣言代雎，至其所以告雎者，皆消息虚实之正理。雎必俟泽反覆以祸福晓之乃肯退；泽为秦相数月即告老，为客卿以终，进退雍容，过雎远甚。虽然，后之君子固权吝宠，如狡兔之专窟，如猩猩之嗜酒，老死而不知止，受祸而不之觉者，是又在范雎下矣。"（《鹤林玉露》）

钟惺曰："雎之夺秦相于穰侯手也，其时势难于蔡泽百倍，何者？穰侯戚而相，方有功，持其所有也甚坚；雎疏而相，方负罪，求释其所有也甚急。取所坚持者于戚而有功之人，与受所欲急释者于疏而负罪之人，顺逆固已不侔矣。故雎之于穰侯，上书不敢言而待见，见又不敢深言，待其进用有功于秦，至再至三，而后言之；泽面取相印于雎，授受立谈之间耳。故穰侯之相，雎真夺之；泽之相，雎自予之。予之自我者，身安而名全；夺之自人者，身危而名辱。识时知幾，进退巧拙之际，雎不如泽，穰侯不如雎也。"（《史怀》）

鲍彪曰："周衰，辩士皆矜材角智，趋于利而已，唯泽为近道德，明哲保身之策，故其得位不数月引去，优游于秦，以封君令终，美矣。'非苟知之，亦允蹈之'，泽之谓乎！"（《战国策注》）

姚苎田曰："范雎人品心术皆高，其有功于秦亦甚大，某于评点《国策》中每亟予之。"（《史记菁华录》）

杨燕起、阎崇东曰："范雎之功有三：一是增强王室，杜绝私门……；一是提出远交近攻之策……；一是纵反间大破赵长平，遂围邯郸，威震东方。蔡泽为相仅数月，亦东收周室。二人合传，表明他们在秦国历史发展的重要阶段，做出了有益的贡献。……二人的辩说是纵横家以外的最为成功者。范雎之说秦昭王，比之商鞅之说秦孝公别具识见、谋略，……其所游说正是韩非子《说难》一篇的具体例证。"（《〈史记〉精华导读》）

熊宪光曰："在战国游说之士中，蔡泽很像是昙花一现的人

物，但他那一现却很灿烂。”（《纵横家研究》）

张大可曰：“司马迁肯定二人，还因他们都是能屈能伸的大丈夫，他们不因受困而丧志，反因忍辱而激发，功成身退而推贤，故特为二人立传，称赞这些品德，寄意深远。”（《史记全本新注》）

马非百曰：“范雎为秦相后，曾先后任举其恩人郑安平为将军，王稽为河东守。郑安平于昭王四十三年击赵时为赵所围急，以兵二万人降赵。《史记》虽提出‘秦法：任人而所任不善者，以其罪罪之’之条文，认为雎罪当收三族，但昭王并未执行，反而一面下令国中，禁止言郑安平事，一面加赐雎食物以顺其意。及五十二年王稽又以‘与诸侯通’犯罪弃市。而对于范雎，仍仅以‘推荐蔡泽自代，称病免相’了事。余读史至此，颇疑秦法向号严明，不宜对范雎一再容忍若此。及观一九七五年在湖北省云梦县出土秦简《大事记》有‘昭王五十二年，王稽、张禄死’之语，始知王稽死时，范雎亦死。……雎之死，当在推荐蔡泽自代，称病免相之时，而其死法，则不是明正典刑，而是‘请药赐死’，且其事进行甚秘，不为外人所知。至《大事记》著者，则身为治狱吏，此等重大档案，皆其平日所习知，故得详记之耳。”（《秦集史》）

杨宽曰：“前二年，魏、楚合纵救邯郸之围，大破秦军，秦将郑安平以二万人降赵，赵封为武阳君。魏、楚联军乘胜追击，又在河东郡治汾城一带大败秦军。秦军吏告发河东郡守王稽通敌谋反，是年王稽以‘与诸侯通’之罪坐法诛。郑安平、王稽皆范雎所任，秦法‘任人而所任不善者，各以其罪罪之’，即有连坐之法。当郑安平降赵，范雎‘罪当收三族’，昭王未执行；及王稽通敌谋反之罪举发，昭王大怒而欲兼诛范雎，范雎‘愿请药赐死，而恩以相葬臣’，昭王又弗杀而善遇之，见于《秦策三》第十七章。是年王稽因定罪而弃市，范雎因而亦死。秦简《编年纪》称是年‘王稽、张禄死’，必范雎因王稽之罪连带而死，是否因药赐死则不得而知。”又曰:“范雎确曾为秦帝业有所建树,蔡泽称许范雎曰‘今君相秦……坐制诸侯,利施三川,以实宜阳;决羊肠之险,塞太行之口,又斩范一中行之途;栈道千里,通于蜀汉,使天下皆畏秦,秦之欲得矣,君之功极矣’。秦昭王尝于宜阳称帝,此时又在宜阳有所建树,使成为控制中原之政治中心。又扩展四方交通,使秦便于控制四方诸侯,以便成其帝业。其失败由于任人偏私,拜王稽为河东守,三年不上计;又任郑安平为将;又与白起争功而有隙,并言而杀之,任郑安平伐赵邯郸。蔡泽称其‘禄位贵盛,私家之富过于三子(商鞅、吴起、大夫种)’,因而谓范雎‘身不退,窃为君危之’。”(《战国史料编年辑证》)

姚苎田曰:“四公子结客,而其本传,平原君殊无足观,盖莫孅于信陵君也。然唐人咏史有‘买丝绣出平原君’,又‘未知肝胆向谁是,令人却忆平原君’,独歆慕平原君不啻口出者何也?盖学者读太史公书,固有彼此互见之妙。《信陵传》极胜,《平原传》颇卑,而其附见于《范雎传》中者,平原之肝胆可以矢天地而泣鬼神,信陵之依违几一语而丧厥生平之雅尚。然则立乎千载以下,而欲于诵诗读书之际尚论古人,又安可不参观而博览之也?”(《史记菁华录》)

乐毅列传第二十

乐毅者，其先祖曰乐羊。乐羊为魏文侯将，伐取中山，魏文侯封乐羊以灵寿[①]。乐羊死，葬于灵寿，其后子孙因家焉。中山复国，至赵武灵王时复灭中山，而乐氏后有乐毅。

乐毅贤，好兵，赵人举之[②]。及武灵王有沙丘之乱[③]，乃去赵适魏。闻燕昭王以子之之乱[④]而齐大败燕，燕昭王怨齐，未尝一日而忘报齐也。燕国小，辟远，力不能制，于是屈身下士，先礼郭隗以招贤者[⑤]。乐毅于是为魏昭王使于燕，燕王以客礼待之[⑥]。乐毅辞让，遂委质为臣，燕昭王以为亚卿，[⑦]久之。

（以上为第一段，写乐毅的身世与其到达燕国的始末。）

①灵寿——古邑名，在今河北平山东北。 ②赵人举之——谓举以为吏。举：推荐。 ③沙丘之乱——沙丘：地名，在今河北广宗大平台、前后平台一带，时赵国在此筑有离宫。赵武灵王晚年，传位于其少子赵何，是为惠文王，武灵王自称主父。惠文王四年（前295），主父与惠文王同游沙丘，各住一宫。主父的长子赵章作乱，以兵攻惠文王，赵臣李兑等率兵救王击败公子章。公子章逃入主父宫，主父纳而护之，李兑等遂围主父宫。最后公子章被杀，主父被围困饿死。事见《赵世家》。 ④子之之乱——子之是燕王哙（前320—前318年在位）的相。燕王哙三年（前318），听从子之的党羽苏代、鹿毛寿的劝诱，为图“禅

让”之美名把王位让给了子之，自己退位为臣，于是燕国大乱。燕王哙六年(前315)，齐国举兵伐燕，燕人不敌，齐国大胜，燕王哙及子之皆死，燕国差点灭亡。事见《燕召公世家》。 ⑤先礼郭隗(wěi)以招贤者——燕昭王即位后，发愤图强，向其国人郭隗谋求招贤之道，郭隗曰：“王必欲致士，先从隗始，况贤于隗者，岂远千里哉！”于是燕昭王为隗改筑宫而师事之。 ⑥燕王以客礼待之——意即不视之为臣，极意尊敬之。 ⑦委质为臣——委质：犹言“委身”“托身”。“质”，通“贽”，即进献见面礼。或谓“委质”指写保证书。 亚卿——犹言“次卿”，仅次于正卿的爵位。

当是时，齐湣王强，南败楚相唐眛于重丘，西摧三晋于观津，遂与三晋击秦，助赵灭中山，破宋，广地千余里。与秦昭王争重为帝，已而复归之。[①]诸侯皆欲背秦而服于齐。湣王自矜，百姓弗堪。于是燕昭王问伐齐之事。乐毅对曰：“齐，霸国之余业[②]也，地大人众，未易独攻也。王必欲伐之，莫如与赵及楚、魏[③]。”于是使乐毅约赵惠文王，别使连楚、魏，令赵嚪说[④]秦以伐齐之利。诸侯害齐湣王之骄暴，皆争合从与燕伐齐。乐毅还报，燕昭王悉起兵，使乐毅为上将军，赵惠文王以相国印授乐毅。乐毅于是并护赵、楚、韩、魏、燕之兵以伐齐，破之济西。[⑤]诸侯兵罢归，而燕军乐毅独追，至于临菑。[⑥]齐湣王之败济西，亡走，保于莒[⑦]。乐毅独留徇齐[⑧]，齐皆城守。乐毅攻入临菑，尽取齐宝财物祭器输之燕。燕昭王大说，亲至济上劳军，行赏飨士，封乐毅于昌国，号为昌国君。[⑨]于是燕昭王收齐卤获[⑩]以归，而使乐毅复以兵平齐城之不下者。

乐毅留徇齐五岁，下齐七十余城，皆为郡县以属燕，唯独莒、即墨未服[⑪]。会燕昭王死，子立为燕惠王。惠王自为太子时尝不快于乐毅，及即位，齐之田单闻之，乃纵反间于燕，曰：“齐城不下者两城耳。然所以不早拔者，闻乐毅与燕新王有隙，欲连兵且留齐，南面而王齐[⑫]。齐之所患，唯恐他将之来。”于是燕惠王固已疑乐毅，得齐反间，乃使骑劫代将，而召乐毅。乐毅知燕惠王之不善代之[13],畏诛,遂西降赵。赵封乐毅于观津,号曰望诸君,尊宠乐毅以警动于燕、齐。[14]

齐田单后与骑劫战,果设诈诳燕军,遂破骑劫于即墨下。而转战逐燕,北至河上,尽复得齐城,而迎襄王于莒,入于临菑。

(以上为第二段,写乐毅为燕昭王大破强齐,以及因燕惠王罢免乐毅致使燕国前功尽弃的情景。)

①争重——比高,夸权。 复归——退回了“帝”号,仍旧称“王”。 ②霸国之余业——犹言“霸国的后代”。余业:遗留的业绩。这里指“后代”。齐国远如春秋时代的齐桓公,近如战国以来的齐威王、齐宣王,都是威震天下的人物,所以乐毅称齐国是“霸国之余业”。 ③与赵及楚、魏——联合赵、楚、魏三国。与:联合,交结。 ④啗(dàn)说——二动词并列使用。啗:以食物喂人。引申为“利诱”。说:劝说。 ⑤并护赵、楚、韩、魏、燕之兵以伐齐——并护:犹言“总领”,“协调指挥”。 济西——古济水之西,即今山东聊城、茌平、高唐一带,当时为齐国的西部地区。 ⑥诸侯兵罢归——按:诸侯之所以中途“罢归”,是因为他们深知齐被燕灭非诸国之利。 临菑——齐国国都,在今山东淄博东北齐都镇。 ⑦亡走,保于莒——“亡”“走”“保”三动词连用,意谓逃到莒城,依莒城而固守。亡走:逃跑。保:依据,凭借,固守。莒:齐国南部的重要都邑,即今山东莒县。 ⑧徇齐——以兵巡行攻击齐地之不服者。 ⑨济上——济水边上。当时的济水在今河南荥阳北从黄河分出,东流入山东,经今定陶、梁山、东阿、历城、博兴等地入渤海。 昌国——齐邑名,亦称昌城,在今山东淄博东南,当时被燕人占领。 ⑩卤获——掳掠缴获的东西。卤:通“掳”。 ⑪唯独莒、即墨未服——即墨:齐国东部的重要都邑,在今山东平度东南。 ⑫欲连兵且留齐,南面而王齐——连兵:建立军事联盟。《田单列传》作“实欲连兵南面而王齐”。 ⑬乐毅知燕惠王之不善代之——乐毅知道是因为自己与燕惠王的关系不好而被取代。 ⑭观津——古邑名。战国赵地,在今河北武邑东。 望诸君——《索隐》曰:“望诸,泽名,在齐。盖赵有之,故号焉,《战国策》‘望’作‘蓝’也。” 警动——警告,震动。言已得此名将,使国力增强。

燕惠王后悔使骑劫代乐毅，以故破军亡将失齐；又怨乐毅之降赵，恐赵用乐毅而乘燕之弊以伐燕。燕惠王乃使人让乐毅，且谢之曰："先王举国而委将军，将军为燕破齐，报先王之仇，天下莫不震动，寡人岂敢一日而忘将军之功哉！会先王弃群臣，寡人新即位，左右误寡人。寡人之使骑劫代将军，为将军久暴露于外，故召将军且休计事。[①]将军过听，以与寡人有隙，遂捐燕归赵。将军自为计则可矣，而亦何以报先王之所以遇将军之意乎？[②]"乐毅报遗[③]燕惠王书曰：

臣不佞，不能奉承王命，以顺左右之心，恐伤先王之明，有害足下之义，故遁逃走赵。今足下使人数之以罪，臣恐侍御者不察先王之所以畜幸臣之理，又不白臣之所以事先王之心，故敢以书对。

臣闻贤圣之君不以禄私亲，其功多者赏之，其能当者处之。故察能而授官者，成功之君也；论行而结交者，立名之士也。臣窃观先王之举也，见有高世主之心，故假节于魏，以身得察于燕。[④]先王过举，厕之宾客之中，立之群臣之上，不谋父兄，以为亚卿。臣窃不自知，自以为奉令承教，可幸无罪，故受令而不辞。

先王命之曰："我有积怨深怒于齐，不量轻弱，而欲以齐为事[⑤]。"臣曰："夫齐，霸国之余业，而最胜之遗事也，练于兵甲，[⑥]习于战攻。王若欲伐之，必与天下图之。与天下图之，莫若结于赵。且又淮北、宋地，楚魏之所欲也，赵若许而约四国攻之，齐可大破也。"先王以为然，具符节，南使臣于赵。顾反命，起兵击齐。以天之道，先王之灵，河北之地随先王而举之济上。[⑦]济上之军受命击齐，大败齐人，轻卒锐兵，长驱至国[⑧]。齐王遁而走莒，仅以身免；珠玉财宝车甲珍器尽收入于燕。齐器设于宁台，大吕陈于元英，故鼎反乎磿室，[⑨]

蓟丘之植，植于汶篁[10]，自五伯已来，功未有及先王者也。先王以为慊于志，故裂地而封之，使得比小国诸侯。[11]臣窃不自知，自以为奉命承教，可幸无罪，是以受命不辞。

臣闻贤圣之君，功立而不废，故著于春秋[12]；蚤知之士[13]，名成而不毁，故称于后世。若先王之报怨雪耻，夷万乘之强国，收八百岁之蓄积，[14]及至弃群臣之日，余教未衰，执政任事之臣，修法令，慎庶孽，施及乎萌隶，皆可以教后世[15]。

臣闻之，善作者不必善成，善始者不必善终[16]。昔伍子胥说听于阖庐，而吴王远迹至郢；夫差弗是也，赐之鸱夷而浮之江。吴王不寤先论之可以立功，故沈子胥而不悔；子胥不蚤见主之不同量，是以至于入江而不化。[17]

夫免身立功，以明先王之迹，臣之上计也。离毁辱之诽谤[18]，堕先王之名，臣之所大恐也。临不测之罪，以幸为利，义之所不敢出也。[19]

臣闻古之君子，交绝不出恶声；忠臣去国，不洁其名[20]。臣虽不佞，数奉教于君子矣。恐侍御者之亲左右之说，不察疏远之行，故敢献书以闻，唯君王之留意焉。

于是燕王复以乐毅子乐閒为昌国君；而乐毅往来复通燕，燕、赵以为客卿。乐毅卒于赵。

（以上为第三段，写乐毅复书燕惠王，以明自己之心迹。）

①暴（pù）露——指日晒雨淋。泛指军中的辛苦劳累。暴："曝"的古字。　且休计事——暂且休息一下，商量商量今后的大事。　②自为计——为个人打算。　亦何以报先王之所以遇将军之意乎——遇：对待，待承。袁黄认为：数句内写悔、怨、恐三意，惠王之心事如见。杨慎曰："乐毅报君书善矣，惠王书亦自委曲恳至，足以饰前非而动众志。"　③报遗（wèi）——指回答，回报。遗：给。　④见有高世主之心——"见"字疑衍。高世主：谓高出于当世的其他诸国君主。　故假节于魏，以身得察于燕——意谓因此我借着替魏国出使的机会，到燕国来亲身察看一下。假节：凭借着使臣的符节。鲍彪曰："时诸侯不通，出

关,则以节传之。” ⑤以齐为事——把向齐国报仇看作是自己的目的任务。 ⑥最胜之遗事——犹言“常胜国家的后代”。最:《国策》作“骤”。骤胜:屡胜。 练于兵甲——与下句“习于战攻”意同。练:熟练、熟习。兵甲:兵器铠甲。这里指军队。 ⑦以天之道——犹言“托天之福”。 河北之地随先王而举之济上——按:“济上”二字疑衍。随先王而举之:因为乐毅的说话艺术是归功于“先王”,而燕昭王又的确曾亲到济上劳军,故宛转如此说。 ⑧国——国都。指齐都临菑。 ⑨齐器设于宁台——齐器:齐国的宗庙祭器。宁台:燕国的楼台,在当时燕国都城的西部。 大吕陈于元英——大吕:钟名。代指齐国庙堂的乐器。元英:燕国的宫殿名,在宁台附近。 故鼎反乎磿室——故鼎:燕国故有的鼎,子之之乱时被齐国掠去。磿室:亦作“历室”,燕宫名,亦在宁台附近。 ⑩蓟丘之植,植于汶篁——《索隐》曰:“言燕之蓟丘所植,皆植齐王汶上之竹。”吴师道则曰:“此言燕蓟丘之所植,移植于汶上之竹田。”按:前后二说皆可通,后说较现成。 ⑪慊(qiè)于志——犹今之所谓“满意”。慊:满足;惬意。 裂地而封之——即前所谓“封乐毅于昌国,号为昌国君”。 比小国诸侯——大国的卿相与大国国内的封君,相当于小国的诸侯,自春秋以来一直如此。比:相当。 ⑫著于春秋——犹言著于青史。春秋:泛指历史书。 ⑬蚤知之士——有预见、有远见的人。蚤:通“早”。 ⑭夷万乘之强国——指打败强齐。夷:铲平。万乘:万辆兵车。古代用以称呼最强盛的国家。 收八百岁之蓄积——指将齐国长期积累的财富掠往燕国。八百岁:齐国建立于西周初年(约前1046),至齐湣王济西之败(前284),中间大约有八百年。 ⑮“及至弃群臣之日”六句——按:此数句文字不顺,《战国策·燕策》作“及至弃群臣之日,余令诏后嗣之遗义,执政任事之臣,所以能循法令、顺庶孽者,施及萌隶,皆可以教于后世”。亦生涩难通。参考两段文字,其大意是说,先王去世时,他的余风遗德,以及当时执政大臣们所推行的种种章程办法,都可以流传后世,作为后世的榜样。慎庶孽:谨慎地做好王室诸公子的工作,使他们不要内部生乱。庶孽:姬妾所生的孩子。施(yì)及乎萌隶:意谓国家的恩泽和执政者的表率作用,都能推广到下层人民。施:延续,推广。萌隶:平民百姓。

萌:通"氓",民。 ⑯善作者不必善成,善始者不必善终——意即有好开端的人不一定能有好收场。作:开始兴作。不必:不一定。这里是"不一定能"的意思。 ⑰先论——指伍子胥生前的见解。即力主灭越与反对耀兵中原事。 主之不同量——指吴王阖庐与吴王夫差二人的才德、度量大不相同。 不化——不变。不改其初衷,如坚持认为越为吴的心腹之患等。 ⑱离毁辱之诽谤——意即遭受诬陷而被杀。离:通"罹",陷入,遭受。 ⑲临不测之罪——面对着无法预料的大罪。指现时的处境而言。 以幸为利——以侥幸的举动为个人谋求私利。指燕惠王所担心的"赵用乐毅而乘燕之弊以伐燕"。 义之所不敢出也——意谓"这是我绝对不会做的"。义:用如"义不帝秦""义无反顾"之"义"。不敢:不能、不会。其所以用"不敢",是表示自谦。出:行,采取。 ⑳忠臣去国,不洁其名——去国:指被贬斥,流放出京城。不洁其名:不洗白自己的冤屈,不归咎于君上。

乐閒居燕三十余年,燕王喜用其相栗腹之计,欲攻赵,而问昌国君乐閒。乐閒曰:"赵,四战之国①也,其民习兵,伐之不可。"燕王不听,遂伐赵。赵使廉颇击之,大破栗腹之军于鄗,禽栗腹、乐乘②。乐乘者,乐閒之宗也③。于是乐閒奔赵,赵遂围燕。燕重割地以与赵和④,赵乃解而去。

燕王恨不用乐閒,乐閒既在赵,乃遗乐閒书曰:"纣之时,箕子不用,犯谏不怠,以冀其听;⑤商容不达,身祇辱焉,以冀其变。⑥及民志不入,狱囚自出,然后二子退隐⑦。故纣负桀暴之累,二子不失忠圣之名。何者?其忧患之尽矣⑧。今寡人虽愚,不若纣之暴也;燕民虽乱,不若殷民之甚也。室有语,不相尽,以告邻里⑨。二者,寡人不为君取也。⑩"

乐閒、乐乘怨燕不听其计,二人卒留赵。赵封乐乘为武襄君。

其明年,乐乘、廉颇为赵围燕,燕重礼以和,乃解。后五岁,赵孝成王卒,襄王使乐乘代廉颇。廉颇攻乐乘,乐乘走,廉颇亡入魏。其后十六年而秦灭赵。

其后二十余年，高帝过赵⑪，问："乐毅有后世乎？"对曰："有乐叔。"高帝封之乐乡⑫，号曰华成君。华成君，乐毅之孙也。而乐氏之族有乐瑕公、乐臣公，赵且为秦所灭，亡之齐高密。⑬乐臣公善修黄帝、老子之言，显闻于齐，称贤师。

（以上为第四段，写乐毅后代的事迹。）

①四战之国——以其四面受敌，故其国英勇善战。 ②禽栗腹、乐乘——禽：通"擒"。梁玉绳曰："'乐乘'当是'卿秦'之误，《赵世家》云'虏卿秦'是也。" ③乐乘者，乐閒之宗也——宗：族，族人。梁玉绳曰："此八字当在后文'赵封乐乘为武襄君'之下，错简也。"按：乐乘事迹还见于《廉颇蔺相如列传》。 ④燕重割地以与赵和——重：多，大量。 ⑤不用——指其劝谏之言不被听用。 犯谏不怠——意谓不顾殷纣王的发怒而进谏不止。 冀——期望。 ⑥商容——殷纣时的贤臣，因进谏而被废，遂隐不出。 不达——不通显。指被废免。 身祇辱——自身遭受困辱。 ⑦民志不入，狱囚自出，然后二子退隐——意谓民志不达于上，罪囚自囹圄脱出，政治混乱至此，然后二子退隐。⑧其忧患之尽矣——言其忧国忧民的义务，可算是尽到了。之：语气词，无义。 ⑨室有语，不相尽，以告邻里——意谓夫妻之间有什么纷争，不在家里说清，而出去对邻居讲。 ⑩二者——指乐閒未能力诤强谏，不似箕子、商容之所为；又离燕奔赵，以彰君过，似室有语而出告邻家。 不为君取——客气宛转的说法，意即指责对方"你这种做法是不对的"。按：此燕王喜致乐閒书，见《战国策·燕策三》。因此书与前燕惠王致乐毅书辞令相同，故研究者多谓是后人将燕惠王遗乐毅书误传为二。 ⑪其后二十余年，高帝过赵——据《高祖本纪》，高祖七年（前200）二月，北征韩王信，回来时曾经路过赵都邯郸。此时的赵王乃高祖功臣张耳之子张敖。 ⑫封之乐乡——乐乡属信都县。信都即今河北衡水冀州区。 ⑬乐臣公——应作"乐巨公"。 赵且为秦所灭——且：将。 亡之齐高密——亡之：犹言"逃往"。高密：齐邑名，在今山东高密西南。

太史公曰：始齐之蒯通及主父偃读乐毅之《报燕王书》，未尝不废书而泣也。乐臣公学黄帝、老子，其本师号曰河上丈人，①不知其所出。河上丈人教安期生，安期生教毛翕公，毛翕公教乐瑕公，乐瑕公教乐臣公，乐臣公教盖公。②盖公教于齐高密、胶西，为曹相国师。③

（以上为第五段，是作者的论赞，突出了乐毅人格对后世的影响，和乐毅的后代在传播黄老学说中的地位与作用。）

①本师——犹言“宗师”，有嫡系师承关系的祖师。　河上丈人——亦称“河上公”。不知其名，据说他曾经注过《老子》。　②安期生——后来被附会为神仙之流，见《封禅书》。　盖公——汉初人，不知其名，为当时道家学派的著名人物，曾授学于胶西，深受相国曹参的推崇。　③胶西——汉代诸侯国名，国都高密（今山东高密西南）。为曹相国师——《曹相国世家》云：“孝惠帝元年，除诸侯相国法，更以参为齐丞相……闻胶西有盖公，善治黄老言，使人厚币请之。既见盖公，盖公为言治道贵清静而自定，推此类具言之。参于是避正堂，舍盖公焉。”

［**简评**］　作品写了乐毅受燕昭王之知遇，为燕昭王大破强齐，建立起丰功伟绩的前半生；并写了燕惠王中齐人之计，罢斥乐毅，致使破齐之事前功尽弃，而乐毅本人也于默默无闻中了其后半生的悲剧结局。作品的重心在于歌颂乐毅在君臣之际所表现出的高风亮节，同时也赞扬了他杰出的军事才干。司马迁歌颂乐毅、燕昭王，也就是表现一种他所理想的君臣关系，同时也是对汉代君臣相互以市道、以欺诈相交的讽刺与批判。至于燕军破齐后的肆行抄掠，自是导致后日齐军反攻、燕国前功尽弃的重要因素，也是乐毅与燕昭王在政治上的严重一弊。《资治通鉴》改变事实，将乐毅写成仁义之师，并有燕昭王封乐毅为齐王云云，此皆不见于战国史料，且与本传之叙事不合，不足为信。乐毅对燕昭王的耿耿忠心，与其在《报燕惠王书》中所表达的做

人原则，都对后世产生过重要影响，以至诸葛亮亦景慕其人，而于《出师表》中处处闪现着《报燕惠王书》的影子。日本人泷川资言说："六国将相有儒生气象者，惟望诸君一人。其《答燕王书》，义理明正，当世第一文字。诸葛孔明以管乐自比，而其《出师表》实得力于此文尤多，彼此对看，必知其风貌气骨有相通者。"(《会注考证》)而现代历史家杨宽却认为："乐毅《报燕惠王书》是游士为夸张乐毅单独主谋合纵破齐而伪托，只是因为作者讲究文章笔法，文采华丽，感人至深，故为世传诵；其实此书所说不符合历史事实。"(《战国史》第三版)这是自古以来第一个怀疑《报燕惠王书》的人，谨录以备考。

［**集评**］《太史公自序》："率行其谋，连五国兵，为弱燕报强齐之仇，雪其先后之耻，作《乐毅列传》第二十。"

杨宽曰："乐毅并非因燕昭王初年招聘游士而入燕的，他是魏名将乐羊之后，原为赵武灵王的大臣，当齐宣王伐破燕国时，就曾为赵主谋合纵'伐齐而存燕'。他的入燕是在赵沙丘之乱、武灵王被困饿死之后，已是燕昭王十七年以后。当苏秦为燕间谍而为齐相之时，齐、秦两强正东西对峙。燕昭王二十四年即秦昭王十九年(前288)，秦相魏冉约齐并称为东、西帝。齐用苏秦计策，取消帝号而发动五国合纵攻秦，迫使秦废除帝号，而归还了部分魏、赵之地。齐乘此时机经两年攻灭了宋国，使三晋感到威胁，于是秦主谋合纵三晋与燕伐齐。秦昭王二十二年，秦攻取齐河东九城，作为合纵攻齐的先声，并与赵推定乐毅为赵、燕两国的'共相'而兼为五国联军统帅。乐毅先以赵相国而率五国之师，由赵攻齐，取得灵丘(今山东高唐南)。次年乐毅就统率五国之师大破齐于济西，继而乐毅又以燕相国而独率燕师乘胜长驱追击，一举攻破齐都临淄。"

又曰："乐毅《报燕惠王书》亦出于后世策士之拟作，讲究对仗排比，徒以文采华丽为世人传颂，为人所信。太史公曰：'始齐之蒯通及主父偃读乐毅之《报燕王书》，未尝不废书而泣也。'盖已不知其为伪作而信之。"(《战国史料编年辑证》)

董份曰："乐毅徇齐，其势亦有不可遂拔者，然燕非有大德殊政以服齐人之心，不过连势借力，乘乱攻昧，欲并兼其国。虽攻拔二邑，而人未忘齐，其乱终作。……乐毅之智，必见其有难拔之形，欲困以岁月，然不知自古未有以力经营，可以并国灭姓善后而无事者。既其与二城为守，孰若劝燕王益施仁义，以服齐心；定国置君，反城与地，则恩浃于齐人、德著于天下，所谓乱而伐之，威莫大焉；服而舍之，仁莫厚焉。上可以成王业，而下亦不失为桓、文，惜不及此也。"(《史记评林》引)

苏轼曰："论者以为燕惠王不肖，用反间以骑劫代将，卒走乐生，此其所以无成者出于不幸，而非用兵之罪。然当时使昭王尚在，反间不得行，乐毅终亦必败。何者？燕之并齐，非秦、楚、三晋之利。今以百万之师攻两城之残寇，而数岁不决，师老于外，此必有乘其虚者矣。诸侯乘之于内，齐击之于外，当此时，虽太公、穰苴不能无败。"(《乐毅论》)

朱熹曰："乐毅亦战国之士，何尝是王者之师？"又曰："毅初合秦、魏之师，又因人怨湣王之暴，故一举下齐七十余城。湣王死，人心之怒已解，恐三国分功，故急遣之。以燕之力，亦止于此。况田单忠义死节，坚守二城，自不可攻。非不欲取，盖力不能耳。毅在当时，亦恣意虏掠，正孟子所谓'毁其宗庙，迁其重器'者尔。"(《战国策集注汇考》引)

李景星曰："乐毅出处本末，尽在《报燕惠王》一书，故太史公之传乐毅，即以此书为主。前半叙事，步步为此书伏根；后半叙事，处处与此书照映；赞语引蒯通、主父偃事，又遥遥为此书证明。合观通篇，命意最高，章法亦最严，诚佳传也。盖乐毅在战国中另是一流人物，绝不染当时习气。史公爱其品、重其人，是以慎言其事。……开首详其先代,末尾详其后世,赞之后数句,于乐巨公等独流连不置,则尤见史公于乐毅爱慕之极致也。夫人于一器一物之可贵,尚备溯其源流,况贤人之世系与其遗族哉!况其遗族而为吾所亲见者哉!"(《四史评议》)

吴见思曰:"此文于乐毅伐齐等事俱不实写,只就书词以抟抗前后,反将实事做点缀,如书词注脚,是史传之另一格也。书词是一篇大势,故前用燕昭一书引起,后复有乐閒一书以为余波。书词宛转,反覆写明先王畜幸臣之理,臣所以事先王之心,应还他将军自为计及所以报先王之意两句。而淋漓曲折,真可废书而泣也。一赵一齐一燕,是乐毅一生出处功名之地,故首末俱只以三国挽合。"(《史记论文》)

廉颇蔺相如列传第二十一

廉颇者,赵之良将也。赵惠文王十六年,廉颇为赵将伐齐,大破之,取阳晋[①],拜为上卿,以勇气闻于诸侯。蔺相如者,赵人也,为赵宦者令[②]缪贤舍人。

赵惠文王时,得楚和氏璧[③]。秦昭王闻之,使人遗赵王书,愿以十五城请易璧。赵王与大将军廉颇诸大臣谋:欲予秦,秦城恐不可得,徒见欺;欲勿予,即患秦兵之来。计未定,求人可使报秦者,未得。宦者令缪贤曰:"臣舍人蔺相如可使。"王问:"何以知之?"对曰:"臣尝有罪,窃计欲亡走燕,臣舍人相如止臣,曰:'君何以知燕王?'臣语曰:'臣尝从大王与燕王会境上,燕王私握臣手,曰愿结友。以此知之,故欲往。'相如谓臣曰:'夫赵强而燕弱,而君幸于赵王,故燕王欲结于君。今君乃亡赵走燕,燕畏赵,其势必不敢留君,而束君归赵矣。君不如肉袒伏斧质[④]请罪,则幸得脱矣。'臣从其计,大王亦幸赦臣。臣窃以为其人勇士,有智谋,宜可使。"于是王召见,问蔺相如曰:"秦王以十五城请易寡人之璧,可予不?"相如曰:"秦强而赵弱,不可不许。"王曰:"取吾璧,不予我城,奈何?"相如曰:"秦以城求璧而赵不许,曲在赵。赵予璧而秦不予赵城,曲在秦。均[⑤]之二策,宁许以负秦曲[⑥]。"王曰："谁可使者？"相如曰："王必无人，臣愿奉璧往使。城入赵，而璧留秦；城不入，臣请完璧归赵。"赵王于是遂遣相如奉璧西入秦。

秦王坐章台[⑦]见相如，相如奉璧奏[⑧]秦王。秦王大喜，传以示美人及左右，左右皆呼万岁。相如视秦王无意偿赵城，乃前曰："璧有瑕，请指示王！"王授璧，相如因持璧却立，倚柱，怒发上冲冠，谓秦王曰："大王欲得璧，使人发书至赵王，赵王悉召群臣议，皆曰'秦贪，负其强，以空言求璧，偿城恐不可得'。议不欲予秦璧。臣以为布衣之交尚不相欺，况大国乎！且以一璧之故逆强秦之欢，不可。于是赵王乃斋戒五日，使臣奉璧，拜送书于庭。何者？严大国之威以修敬也。今臣至，大王见臣列观[⑨]，礼节甚倨；得璧，传之美人，以戏弄臣。臣观大王无意偿赵王城邑，故臣复取璧。大王必欲急臣，臣头今与璧俱碎于柱矣！"相如持其璧睨柱[⑩]，欲以击柱。秦王恐其破璧，乃辞谢固请，召有司案图，指从此以往十五都予赵。相如度秦王特以诈详为予赵城，实不可得，乃谓秦王曰："和氏璧，天下所共传宝也，赵王恐，不敢不献。赵王送璧时，斋戒五日，今大王亦宜斋戒五日，设九宾于廷[⑪]，臣乃敢上璧。"秦王度之，终不可强夺，遂许斋五日，舍相如广成传[⑫]。相如度秦王虽斋，决负约不偿城，乃使其从者衣褐，怀其璧，从径道亡，归璧于赵。

秦王斋五日后，乃设九宾礼于廷，引赵使者蔺相如。相如至，谓秦王曰："秦自缪公以来二十余君，未尝有坚明[⑬]约束者也。臣诚恐见欺于王而负赵，故令人持璧归，间至赵矣。且秦强而赵弱，大王遣一介之使至赵，赵立奉璧来。今以秦之强而先割十五都予赵，赵岂敢留璧而得罪于大王乎？臣知欺大王之罪当诛，臣请就汤镬，唯大王与群臣孰计议之。"秦王与群臣相视而嘻[⑭]。左右或欲引相如去，秦王因曰："今杀相如，终不能得璧也，而绝秦赵之欢，不如因而厚遇之，使归赵，赵王岂以一璧之故欺秦邪！"

卒廷见相如,毕礼而归之。

相如既归,赵王以为贤大夫[15],使不辱于诸侯,拜相如为上大夫[16]。秦亦不以城予赵,赵亦终不予秦璧。

其后秦伐赵,拔石城[17]。明年,复攻赵,杀二万人。

秦王使使者告赵王,欲与王为好会于西河外渑池。[18]赵王畏秦,欲毋行。廉颇、蔺相如计曰:“王不行,示赵弱且怯也。”赵王遂行,相如从。廉颇送至境,与王诀曰:“王行,度道里会遇之礼毕,还,不过三十日。三十日不还,则请立太子为王,以绝秦望。”王许之,遂与秦王会渑池。秦王饮酒酣,曰:“寡人窃闻赵王好音,请奏瑟。”赵王鼓瑟。秦御史前书曰:“某年月日,秦王与赵王会饮,令赵王鼓瑟。”蔺相如前曰:“赵王窃闻秦王善为秦声,请奏盆缻秦王[19],以相娱乐。”秦王怒,不许。于是相如前进缻,因跪请秦王。秦王不肯击缻。相如曰:“五步之内,相如请得以颈血溅大王[20]矣!”左右欲刃相如,相如张目叱之,左右皆靡。于是秦王不怿,为一击缻。相如顾召赵御史书曰:“某年月日,秦王为赵王击缻。”秦之群臣曰:“请以赵十五城为秦王寿。”蔺相如亦曰:“请以秦之咸阳为赵王寿。”秦王竟酒,终不能加胜于赵。赵亦盛设兵以待秦,秦不敢动。

既罢归国,以相如功大,拜为上卿,位在廉颇之右[21]。廉颇曰:“我为赵将,有攻城野战之大功,而蔺相如徒以口舌为劳,而位居我上;且相如素贱人,吾羞,不忍为之下。”宣言曰:“我见相如,必辱之。”相如闻,不肯与会。相如每朝时,常称病,不欲与廉颇争列。已而相如出,望见廉颇,相如引车避匿。于是舍人相与谏曰:“臣所以去亲戚而事君者,徒慕君之高义也。今君与廉颇同列,廉君宣恶言而君畏匿之,恐惧殊甚,且庸人尚羞之,况于将相乎!臣等不肖,请辞去。”蔺相如固止之,曰:“公之视廉将军孰与秦王?”曰:“不若也。”相如曰:“夫以秦王之威,而相如廷叱之,辱其群臣,相如虽驽,独畏廉将军哉?顾吾念之,强秦之所以不敢加兵于赵者,徒以吾两人在也。今两虎共斗,其势不俱生。吾所以为此者,以先国家之急而后私仇也。”廉颇闻之,肉袒负荆,因宾客[22]至蔺相如门谢罪。曰:“鄙贱之人,不知将军宽之至此也!”卒相与欢,为刎颈之交。

是岁,廉颇东攻齐,破其一军。居二年,廉颇复伐齐几[23],拔之。后三年,廉颇攻魏之防陵、安阳,[24]拔之。后四年,蔺相如将而攻齐,至平邑[25]而罢。其明年,赵奢破秦军阏与[26]下。

(以上为第一段,通过完璧归赵、渑池会、将相和三个故事,赞扬了蔺相如在对敌斗争中的大智大勇和在处理与同僚关系时的退避忍让、顾全大局,同时也赞扬了廉颇勇于认错的磊落行为。)

①阳晋——古邑名,在今山东郓城西。 ②宦者令——宦官的头领。 ③和氏璧——由楚人和氏所得的玉璞中理出的玉璧。 ④斧质——刀斧和砧板。 ⑤均——比较、衡量。 ⑥宁许以负秦曲——宁可应许他,叫秦国把理曲的包袱背起来。负:背。 ⑦章台——秦离宫中的台名。旧址在今陕西西安。不在朝廷,而在离宫中接见别国来使,有对该国轻视的意思。 ⑧奏——进给。 ⑨列观——一般的台观,与朝廷对比而言。 ⑩睨(nì)——斜视,瞥视。李光缙认为:“睨柱”二字,其模写情状如见。 ⑪设九宾于廷——宾:即“傧”,赞礼官。按:九宾礼客的制度不见于经传,不知究竟云何。 ⑫广成传(zhuàn)——广成:传舍名。传:传舍,古代设于驿站的房舍。 ⑬坚明——这里用作动词,即坚定明确地遵守。 ⑭嘻——惊怪之声。 ⑮赵王以为贤大夫——李笠认为:“大夫”二字涉下文误衍,时相如未为大夫。 ⑯上大夫——爵位名,是大夫中的最高一级,次于卿。 ⑰石城——在今河南林州。 ⑱好会——友好的会见。 西河外渑池——渑池:地名,在今河南渑池西。当时赵、卫等国的人习惯地称这一带地区为西河外。 ⑲请奏盆缻秦王——奏:有本作“奉”。“缻”,瓦质的打击乐器。秦人歌唱时往往爱击缻以为节。 ⑳以颈血溅大王——即“要和大王您同归于尽”的婉转说法。 ㉑右——这里指上位。先秦时期究竟以左为上,还是以右为上,各国各时期并不一致。

㉒因宾客——让宾客领着。因:凭借。 ㉓几——古邑名,在今河北大名东南。 ㉔防陵——古邑名,在今河南安阳西南,因防水而得名。安阳——古邑名,在今河南安阳西南。 ㉕平邑——在今河南南乐东北。 ㉖阏与(yù yǔ)——古邑名,即今山西和顺。当时属赵。

赵奢者,赵之田部吏[①]也。收租税,而平原君家不肯出,赵奢以法治之,杀平原君用事者九人。平原君怒,将杀奢。奢因说曰:"君于赵为贵公子,今纵君家而不奉公则法削,法削则国弱,国弱则诸侯加兵,诸侯加兵是无赵也,君安得有此富乎?以君之贵,奉公如法则上下平,上下平则国强,国强则赵固,而君为贵戚,岂轻于天下邪?"平原君以为贤,言之于王。王用之治国赋,国赋大平,民富而府库实。

秦伐韩,军于阏与[②]。王召廉颇而问曰:"可救不?"对曰:"道远险狭,难救。"又召乐乘[③]而问焉,乐乘对如廉颇言。又召问赵奢,奢对曰:"其道远险狭,譬之犹两鼠斗于穴中,将勇者胜。"王乃令赵奢将,救之。

兵去邯郸三十里[④],而令军中曰:"有以军事谏者死。"秦军军武安[⑤]西,秦军鼓噪勒兵,武安屋瓦尽振。军中候[⑥]有一人言急救武安,赵奢立斩之。坚壁[⑦],留二十八日不行,复益增垒。秦间来入,赵奢善食而遣之。间以报秦将,秦将大喜曰:"夫去国三十里而军不行,乃增垒,阏与非赵地也。"赵奢既已遣秦间,乃卷甲而趋之,二日一夜至,令善射者去阏与五十里而军。军垒成,秦人闻之,悉甲而至。军士许历请以军事谏,赵奢曰:"内之。"许历曰:"秦人不意赵师至此,其来气盛,将军必厚集其阵[⑧]以待之。不然,必败。"赵奢曰:"请受令[⑨]。"许历曰:"请受铁质之诛。"赵奢曰:"胥后令邯郸[⑩]。"许历复请谏,曰:"先据北山上者胜,后至者败。"赵奢许诺,即发万人趋之。秦兵后至,争山不得上,赵奢纵兵击之,大破秦军。秦军解而走,遂解阏与之围而归。

赵惠文王赐奢号为马服君[11]，以许历为国尉[12]。赵奢于是与廉颇、蔺相如同位。

后四年，赵惠文王卒，子孝成王立。七年，秦与赵兵相距长平，时赵奢已死，而蔺相如病笃，赵使廉颇将攻秦，秦数败赵军，赵军固壁不战。秦数挑战，廉颇不肯。赵王信秦之间。秦之间言曰："秦之所恶，独畏马服君赵奢之子赵括为将耳。"赵王因以括为将，代廉颇。蔺相如曰："王以名使括，若胶柱而鼓瑟[13]耳。括徒能读其父书传，不知合变也。"赵王不听，遂将之。

赵括自少时学兵法，言兵事，以天下莫能当。尝与其父奢言兵事，奢不能难，然不谓善。括母问奢其故，奢曰："兵，死地[14]也，而括易言之。使赵不将括即已，若必将之，破赵军者必括也。"及括将行，其母上书言于王曰："括不可使将。"王曰："何以？"对曰："始妾事其父，时为将，身所奉饭饮而进食者以十数，所友者以百数，大王及宗室所赏赐者尽以予军吏士大夫，受命之日，不问家事。今括一旦为将，东向而朝[15]，军吏无敢仰视之者，王所赐金帛，归藏于家，而日视便利田宅可买者买之。王以为何如其父？父子异心，愿王勿遣！"王曰："母置之，吾已决矣。"括母因曰："王终遣之，即有如不称，妾得无随坐[16]乎？"王许诺。

赵括既代廉颇，悉更约束，易置军吏。秦将白起闻之，纵奇兵，详败走，而绝其粮道，分断其军为二，士卒离心。四十余日，军饿，赵括出锐卒自搏战，秦军射杀赵括。括军败，数十万之众遂降秦，秦悉坑之。赵前后所亡凡四十五万。明年，秦兵遂围邯郸，岁余，几不得脱。赖楚、魏诸侯来救，乃得解邯郸之围。赵王亦以括母先言，竟不诛也。

自邯郸围解五年，而燕用栗腹[17]之谋，曰："赵壮者尽于长平，其孤未壮。"举兵击赵。赵使廉颇将，击，大破燕军于鄗[18]，杀栗腹，遂围燕。燕割五城请和，乃听之。赵以尉文[19]封廉颇为信平君，为假相国[20]。

廉颇之免长平归也,失势之时,故客尽去。及复用为将,客又复至。廉颇曰:“客退矣!”客曰:“吁!君何见之晚也?夫天下以市道交㉑,君有势,我则从君;君无势则去,此固其理也,有何怨乎㉒?”居六年,赵使廉颇伐魏之繁阳㉓,拔之。

赵孝成王卒,子悼襄王立,使乐乘代廉颇。廉颇怒,攻乐乘,乐乘走。廉颇遂奔魏之大梁。其明年,赵乃以李牧为将而攻燕,拔武遂、方城。㉔

廉颇居梁久之,魏不能信用。赵以数困于秦兵,赵王思复得廉颇,廉颇亦思复用于赵。赵王使使者视廉颇尚可用否。廉颇之仇郭开㉕多与使者金,令毁之。赵使者既见廉颇,廉颇为之一饭斗米,肉十斤,被甲上马,以示尚可用。赵使还报王曰:“廉将军虽老,尚善饭,然与臣坐,顷之三遗矢㉖矣。”赵王以为老,遂不召。

楚闻廉颇在魏,阴使人迎之。廉颇一为楚将㉗,无功,曰:“我思用赵人㉘。”廉颇卒死于寿春㉙。

(以上为第二段,写赵奢的将略和赵括的虚浮丧师,并补叙了廉颇晚年的悲慨境遇。)

①田部吏——征收田赋的官吏。 ②秦伐韩,军于阏与——“韩”字似应作“赵”。 ③乐乘——乐毅的族人,先为燕将,伐赵,被廉颇所擒,后遂为赵将。 ④兵去邯郸三十里——意为赵军刚离开邯郸三十里,就停了下来。 ⑤武安——赵邑,在今河北武安西南。 ⑥候——主管刺探敌情的军吏。 ⑦坚壁——坚守营垒。坚:加固。 ⑧厚集其阵——集中力量,加强正面阵地。 ⑨请受令——犹言“愿听从您的吩咐”。请:谦辞。 ⑩胥后令邯郸——请等待日后邯郸(国君处)来的命令。意即不要杀了。胥:等待。按:《索隐》以“胥后令”为一句;“邯郸”,以为应作“欲战”。中井积德以为“邯郸”应作“将战”。联系上下文,作“欲战”“将战”意思较顺。 ⑪马服君——马服:山名,在今河北邯郸西北。以马服山为赵奢的封号。 ⑫国尉——相当于后世的都尉、校尉,低于将军的军官。 ⑬胶柱而鼓瑟——以比喻人死守教

条,遇事不知变通。此句乃指赵括而言,行文不明,易使人误认为是说赵王。胶柱:把柱胶死,不能再调整弦的松紧。 ⑭死地——危险地方,危险事情。 ⑮东向而朝——面东坐着接受部下的参见。先秦以至汉初,除正式地坐殿升堂仍是南向为尊外,一般的集会筵宴,都是东向为尊。 ⑯随坐——连坐。因别人犯罪而受牵连被惩罚。 ⑰栗腹——时为燕相,其鼓动燕王乘危伐赵事见《燕召公世家》。 ⑱鄗(hào)——赵邑,在今河北柏乡北。 ⑲尉文——地名,不详所在。 ⑳假相国——代理相国。假:代理,权摄其事。 ㉑以市道交——把市场上的贸易关系用到朋友关系上来,随利害而聚散。按:司马迁对此等事感慨极深,《孟尝君列传》《魏其武安侯列传》《汲郑列传》等,都有类似的议论。 ㉒有何怨乎——有:通"又"。 ㉓繁阳——古邑名,在今河南内黄西北。 ㉔武遂——古邑名,即今河北保定徐水区西遂城。方城——古邑名,在今河北固安西南。 ㉕郭开——赵王宠臣,此人尚有受金谗害李牧事,见下文。 ㉖遗矢——大便。矢:通"屎"。 ㉗一为楚将——既为楚将之后。一:既已。 ㉘思用赵人——愿统领指挥赵国的士兵。 ㉙寿春——楚邑。即今安徽寿县。

李牧者,赵之北边良将也。常居代、雁门①,备匈奴。以便宜置吏②,市租皆输入莫府,为士卒费③。日击数牛飨士,习射骑,谨烽火,多间谍,厚遇战士。为约曰:"匈奴即入盗,急入收保④,有敢捕虏者斩。"匈奴每入,烽火谨,辄入收保,不敢战。如是数岁,亦不亡失。然匈奴以李牧为怯,虽赵边兵亦以为吾将怯。赵王让李牧,李牧如故。赵王怒,召之,使他人代将。

岁余,匈奴每来,出战。出战,数不利,失亡多,边不得田畜⑤。复请李牧,牧杜门不出,固称疾。赵王乃复强起使将兵,牧曰:"王必用臣,臣如前,乃敢奉令。"王许之。

李牧至,如故约。匈奴数岁无所得,终以为怯。边士日得赏赐而不用,皆愿一战。于是乃具选车⑥得千三百乘,选骑得万三千匹,百金之士⑦五万人,彀者⑧十万人,悉勒⑨习战。大纵畜牧,人民满野。匈奴小入,详北不胜,以数千人委之[10]。单于闻之,大率众来入,李牧多为奇陈,张左右翼击之,大破杀匈奴十余万骑。灭襜褴[11],破东胡[12],降林胡[13],单于奔走。其后十余岁,匈奴不敢近赵边城。

赵悼襄王元年,廉颇既亡入魏,赵使李牧攻燕,拔武遂、方城。居二年,庞煖[14]破燕军,杀剧辛[15]。后七年,秦破杀赵将扈辄于武遂[16],斩首十万。赵乃以李牧为大将军,击秦军于宜安[17],大破秦军,走秦将桓齮。封李牧为武安君。居三年,秦攻番吾[18],李牧击破秦军,南距韩、魏。

赵王迁七年,秦使王翦攻赵,赵使李牧、司马尚御之。秦多与赵王宠臣郭开金,为反间,言李牧、司马尚欲反。赵王乃使赵葱及齐将颜聚代李牧。李牧不受命,赵使人微捕[19]得李牧,斩之。废司马尚。后三月,王翦因急击赵,大破杀赵葱,虏赵王迁及其将颜聚,遂灭赵。

(以上为第三段,写李牧的卓越将才,和赵国杀李牧,自毁长城,以致最后亡国的可耻结局。)

①代、雁门——赵国北部的两个郡名。代郡:约当今山西大同以东的山西东北部和河北西北部地区。雁门郡:约当今山西大同以西的山西西北部地区。　②以便宜置吏——根据实际需要,自己任命属下的官员。这是一种受王者特许才能行使的权力。　③"市租皆输入莫府"二句——市租:指从军中市场和百姓市场上所收得之税。莫府:将军办公的篷帐,后用以代指将军的办事机构。莫:通"幕"。　④收保——收军保塞。指不出战。　⑤不得田畜——不能耕田牧畜。⑥选车——经过挑选的战车。下文又有"选骑",《魏公子列传》有所谓"选兵",皆与此义同。　⑦百金之士——曾获过百金之赏的勇士。⑧彀(gòu)者——能拉硬弓的射手。彀:拉满弓。　⑨勒——部勒,组织。　⑩委之——扔给他们,为诱敌。　⑪襜褴(chān lán)——当时活动在代郡以北的少数民族。　⑫东胡——古族名。因居匈奴(胡)以东而得名。春秋战国以来,南邻燕国,盛时达燕国东北及赵国东边。

⑬林胡——古族名,战国时分布在今山西朔州北至内蒙古自治区内。战国末,为赵将李牧击败,附赵。 ⑭庞煖(xuān)——赵将。 ⑮剧辛——赵人,后为燕将。 ⑯武遂——应作"武城",在今河北磁县西南。 ⑰宜安——赵邑,在今河北石家庄。 ⑱番吾——赵邑,在今河北磁县。 ⑲微捕——暗查而袭捕之。

太史公曰:知死必勇,非死者难也,处死[①]者难。方蔺相如引璧睨柱,及叱秦王左右,势不过诛,然士或怯懦而不敢发。相如一奋其气,威信[②]敌国;退而让颇,名重太山。其处智勇,可谓兼之矣!

(以上为第四段,是作者的论赞,表现了作者对蔺相如的无限景仰敬佩之情。)

①处死——如何处理、如何对待死这件事情。 ②信——通"伸",伸张。引申为威压、震慑。

[**简评**] 本文写了廉颇、蔺相如、赵奢、李牧四人的品质才干,及其为保卫赵国所建立的卓越功勋,突出地表现了他们身系国家安危的严重性质;而对赵王的听信谗言,废弃忠良,尤其是杀害李牧,自毁长城的昏庸愚蠢,进行了愤怒的批判。"人之云亡,邦国殄瘁",司马迁于此事的感慨是极深的。至于完璧归赵、渑池会二事,情节离奇,耸人耳目;而"令从者衣褐怀璧逃归"的举动,亦与蔺相如"宁许以负秦曲"的初谋相违背。似此等皆只可做小说读,难以当信史看。

[**集评**] 《太史公自序》:"能信意强秦,而屈体廉子,用徇其君,俱重于诸侯,作《廉颇蔺相如列传》第二十一。"

姚苎田曰:"为将之品,有大将,有战将。廉颇识略高深,能持重而不利于剽疾,有大将之才,而或不足于战将之用。赵奢自是战将,至其纳许历之言,而又能表章出之,亦有大将之度者矣。”又曰:“凡事特患见不破耳,赵奢‘将勇者胜’一言,已看定阏与之战只在养气。然而矢石所交,风云变色,欢呼所及,屋瓦皆飞,己即不摇,能保此千万人之耳目心志不溃然而散乎?‘坚壁’二句,‘疾趋两日’,其心中、眼中不复有丝毫利害之惑,是真有得于‘持其志,而无暴其气’之旨者也。战为圣人之所慎,岂细故哉!马服君于是不可及矣。”(《史记菁华录》)

李贽曰:“言有重于泰山,相如是也。相如真丈夫、真男子、真大圣人、真大阿罗汉、真菩萨、真佛祖,真令人千载如见也。”(《藏书》)

李晚芳曰:“人徒以完璧归赵、渑池抗秦二事艳称相如,不知此一才辩之士所能耳,未足以尽相如。惟观其引避廉颇一段议论,只知有国,不知有己,深得古人公尔国尔之意,非大学问人见不到,亦道不出,宜廉将军闻而降心请罪也。人只知廉颇善用兵,能战胜攻取耳,亦未足以尽廉颇。观其与赵王诀,如期不还,请立太子以绝秦望之语,深得古人社稷为重之旨,非大胆识不敢出此言,非大忠勇不敢任此事。钟伯敬谓,二人皆古大臣风,斯足以知廉、蔺者也。篇中写相如智勇,纯是道理烂熟胸中。其揣量秦王情事,无不切中者,理也;措辞以当秦王,令其无可置喙者,亦理也。卒礼而归之,非前倨而后恭,实理顺而人服耳。观其写‘持璧睨柱’处,须眉毕动;‘进缶叱左右’处,声色如生。奇事偏得奇文以传之,遂成一段奇话,琅琅于汗青隃糜间,千古凛凛。廉将军居赵,事业甚多,《史》独纪其与王诀及谢如二事而已,非略之也。见此二事,皆非常事,足以概廉将军矣。读此可悟作史去取之法。”(《读史管见》)

梁启超曰:“太史公述相如事,字字飞跃纸上,吾重赞之,其蛇足也。顾吾读之而怦怦然刻入余心者,一言焉,则相如所谓先国家之急而后私仇也。呜呼,此其所以豪杰欤!此其所以圣贤欤!彼亡国之时代,曷尝无人才?其奈皆先私仇而后国家之急也。往车屡折,来轸方遒,悲夫!”

又曰:“《廉颇蔺相如传》记蔺相如完璧归赵及渑池之会两事,从始至末一言一动都记得不漏,这是详记大事之法。因为这两件大事最足表现相如的个性,所以专用重笔写他,其余小事不叙。廉颇的大事,三回伐齐,两回伐魏,一回伐燕,传中前后只用三四十个字便算写过,绝不写他如何作战,如何战胜,因为这些战术战功是良将所通有,不足以特表廉颇的人格。倒是廉颇怎样的妒忌蔺相如,经相如退让之后怎样的肉袒谢罪,失势得势时候怎么的对付宾客,晚年亡命在外思念故国怎么的‘一饭斗米肉十斤,被甲上马,示尚可用’。这些小事写得十分详细,读之便可以知道廉颇为人短处在褊狭,长处在重意气,识大体。”(《饮冰室专集》)

李景星曰:“蔺相如之于廉颇也,尝曰:‘强秦之所以不敢加兵于赵者,徒以吾两个人在也。’太史公以廉、蔺合传,即本斯旨。附传赵奢、赵括者,以奢与廉、蔺同位,而括为奢子,几于亡赵,正与廉、蔺之存赵相反也。并附李牧者,继廉、蔺之后,而为赵重,又与廉颇同受郭开之害者也。其事以照应生情,其文以参互见妙。断续离合,无牵连之迹,而有穿插之致,此传之变格,亦奇格也。至传以廉蔺标目,而赞语则以蔺为主,举其尤重,见爱慕之所在也。”(《四史评议》)

茅坤曰:“两人为一传,中复附赵奢,已而复缀以李牧,为四人传。须详太史公次四人线索,才知赵之兴亡矣。”(《史记评林》引)

钟惺曰:“以廉颇、蔺相如主盟中间,赵奢、李牧周始穿插,断续无痕,而赵之兴亡节目,全在于此。数人共一传只如一人,贤才关系国家,从文字章法错综中写出,此史之识也。……观渑池之会,相如从而颇守,颇送王至境上,与王诀曰‘三十日不还,则请立太子以绝秦望’数语,已壮相如之胆矣。可见二人在赵缺一

不可，……二人皆有古大臣风。”（《史怀》）

泷川资言曰：“廉颇事《国策》记载颇略，而无一语及蔺相如。此传多载他书所不载，则安知非与《赵世家》同得诸赵人别记乎？又案《大戴礼记》、贾子《新书·保傅篇》并云‘赵得蔺相如，而秦兵不敢出’；《史记·司马长卿传》云‘长卿慕蔺相如’，则世称蔺相如久矣。”（《史记会注考证》）

王世贞曰：“蔺相如之完璧，人皆称之，予未敢以为信也。夫秦以十五城之空名，诈赵而胁其璧，是时言取璧者，情也，非欲以窥赵也。赵得其情则弗予，不得其情则予；得其情而畏之则予，得其情而弗畏之则弗予。此两言决耳，奈之何既畏之而复挑其怒也？且夫秦欲璧，赵弗予璧，两无所曲直也。入璧而秦弗予城，曲在秦；秦城出而璧归，曲在赵。欲使曲在秦，则莫如弃璧；畏弃璧，则莫如弗予。夫秦王既按图以予城，又设九宾，斋而受璧……今奈何使舍人怀而逃之，而归直于秦？是时秦意未欲与赵绝耳，令秦王怒而僇相如于市，武安君十万众压邯郸而责璧与信，一胜而相如族，再胜而璧终入秦矣。”（《蔺相如完璧归赵论》）

钱锺书曰：“此亦《史记》中迥出之篇，有声有色，或多本于马迁之增饰渲染，未必信实有征。写相如‘持璧却立睨柱，怒发上冲冠’，是何意态雄且杰！后世小说刻画精能处无以过之。赵王与秦王会于渑池一节，历世流传以为美谈，至谱入传奇。使情节果若所写，则樽俎折冲真同儿戏，抑岂人事原如逢场串剧耶？武亿《授堂文钞》卷四《蔺相如渑池之会》深为赵王危之，有曰：‘殆哉，此以其君为试也！’又曰：‘乃匹夫能无惧者之所为，适以成之，而后遂啧然叹为奇也。’其论事理甚当，然窃恐为马迁所弄而枉替古人担忧耳。”（《管锥编》）

田单列传第二十二

田单者,齐诸田疏属①也。滑王时,单为临菑市掾,②不见知。及燕使乐毅伐破齐,齐滑王出奔,已而保莒城。③燕师长驱平齐,而田单走安平④,令其宗人尽断其车轴末而傅铁笼⑤。已而燕军攻安平,城坏,齐人走,争涂⑥,以轊⑦折车败,为燕所虏。唯田单宗人以铁笼故得脱,东保即墨⑧。燕既尽降齐城,唯独莒、即墨不下。

燕军闻齐王在莒,并兵攻之。淖齿⑨既杀滑王于莒,因坚守,距燕军,数年不下。燕引兵东围即墨。即墨大夫⑩出与战,败死。城中相与推田单曰:“安平之战,田单宗人以铁笼得全,习兵。”立以为将军,以即墨距燕。

(以上为第一段,写田单在逃难中的一件小事,见其智能过人,为后文作铺垫。)

①诸田疏属——齐王宗室中的远房子弟。因为当时齐国田姓的贵族甚多,所以称“诸田”。 ②临菑——齐国都城,在今山东淄博东北齐都镇。 市掾(yuàn)——管理市场的属吏。掾:属吏的统称。③保——依,据守。 莒(jǔ)城——齐之大邑,即今山东莒县。 ④安平——齐邑,在今山东淄博临淄区东北。 ⑤尽断其车轴末而傅铁

笼——截去车轴两端过于长出的部分，并给轴头包上铁箍。傅：包、裹。铁笼：铁帽、铁箍。 ⑥争涂——抢道。涂：通“途”。 ⑦軎(wèi)——车轴头。 ⑧即墨——齐邑，在今山东平度东南。叶玉麟认为：就一小事先写，已见其智略。 ⑨淖(nào)齿——楚国将领，《田敬仲完世家》云：“楚使淖齿将兵救齐，因相齐湣王，淖齿遂杀湣王而与燕共分齐之侵地卤(虏)器。” ⑩即墨大夫——即墨邑的行政长官，约当于后来的县令。

顷之，燕昭王卒，惠王立，与乐毅有隙。田单闻之，乃纵反间于燕，宣言曰：“齐王已死，城之不拔者二耳。乐毅畏诛而不敢归，以伐齐为名，实欲连兵南面而王齐。[1]齐人未附，故且缓攻即墨以待其事。齐人所惧，唯恐他将之来，即墨残[2]矣。”燕王以为然，使骑劫代乐毅。

乐毅因归赵。燕人士卒忿。而田单乃令城中人食必祭其先祖于庭，飞鸟悉翔舞城中下食。燕人怪之。田单因宣言曰：“神来下教我。”乃令城中人曰：“当有神人为我师。”有一卒曰：“臣可以为师乎？”因反走。田单乃起，引还，东乡坐，师事之。[3]卒曰：“臣欺君，诚无能也。”田单曰：“子勿言也！”因师之。每出约束[4]，必称神师。乃宣言曰：“吾唯惧燕军之劓[5]所得齐卒，置之前行与我战，即墨败矣。”燕人闻之，如其言。城中人见齐诸降者尽劓，皆怒，坚守，唯恐见得[6]。单又纵反间曰：“吾惧燕人掘吾城外冢墓，僇[7]先人，可为寒心。”燕军尽掘垄墓，烧死人。即墨人从城上望见，皆涕泣，俱欲出战，怒自十倍。

田单知士卒之可用，乃身操版插[8]，与士卒分功，妻妾编于行伍之间，尽散饮食飨士。令甲卒皆伏，使老弱女子乘城[9]，遣使约降于燕，燕军皆呼万岁。田单又收民金，得千溢[10]，令即墨富豪遗燕将，曰：“即墨即降，愿无虏掠吾族家妻妾，令安堵。”燕将大喜，许之。燕军由此益懈。

田单乃收城中得千余牛，为绛缯[11]衣，画以五彩龙文，束兵刃于其角，而灌脂束苇于尾，烧其端。凿城数十穴，夜纵牛。壮士五千人随其后。牛尾热，怒而奔燕军，燕军夜大惊。牛尾炬火光明炫耀，燕军视之皆龙文，所触尽死伤。五千人因衔枚[12]击之，而城中鼓噪从之，老弱皆击铜器为声，声动天地。燕军大骇，败走。齐人遂夷杀[13]其将骑劫。燕军扰乱奔走，齐人追亡逐北，所过城邑，皆畔燕而归。

田单兵日益多，乘胜，燕日败亡，卒至河上，[14]而齐七十余城皆复为齐。乃迎襄王于莒，入临菑而听政。襄王封田单，号曰安平君。

（以上为第二段，写田单出奇制胜，大破燕军于即墨，并乘胜恢复了齐国的过程。）

①连兵——与齐国即墨、莒城的守军联合。　南面而王齐——在齐国自己独立称王。　②残——破。　③东乡坐——谓使此卒东向而坐。乡：通“向”。　师事之——像侍奉神师一样地侍奉他。胡三省认为：田单恐众心未一，故假神以令其众。　④约束——指章程、条令之类。　⑤劓（yì）——割鼻。　⑥见得——被其所俘。　⑦僇——侮辱。　⑧版插——建筑用具。筑墙时，用版夹土，用杵捣之。插：同“锸”。用以挖土的工具。　⑨乘城——登城。乘：登。　⑩溢：通“镒”，一镒为二十两或二十四两。　⑪绛缯——红色的丝织品。缯：绢帛之类的通称。　⑫衔枚——枚的形状如同筷子，行军时衔在口中，以禁喧哗。　⑬夷杀——犹言“斩杀”。夷：平也。在这里也是“杀”的意思。　⑭卒——终于，最后。　河上——黄河边上。当时为齐国的西北边界。

太史公曰：兵以正合，以奇胜[1]。善之者出奇无穷，奇正还相生，如环之无端[2]。夫始如处女，适人开户；后如脱兔，适不及距[3]，其田单之谓邪！

（以上为第三段，是作者的论赞，赞扬了田单的出奇制胜，善于用兵。)

①兵以正合,以奇胜——意谓以正兵与敌人交锋,以奇兵战胜敌人。合:合战,正面交锋。奇:权诈,出奇。 ②如环之无端——《索隐》曰:“言用兵之术,或用正法,或出奇计,使前敌不可测量,如寻环中不知端际也。”按:以上意思出于《孙子·势篇》。 ③“夫始如处女”四句——见《孙子·九地》。言先示人以弱,使之懈怠;而后突然用强,使之不可抵御。适:通“敌”。脱兔:像逃走的兔子一样。比喻行动迅捷。距:通“拒”,抵挡。

初,淖齿之杀湣王也,莒人求湣王子法章,得之太史嬓之家,为人灌园。嬓女怜而善遇之。后法章私以情告女,女遂与通。及莒人共立法章为齐王,以莒距燕,而太史氏女遂为后,所谓“君王后”也。

燕之初入齐,闻画邑[①]人王蠋贤,令军中曰:“环画邑三十里无入!”以王蠋之故。已而使人谓蠋曰:“齐人多高子之义,吾以子为将,封子万家。”蠋固谢。燕人曰:“子不听,吾引三军而屠画邑!”王蠋曰:“忠臣不事二君,贞女不更[②]二夫,齐王不听吾谏,故退而耕于野。国既破亡,吾不能存[③],今又劫[④]之以兵为君将,是助桀为暴也。与其生而无义,固不如烹!”遂经[⑤]其颈于树枝,自奋绝脰而死。[⑥]齐亡大夫闻之,曰:“王蠋,布衣也,义不北面于燕,况在位食禄者乎!”乃相聚如莒,求诸子,立为襄王[⑦]。

(以上为第四段,此段应调至“论赞”前,这里通过太史嬓女与王蠋两人的事迹,从另一个角度表现了齐国人心的归向,这是田单所以能够终于破燕复齐的根本条件。)

①画邑——齐邑名,在今山东淄博临淄区西北。 ②更——改,改嫁。 ③存——谓使齐国得以保全。 ④劫——控制、威胁。⑤经——系。 ⑥奋——跳荡、耸动。 绝脰(dòu)——勒断脖子。脰:颈,脖子。 ⑦求诸子,立为襄王——按:二句文字不顺。崔適认为:“诸子”,应作“其子”。

［**简评**］ 作品记载了田单巧用智谋，出奇制胜，大破燕军于即墨，并乘势恢复齐国的整个过程，歌颂了田单的非凡智慧及其卓越的历史功勋。齐湣王骄奢残暴，遭到了齐国人民和其他各国的一致反对，因此，在乐毅率领的五国之兵的打击下，齐国迅速土崩瓦解，自己也被人所杀。但是燕军占领齐国后，其侵略本性立刻暴露无遗，他们劓战俘、掘坟墓，把掠夺到的大批珍宝重器匆匆运回燕国。这种倒行逆施的行为，激起了齐国人民的强烈憎恨。莒与即墨的坚守不下，布衣王蠋的不屈而死，就是当时齐国人民反抗精神的集中表现。与此同时，燕国国内、燕国与其他各国的矛盾又一齐爆发。也正是在这种天怒人怨的背景下，才使得田单有可能大展奇才，而一举击败燕军。

即墨之战上下一致、军民协力，是我国古代一场光辉的人民战争。司马迁具体地写出了它的各个方面，表现了他重视人民力量的进步历史观。作品精于剪裁，紧凑生动，又是我国古代不可多得的短篇小说。

［**集评**］ 《太史公自序》："湣王既失临菑而奔莒，唯田单用即墨破走骑劫，遂存齐社稷，作《田单列传》第二十二。"

吴如嵩曰："田单为实现反燕复齐大计，不惜采取一切手段，行间施诈，利用火牛阵出奇制胜，一举击败燕军，并乘胜收复失地，终于以弱胜强，使齐国免遭亡国的厄运，其智慧谋略堪称典范。"（《中国军事通史》第三卷）

方孝孺曰："彼乐毅之师岂出于救民行义乎哉？特报仇图利之举耳。下齐之国都不能施仁敷惠，以慰其兄弟父子之心。而迁其重器宝货于燕，齐之民固已怨毅入骨髓矣。幸而破七十余城，畏其兵威力屈而服之耳，非心愿为燕之臣也。及兵威既振，所不下者莒与即墨，毅之心以为在吾腹中，可一指顾而取之矣。

其心已肆，其气已怠，士卒之锐已挫；二城之怨方坚，齐人之心方奋。用坚奋之人而御怠肆已挫之仇，毅虽百万之师，固不能拔二城矣。”(《增评历史纲鉴补》)

闵如霖曰：“火牛计固奇，然以齐人之怒，燕师之懈，故以此取胜耳。太史公写得节次委曲。”(《史记评林》引)

凌稚隆曰：“此传宣言三，纵反间二，见田单将略，全是以奇胜人。”(《史记评林》)

李景星曰：“《田单传》暗以‘奇’字作骨，至赞语中始点明之。盖单之为人奇，破燕一节其事奇，太史公又好奇，遇此等奇人奇事，那能不出奇摹写？前路以傅铁笼事小作渲染，已是奇想；随即接入破燕，而以十分传奇之笔尽力叙之。写田单出奇制胜，妙在全从作用处着手，如‘乃纵反间于燕宣言曰’‘田单因宣言曰’‘乃宣言曰’‘单又纵反间曰’，‘令即墨富豪谓燕将曰’，节次写来，见单之‘奇功’纯是以‘奇谋’济之。……赞语曰：‘兵以正合，以奇胜，善之者出奇无穷，奇正还相生，如环之无端。’连用三‘奇’字，将通篇之意醒出。‘始如处女’四句，亦复奇语惊人。君王后，奇女；王蠋，奇士，不入传中，而附于传后，若相应若不相应，细绎之，却有神无迹，是乃真奇格也。合观通篇，出奇无穷，确为《史记》奇作。”(《四史评议》)

钱锺书曰：“汉尼巴尔(古代迦太基名将)为罗马师所围，悉索军中牛，得二千头，以干柴为火把，束角上，入夜燃之，牛骇且痛，狂奔，过处无不着火。罗马师惊溃，围遂解。额火与尻火孰优，必有能言之者。”(《管锥编》)

董份曰：“田单即墨之战固奇，太史公叙其事亦善，状如亲见火牛触燕军而披靡者。……观其叙王蠋事，则是以齐存亡系一布衣，其推蠋至矣，孰谓太史公退节义耶！”(《史记评林》引)

吴见思曰：“田单是战国一奇人，火牛是战国一奇事，遂成太史公一篇奇文。其声色气势，如风车雨阵，拉杂而来，几令人弃

书下席。”(《史记论文》)

钱大昕曰:“《史》不叙(田单)其后事,考《赵世家》,孝成王元年,齐安平君田单将赵师而攻燕中阳,拔之。二年,田单为相,即齐王建之元年也。岂襄王已没,单遂去齐而入赵乎?”(《廿二史考异》)

鲁仲连邹阳列传第二十三

鲁仲连者，齐人也。好奇伟俶傥之画策，而不肯仕宦任职，好持高节。游于赵。

赵孝成王时，而秦王使白起破赵长平之军前后四十余万，秦兵遂东围邯郸。赵王恐，诸侯之救兵莫敢击秦军。魏安釐王使将军晋鄙救赵，畏秦，止于荡阴不进。魏王使客将军新垣衍间入邯郸，因平原君谓赵王曰[①]："秦所为急围赵者，前与齐湣王争强为帝，已而复归帝；今齐已益弱，方今唯秦雄天下，此非必贪邯郸，其意欲复求为帝。赵诚发使尊秦昭王为帝，秦必喜，罢兵去。"平原君犹预未有所决。

此时鲁仲连适游赵，会秦围赵，闻魏将欲令赵尊秦为帝，乃见平原君曰："事将奈何？"平原君曰："胜也何敢言事！前亡四十万之众于外，今又内围邯郸而不能去[②]。魏王使客将军新垣衍令赵帝秦，今其人在是。胜也何敢言事！"鲁仲连曰："吾始以君为天下之贤公子也，吾乃今然后知君非天下之贤公子也。梁客新垣衍安在？吾请为君责而归之。"平原君曰："胜请为绍介而见之于先生。"平原君遂见新垣衍曰："东国有鲁仲连先生者，今其人在此，胜请为绍介，交之于将军。"新垣衍曰："吾闻鲁仲连先生，齐国之高士也。衍,人臣也,使事有职[3],吾不愿见鲁仲连先生。”平原君曰:“胜既已泄之矣。”新垣衍许诺。

鲁连见新垣衍而无言[4]。新垣衍曰:“吾视居此围城之中者,皆有求于平原君者也;今吾观先生之玉貌,非有求于平原君者也,曷为久居此围城之中而不去?”鲁仲连曰:“世以鲍焦为无从颂而死者,[5]皆非也。众人不知,则为一身[6]。彼秦者,弃礼义而上首功之国也,权使其士,虏使其民。[7]彼即肆然而为帝,过而为政于天下,则连有蹈东海而死耳,吾不忍为之民也。所为见将军者,欲以助赵也。”

新垣衍曰:“先生助之将奈何?”鲁连曰:“吾将使梁及燕助之,齐、楚则固助之矣。”新垣衍曰:“燕则吾请以从矣;若乃梁者,则吾乃梁人也,先生恶能使梁助之?”鲁连曰:“梁未睹秦称帝之害故耳,使梁睹秦称帝之害,则必助赵矣。”

新垣衍曰:“秦称帝之害何如?”鲁连曰:“昔者齐威王尝为仁义矣,率天下诸侯而朝周。周贫且微,诸侯莫朝,而齐独朝之。居岁余,周烈王崩,齐后往,周怒,赴于齐曰[8]:‘天崩地坼,天子下席。[9]东藩之臣因齐后至,则斫。[10]’齐威王勃然怒曰:‘叱嗟,而母婢也[11]!’卒为天下笑。故生则朝周,死则叱之,诚不忍其求[12]也。彼天子固然,其无足怪。”

新垣衍曰:“先生独不见夫仆乎?十人而从一人者,宁力不胜而智不若邪?畏之也。”鲁仲连曰:“呜呼!梁之比于秦若仆邪?”新垣衍曰:“然。”鲁仲连曰:“吾将使秦王烹醢[13]梁王。”新垣衍怏然不悦,曰:“噫嘻,亦太甚矣先生之言也!先生又恶能使秦王烹醢梁王?”鲁仲连曰:“固也,吾将言之。昔者九侯、鄂侯、文王,纣之三公也。[14]九侯有子而好[15],献之于纣;纣以为恶,醢九侯。鄂侯争之强,辩之疾,故脯鄂侯。[16]文王闻之,喟然而叹,故拘之牖里[17]之库百日,欲令之死。曷为与人俱称王,卒就脯醢之地?齐湣王之鲁,夷维子为执策而从,[18]谓鲁人曰:‘子将何以待吾君?’

鲁人曰：'吾将以十太牢[19]待子之君。'夷维子曰：'子安取礼而来待吾君[20]？彼吾君者，天子也。天子巡狩，诸侯辟舍，[21]纳管籥，摄衽抱机，视膳于堂下。[22]天子已食，乃退而听朝也[23]。'鲁人投其籥，不果纳[24]。不得入于鲁。将之薛，假途于邹。[25]当是时，邹君死，湣王欲入吊，夷维子谓邹之孤[26]曰：'天子吊，主人必将倍殡棺，设北面于南方[27]，然后天子南面吊也。'邹之群臣曰：'必若此，吾将伏剑而死。'固不敢入于邹[28]。邹、鲁之臣，生则不得事养，死则不得赙襚[29]，然且欲行天子之礼于邹、鲁，邹、鲁之臣不果纳。今秦万乘之国也，梁亦万乘之国也。俱据万乘之国，各有称王之名，睹其一战而胜，欲从而帝之，是使三晋之大臣不如邹、鲁之仆妾也。且秦无已而帝，则且变易诸侯之大臣。[30]彼将夺其所不肖[31]而与其所贤，夺其所憎而与其所爱。彼又将使其子女谗妾为诸侯妃姬，处梁之宫。[32]梁王安得晏然而已乎？而将军又何以得故宠乎？"

于是新垣衍起，再拜，谢曰："始以先生为庸人，吾乃今日知先生为天下之士也。吾请出，不敢复言帝秦。"秦将闻之，为却军五十里。适会魏公子无忌夺晋鄙军以救赵，击秦军，秦军遂引而去。

于是平原君欲封鲁连，鲁连辞让者三，终不肯受。平原君乃置酒，酒酣起前，以千金为鲁连寿。鲁连笑曰："所贵于天下之士者，为人排患释难解纷乱而无取也。即有取者，是商贾之事也，而连不忍为也。"遂辞平原君而去，终身不复见。

（以上为第一段，写鲁仲连驳斥新垣衍的投降论调，为东方的联合抗秦鼓舞士气、大造舆论事。）

①客将军——他国人在此国为将者，亦犹当时之所谓"客卿"。新垣衍——姓新垣，名衍。　间入——潜入，化装进入。因城外有秦军包围。　因平原君谓赵王——经平原君引见，劝说赵孝成王。　②去——去之。指驱退秦兵。　③使事有职——意谓我是奉使来此，有任务在身。职：主也，主为某事。　④鲁连见新垣衍而无言——此乃一种论辩

策略,与范雎求见秦王而不言的情形相似,正见鲁连之老练深沉。⑤鲍焦——周时隐者,廉洁而守,抱木而死。 无从颂——即心胸狭隘,想不开。从颂:即从容。舒缓貌。按:鲁仲连引鲍焦自喻,以为鲍焦之死不是由于心胸狭隘,乃是为了坚持某种大义,维护某种原则。⑥众人不知,则为一身——一般人不理解,认为鲍焦只是为个人的面子和名誉而死。 ⑦上首功——尊崇斩敌立功。上:通“尚”,尊崇。权使其士——以权诈的办法使用他的士大夫。 虏使其民——像使用奴隶似的使用他们国家的百姓。 ⑧齐后往——齐王没有及时地前往吊唁。 赴于齐——到齐国通报丧事。赴:今作“讣”。讣告;报丧。⑨坼(chè)——裂。 下席——离位,隐指死。 ⑩东藩——东方的诸侯国,即指齐,古代称诸侯国为天子的藩篱、屏障。 因齐——齐威王的名字,古代直呼人的名字是一种极不尊重的表现。 后至,则斫(zhuó)——意谓你再不快到,就宰了你。斫:引申为砍、斩。 ⑪而母婢也——骂人语,犹今北京所骂“丫头养的”。而:通“尔”。汝;你。亦用指“你的”。 ⑫不忍其求——接受不了他们的苛求。 ⑬烹醢(hǎi)——煮成肉粥。醢:肉酱。 ⑭九侯——亦作“鬼侯”,商朝时的诸侯之一。 鄂侯——鄂国(在今河南沁阳西北)的君主。 文王——周国(在今陕西西安西南)的君主,武王之父。 ⑮九侯有子而好——子:这里指女儿。好:美丽。 ⑯争之强——犹言“极力劝阻”。争:谏止。 辩之疾——强烈地为九侯辩护。 脯(fǔ)鄂侯——将鄂侯做成了肉干。脯:肉干。 ⑰牖(yǒu)里——也写作“羑里”,古邑名,在今河南汤阴北。 ⑱齐湣王之鲁——事在齐湣王十七年(前284),当时乐毅率燕军攻克齐都临淄,齐湣王逃出临淄,曾一度至鲁。夷维子——夷维是齐国地名,即今山东高密,后为其封君的姓氏,现为齐臣。 策——典籍。记载典章制度的文献。 ⑲太牢——指牛羊豕各一头。十太牢是当时献享诸侯的应有礼数。 ⑳子安取礼而来待吾君——你从哪里找来的这套接待我们国君的礼节? ㉑巡狩——巡视各国诸侯为天子所守的封疆,即今之所谓“视察”。狩,亦作“守”。诸侯辟舍——被巡视的诸侯要将自己的宫殿腾出来让天子住,自己住到外面去。辟:通“避”。 ㉒纳管籥(yuè)——把自己城门、宫门的钥匙交给天子。管籥:即今所谓钥匙。 摄衽抱机,视膳于堂下——挽起袖子,端着托盘,奔上跑下地侍候天子吃饭。衽:衣袖。机:通“几”,端送饭菜的托盘。 ㉓天子已食,乃退而听朝——侍候天子吃过饭后,诸侯才可以出去处理本国的事务。 ㉔投其籥,不果纳——愤怒地把钥匙摔到地上,不给齐湣王开城门。或曰,“投籥”犹言“下锁”,即关门不令其入。 ㉕薛——齐邑名,在今江苏睢宁北,当时是孟尝君田文的封地。 假途于邹——意即中间经过邹国。假途:借道,通过。 ㉖邹之孤——已死邹君的儿子。无父曰孤。 ㉗倍殡棺,设北面于南方——倍:通“背”,倒过来。古代以坐北朝南为正位,故灵堂之设都是朝南。现在齐湣王来吊祭,于是就让人家把灵堂改为坐南朝北,以保持齐湣王的永远坐北朝南。 ㉘必若此,吾将伏剑而死。固不敢入于邹——意谓如果这样的话,我们宁可死,也不能让你进邹国来。入:放进。 ㉙生则不得事养,死则不得赙襚(fù suì)——极言鲁国、邹国之贫弱。赙襚:送给丧家的财物。衣服曰襚,货财曰赙。 ㉚无已而帝——还不是称了帝就算完事。 则且变易诸侯之大臣——他还将更换各诸侯国的执政大臣。 ㉛夺其所不肖——剥夺那些他所认为不好的大臣的权位。不肖:不类其父,通常用为“不成材”“没出息”的意思。 ㉜子女谗妾——泛称秦国王室的女子。谗妾:擅于挑拨离间、搬弄是非的女人。 处梁之宫——嫁到梁国的宫廷里去。

其后二十余年,燕将攻下聊城。聊城人或谗之燕,燕将惧诛,因保守聊城,不敢归。齐田单攻聊城岁余,士卒多死而聊城不下。鲁连乃为书,约之矢[①]以射城中,遗燕将。书曰:

吾闻之,智者不倍时而弃利,勇士不却死而灭名,忠臣不先身而后君。[②]今公行一朝之忿,不顾燕王之无臣[③],非忠也;杀身亡聊城,而威不信于齐,[④]非勇也;功败名灭,后世无称焉,非智也。三者世主不臣,说士不载,[⑤]故智者不再计[⑥],勇士不怯死。今死生荣辱,贵贱尊卑,此时不再至[⑦],愿公详计而无与俗同。

且楚攻齐之南阳，魏攻平陆，而齐无南面之心，[8]以为亡南阳之害小，不如得济北之利大，故定计审处之。[9]今秦人下兵，魏不敢东面；衡秦之势成，楚国之形危；[10]齐弃南阳，断右壤[11]，定济北，计犹且为之也。且夫齐之必决于聊城，公勿再计[12]。今楚魏交退于齐，而燕救不至。以全齐之兵，无天下之规，与聊城共据期年之敝，则臣见公之不能得也。[13]且燕国大乱，君臣失计，上下迷惑，栗腹以十万之众五折于外，以万乘之国被围于赵，壤削主困，为天下僇笑。国敝而祸多，民无所归心。今公又以敝聊之民距全齐之兵，是墨翟之守[14]也；食人炊骨，士无反外之心，是孙膑之兵也，能见于天下。[15]虽然，为公计者，不如全车甲以报于燕[16]。车甲全而归燕，燕王必喜；身全而归于国，士民如见父母，交游攘臂而议于世，功业可明。[17]上辅孤主以制群臣，下养百姓以资说士，矫国更俗，[18]功名可立也。亡意亦捐燕弃世，东游于齐乎？[19]裂地定封，富比乎陶、卫，世世称孤，[20]与齐久存，又一计也。此两计者，显名厚实也，愿公详计而审处一焉。[21]

且吾闻之，规小节者不能成荣名，恶小耻者不能立大功。昔者管夷吾射桓公中其钩，篡[22]也；遗公子纠不能死，[23]怯也；束缚桎梏[24]，辱也。若此三行者，世主不臣而乡里不通。[25]乡使管子幽囚而不出，身死而不反于齐，则亦名不免为辱人贱行矣。[26]臧获且羞与之同名矣，况世俗乎！[27]故管子不耻身在缧绁之中而耻天下之不治，不耻不死公子纠而耻威之不信于诸侯，故兼三行之过而为五霸首，[28]名高天下而光烛邻国。曹子为鲁将，三战三北，[29]而亡地五百里。乡使曹子计不反顾，议不还踵，刎颈而死，则亦名不免为败军禽将矣。[30]曹子弃三北之耻，而退与鲁君计。[31]桓公朝天下，会诸侯，曹子以一剑之任，枝桓公之心于坛坫之上。[32]颜色不变，辞气不悖[33]，三战之所亡一朝而复之。天下震动，诸侯惊骇，威加吴、越。若此二士者,非不能成小廉而行小节也㉞,以为杀身亡躯,绝世灭后,功名不立,非智也。故去感忿之怨,立终身之名;弃忿悁之节,定累世之功。㉟是以业与三王争流,而名与天壤相弊也。㊱愿公择一而行之。

燕将见鲁连书,泣三日,犹豫不能自决。欲归燕,已有隙,恐诛;欲降齐,所杀虏于齐甚众,恐已降而后见辱。喟然叹曰:“与人刃我,宁自刃。”乃自杀。聊城乱,田单遂屠聊城。归而言鲁连,欲爵之。鲁连逃隐于海上,曰:“吾与富贵而诎于人,宁贫贱而轻世肆志焉。㊲”

(以上为第二段,写鲁仲连助齐取聊城事。)

①约之矢——包缠在箭杆上。约:缠束。 ②倍时——错过时机。倍:通“背”。 却——退避,逃避。 先身——把个人的利益放在前头。 ③不顾燕王之无臣——指其不敢归燕,燕王的命令对其无效。 ④杀身亡聊城——言聊城被齐军攻克,燕将身死。 信——通“伸”,畅行,远振。 ⑤世主不臣——没有哪一个君主愿要这样的臣子。世:当代。 说士不载——谈说之士也不会讲述这样人的事迹。 ⑥不再计——一下子就把问题考虑好,不必再做第二次选择。 ⑦此时不再至——这样的时机不会再有第二回了。时:时机,机会。 ⑧齐之南阳——泰山之阳。盖即今山东泰安一带。 平陆——齐县名,在今山东汶上县北。 齐无南面之心——无南面攻楚、魏之心。 ⑨得济北——指攻取被燕将占据的聊城,聊城在济水之北。 审处——认真对待。审:精细。 ⑩秦人下兵——谓东出攻魏。 魏不敢东面——不敢再东攻齐之平陆。 衡秦之势成——指齐国与秦国和好结盟的形势出现。 楚国之形危——意即楚国也将不敢再攻南阳。 ⑪断右壤——指豁出去让平陆被魏国占领。平陆在齐国西部,故为齐之“右壤”。 ⑫且夫齐之必决于聊城,公勿再计——泷川资言曰:“《齐策》‘且夫’以下十三字,在下文‘公之不能得也’下。”按:这几句的逻辑关系较乱,《齐策》文意略长。 ⑬无天下之规——没有任何别国的武力威胁,言其正可全力以赴地对付聊城。规:打算,规划。 与

聊城共据期年之敝——按：此句生涩。期年之敝：指已经被围困一年，疲敝不堪的聊城。据：依靠，据守。大意谓你想凭借这座已被困一年的疲敝的聊城，来和整个齐国对抗。　得——得意，战胜。　⑭墨翟之守——难以攻破的防守。《墨子·公输》曾记有墨翟以演习模型挫败楚将公输般事，后人遂常称牢固的防守为“墨守”。　⑮食人炊骨——《左传·宣公十五年》有“易子而食，析骸以爨(cuàn)”之语，后世遂常以“食人炊骨”以言坚守围城之难。　反外——似应作“反北”。“北”：“背”的本字，意即反叛。　孙膑之兵——意谓孙膑能抚士卒，士卒无二心。　能见于天下——你的才能已经大大显示于天下。　⑯全车甲以报于燕——意即率领全军回燕国去。　⑰如见父母——《战国策》作“士民见公如见父母”，较此明了。　交游——友朋。　攘臂——捋袖。谈话兴奋的样子。　议于世——到处议论你的英名。　功业可明——功业可显扬于世。　⑱资说士——为好议论的人们提供谈说材料。资：供给。　矫国更俗——矫正国事，更改鄙俗。　⑲亡意——或者，转折语词。　捐燕弃世，东游于齐——意即脱离燕国，归顺齐国。　⑳裂地定封——意即被封为侯、封为君。　富比乎陶、卫——有说“陶”指朱公，即范蠡之化名；“卫”指子贡。　称孤——春秋、战国时的有土封君都可以自称“孤家”或“寡人”，与后世之只有帝王可称者不同。　㉑显名——显要的名声。　厚实——雄厚的财富。　审处一——认真地选择其中的一条。　㉒篡——逆夺。这里即“犯上作乱”的意思。　㉓遗公子纠——谓管仲于公子纠失败后，遂弃公子纠而归事齐桓公。公子纠：齐桓公之兄，齐襄公淫纵乱国时，公子纠奔鲁。齐襄公被国人所杀后，管仲佐公子纠回国争位，结果被公子小白捷足先登。　不能死——没有随其旧主同死。　㉔束缚桎梏(zhì gù)——指管仲甘心受缚，被押解回齐。桎梏：木制刑具，相当于今之手铐、脚镣。　㉕世主不臣——世上的任何一个君主，都不会要这样的臣子。　乡里不通——即不为乡里所容。乡里：指一个人的本乡本里。　㉖辱人——不知屈辱、不知羞耻的人。　贱行——卑劣低贱的行径。　㉗臧获——奴婢。　世俗——指一般的人。　㉘三行之过——指“篡”“怯”“辱”。　而为五霸首——意谓辅佐齐桓公使之成为五霸之首。㉙曹子——指曹沫，鲁人，有人以为即《左传》庄公十年论战破齐之曹刿。三战三北——北：败逃。㉚乡使——当初假如。乡：通“向”。计不反顾——犹言“誓不回头”，即拼死疆场。顾：回看。议不还踵——与“义无反顾”意同。还踵：同“旋踵”，旋转脚跟。谓后退。败军禽将——失败之军，被擒之将。禽：通“擒”。㉛弃——不顾及。与鲁君计——与鲁君共同定计。㉜枝桓公之心——用剑对着齐桓公的心口。坛坫(diàn)——这里指坛台。坫：古时室内放置酒器的土台。㉝不悖(bèi)——不乱。《刺客列传》云：“桓公乃许尽归鲁之侵地，既已言，曹沫投其匕首，下坛，北面就群臣之位，颜色不变，辞令如故。”㉞成小廉而行小节——皆指殉义自杀。㉟去感忿之怨——克制一时的赌气。忿悁(yuān)之节——怨怒；愤恨的气节。悁：通“狷”，狭隘，急躁。累世之功——言其功勋之大，可使子孙数世蒙赏。累世：数世。㊱争流——争相流传于后世。与天壤相弊——犹言与天地共长久。天壤：天地。弊：坏。㊲与富贵而诎(qū)于人——与：与其。诎：屈服，委屈，受人限制。轻世肆志——不留恋世俗名利，而追求自由散荡。肆：放纵。

邹阳者，齐[①]人也。游于梁，与故吴人庄忌夫子、淮阴枚生之徒交。[②]上书而介于羊胜、公孙诡之间。[③]胜等嫉邹阳，恶之梁孝王。孝王怒，下之吏，将欲杀之。邹阳客游，以谗见禽，恐死而负累，[④]乃从狱中上书曰：

臣闻忠无不报，信不见疑，臣常以为然，徒虚语耳。昔者荆轲慕燕丹之义，白虹贯日，太子畏之；[⑤]卫先生为秦画长平之事，太白蚀昴，而昭王疑之。[⑥]夫精变天地而信不喻两主[⑦]，岂不哀哉！今臣尽忠竭诚，毕议[⑧]愿知，左右不明，卒从吏讯，为世所疑。是使荆轲、卫先生复起，而燕、秦不悟也。愿大王孰察之。

昔卞和献宝，楚王刖之；李斯竭忠，胡亥极刑。是以箕子详狂，接舆辟世，恐遭此患也。愿大王孰察卞和、李斯之意，而后楚王、胡亥之听，[9]无使臣为箕子、接舆所笑。臣闻比干剖心，子胥鸱夷，[10]臣始不信，乃今知之。愿大王孰察，少加怜焉。

谚曰："有白头如新，倾盖如故。[11]"何则？知与不知也。故昔樊於期逃秦之燕，借荆轲首以奉丹之事[12]；王奢去齐之魏，临城自刭以却齐而存魏。夫王奢、樊於期非新于齐、秦而故于燕、魏也，所以去二国死两君者，行合于志而慕义无穷也。是以苏秦不信于天下，而为燕尾生[13]；白圭战亡六城，为魏取中山。何则？诚有以相知也。苏秦相燕，燕人恶之于王，王按剑而怒，食以駃騠[14]；白圭显于中山，中山人恶之魏文侯，文侯投之以夜光之璧[15]。何则？两主二臣，剖心坼肝相信，岂移于浮辞哉！[16]

故女无美恶，入宫见妒；士无贤不肖，入朝见嫉。昔者司马喜髌脚于宋，卒相中山[17]；范睢摺胁折齿于魏，卒为应侯[18]。此二人者，皆信必然之画，捐朋党之私，挟孤独之位，[19]故不能自免于嫉妒之人也。是以申徒狄自沈于河，徐衍负石入海。[20]不容于世，义不苟取，比周于朝，以移主上之心[21]。故百里奚乞食于路，缪公委之以政[22]；宁戚饭牛车下，而桓公任之以国[23]。此二人者，岂借宦于朝，假誉于左右，[24]然后二主用之哉？感于心，合于行，亲于胶漆，昆弟不能离，[25]岂惑于众口哉？故偏听生奸，独任成乱[26]。昔者鲁听季孙之说而逐孔子[27]，宋信子罕之计而囚墨翟[28]。夫以孔、墨之辩，不能自免于谗谀，而二国以危。[29]何则？众口铄金，积毁销骨也。是以秦用戎人由馀而霸中国[30]，齐用越人蒙而强威、宣[31]。此二国，岂拘于俗、牵于世，系阿偏之辞哉？[32]

公听并观，垂名当世[33]。故意合则胡越为昆弟，由馀、越人蒙是矣；不合则骨肉出逐不收，朱、象、管、蔡是矣。[34]今人主诚能用齐、秦之义，后宋、鲁之听，则五伯不足称，三王易为也。

是以圣王觉寤，捐子之之心[35]，而能不说于田常之贤[36]；封比干之后，修孕妇之墓，故功业复就于天下。[37]何则？欲善无厌也。夫晋文公亲其仇[38]，强霸诸侯；齐桓公用其仇[39]，而一匡天下。何则，慈仁殷勤，诚加于心，不可以虚辞借也。

至夫秦用商鞅之法，东弱韩、魏，兵强天下，而卒车裂之；越用大夫种之谋，禽劲吴，霸中国，而卒诛其身。是以孙叔敖三去相而不悔[40]，於陵子仲辞三公为人灌园。[41]今人主诚能去骄傲之心，怀可报之意，披心腹，见情素，堕肝胆，施德厚，终与之穷达，无爱于士，[42]则桀之狗可使吠尧，而跖之客可使刺由[43]；况因万乘之权，假圣王之资乎？然则荆轲之湛七族[44]，要离之烧妻子[45]，岂足道哉！

臣闻明月之珠，夜光之璧，以暗投人于道路，人无不按剑相眄者。[46]何则？无因而至前也。蟠木根柢，轮囷离诡，而为万乘器者。[47]何则？以左右先为之容[48]也。故无因至前，虽出随侯之珠，夜光之璧，犹结怨而不见德。故有人先谈，则以枯木朽株树功而不忘。[49]今夫天下布衣穷居之士，身在贫贱，虽蒙尧、舜之术，挟伊、管之辩，怀龙逢、比干之意，[50]欲尽忠当世之君，而素无根柢之容[51]，虽竭精思，欲开忠信，辅人主之治，则人主必有按剑相眄之迹，是使布衣不得为枯木朽株之资[52]也。

是以圣王制世御俗，独化于陶钧之上，[53]而不牵于卑乱之语，不夺于众多之口。[54]故秦皇帝任中庶子蒙嘉之言，以信荆轲之说，而匕首窃发[55]；周文王猎泾、渭，载吕尚而归，以王天下。故秦信左右而杀，周用乌集[56]而王。何则？以其能越挛拘之语，驰域外之议，独观于昭旷之道也。[57]

今人主沈于谄谀之辞，牵于帷裳之制，使不羁之士与牛骥同皂，[58]此鲍焦[59]所以忿于世而不留富贵之乐也。

臣闻盛饰入朝者不以利污义，砥厉名号者不以欲伤行，[60]故县名胜母而曾子不入[61]，邑号朝歌而墨子回车[62]。今欲使天下寥廓之士，摄于威重之权，主于位势之贵，[63]故回面污行[64]以事谄谀之人而求亲近于左右，则士伏死堀穴岩薮之中耳，安肯有尽忠信而趋阙下者哉！

书奏梁孝王，孝王使人出之，卒为上客。

（以上为第三段，写邹阳遭陷囹圄，愤慨向梁孝王上书事。）

①齐——汉代诸侯国名，国都临菑，在今山东淄博东北齐都镇。②梁——汉代诸侯国名，国都睢阳（在今河南商丘）。　吴人庄忌夫子——吴：汉代诸侯王刘濞的封国，国都即今江苏扬州。庄忌：东汉人避明帝讳，改写作"严忌"，西汉前期的辞赋家。夫子：犹今所谓"先生"。　淮阴枚生——淮阴：汉县名，县治在今江苏淮安淮阴区。枚生：名乘，字叔，西汉前期的辞赋家，代表作有《七发》。　③上书而介于羊胜、公孙诡之间——谓邹阳由于上书而得到梁孝王的赏识，因而在梁得与羊胜、公孙诡并列。介：次，列。羊胜、公孙诡都是梁孝王的宠臣，事迹详见《梁孝王世家》。　④以谗见禽——由于别人的谗毁而被逮捕。禽：通"擒"。　死而负累——不仅身死，还要蒙受恶名。　⑤荆轲慕燕丹之义，白虹贯日，太子畏之——荆轲是由于敬慕燕太子丹的待人义气，为之舍死刺秦，他的诚心感动得上天都出现了白虹贯日的变化，可是太子丹却怀疑荆轲是胆怯害怕了。　⑥卫先生为秦画长平之事，太白蚀昴，而昭王疑之——卫先生为秦国设谋，大破赵军于长平后，遂欲一举灭赵。其精诚感动上天，使天上出现了"太白蚀昴"的现象，可是秦昭王却对白起、卫先生发生了怀疑。太白蚀昴：指太白星（金星）运行到昴星方位。昴是二十八宿之一，从星宿分野上说属于赵国地带。太白主兵象，太白蚀昴，表示赵国的形势危急。　⑦精变天地而信不喻两主——精诚能够感动上天，而满腔忠义却不能取信于两主。　⑧毕议——犹言尽心尽力。　⑨孰察——仔细体察。孰："熟"的古字。　后楚王、胡亥之听——不要像楚王、胡亥那样听信谗言。后：意即"不要""莫取"。　⑩比干剖心——比干是纣时的贤臣，因劝谏纣王被剖

心而死。见《殷本纪》。　子胥鸱(chī)夷——伍子胥因劝阻吴王不要北争中原,而要灭掉越国,结果被吴王夫差杀害,并将其尸体装入皮袋,投于江中。事见《伍子胥列传》。鸱夷:皮制的口袋。　⑪白头如新——意谓两个人交了一辈子朋友,到头来还是互不了解,像生人一样。　倾盖如故——意谓两个人在路上偶然相遇,而于停车立谈之间,互相了解,就如同老朋友一样了。倾盖:两车的车盖相互倾近。　⑫樊於期(wū jī)逃秦之燕,借荆轲首以奉丹之事——樊於期是战国末期秦国的将领,因受秦王忌害逃到燕国,后燕太子丹派荆轲入秦行刺,为便于骗得秦王信任,樊於期献出了自己的人头。事见《刺客列传》。借:资助。奉:行,助成。　⑬苏秦不信于天下,而为燕尾生——苏秦是燕昭王的亲信,为协助燕昭王复仇于齐,而到齐国行反间,做了许多不利于齐国的事,最后被齐王发现,将其车裂。详见《苏秦列传》注。苏秦在别的国家看来,是个反复无常的小人;但对于燕国来说,却是忠心耿耿、矢志不移的坚贞之士。尾生:古代以守信著称的人,据说他与一女子相约于桥下,女子未来,而大水暴至,尾生守约不移,遂抱桥柱而死。

⑭食以駃騠(jué tí)——駃騠:良马名。言燕王敬重苏秦,闻有人谗谤,乃更膳以珍奇之味。　⑮投之以夜光之璧——谓文侯不信谗言,而益赏白圭以夜光之璧。投:投赠。　⑯剖心坼(chè)肝——极言其相待以诚。坼:分裂。　移于浮辞——被一些无根据的话说得变了主意。移:变更。　⑰司马喜髌脚于宋,卒相中山——《集解》引晋灼曰:"司马喜三相中山。"髌脚:即刖刑,被剁去双脚。　⑱范雎摺胁折齿于魏,卒为应侯——范雎在魏国差点儿被须贾、魏齐害死,后逃入秦国,取相位、封应侯事,见《范雎蔡泽列传》。摺胁:折断胁骨。应侯:范雎的封号。　⑲信必然之画——犹今之所谓"坚持实事求是""按原则该怎么办就怎么办"。信:确守。画:计划,规定。　捐朋党之私——指不和人拉帮结派。捐:舍弃,不取。　挟孤独之位——意即独自一人,不偏不倚。挟:持,倚仗。三句皆谓二人在故国的情形。　⑳申徒狄自沈于河——申徒狄是殷末人,因劝谏纣王不听,负石自投于河,见《庄子·大宗师》。沈:同"沉"。　徐衍负石入海——《索隐》引《列士传》说徐衍是周末人,因不满乱世,负石投海而死。　㉑不容于世,义不苟取,比

周于朝，以移主上之心——按：四句中前二句与后二句不连贯，后二句亦与下文不连贯，疑皆有脱误。苟取：不该取而取。比周：犹今之所谓“狼狈为奸”。 ㉒百里奚乞食于路，缪公委之以政——据《秦本纪》，百里是虞国大夫，晋献公欲伐虢，假道于虞，百里奚以唇亡齿寒的道理劝阻虞君，虞君不听，结果虞、虢皆为晋所灭。百里奚被俘，被当作晋女的陪嫁奴隶送给秦国。百里奚中途逃走，被楚人捕获。秦穆公知其贤，假意用五张黑羊皮将其换至秦国，任以国政，遂为秦国名臣。缪公：也写作“穆公”，名任好，公元前659—前621年在位。 ㉓宁戚饭牛车下，而桓公任之以国——相传齐桓公夜出迎客，宁戚正在喂牛，击其牛角唱起商歌。公召与语，悦之，任以为大夫，事见《吕氏春秋》。 ㉔借宦于朝——借助于他人的力量而得仕宦于朝。 假誉于左右——靠君主左右的人为之说好话。 ㉕合于行——行事的方式、原则彼此相合。

昆弟不能离——亲兄弟也无法离间他们这种君臣关系。又，也可解为其友好情谊如同兄弟一样地不可分。昆弟：兄弟。 ㉖独任成乱——委朝政于一人，则易成专权乱国之势。 ㉗鲁听季孙之说而逐孔子——季孙：季孙氏，春秋时期鲁国的贵族，世掌鲁政。孔子为鲁司寇，摄行相事，齐人以为不利于己，赠鲁君歌女八十人，文马一百二十匹，以疏间之。季孙氏接受齐礼，君臣沉靡于声色，于是孔子遂离鲁适卫，事见《孔子世家》。 ㉘宋信子罕之计而囚墨翟——子罕是战国时期宋国的权臣，相宋昭公。囚墨翟事，不详所出。 ㉙辩——聪明，明智。 二国以危——指鲁、宋因不用孔子、墨翟而危殆。 ㉚秦用戎人由馀而霸中国——事见《秦本纪》。由馀原是春秋时晋国人，因事逃入戎族，为戎王任事。后戎王使其出使秦国，其才干被秦穆公所赏识，于是秦穆公用反间计离间戎王与由馀的关系，使由馀归秦，成为秦国名臣。 ㉛齐用越人蒙而强威、宣——其事不详。越人蒙：《汉书》《文选》皆作“赵人子臧”。《索隐》曰：“又张晏云：‘子臧，越人，或“蒙”之字也。’”威、宣：齐威王、齐宣王。 ㉜拘于俗、牵于世——皆谓拘泥于世俗之见。牵：受牵制。 系阿偏之辞——被偏邪的言辞所左右。阿：偏，私。 ㉝公听——公正而不带成见地听取意见。 并观——几方面同时看到。犹今所谓全方位地观察问题。 垂名当世——中井积德曰:"言'垂'则下宜言'后世';言'当世'则上宜言'立',是必有一误。"
㉞出逐不收——赶走不要。　朱、象、管、蔡——朱即丹朱,尧的儿子。据说他为人不肖,故尧不传位于他,而传位于舜。象是舜的弟弟,为人邪恶狠毒,曾多次害舜。以上皆见《五帝本纪》。管、蔡指管叔鲜和蔡叔度,都是周武王的弟弟。武王死后,成王年幼,周公辅行政事,管叔、蔡叔勾结殷人谋反,被周公讨杀,事见《周本纪》。　㉟捐子之之心——识破子之之流的罪恶用心,而毅然抛弃之。子之是战国时燕王哙的相,曾花言巧语骗得燕王哙"让"位于他,结果燕国大乱,几致亡国。事见《燕召公世家》。　㊱不说于田常之贤——说:"悦"的古字。田常:也作"田恒""陈恒",春秋末期齐国的权臣。曾以大斗借出、小斗收入的办法取得民心。公元前481年,田常杀掉了齐简公,另立齐平公,进一步地控制了齐国政权。　㊲封比干之后——意谓比干被纣王所杀,武王灭殷后乃封比干之子。　修孕妇之墓——据《殷本纪》,纣王的妃子妲已自言能知孕妇的胎儿是男是女,纣王与其笑乐,遂剖孕妇以验之;武王灭殷后乃修孕妇之墓。按:此亦顺口而言,未必实有其事。
功业复就于天下——"就"字疑衍,"复"字应作"覆"。《汉传》《新序》《文选》并作"功业覆于天下"。　㊳晋文公亲其仇——晋文公为公子时,其父晋献公听信骊姬的谗言,派寺人披往杀重耳,重耳仓惶外逃,被寺人披斩掉了一只袖子。后来重耳即位后,寺人披又来求见,重耳宽赦了他,于是寺人披向重耳报告了敌对势力的叛乱阴谋,使重耳得免于难。事见《左传·僖公二十四年》及《晋世家》。　㊴齐桓公用其仇——指用管仲为相。　㊵孙叔敖三去相而不悔——孙叔敖:楚人,庄王时为楚国令尹。据说他曾经三次被任为令尹,面无喜色;三次被免掉令尹,也面无忧色。事见《循吏列传》。　㊶於陵子仲——即陈仲子,因居于於陵,故被称为"於陵仲子"。辞三公为人灌园——《集解》引《列士传》曰:"楚於陵子仲,楚王欲以为相,而不许,为人灌园。"三公:周时指司徒、司马、司空,国家的最高执政大臣。　㊷终与之穷达——始终如一地和他们同安乐,共患难。穷:困窘。达:通显。　无爱于士——对待士人不吝惜,舍得给他们钱财与名位。　㊸跖(zhí)之客可使刺由——跖:古代传说中的大"盗"。最早见于《庄子·盗跖》,后被

作为坏人的代表。由:许由,尧时的隐士。据说尧曾想让天下与他,许由不受。许由被后世作为廉洁有德者的代表。 ㊹荆轲之湛七族——荆轲为燕太子丹往刺秦王事,见《刺客列传》,然其中无所谓"湛七族"之说。《论衡·语增》有所谓"秦王诛轲九族,复灭其一里"云云。湛:通"沉",被诛灭。七族:有谓指"父之族、姑之子、姐妹之子、女子之子、母之族、从子、妻父母",其他不录。 ㊺要离之烧妻子——阖庐刺杀王僚后,又派要离往刺王僚之子庆忌。要离为了接近庆忌,取得其信任,便让阖庐杀了他的妻、子,而且砍掉了他的一只胳膊。经过如此的苦心经营,行刺果然成功。事见《吴越春秋》。 ㊻以暗投人于道路——在黑暗的道路上,把东西扔向人家。投:投赠。 按剑相眄(miǎn)——形容恼怒欲斗的样子。眄:斜视。 ㊼蟠木——弯曲的木头。 根柢(dǐ)——树根。柢:根。 轮囷(qūn)离诡——弯曲盘旋的样子。 为万乘器——成为帝王的观赏物。 ㊽容——雕饰使之美观。 ㊾故有人先谈——事先有人为之褒扬、称说。 树功而不忘——产生功效而受人重视。 ㊿挟伊、管之辩——具有伊尹、管仲一样的才智。伊尹、管仲被古人视为贤臣的代表。辩:才智。 怀龙逢、比干之意——具有龙逢、比干一样的耿耿忠心。龙逢:夏桀时的贤臣,因劝谏夏桀而被杀。龙逢、比干被后人视为忠臣的代表。 51素无根柢之容——平素没有人像修饰破树根那样地修饰他们。指无人为之游扬称说。 52使布衣不得为枯木朽株之资——使许多有才干的布衣之士的遭遇,还顶不上一块破树根、破木头。 53制世御俗——指治理国家。御:驾驭,统治。 独化于陶钧之上——意指要独立自主地运用管理之权。独化:独立运作。陶钧:古代制造陶器的转轮。比喻造就、创建。亦比喻治理国家。 54不牵——不被某种力量所左右。 不夺——不因某种力量而改变自己的计划。 55秦皇帝任中庶子蒙嘉之言,以信荆轲之说,而匕首窃发——事见《刺客列传》。荆轲入秦后,为能接近秦王,先将千金之币物厚赂秦王之宠臣中庶子蒙嘉,蒙嘉为之先言于秦王,秦王悦而见之,于是遂有"图穷匕首见"之事。中庶子:官名,掌管王室及诸吏的嫡子、庶子的支派谱籍,上属太子太傅。 56乌集——像乌鸟似的偶然相遇。 57越挛拘之语——突破左右亲信的那些约束之言。 驰域外之议——让远道来的人畅说心里话。 独观于昭旷之道——能独自看清光明平旷的大道。 ㊽牵于帷裳之制——意即被周围的一群近侍之臣所左右、挟制。帷裳:即帷帐,这里指贴身的臣妾。 与牛骥同皂——“与”字应作“如”。骥:马。皂:通“槽”,喂牛马用的木槽。 ㊾鲍焦——周时隐士,因愤世嫉俗而自杀。详见《鲁仲连传》注。 ㊿盛饰——指修养德行。 砥厉名号——注意提高自己的名誉声望。砥厉:都是磨刀石,这里用作动词,即磨炼的意思。不以欲伤行——不为欲望而损害品行。 (61)县名胜母而曾子不入——曾子:名参,孔子的弟子,以守孝道闻名。据说当他外出经过胜母这个县的时候,因为他嫌这个名字不合孝道,便不肯进入,绕道而去。(62)邑号朝歌而墨子回车——朝歌是商代帝乙、帝辛(纣)的别都,即今河南淇县。相传墨翟路经这里时,因他觉得这个名字与他“非乐”的主张不合,遂不肯入都,回车而去。 (63)寥廓之士——抱负远大,性情不羁的人。寥廓:广远,宏阔。 摄于威重之权——被威重的权势所胁制。 主于位势之贵——被高贵的势位所主宰。主:主宰、指使。(64)故回面污行——改变自己原来的面孔,败坏自己固有的操行。“故”字衍文,应削。回:转,改变。

太史公曰:鲁连其指意虽不合大义①,然余多其在布衣之位,荡然肆志,不诎于诸侯,②谈说于当世,折卿相之权③。邹阳辞虽不逊,然其比物连类,④有足悲者,亦可谓抗直不挠矣⑤,吾是以附之列传焉。

(以上为第四段,是作者的论赞,自述了其所以为鲁仲连、邹阳写作此传的动因。)

①其指意虽不合大义——指其隐身不仕,不合孔门的积极行道而言。 ②多——赞美,称道。 布衣——平民。 荡然肆志——逍遥散荡,任志而行。 诎——屈服。 ③折卿相之权——指挫败新垣衍,使平原君敬服等。折:挫,使之屈服。 ④不逊——不驯顺。指语多愤激而言。 比物连类——指为文善用比喻,且辞出不穷。 ⑤抗直不

挠——抗直:性情刚直,不向人屈服。

［**简评**］　鲁仲连与邹阳的时代悬隔,司马迁为什么将其写在一篇？李景星对此解释说:“鲁仲连、邹阳,中间相距百岁,时异代隔,绝无联络,而太史公合为一传,以其性情同也。观赞语,于鲁仲连则曰‘不诎于诸侯’,于邹阳则曰‘亦可谓抗直不挠矣’,不诎不挠,乃能独行其是,而为天地间不易多、不可少之人。虽所处之地位不同,要其不磨之志气俱在也。鲁仲连身为布衣,得以自主,故其志气可于径直中见之;邹阳处人宇下,不得自主,而其志气亦可于郁结中见之。且史公天性与鲁仲连同,其遭际复与邹阳同,史公之传二人,并有自为写照之意。”这个看法是很好的。人们从这里不仅可以读到司马迁的人生理想、身世之悲;还可以看到他的文艺观、他对艺术文章的高度喜爱,这点应结合《屈原贾生列传》《司马相如列传》等一并思考。鲍彪、钱穆、缪文远等谓“义不帝秦”与“遗燕将书”皆后人依托;杨宽《战国史》系“遗燕将书”于前250年,牛鸿恩曾著文详论“遗燕将书”之不可疑,二者皆尚无定论。余谓鲁仲连之具体年岁无法考察,《鲁连子》称其年十二时驳斥田巴,此亦犹《甘茂传》之称甘罗十二岁痛责张唐,为秦上卿然。传说之夸大往往如此,无足深怪。至“义不帝秦”与“遗燕将书”,矛盾错讹固亦有之,然其大体情节,清晰可信。至于到底系出于鲁连自己之手,抑或带有后人之加工,似亦无关大局,即神圣如《尚书》《左传》所载之文告、言辞,孰非后人之所加工者？鲁仲连关心政事,锐于为人排难解纷,此其习性盖近于侠客一流;而又荡然肆志,不为名利所羁,功成而不受赏,此又中国古代文人所追求之最高精神境界。梁启超对此称赞说:“鲁仲连卓荦一书生,未尝与闻诸侯之政,未尝与军事,然观其折梁使、存赵国,其词气之间,一何凛然其不可犯也;其权利思想,一何高尚而圆满也。秦将闻之而为退却,盖浩然之气有以胜

之矣。非天下大勇，孰能与于斯！”（《饮冰室文集》）邹阳其人，尚有《上吴王书》，隐约谏阻刘濞为逆事，事关重大，见《汉书·邹阳传》。史公于此乃不载，而止载其《狱中上梁王书》，盖为突出本篇主题所需要，亦犹《贾生传》之只载《吊屈原》与《鵩鸟赋》而不载《过秦论》与《治安策》。

［**集评**］《太史公自序》：“能设诡说，解患于围城，轻爵禄，乐肆志，作《鲁仲连邹阳列传》第二十三。”

司马贞曰：“鲁连、屈原，当六国之时；贾谊、邹阳，在文、景之日，事迹虽复相类，年代甚为乖绝，其邹阳不可上同鲁连，贾生，亦不可下同屈原。宜抽鲁连同田单为传，其屈原与宋玉等为一传，其邹阳与枚乘、贾生等同传。”（《史记索隐》）

张文虎曰：“此史公合传之最不可解者。《自序》云：‘能设诡说，解患于围城，轻爵禄，乐肆志’，以论仲连似矣，何与于邹阳？阳之可取在谏吴王，今反不载其书；班书载之，与贾山、枚乘、路温舒同传，斯胜史公矣。”（《舒艺室随笔》）

李景星曰：“鲁仲连、邹阳，中间相距百岁，时异代隔，绝无联络，而太史公合为一传，以其性情同也。观赞语，于鲁仲连则曰：‘不诎于诸侯’，于邹阳则曰：‘亦可谓抗直不挠矣’。不诎不挠，乃能独行其是，而为天地间不易多、不可少之人。虽所处之地位不同，要其不磨之志气俱在也。鲁仲连身为布衣，得以自主，故其志气可于径直中见之；邹阳处人宇下，不得自主，而其志气亦可于郁结中见之。且史公天性与鲁仲连同，其遭际复与邹阳同，史公之传二人，并有自为写照之意。不此之求，而第以围城之书与狱中之书两相牵合，以为得史公意，恐非史公之所任受也。”（《四史评议》）

吴楚材曰：“人知连之高义，不知连之远识也。至于辞封爵，挥千金，超然远引，终身不见，正如祥麟威凤，可以偶觏，而不可

常亲也,自是战国第一人。”(《古文观止》)

李白诗曰:“齐有倜傥生,鲁连特高妙。明月出海底,一朝开光跃。却秦振英声,后世仰末照。意轻千金赠,顾向平原笑。吾亦澹荡人,拂衣可同调。”(《古风其十》)

苏辙曰:“战国游谈之士,非纵即衡,说行合交,而宠禄附之,故事不厌诡诈,争走于利。鲁仲连辩过秦、仪,气凌髡、衍,而纵衡之利不入于口。因事放言,切中机会,排难解纷,如决溃堤,不终日而成功。逃避爵赏,脱屣而去,战国以来,一人而已。”(《古史》)

吴师道曰:“仲连事皆可称,而不肯帝秦一节尤伟。战国之士皆以势为强弱,而连独以义为重轻,此其所以异耳。”(《战国策校注》)

茅坤曰:“邹阳本不足传,太史公特爱其文词,故采入为传。”(《史记钞》)

曾国藩曰:“仲连高节,似非邹阳可拟;《上梁王书》,亦拉杂无精义。子长特以书中所称有与己身相感触者,遂录存之。”(《求阙斋读书录》)

钱穆曰:“《史记正义》引《鲁连子》云:‘齐辨士田巴,服徂丘,议稷下,毁五帝,罪三王,服五伯,离坚白,合同异,一日而服千人。有徐劫者,其弟子曰仲连,年十二,号千里驹,往请田巴曰:臣闻堂上不粪,郊草不芸;白刃交前,不救流矢。今楚军南阳,赵伐高唐,燕人十万之众在聊城而不去,国亡在旦暮,先生将奈之何?若不能者,言有似枭鸣,出唇而人恶之。愿先生勿复言!田巴终身不说。’今按:秦围邯郸,鲁仲连义不帝秦,尚在信陵君夺兵救赵前,则为赵孝成王之七八年。至孝成王十五年,赵败杀燕将栗腹,鲁连《与聊城燕将书》所谓‘栗腹将百万之众,五折于外,公闻之乎’者也。详其语气,知距栗腹败不远。故徐广以聊城事在长平后十余年。而《通鉴》《大事记》均系之栗腹死后一年，即燕王喜五年者，盖为得之。是上距邯郸之围已十年，若其时鲁连年十二，则义不帝秦时，其殆为襁褓之婴孩乎……然则此文自出后人追记文饰，语已多误，决非鲁连当日之言，更非鲁连亲笔所记。……史公或亦采诸《鲁连子》十四篇中，《鲁连子》十四篇，如田巴之辨，不帝秦之议，语出后人文饰，皆非当时信史。……以鲁连年世考之，游赵说勿帝秦，至迟不出五十岁；说燕将聊城，在六十左右，其卒稍晚，或亦寿及七十上耳。"（《先秦诸子系年》）

屈原贾生列传第二十四

屈原者，名平，楚之同姓[①]也。为楚怀王左徒[②]，博闻强志[③]，明于治乱，娴于辞令。入则与王图议国事，以出号令；出则接遇宾客，应对诸侯。王甚任之。上官大夫与之同列[④]，争宠而心害其能。怀王使屈原造为宪令，屈平属草藁未定[⑤]。上官大夫见而欲夺之，屈平不与，因谗之曰："王使屈平为令，众莫不知，每一令出，平伐其功曰'以为非我莫能为'也。"王怒而疏屈平。

屈平疾王听之不聪也，谗谄之蔽明也，邪曲之害公也，方正之不容也，故忧愁幽思而作《离骚》。《离骚》者，犹离忧也[⑥]。夫天者，人之始也；父母者，人之本也。人穷则反本，故劳苦倦极，未尝不呼天也；疾痛惨怛，未尝不呼父母也。屈平正道直行，竭忠尽智以事其君，谗人间之，可谓穷矣。信而见疑，忠而被谤，能无怨乎？屈平之作《离骚》，盖自怨生也。《国风》好色而不淫，《小雅》怨诽而不乱，若《离骚》者，可谓兼之矣。上称帝喾[⑦]，下道齐桓[⑧]，中述汤武，以刺世事。明道德之广崇，治乱之条贯，靡不毕见。其文约，其辞微，其志洁，其行廉，其称文小，而其指极大，举类迩而见义远。其志洁，故其称物芳；其行廉，故死而不容。自疏濯淖污泥之中[⑨]，蝉蜕于浊秽，以浮游尘埃之外，不获世之滋垢[10],皭然泥而不滓者也。[11]推此志也,虽与日月争光可也。

(以上为第一段,写屈原的早期经历和后来被谗谤疏斥,因愤怒而作《离骚》的情形,并对《离骚》做了高度的评价。)

①楚之同姓——楚国王族姓芈(mǐ)。屈原亦楚国先王之苗裔,其祖先屈瑕受封于屈地,因以为姓氏。屈姓与昭姓、景姓,同为楚国王系之大族。 ②左徒——《正义》曰:"盖今在左右拾遗之类。"钱大昕曰:"黄歇由左徒为令尹,则左徒亦楚之贵臣矣。"按:钱说近是。 ③强志——记忆力强。 ④上官大夫——姓上官,史失其名。王逸《离骚经序》以为上官大夫名靳尚,今世郭沫若亦用此说,恐皆非是。 ⑤属草藁未定——正值起草阶段,尚未最后完成。属:正好,正当。草藁:即"草稿"。 ⑥《离骚》者,犹离忧也——按:此其一义。《索隐》引应劭云:"离,遭也。骚,忧也。"又,《离骚序》云:"离,别也。骚,愁也。" ⑦帝喾(kù)——号高辛氏,传说中的"五帝"之一。见《五帝本纪》。《离骚》有云:"凤凰既受诒兮,恐高辛之先我。"即此所谓"上称帝喾"。 ⑧齐桓——即齐桓公。《离骚》有云:"宁戚之讴歌兮,齐桓闻以该辅。"即此所谓"下道齐桓"。 ⑨自疏濯淖(zhuó nào)污泥之中——今本多标点为"濯淖污泥之中"。濯:洗也。淖:浊也,与"污""泥"同义。其意乃谓虽处泥污之中,而能自洗濯,保持洁白。王念孙则认为"濯、淖、污、泥"四字同义,这里的断句应作:"自疏濯淖污泥之中,蝉蜕于浊秽,以浮游尘埃之外。"杨树达亦主此说。 ⑩不获世之滋垢——王念孙曰:"获者,辱也,言不为滋垢所辱也。"钱大昕曰:"滋,与'兹'同。《说文》:'兹,黑也。'" ⑪皭(jiào)——洁白;干净。 泥而不滓——虽被污泥浸渍而不受秽染。泥:用作动词。滓:污垢。引申为污黑。

屈平既绌[1],其后,秦欲伐齐,齐与楚从亲[2],惠王[3]患之。乃令张仪详去秦,厚币委质[4]事楚,曰:"秦甚憎齐,齐与楚从亲,楚诚能绝齐,秦愿献商於[5]之地六百里。"楚怀王贪而信张仪,遂绝齐,使使如秦受地。张仪诈之曰:"仪与王约六里,不闻六百里。"

楚使怒去，归告怀王。怀王怒，大兴师伐秦。秦发兵击之，大破楚师于丹、淅[⑥]，斩首八万，虏楚将屈匄，遂取楚之汉中地。怀王乃悉发国中兵以深入击秦，战于蓝田[⑦]。魏闻之，袭楚，至邓[⑧]。楚兵惧，自秦归。而齐竟怒不救楚，楚大困。

明年，秦割汉中地与楚以和。楚王曰："不愿得地，愿得张仪而甘心[⑨]焉。"张仪闻，乃曰："以一仪而当汉中地，臣请往如楚。"如楚，又因厚币用事者臣靳尚，[⑩]而设诡辩于怀王之宠姬郑袖。怀王竟听郑袖，复释去张仪。是时，屈平既疏，不复在位，使于齐，顾反[⑪]，谏怀王曰："何不杀张仪？"怀王悔，追张仪不及。其后诸侯共击楚，大破之，杀其将唐眛[⑫]。

时秦昭王与楚婚，欲与怀王会。怀王欲行。屈平曰："秦虎狼之国，不可信，不如毋行。"怀王稚子子兰劝王行："奈何绝秦欢？"怀王卒行。入武关，秦伏兵绝其后，因留怀王，以求割地。怀王怒，不听。亡走赵，赵不内。复之秦，竟死于秦而归葬。

长子顷襄王立，以其弟子兰为令尹[⑬]。楚人既咎子兰以劝怀王入秦而不反也[⑭]。

屈平既嫉之[⑮]，虽放流[⑯]，眷顾[⑰]楚国，系心怀王，不忘欲反，冀幸君之一悟，俗之一改也。其存君兴国，而欲反覆之[⑱]，一篇之中，三致志焉。然终无可奈何，故不可以反，卒以此见怀王之终不悟也[⑲]。人君无愚智贤不肖，莫不欲求忠以自为，举贤以自佐，然亡国破家相随属[⑳]，而圣君治国累世而不见者，[㉑]其所谓忠者不忠，而所谓贤者不贤也。怀王以不知忠臣[㉒]之分，故内惑于郑袖，外欺于张仪，疏屈平而信上官大夫、令尹子兰。兵挫地削，亡其六郡，身客死于秦，为天下笑，此不知人之祸也。《易》曰："井渫不食，为我心恻，可以汲。王明，并受其福。[㉓]"王之不明，岂足福哉[㉔]！令尹子兰闻之[㉕]，大怒，卒使上官大夫短屈原于顷襄王，顷襄王怒而迁之。

（以上为第二段，写怀王由于不用屈原而导致国削身死，顷襄王不觉悟,又信谗流放屈原的情形,谴责了两代楚王的无比昏庸。)

①绌——通"黜"(chù),罢免,斥退。 ②从亲——合纵,亲善。从:"纵"的古字。 ③惠王——指秦惠文王。 ④质——通"贽"。犹今之所谓"见面礼"。 ⑤商於(wū)——地区名,在今河南淅川西南。或以为商於系指商(今陕西丹凤西北商镇),於(今河南西峡境)两邑及两邑间的地区,即今丹江中、下游一带。 ⑥丹、淅(xí)——二水名,丹水源于商洛西北,东流入河南,在淅川县南与淅水合。淅水源于河南卢氏县界,南流,在淅川南,合于丹水。 ⑦蓝田——秦县名,县治在今陕西蓝田西。蓝田之战亦在怀王十七年(前312)。 ⑧邓——古邑名,即今河南漯河召陵区,当时属楚。 ⑨甘心——犹今所谓(杀之以)"解恨"。 ⑩厚币——用作动词"厚赂"之义。 靳尚——楚人,与张仪有私交。后同张仪一起离楚,被魏臣张旄所杀。事见《战国策·楚策》。 ⑪顾反——二字同义,此处犹今之所谓"回来"。 ⑫杀其将唐眛(mèi)——唐眛:梁玉绳、张文虎皆以为应作"唐昧"。《吕氏春秋》及《汉书古今人表》皆作"唐蔑"。"眛"与"蔑"音同。 ⑬令尹——楚官名,职同宰相。 ⑭楚人既咎子兰以劝怀王入秦而不反也——按:此处语气未完,似有脱误。有人认为:此是倒装句,大意是:楚人既由于子兰劝怀王入秦而终于不归的缘故而对子兰十分不满。稍勉强。 ⑮屈平既嫉之——指嫉恨子兰等之误国。 ⑯放流——即逐放。有人据此,即以为屈原在怀王时曾被放逐,后文又云"顷襄王怒而迁之",乃第二次。然上文只言"疏""绌",而未言放流。郭沫若以为此"放流",应解释为"放浪"。然从上文观之,屈原亦似并未离朝。皆不可通。 ⑰眷顾——怀恋。 ⑱反覆之——指拨乱反正,恢复清明政治的旧观。 ⑲以此见怀王之终不悟也——中井积德曰:"屈原既疏,然犹在朝,此乃云'放流'何也?怀王既入秦而不归,则虽悟无益也,乃言'冀一悟',何也?"按:这段文字不顺,可疑之处不少,前人颇有考辨、推测之辞,然皆莫衷一是。 ⑳随属(zhǔ)——二字同义,犹言接连不断。属:连。 ㉑治国——稳定、太平的国家。与"圣君"对称。 累世——数世,一连多少代。 ㉒忠臣——泷川资言引张文虎曰:"'臣'字疑误。"按:"臣"字似应作"奸"。 ㉓"井渫(xiè)不食"五句——见

《易经·井卦》爻辞。渫:淘去泥污,浚治。即今之淘井。大意是井都淘干净了,可是仍无人食用,真叫人伤心。这井的水是可以提上来吃用的。国王倘若英明,全国都会蒙受幸福。《索隐》引京房易章句言:"上有明王,汲我道而用之,天下并受其福。" ㉔岂足福哉——中井积德曰:"谓不能予福于人也。"余有丁曰:"序事未毕,中间杂以论断,与《伯夷传》略同。惟伯夷、屈原,太史所重慕,故详论之。" ㉕令尹子兰闻之——上承"屈原既嫉之"一事。

屈原至于江滨[①],被[②]发行吟泽畔,颜色憔悴,形容枯槁。渔父见而问之,曰:"子非三闾大夫[③]欤?何故而至此?"屈原曰:"举世混浊,而我独清;众人皆醉,而我独醒,是以见放。"渔父曰:"夫圣人者,不凝滞[④]于物,而能与世推移。举世混浊,何不随其流而扬其波?众人皆醉,何不餔其糟而啜其醨?[⑤]何故怀瑾握瑜[⑥],而自令见放为?"屈原曰:"吾闻之,新沐者必弹冠,新浴者必振衣[⑦]。人又谁能以身之察察,受物之汶汶者乎![⑧]宁赴常流[⑨]而葬乎江鱼腹中耳,又安能以皓皓之白而蒙世俗之温蠖乎[⑩]!"乃作《怀沙》之赋[⑪]。其词曰:

陶陶孟夏兮,草木莽莽。[⑫]伤怀永哀兮,汩徂南土[⑬]。眴兮窈窈,孔静幽墨。[⑭]冤结纡轸兮,离愍之长鞠。[⑮]抚情效志兮,俯诎以自抑。[⑯]刓方以为圜兮,常度未替。[⑰]易初本由[⑱]兮,君子所鄙。章画职墨[⑲]兮,前度未改。内直质重兮,大人所盛。[⑳]巧匠不斫兮,孰察其揆正。[㉑]玄文幽处兮,蒙谓之不章。[㉒]离娄微睇兮,瞽以为无明。[㉓]变白而为黑兮,倒上以为下。凤皇在笯[㉔]兮,鸡雉翔舞。同糅玉石兮,一概而相量。[㉕]夫党人之鄙妒兮,羌不知吾所臧。[㉖]任重载盛兮,陷滞而不济[㉗]。怀瑾握瑜兮,穷不得余所示[㉘]。邑犬群吠兮,吠所怪也。诽骏疑桀兮,固庸态[㉙]也。文质疏内[㉚]兮,众不知吾之异采。材朴[㉛]委积兮,莫知余之所有。重仁袭义[㉜]兮,谨厚以为丰。重华不可牾兮，孰知余之从容。[33]古固有不并[34]兮，岂知其故也。汤禹久远兮，邈不可慕也。惩违改忿[35]兮，抑心而自强。离湣而不迁兮，愿志之有象。[36]进路北次[37]兮，日昧昧其将暮。含忧虞哀兮，限之以大故。[38]乱[39]曰：浩浩沅、湘兮，分流汨兮。[40]修路幽拂兮，[41]道远忽兮。曾吟[42]恒悲兮，永叹慨兮。世既莫吾知兮，人心不可谓兮。怀情抱质兮，独无匹兮。[43]伯乐既殁兮，骥将焉程兮。[44]人生禀命兮，各有所错[45]兮。定心广志[46]，余何畏惧兮。曾伤爰哀[47]，永叹喟兮。世溷不吾知，心不可谓兮。知死不可让[48]兮，愿勿爱兮。明以告君子兮，吾将以为类[49]兮。

于是怀石遂自投汨罗[50]以死。

屈原既死之后，楚有宋玉、唐勒、景差之徒者，[51]皆好辞而以赋见称。然皆祖屈原之从容辞令，[52]终莫敢直谏。其后楚日以削，数十年竟为秦所灭。

（以上为第三段，写屈原被放逐江南，行吟泽畔，以及最后作《怀沙赋》，投汨罗而死的情形。）

①江滨——长江之滨。 ②被——通“披”。 ③三闾大夫——官名，略同汉代之宗正。王逸曰：“三闾之职，掌王族三姓，曰昭、屈、景。屈原序其谱属，率其贤良，以厉国士。” ④凝滞——拘泥，固执，认死理。 ⑤餔——吃。 糟——酒滓。 啜（chuò）——吸，饮。 醨——淡酒。 ⑥瑾握瑜——瑾、瑜都是美玉。这里借喻人的高才美德。 ⑦振衣——抖衣，以去其尘土。 ⑧察察——清洁貌。此用以比喻人品节操之高。 汶（mén）汶——昏暗不明貌。此用以比喻社会世道之黑暗污浊。 ⑨常流——指江水。 ⑩温蠖（huò）——方以智《通雅》曰：“言尘滓深曲之状也。”按：以上屈原与渔父问答，乃根据《楚辞·渔父》改写。洪兴祖曰：“《卜居》《渔父》，皆假设问答以寄意耳，而太史公《屈原传》……或采《楚词》《庄子》渔父之言以为实录，非也。”（《楚辞补注》） ⑪乃作《怀沙》之赋——王逸曰：“此章言己虽放逐，不以穷困易其行。小人蔽贤，群起而攻之。举世之人，无知我者，思

古人而不得见,仗节死义而已。……原所以死,见于此赋,故太史公独载之。"怀沙:怀抱沙石。指如此而投江。一说,怀念长沙,长沙是楚国的始封之地。 ⑫陶陶——和暖貌。 莽莽——草木茂盛貌。 ⑬汩(gǔ)——水流貌。 徂(cú)南土——谓溯沅湘南行。徂:往。 ⑭眴——同"瞬",转目四顾貌。 窈窈——《楚辞》作"杳杳",深奥;深远。 孔——甚。 墨——《楚辞》作"默"。泷川资言曰:"八字写满目荒凉之状。" ⑮冤结——《楚辞》作"郁结",愤郁聚结。 纡轸——迂曲,疼痛。 离愍(mǐn)——陷入痛苦。离:通"罹",遭受。愍:忧伤。 长鞠——长期窘困。鞠:穷也。 ⑯抚情效志——犹言抚心自问。抚:按,巡。效:检查,验证。 俯诎——即"俯屈",使自己受委屈。 自抑——自己压抑自己。 ⑰刓方以为圜——把方木削成圆的。以喻小人之摧折贤良。刓(wán):削,磨。 常度未替——固有的思想气节不变。替:废,变。 ⑱易初本由——改变自己本来的道路。 ⑲章画职墨——意谓牢记旧有的规划绳墨。《集解》王逸曰:"章,明也,度法也。"《索隐》:"楚词职作志,志念也。" ⑳内直质重——内心厚道,品质端重。 盛——赞扬。 ㉑斫(zhuó)——砍削。 揆(kuí)正——端详得准确。揆:揣度。二句以言君子不居爵位,众人亦无由知其贤能。 ㉒玄文幽处——把黑色的文采放在暗处。 蒙——《集解》王逸曰:"蒙,盲者也。" 不章——不鲜明。 ㉓离娄——古代传说中的明眼人。据说能在百步之外看到秋毫之末。 微睇(dì)——眯着眼睛看东西。 瞽(gǔ)——目盲。 无明——没有视力。 ㉔笯(nú)——鸟笼。 ㉕糅——掺合。 一概而相量——一起用升斗来量,而不加区分。概:古代量米麦时刮平斗斛的器具。 ㉖党人——指结党营私的众小人。 羌——当时楚地常用的发语词。无义。 臧——善,才德之优长。 ㉗不济——不成,不能通过。李笠曰:"此言所任者艰重,所载者盛大,以致陷滞而不济耳。" ㉘不得余所示——谓找不到一个可以让他看看自己的瑾瑜的人。 ㉙庸态——常态。言小人一贯如此。 ㉚文质疏内——文质彬彬,内心通达。文:指有才情。质:指有道德。疏:通也。 ㉛材朴——各种木料。以喻人的德能。朴:未经加工的原木。 ㉜重仁袭义——言以仁义来修养自己。重、袭：皆以穿衣为喻。袭，犹今之所谓“套”。 ㉝重华——即虞舜。重华是名，舜是谥。 牾（wǔ）——遇，逢。 从容——蒋骥曰：“道足于己，而安舒自得之貌。” ㉞不并——不并世而生。指贤臣不得遇明君而言。 ㉟惩违改忿——王念孙曰：“惩，止也；违，恨也，言止其恨、改其忿，抑其心而自强勉也。” ㊱离湣——与前之“离愍”同。 不迁——不移，不变。 有象——有典型、有榜样的意思。朱熹曰：“不以忧患改其节，欲其志之可为法也。” ㊲北次——郭沫若认为错过了宿地。北：背也。次：舍，止。 ㊳含忧虞哀——王念孙曰：“含，当为‘舍’字之误。‘舍’即‘舒’字也……王注《楚辞》曰：‘言己自知不遇，聊作词赋以舒展忧思，乐己悲愁。’是‘舒忧’‘娱哀’，义本相承；若云‘含忧’，则‘娱哀’异义矣。”按：《楚辞》作“舒忧娱哀”。 限之以大故——犹言“死而后已”。大故：指死亡。 ㊴乱——王逸曰：“乱者理也。所以发理辞指，总撮其要而重理前意也。”洪兴祖曰：“乱者，总理一赋之终。” ㊵沅、湘——二水名，沅水发源于今贵州贵定县东，东北流入湖南，入洞庭湖。湘水发源于今湖南永州蓝山，北流，入洞庭湖。 汩——水疾流貌。 ㊶修路——漫长的道路。 幽拂——即“幽蔽”，草树遮掩的样子。 ㊷曾吟——抒不尽的吟叹。曾：通“层”。按：“曾吟恒悲”以下二十一字，《楚辞》无。 ㊸怀情抱质——意即坚守自己的思想、节操。情：真情、思想。质：品质、操守。 无匹——无朋，无志同道合者。朱熹曰：“匹，应作‘正’。”无正：无人予以评正、鉴定。 ㊹伯乐——古之善相马者。事见《战国策》。 焉程——怎样得到考校、检验。 ㊺各有所错——各有所安。错：安也。《离骚》：“民生各有所乐兮”，与此意同。 ㊻定心广志——蒋骥曰：“定心，则不为患难所摇，广志，则不以穷蹙自阻。” ㊼曾伤爰哀——与上文“曾吟恒悲”意同。王引之曰：“‘曾伤爰哀’四句，乃后人援《楚辞》增入，非《史记》原文也。‘曾吟恒悲’四句，即‘曾伤爰哀’四句之异文。特《史记》在‘道远忽兮’之下，《楚辞》在‘余何畏惧兮’之下耳。后人据《楚辞》增入，而不知已见于上文也。” ㊽让——辞，避。 ㊾吾将以为类——与上文“愿志之有象”意同。类：法也，准则，榜样。以己之行，为后人做出榜样。 ㊿汨（mì）罗——水名，在湖南省东北部。相传战国时楚诗人屈原忧愤国事，投此江而死。 ㉛宋玉——楚顷襄王时人，今《楚辞》中有其《九辩》一篇，较为可信。《昭明文选》中有其《风赋》《高唐赋》《神女赋》《登徒子好色赋》共四篇，《古文苑》中有其《大言》《小言》等赋共五篇，疑皆后人伪托。 唐勒——《汉书·艺文志》云其有赋四篇，今已佚。 景差——或谓今《楚辞》中之《大招》，即其所作。 ㉜祖——效法，继承。 从容辞令——运用辞令，从容自如，即"长于辞令"之意。

自屈原沈汨罗后百有余年，汉有贾生，为长沙王太傅，过湘水，投书以吊屈原。贾生名谊，雒阳人也。年十八，以能诵诗属书[①]闻于郡中。吴廷尉[②]为河南守，闻其秀才[③]，召置门下，甚幸爱。孝文皇帝初立，闻河南守吴公治平[④]为天下第一，故与李斯同邑而常学事焉，[⑤]乃征为廷尉。廷尉乃言贾生年少，颇通诸子百家之书。文帝召以为博士[⑥]。

是时贾生年二十余，最为少。每诏令议下[⑦]，诸老先生不能言，贾生尽为之对，人人各如其意所欲出。诸生于是乃以为能，不及也。孝文帝说之，超迁[⑧]，一岁中至太中大夫[⑨]。

贾生以为汉兴至孝文二十余年，天下和洽，而固当改正朔，易服色，法制度，[⑩]定官名，兴礼乐，乃悉草具其事仪法[⑪]，色尚黄，数用五，[⑫]为官名，悉更秦之法。孝文帝初即位，谦让未遑[⑬]也。诸律令所更定，及列侯悉就国，其说皆自贾生发之。于是天子议以为贾生任公卿之位。绛、灌、东阳侯、冯敬之属尽害之[⑭]，乃短贾生曰："雒阳之人，年少初学，专欲擅权，纷乱诸事。"于是天子后亦疏之，不用其议，乃以贾生为长沙王太傅。

贾生既辞往行，闻长沙卑湿，自以寿不得长，又以適去，意不自得[⑮]。及渡湘水，为赋以吊屈原。其辞曰：

共承嘉惠兮，俟罪长沙。[⑯]侧闻屈原兮，自沈汨罗。造托湘流兮，敬吊先生[⑰]。遭世罔极[⑱]兮，乃陨厥身。呜呼哀哉，逢时不祥！鸾凤伏窜兮，鸱枭翱翔。阘茸[19]尊显兮，谗谀得志；贤圣逆曳[20]兮，方正倒植。世谓伯夷贪兮，谓盗跖廉；莫邪[21]为顿兮，铅刀为銛[22]。于嗟嚜嚜兮，生之无故！[23]斡弃周鼎兮宝康瓠，[24]腾驾罢牛兮骖蹇驴，[25]骥垂两耳兮服盐车[26]。章甫荐屦兮，渐不可久；[27]嗟苦先生兮，独离此咎！[28]

讯[29]曰：已矣，国其莫我知，独堙郁[30]兮其谁语？凤漂漂其高遰兮，夫固自缩而远去。袭九渊之神龙兮，沕深潜以自珍。[31]弥融爚以隐处兮，夫岂从蚁与蛭螾？[32]所贵圣人之神德兮，远浊世而自藏。使骐骥可得系羁兮，岂云异夫犬羊！般纷纷其离此尤兮，[33]亦夫子之辜也！瞝九州而相君兮，何必怀此都也[34]？凤皇翔于千仞之上兮，览德辉而下之；见细德之险征兮，摇增翮逝而去之。[35]彼寻常之污渎兮，岂能容吞舟之鱼！横江湖之鳣鱏兮，[36]固将制于蚁蝼。

贾生为长沙王太傅三年，有鸮[37]飞入贾生舍，止于坐隅[38]。楚人命鸮曰"服"。贾生既以適居长沙，长沙卑湿，自以为寿不得长，伤悼之，乃为赋以自广[39]。其辞曰：

单阏之岁兮，四月孟夏。[40]庚子日施兮，服集予舍。[41]止于坐隅，貌甚闲暇。异物来集兮，私怪其故。发书占之兮，策言其度。[42]曰"野鸟入处兮，主人将去。[43]"请问于服兮，"予去何之[44]？吉乎告我，凶言其灾。淹数之度兮，语予其期。[45]"服乃叹息，举首奋翼，口不能言，请对以意[46]。

万物变化兮，固无休息。斡流而迁兮，或推而还。[47]形气转续兮，变化而嬗。[48]沕穆无穷兮，胡可胜言！[49]祸兮福所倚，福兮祸所伏；忧喜聚门[50]兮，吉凶同域。彼吴强大兮，夫差以败；越栖会稽兮，句践霸世。斯游遂成兮，卒被五刑[51]；傅说胥靡兮，乃相武丁[52]。夫祸之与福兮，何异纠缠[53]。命不可说兮，孰知其极[54]？水激则旱兮，矢激则远[55]。万物回薄兮，振荡相转。[56]云蒸雨降兮，错缪[57]相纷。大专槃物兮，坱轧无垠。[58]天不可与虑兮，道不可与谋[59]。迟数有命兮，恶识其时？

且夫天地为炉兮，造化为工[60]；阴阳为炭兮，万物为铜。[61]合散消息兮，安有常则[62]；千变万化兮，未始有极。忽然为人兮，何足控抟；[63]化为异物[64]兮，又何足患！小知自私兮，贱彼贵我[65]；通人大观兮，物无不可[66]。贪夫徇财兮，烈士徇名；夸者死权兮，品庶冯生。[67]怵迫之徒兮，或趋西东；[68]大人不曲兮，亿变齐同。[69]拘士系俗兮，攌如囚拘；[70]至人遗物兮，独与道俱。[71]众人或或兮，好恶积意；[72]真人淡漠兮，独与道息。[73]释知遗形兮，超然自丧；[74]寥廓忽荒[75]兮，与道翱翔。乘流则逝兮，得坻则止；[76]纵躯委命兮，不私与己。[77]其生若浮兮，其死若休[78]；澹乎若深渊之静，泛乎若不系之舟。[79]不以生故自宝兮，养空而浮；[80]德人无累兮，知命不忧。细故蒂芥[81]兮，何足以疑！

后岁余，贾生征[82]见。孝文帝方受釐[83]，坐宣室[84]。上因感鬼神事，而问鬼神之本。贾生因具道所以然之状。至夜半，文帝前席[85]。既罢，曰："吾久不见贾生，自以为过之，今不及也。"居顷之，拜贾生为梁怀王太傅。梁怀王，文帝之少子，爱，而好书，故令贾生傅之。

文帝复封淮南厉王子四人皆为列侯。贾生谏，以为患之兴自此起矣。贾生数上疏，言诸侯或连数郡，非古之制，可稍削之。文帝不听。

居数年，怀王骑，堕马而死，无后。贾生自伤为傅无状[86]，哭泣岁余，亦死。贾生之死时年三十三矣。及孝文崩，孝武皇帝立，举贾生之孙二人至郡守，而贾嘉最好学，世其家[87]，与余[88]通书。至孝昭[89]时，列为九卿。

（以上为第四段，写贾谊一生经历的坎坷不平。）

①属书——连缀文辞，即写文章。属（zhǔ）：连缀。 ②吴廷尉——史失其名，因其后来官至廷尉，故如此称之。廷尉：汉九卿之一，

相当于今之最高法院院长。 ③秀才——才学优秀。 ④治平——治理、安定。这里是指其治理州郡的才干而言。 ⑤故——原来,先曾。 同邑——同县,谓吴公与李斯皆为上蔡(今河南上蔡西南)人。 常——通"尝",曾经。 学事——事以为师,向之学习。 ⑥博士——官名,上属太常。掌管图书,通古今,以备顾问。 ⑦诏令议下——皇帝有令让臣下议论某事。 ⑧超迁——越级提拔。 ⑨太中大夫——官名,上属郎中令,秩比千石,职掌议论。按:贾谊为太中大夫在文帝前元元年(前179),时贾谊二十二岁。 ⑩改正朔——即指改用新的历法。正朔:正月初一。夏、商、周以来,每更换一个朝代,也相应地改变一次历法,故有"夏历""商历""周历""秦历"之称。刘邦建汉以来,各项制度大体仍然沿用秦朝之旧,历法亦然,故贾谊有此时髦之说。 易服色——改变秦朝规定的朝会或各种典礼所用的舆马服饰的颜色。秦时尚黑。 法制度——改订各种新的典章制度。法:正也。 ⑪其事仪法——指上述各项的仪式、办法。 ⑫色尚黄——服色以黄为贵。当时阴阳家认为,汉朝代秦为帝,秦是水德,故色尚黑;汉是土德,故应色尚黄。 数用五——张晏曰:"用五为印文也。若丞相曰'丞相之印章',诸卿及守、相印文不足五字者,以'之'字足之。"土在五行中位次居五,故贾谊主张汉世印文皆五字为例。 ⑬谦让未遑——自己谦虚,不愿改制,而推说现在还顾不上。未遑:无暇,顾不上。 ⑭绛、灌——绛侯周勃,颍阴侯灌婴。当时陈平周勃为左右丞相,灌婴为太尉。有曰"绛灌"别是一人者,非。周勃、灌婴以军功并重,故时人并称之。其所以称灌以姓,而称周以国者,乃因汉初之周姓功臣有数人(如周昌、周灶),称周不易区别故也。 东阳侯——张相如。 冯敬——时为典客。 害——患。担心对己不利。 ⑮"贾生既辞往行"五句——梁玉绳曰:"贾生因服鸟入舍,故以为寿不得长,非但因卑湿也。此乃下文之复出者。《汉书》改曰'谊既以適去',甚当。应衍'辞'字至'又'字十五字。《文选》同《汉书》。"適:通"谪",贬谴。周寿昌曰:"太中大夫秩比千石,诸侯王太傅,秩尚在内史、中尉之上。以秩而较,初非左官。其曰'適去'者,以其去天子之侧而官王国也。" ⑯共承嘉惠——犹言"敬奉王命"。共:通"恭"。嘉惠:敬指皇帝的差遣。 俟罪——等待着受责罚。谦指自己为官。 ⑰“造托湘流”二句——因自己不能亲到汨罗,故拜托湘水以代达。因湘水与汨罗相通,故云。造:往;到。谓身到湘水以托之。 ⑱遭世罔极——犹言身遭谗言之害。《诗经·青蝇》:“谗人罔极,交乱四国。”罔极:无尽,即指谗言。 ⑲阘茸(tà róng)——指小人。章炳麟《新方言·释言》:“阘为小户,茸为小草,故并举以状微贱也。” ⑳逆曳(yè)——倒拉。谓不得顺道而行。 ㉑莫邪——春秋时吴国人,干将妻。后遂为宝剑名。 ㉒銛(xiān)——锋利。 ㉓于嗟——同“吁嗟”,叹息。 嚜嚜——不得意也。 生之无故——意谓先生竟如此地无辜受害!生:指屈原。或谓,生:生存。意指生于此世而无辜受难。 ㉔斡(wō)弃——抛弃。 周鼎——即指九鼎。相传为夏禹所铸,夏、商、周三朝都视之为传国之宝。 康瓠——薄脆无用的大瓠。康:大。或曰,康瓠是破瓦罐。 ㉕罢牛——疲劣的牛。罢:通“疲”。 骖——边马。这里用作动词,即使之拉边套。 蹇(jiǎn)驴——瘸驴。 ㉖骥垂两耳兮服盐车——《战国策》:“夫骥服盐车上太山,中坂迁延,负辕不能上,伯乐下车哭之也。”服:驾。 ㉗章甫荐屦——把礼帽踩在脚底下。章甫:殷冠名。荐:藉,垫。 渐——指逐步发展的情势。这里指贵贱颠倒,贤愚错置。 ㉘嗟苦——叹息,悯伤。中井积德曰:“苦,伤之也。” 离——通“罹”,陷入。 ㉙讯——告,宣。谓篇终重宣其意,亦犹《楚辞》篇末之“乱”。 ㉚堙郁——憋闷,堵塞。 ㉛袭——深藏。 九渊——师古曰:“九旋之川,言至深也。” 沕(mì)——潜藏貌。 ㉜弥融爚(yuè)——远离亮光。弥:远也。弥融爚,一作“偭蟂獭”,水虫,害鱼者。 螘——“蚁”的本字。蚁非水虫,于此不伦。《汉书》作“虾”,即今所谓蛤蟆。 ㉝般纷纷——犹言“乱哄哄”。般:乱貌。 离此尤——犹言“遭祸”。尤:咎,灾祸。 ㉞“瞝(chī)九州而相君”二句——王先谦曰:“原眷怀宗国,义不他适,谊为此言哀吊之,甚无可奈何之辞耳。”瞝:四顾,环顾。 ㉟细德之险征——小人又要干坏事的苗头。险征:险事的征兆。 摇增翮(hé)——振长翼。增:通“层”。层翮,犹言“健翼”。 ㊱鳣鱏(zhān xún)——两种大鱼。《庄子·庚桑楚》:“吞舟之鱼,砀而失水,则蚁能苦之。”《战国策·齐策》:“君不闻大鱼乎,网不能止,钩不能牵,荡而失水,则蝼蚁得意焉。”郭嵩焘曰:“贾生《吊屈原赋》,纯是牢骚不平,与屈原本旨自异,是以其词骏爽而无沉郁之气。”

㊲鸮(xiāo)——猫头鹰。 ㊳坐隅——座席的角上。 ㊴自广——自相慰解,宽心。《西京杂记》云:“长沙俗以鹏鸟至人家,主人死。谊作《鹏鸟赋》,齐死生,等荣辱,以遣忧累焉。” ㊵单阏之岁——这里指文帝前元六年(前174),岁在丁卯。“单阏”十二地支中卯的别称。用以纪年。 孟夏——夏季的第一个月,即阴历四月。 ㊶庚子——该年的阴历四月二十三。 日施(yí)——太阳西斜。施:通“迤”。斜行。 集——本意谓鸟停于木。此处指“落”,飞止。 ㊷发书——此指打开算卦用的书。 策言其度——卦书告诉了其中的意思。策:指卦书。 ㊸入处——入居。处:居,止。 将去——将死。 ㊹何之——去哪里。 ㊺淹数之度——淹数:迟还是快。这里指自己死期到来的快慢早晚。 其期——死的日子。 ㊻请对以意——把我的心思向你表示,此句是代“服鸟”立言。意:心胸,想法。 ㊼斡流而迁——谓天地万物一切都处在变化之中。斡流:流转,运转。迁:变化。 或推而还——表面上像是推去了,实际上也许又回来了。 ㊽形气转续——形:形体。气:天地间的阴阳二气。道家说万物都是由气构成,气化成万物,万物又化成气,这样的变化永无休止。 嬗(shàn)——相互传递。或曰蜕变、演变。 ㊾沕(wù)穆——深远幽微、不可分辨貌。 胡可胜言——怎么能说得清。胡:何。 ㊿忧喜聚门——谓喜中潜伏着忧,忧中也能掺杂着喜。 (51)斯游遂成兮,卒被五刑——李斯游说成功,协助秦王吞并六国,统一天下,后被赵高所害,受五刑,腰斩咸阳。遂成:成功。“遂”也是“成”的意思。 (52)傅说(yuè)胥靡兮,乃相武丁——傅说是商朝的贤士,相传原是傅岩地方从事版筑的奴隶,商王武丁外出时发现了他,将其救出,任以为相,治理国政,王朝得以振兴。 (53)纠纆——都是绳索。纠:两合绳。纆:三合绳。两句意谓“祸”与“福”就像两股绳子相互依存。 (54)孰知其极——极:终点。 (55)水激则旱兮,矢激则远——二句意思不明。有曰“旱,读为‘悍’,猛疾也”;也有曰“水之激疾则去尽,不能浸润”。依此则可释“矢激则远”为远于箭靶,但与本篇之上下文意不相关。此二语究应何解,尚待知者。

㊻回薄——相互回旋，相互撞击。薄：迫。　相转——相互转化。　㊼错缪——穿插交错。　㊽大专槃物——《汉书》云“大钧播物”，皆以陶模之制器以比喻天地之化成万物。《索隐》曰：“此‘专’读为‘钧’。陶家名模下圆转者为‘钧’，言其能制器大小，以比之于天。”槃：旋转。　坱（yǎng）轧无垠——迷蒙而又广大无边。　㊾天不可与虑兮，道不可与谋——意谓客观世界的神秘作用，人是无法参与、无能为力的。与虑：与之共同思虑。道：老、庄用以指客观存在但又具有某种神秘作用的法则。　⑥⓪天地为炉兮，造化为工——语出《庄子·大宗师》，意谓天地好比是一个铸造万物的大熔炉，而造物者好比是一个大工匠。造化：造物者，有神秘色彩，但又不像西方的“上帝”那样人格化。　⑥①阴阳为炭——古人称世界上的万物都由阴阳二气构成，今不把“阴阳”比作原料，而比作“炭火”，未必贴切。　万物为铜——以铜比喻被冶炼之物。　⑥②合散消息兮，安有常则——消息：指变化。常则：常法，常规。　⑥③忽然为人——意谓阴阳二气在某种偶然的情况下，幻化成了人形。　控抟——引持；把握。引申为爱惜生命，为保护生命而费尽力气。　⑥④化为异物——指人之死亡。　⑥⑤小知自私兮，贱彼贵我——小知：即“小智”，此谓小智之人。贱彼贵我：实指乐生恶死。　⑥⑥通人大观兮，物无不可——《庄子·齐物论》：“物固有所然，物固有所可，无物不然，无物不可。”通人：通晓一切的人。按：此处之“物无不可”，盖谓生亦不喜，死亦不惧。　⑥⑦夸——矜夸，好虚荣，作威作福。　死权——为满足权势欲死而不惜。　品庶——众庶，普通人。　冯生——贪求生存。　⑥⑧怵迫之徒——谓心胸狭窄、因某事而戚戚惶惶的人。　或趋西东——谓趋利避害。　⑥⑨大人不曲——此“大人”“圣人”乃庄周等道家之所谓，与通常儒家所称说的“圣人”含义不同。不曲：不黏滞于某一小节。　亿变齐同——把千变万化都看成一回事。　⑦⓪拘士——受传统礼法约束的人。　系俗——被世俗习惯所束缚。　攌（huǎn）如囚拘——整天如同困在囚笼里。攌：拘禁。亦指监狱。　⑦①至人——义同“大人”“圣人”。　遗物——忘记一切客观事物。　独与道俱——一只与“大道”相互依存。意即随波逐流，无可无不可。　⑦②或或——或：通“惑”，昏迷、愚蠢的样子。　好恶（wù）积

意——把对客观事物的喜好与憎恶存在心里。意:心胸。 ⑦③真人——即“圣人”“至人”。 独与道息——与上文“独与道俱”同意。息:同前文之“消息”,意即变化。 ⑦④释知遗形——抛弃智慧,也忘记形体。 自丧——彻底忘掉自己。 ⑦⑤寥廓——广远貌。 忽荒——同“忽恍”,模糊不分明貌。 ⑦⑥乘流则逝——逝:去。此指顺水漂流。 得坻(chí)则止——坻:水中小洲。 ⑦⑦纵躯委命——将自己的身体、生命完全交付给大自然。陶渊明《形影神三首》有所谓“纵浪大化中,不喜亦不惧”;《归去来兮辞》有所谓“聊乘化以归尽,乐夫天命复奚疑”,即演说此意。 不私与己——对自己没有任何偏爱。 ⑦⑧其生若浮兮,其死若休——语出《庄子·刻意》。浮:顺水漂流。休:止。 ⑦⑨澹——静泊的样子。 泛——顺水漂浮的样子。《庄子·列御寇》:“泛若不系之舟,虚而敖游者也。” ⑧⓪不以生故自宝——不因为活着而分外保重自己。 养空而浮——颐养天性,随世浮沉。养空:犹言“养虚”“养性”。 ⑧①细故慸葪(dì jiè)——为一些鸡毛蒜皮的小事牵肠挂肚。这里指贾谊所问的生死期限问题。细故:小事。慸葪:同“蒂芥”,细小的梗塞物。关于以上贾谊的这篇作品,陈螺渚曰:“此赋一生死,齐得丧,正是打不破生死得丧关头,依托老庄,强为排遣耳。厥后因长沙王坠马,自伤夭没,何能亹亹言之于前,不能坦坦由之于后耶?赋则抑扬反复,自是可传。” ⑧②征——召。 ⑧③受釐(xǐ)——应劭曰:“釐,祭余肉也。《汉仪注》:祭天地五畤,皇帝不自行祠,还致福。釐,音禧。”受釐,即接受用过的祭肉,以求得到鬼神的福佑。 ⑧④宣室——《索隐》引《三辅故事》云:“在未央殿北。” ⑧⑤前席——向前凑近,言其爱听之状。 ⑧⑥无状——不像样子,未尽到责任。 ⑧⑦世其家——继承了自己的家学传统。 ⑧⑧余——司马迁自谓。 ⑧⑨孝昭——即汉昭帝刘弗陵,武帝子,公元前87—前74年在位。徐孚远曰:“‘与余通书’,史公本文。至‘昭帝’句,则后人所增也。”

太史公曰:余读《离骚》《天问》《招魂》《哀郢》[①],悲其志。适长沙,观屈原所自沈渊[②],未尝不垂涕,想见其为人。及见贾生吊之,又怪屈原以彼其材,游诸侯,何国不容[③]?而自令若是。读

《服鸟赋》,同死生,轻去就④,又爽然自失矣⑤。

（以上为第四段,是作者的论赞,表现了作者对屈原的无限敬慕与同情。）

①《离骚》《天问》《招魂》《哀郢》——皆屈原作品名,《哀郢》是《九章》中的一篇。《招魂》,王逸以为是宋玉之作,与史公看法不同。②屈原所自沈渊——《索隐》引《荆州记》云:"长沙罗县(今湖南汨罗西北),北带汨水,去县四十里,是原自沈处,北岸有庙也。" ③"又怪屈原以彼其材"四句——何焯曰:"即赋内'历九州'二句,谓贾生怪之也。"按:何说非,本句的主语应是作者自己。 ④轻去就——不把做官与不做官,在朝与归野的问题看得太重。 ⑤又爽然自失矣——自失:指苦恼一概消失。赵恒曰:"读其词而悲之;见所自沉渊,又悲之;及观贾生吊之之文,又怪以彼其材游诸侯云云,自令若是,又悲之;及读《鹏鸟赋》,则其意广矣,所以爽然自失其悲也。'以彼其材'句重,二公同传,以材相似,论屈平即所以论贾生。"

［**简评**］ 作品记述了屈原、贾谊识见高超、忠心为国,因遭谗毁而有才不得其用的惨痛事例,对统治者的不能知人,朝廷群臣的嫉贤误国,表示了极大的愤慨,对屈原、贾谊的怀才不遇、一生坎坷,寄予了极大的同情。文章夹叙夹议,反复吟叹,是《史记》中抒情性最强的篇章之一。而字里行间亦流露着作者个人的无限身世之慨。但应看到,贾谊与屈原的情况是不同的,班固《汉书》在评价贾谊的问题上与司马迁唱了反调,足以纠正《史记》的偏颇。不过从这里倒更使我们清楚地看到了司马迁同情悲剧人物、喜欢描写悲剧英雄人物的审美情趣。

［**集评**］ 《太史公自序》:"作辞以讽谏,连类以争义,《离骚》有之,作《屈原贾生列传》第二十四。"

李晚芳曰:"篇首叙受谗之故,作《骚》之由,文情斐亹,音节激越;中叙外欺内惑,以致丧师失地,活画出一怀王,言少事赅,比《国策》更为简练；篇末慨君终不悟，已不必生，悲愤淋漓，如怨如慕，鹃啼猿啸，听之泪下。忠臣至死，犹系心君国，所谓身死而心不死也，真善状屈子苦衷。通体以叙事夹议论，一唱三叹出之，声调超迈，亦是《国风》《小雅》之遗。”（《读史管见》）

班固曰：“昔在孝武，博览古文，淮南王安叙《离骚传》，以‘《国风》好色而不淫，《小雅》怨悱而不乱，若《离骚》者，可谓兼之。蝉蜕浊秽之中，浮游尘埃之外，皭然泥而不滓。推此志，虽与日月争光可也。’斯论似过其真……且君子道穷，命矣。故潜龙不见，是而无闷，《关雎》哀周道而不伤；蘧瑗持可怀之智，宁武保如愚之性，咸以全命避害，不受世患。故《大雅》曰‘既明且哲，以保其身’，斯为贵矣。今若屈原，露才扬己，竞乎危国，群小之间，以离谗贼，然责数怀王，怨恶椒、兰，愁神苦思，强非其人，忿怼不容，沉江而死，亦贬絜狂狷景行之士。多称昆仑，冥昏宓妃，虚无之语，皆非法度之正，经义所载，谓之兼《诗》《风》《雅》而与日月争光，过矣。然其文弘博雅丽，为辞赋宗，后世莫不斟酌其英华，则象其从容。自宋玉、唐勒、景差之徒，汉兴，枚乘、司马相如、刘向、扬雄骋极文辞，好而悲之，自谓不能及也。虽非明智之器，可谓妙才者也。”（《离骚序》）

王逸曰：“今若屈原，膺忠贞之质，体清洁之性，直若砥矢，言若丹青，进不隐其谋，退不顾其命，此诚绝世之行，俊彦之英也。而班固谓之‘露才扬己，竞于群小之中，怨恨怀王，讥刺椒、兰，苟欲求进，强非其人’。……屈原之辞，诚博远矣，自终没以来，名儒博达之士，著造辞赋，莫不拟则其仪表，祖式其模范，取其要妙，窃其华藻，所谓金相玉质，百世无匹，名垂罔极，永不刊灭者矣。”（《楚辞章句序》）

郭沫若曰：“屈原的一生是一个悲剧，他的政治生活是失败了的，但作为诗人，他却得到了很大的成功。……他的诗一部分是祭神的歌辞，是他年轻得意时代的作品，很清新、很生动、很铿锵、很玲珑,有春天的和风那样的感触。但大部分是他失意之后的诗,悲愤、沉痛、抑郁、奔放,有时像狂风暴雨快要来的一样,有时就径直像狂风暴雨。作为诗人,屈原的想象力在中国文学史中是独步的,特别是通过他的《离骚》——最宏大的一篇抒情诗,我们可以看出,他把宇宙中的森罗万象都看成是有生命的存在,而且都可以用来替他服务。……结果是上天下地都不能满足他的要求,而不得不决心自杀。……感情的真挚,构思的奇特,气魄的雄浑,词藻的丰富,韵调的铿锵,形式的自由,使他在中国诗史和世界诗史上放射着永久的光芒。"(《〈屈原赋〉今译》)

毛泽东曰:"骚体是有民主色彩的,属于浪漫主义流派,对腐败的统治者投以批判的匕首,屈原高据上游。"又说:"屈原如果继续做官,他的文章就没有了。……正是因为'开除官籍,下放劳动',才有可能接近社会生活,才有可能产生《离骚》这样好的作品。"(《毛泽东读书笔记解析》)

茅坤曰:"贾谊本汉才臣,与屈原异指,而史迁特以谊尝为书吊原,故并为一传。而其聚本末处尤略,《汉书》特载《治安》诸疏,所区画汉得失,三代以下罕见者。于今千载之间,种种若几上事也,兹则《汉书》之功为多。"(《鹿门先生批点〈汉书〉》)

何良俊曰:"太史公以贾谊与屈原同传,故但载其《吊屈原文》与《鹏鸟赋》二篇而已。然谊所上政事书,先儒称其通达国体,以为终汉之世,其言皆见施用;又其所论贮积与铸钱诸事,皆大有关于政理,是何可以不传?班固取入《汉书》传中,最是。或者太史公未及整齐汉事,故但取其似屈原者附入耳。"(《四友斋丛说》)

梁玉绳曰:"贾、屈同传,以渡江一赋耳;不载《陈政事疏》,与《董仲舒传》不载《贤良策对》同,几等贾、董于马卿(司马相如)矣。舍经济而登辞赋,得毋失去取之义乎?"(《史记志疑》)

班固曰:"刘向称贾谊言三代与秦治乱之意,其论甚美,通达国体，虽古之伊、管未能过也。使时见用，功化必盛，为庸臣所害，甚可悼痛。追观孝文玄默躬行，以移风俗，谊之所陈，略施行矣。及欲改定制度，以汉为土德，色上黄，数用五，及欲试属国，施‘五饵’‘三表’以系单于，其术固以疏矣。谊亦天年早终，虽不至公卿，未为不遇也。”（《汉书·贾谊传》）

苏轼曰：“非才之难，所以自用者实难。惜乎，贾生王者之佐，而不能自用其才也。夫君子之所取者远，则必有所待；所就者大，则必有所忍。……若贾生者，非汉文之不能用生，生之不能用汉文也。夫绛侯亲握天子玺而授之文帝，灌婴连兵数十万，以决刘吕之雌雄，又皆高帝之旧将，此其君臣相得之分，岂特父子骨肉手足哉？贾生，洛阳之少年，欲使其一朝之间，尽去其旧而谋其新，亦以难矣。为贾生者，上得其君，下得其大臣，如绛、灌之属，优游浸渍而深交之，使天子不疑，大臣不忌，然后举天下而唯吾之所欲为，不过十年，可以得志，安有立谈之间而遽为人痛哭哉！观其过湘，为赋以吊屈原，纡郁愤闷，趯然有远举之志；其后以自伤哭泣，至于夭绝，是亦不善处穷者也。夫谋之一不见用，则安知终不复用也？不知默默以待其变，而自残至此，呜呼，贾生志大而量小，才有余而识不足也。”（《贾谊论》）

鲁迅曰：“晁贾性行，其初盖颇同，一从伏生传《尚书》，一从张苍受《左氏》。错请削诸侯地，且更定法令；谊亦欲改正朔，易服色，又同被功臣贵幸所谮毁。为文皆疏直激切，尽所欲言。司马迁亦云‘贾生、晁错明申商’。惟谊尤有文采，而沉实则稍逊，如其《治安策》《过秦论》，与晁错之《贤良对策》《言兵事疏》《守边劝农疏》，皆为西汉鸿文，沾溉后世，其泽甚远。然以二人之论匈奴者相较，则可见贾生之言乃颇疏阔，不能与晁错之深识为伦比矣。”（《汉文学史纲要》）

李景星曰：“通篇多用虚笔，以抑郁难遏之气，写怀才不遇之感，岂独屈、贾两人合传，直作屈、贾、司马三人合传读可也。中

‘自屈原沉汨罗后百余年，汉有贾生，为长沙王太傅，过湘水，投书以吊屈原。’此数句是一篇关键，亦是两人合传本旨，得此而通篇局势如生，铁铸成矣。”(《四史评议》)

吕不韦列传第二十五

吕不韦者，阳翟大贾[①]人也，往来贩贱卖贵，家累千金。

秦昭王四十年，太子死。其四十二年，以其次子安国君为太子。安国君有子二十余人。安国君有所甚爱姬，立以为正夫人，号曰华阳夫人。华阳夫人无子。安国君中男名子楚，子楚母曰夏姬，毋爱。[②]子楚为秦质子于赵。秦数攻赵，赵不甚礼子楚。

子楚，秦诸庶孽孙，质于诸侯，车乘进用不饶，居处困，[③]不得意。吕不韦贾邯郸，见而怜之，曰“此奇货可居”。乃往见子楚，说曰：“吾能大子之门。”子楚笑曰：“且自大君之门[④]，而乃大吾门！”吕不韦曰：“子不知也，吾门待子门而大。”子楚心知所谓，乃引与坐，深语。吕不韦曰：“秦王老矣，安国君得为太子。窃闻安国君爱幸华阳夫人，华阳夫人无子，能立適嗣[⑤]者独华阳夫人耳。今子兄弟二十余人，子又居中，不甚见幸，久质诸侯。即大王薨，安国君立为王，则子无幾得与长子及诸子旦暮在前者争为太子矣[⑥]。”子楚曰：“然。为之奈何？”吕不韦曰：“子贫，客于此，非有以奉献于亲及结宾客也。不韦虽贫，请以千金为子西游，事安国君及华阳夫人，立子为適嗣。”子楚乃顿首曰：“必如君策，请得分秦国与君共之。”

吕不韦乃以五百金与子楚，为进用，结宾客；而复以五百金买奇物玩好，自奉而西游秦，求见华阳夫人姊，而皆以其物献华阳夫人。因言子楚贤智，结诸侯宾客遍天下，常曰："楚也以夫人为天，日夜泣思太子及夫人。"夫人大喜。不韦因使其姊说夫人曰："吾闻之，以色事人者，色衰而爱弛。今夫人事太子，甚爱而无子，不以此时蚤自结于诸子中贤孝者，举立以为適而子之[⑦]，夫在则重尊，夫百岁之后，所子者为王，终不失势，此所谓一言而万世之利也。不以繁华时树本，即色衰爱弛后，虽欲开一语，尚可得乎？今子楚贤，而自知中男也，次不得为適[⑧]，其母又不得幸，自附夫人。夫人诚以此时拔以为適，夫人则竟世有宠于秦矣。"华阳夫人以为然，承太子间，从容言子楚质于赵者绝贤，来往者皆称誉之。乃因涕泣曰："妾幸得充后宫，不幸无子，愿得子楚立以为適嗣，以托妾身。"安国君许之，乃与夫人刻玉符，约以为適嗣[⑨]。安国君及夫人因厚馈遗子楚，而请吕不韦傅之，子楚以此名誉益盛于诸侯。

吕不韦取邯郸诸姬绝好善舞者与居，知有身[⑩]。子楚从不韦饮，见而说之，因起为寿，请之[⑪]。吕不韦怒[⑫]，念业已破家为子楚，欲以钓奇，乃遂献其姬。姬自匿有身，至大期[⑬]时，生子政。子楚遂立姬为夫人。

秦昭王五十年，使王齮围邯郸，急，赵欲杀子楚。子楚与吕不韦谋，行金六百斤予守者吏，得脱，亡赴秦军，遂以得归。赵欲杀子楚妻子，子楚夫人，赵豪家女也[⑭]，得匿，以故母子竟得活。秦昭王五十六年薨，太子安国君立为王，华阳夫人为王后，子楚为太子。赵亦奉子楚夫人及子政归秦。

秦王立一年，薨，谥为孝文王。太子子楚代立，是为庄襄王。庄襄王所母[⑮]华阳后为华阳太后，真母夏姬尊以为夏太后。庄襄王元年，以吕不韦为丞相，封为文信侯，食河南雒阳十万户。

（以上为第一段，写吕不韦以商业手段，拥立子楚为秦王，自己亦获执秦政。）

①阳翟(dí)大贾——阳翟：春秋为郑栎邑，战国属韩，改名阳翟，即今河南禹州。②中男——也称“中子”，长子与幼子中间的若干弟兄的统称。子楚——即日后之庄襄王。毋爱——不受安国君宠爱。③车乘进用不饶——进用：即今所谓生活日用。不饶：不富裕。居处困——平常的生活颇为困难。居处：指日常生活。④大君之门——光大你的门楣。意即使你的地位权势得到提高、扩大。⑤能立適嗣——能确立嫡系接班人。適：通“嫡”。⑥即——若。无幾——没有希望。幾：通“冀”，希望。⑦举立以为適而子之——子之：养以为自己之子。王骏图曰：“举为嫡而以为己子，不以为己子，则举为嫡无益也。”⑧次不得为適——按次序轮不上他做继承人。⑨约以为適嗣——中井积德曰：“时昭王在焉，故太子不能显定计议，立名号，故阴刻符为约耳。”⑩有身——怀孕。⑪请之——这里指讨要此人。⑫吕不韦怒——按：此佯怒。⑬大期——满期。盖谓此姬十月而生子，而其归子楚乃不足十月。郭嵩焘曰：“此与《春申君传》楚幽王为春申子同一传疑之辞，当时亦恶秦、楚之王，知其所幸姬入自吕不韦及为春申所献，因以讥刺之，不必果有其事也。”⑭子楚夫人，赵豪家女也——按：前云“邯郸诸姬”，此又云“赵豪家女”，史文自相矛盾。⑮所母——所认以为母者。

庄襄王即位三年，薨，太子政立为王，尊吕不韦为相国，号称“仲父”。①秦王年少，太后时时窃私通吕不韦。不韦家僮万人。

当是时，魏有信陵君，楚有春申君，赵有平原君，齐有孟尝君，皆下士喜宾客以相倾②。吕不韦以秦之强，羞不如，亦招致士，厚遇之，至食客三千人。是时诸侯多辩士，如荀卿之徒，著书布天下。吕不韦乃使其客人人著所闻，集论以为八览、六论、十二纪，二十余万言。以为备天地万物古今之事，号曰《吕氏春秋》。布咸阳市门，悬千金其上，延诸侯游士宾客有能增损一字者予千金。

（以上为第二段，写吕不韦之权势、名声盛极一时。）

①太子政立为王——时年十三岁。　仲父——犹言"亚父"，仅次于父。　②皆下士喜宾客以相倾——相倾：即争胜负、争高低，以天平做比喻，使形势倒向自己。

始皇帝益壮[①]，太后淫不止。吕不韦恐觉祸及己，乃私求大阴人嫪毐[②]以为舍人。时纵倡乐，使毐以其阴关桐轮而行，令太后闻之，以啖太后。[③]太后闻，果欲私得之。吕不韦乃进嫪毐，诈令人以腐罪[④]告之。不韦又阴谓太后曰："可事诈腐，则得给事中。[⑤]"太后乃阴厚赐主腐者吏，诈论之，拔其须眉为宦者，[⑥]遂得侍太后。太后私与通，绝爱之，有身。太后恐人知之，诈卜当避时，徙宫居雍。[⑦]嫪毐常从，赏赐甚厚，事皆决于嫪毐[⑧]。嫪毐家僮数千人，诸客求宦为嫪毐舍人[⑨]千余人。

始皇七年，庄襄王母夏太后薨。孝文王后曰华阳太后，与孝文王会葬寿陵。夏太后子庄襄王葬芷阳，故夏太后独别葬杜东，[⑩]曰："东望吾子，西望吾夫。后百年，旁当有万家邑。[⑪]"

始皇九年，有告嫪毐实非宦者，常与太后私乱，生子二人，皆匿之。与太后谋曰："王即薨，以子为后。"于是秦王下吏治[⑫]，具得情实，事连相国吕不韦。九月，夷嫪毐三族，杀太后所生两子，而遂迁太后于雍。诸嫪毐舍人皆没其家而迁之蜀。王欲诛相国，为其奉先王功大，及宾客辩士为游说者众[⑬]，王不忍致法。

秦王十年十月，免相国吕不韦。及齐人茅焦说秦王[⑭]，秦王乃迎太后于雍，归复咸阳，而出文信侯就国河南[⑮]。

岁余，诸侯宾客使者相望于道，请文信侯。[⑯]秦王恐其为变，乃赐文信侯书曰："君何功于秦，秦封君河南，食十万户？君何亲于秦，号称仲父？其与家属徙处蜀！"吕不韦自度稍侵，恐诛，乃饮鸩而死。[⑰]秦王所加怒吕不韦、嫪毐皆已死，乃皆复归嫪毐舍人迁蜀者。

始皇十九年，太后薨，谥为帝太后，与庄襄王会葬茝阳[18]。

（以上为第三段，写吕不韦玩火终于自焚。）

①益壮——年龄越来越大。 ②大阴人嫪毐（lào ǎi）——大阴：大生殖器。嫪毐：人名。 ③时纵倡乐（yuè）——不时地表演各种歌舞、杂技节目。 以其阴关桐轮而行——让嫪毐用其生殖器挑着一个小桐木轮子行走。关：穿，这里指挑。 啖（dàn）——吃，喂。这里指引诱。 ④腐罪——该受宫刑的罪。 ⑤诈腐——假装着处以宫刑。 给事中——服务于宫廷之内。给事：听候使唤。后来"给事中"遂成为官名。 ⑥诈论之——假装着将其进行了处置。论：判处，执行。 须眉——复词偏义。这里指"须"。 ⑦避时——当时有所谓"避时日"的说法。即人在某段时间里要躲藏起来，以规避某种灾难的降临。 雍——秦县名，县治在今陕西宝鸡凤翔区南，当地有秦朝的离宫。 ⑧事皆决于嫪毐——秦王政年少，事多决于太后，而嫪毐在太后身边，故遂决于嫪毐。 ⑨求宦为嫪毐舍人——请求给嫪毐充当舍人。求宦：请求为官任职，犹今之所谓"谋差事"。 ⑩芷阳——秦县名，县治在今陕西西安东北。 杜东——杜县城东，杜县的县治在今陕西西安东南。 ⑪东望吾子，西望吾夫——夏太后墓所在的杜县位置偏南，秦文王墓与庄襄王墓全都偏北。比较之下，文王墓偏东，庄襄王墓偏西，今夏太后的所谓"东望吾子，西望吾夫"，位置刚好相反，疑史文有误。 后百年，旁当有万家邑——这是风水家们的迷信说法。 ⑫下吏治——将嫪毐交由法吏拷问。 ⑬为游说者众——为吕不韦讲情的人多。 ⑭齐人茅焦说秦王——按：《秦始皇本纪》谓茅焦谏秦王曰："秦方以天下为事，而大王有迁母太后之名，恐诸侯闻之由此倍秦也。" ⑮出文信侯就国河南——令吕不韦离开咸阳，到其洛阳的封地上去。就国：离开都城，到自己的封地去。 ⑯诸侯宾客使者——谓来自其他各国的宾客与使者。 请文信侯——请吕不韦到他们的国家去。或谓"请"指拜见。 ⑰自度——自己估计。 稍侵——指惩治的程度越来越加码。稍：渐。侵：凌辱。 乃饮鸩（zhèn）而死——鸩：传说中的一种毒鸟。据说用其羽毛蘸过的酒，人喝了无不立死。通常即用以代指毒酒。 ⑱会葬茝（chén）阳——茝阳：同前"芷阳"。指庄襄王墓。

太史公曰：不韦及嫪毐贵，封号文信侯[①]。人之告嫪毐，毐闻之。秦王验左右，未发。[②]上之雍郊，嫪毐恐祸起，乃与党谋，矫太后玺发卒以反蕲年宫。[③]发吏攻毐，毐败，亡走，追斩之好畤，[④]遂灭其宗。而吕不韦由此绌矣[⑤]。孔子之所谓"闻"者[⑥]，其吕子乎？

（以上为第四段，是作者的论赞，补叙了嫪毐作乱的过程，并嘲弄了吕不韦的一生行径。）

①不韦及嫪毐贵，封号文信侯——按：二句语意不清，疑有错讹。崔适以为当作"嫪毐以不韦贵，封号长信侯"。 ②验左右——向太后、嫪毐身边的人员调查取证。 未发——未公开声张。 ③上之雍郊——秦王到雍县去祭天。郊：古代帝王祭天的一种礼仪。详见《封禅书》。 矫太后玺——盗盖太后的印玺，以太后的名义发布命令。 蕲(qí)年宫——在雍县城西，当时秦王政临时住在这里。 ④发吏攻毐——"发"上应有主语，乃秦王，此不宜省。 好畤(zhì)——秦县名，县治在今陕西乾县东。因其县内有祭祀上帝的"好畤"(祭台)，故而以之名县。按：此赞中所补叙之嫪毐作乱之情节与前面传文所叙略有不同，而《秦始皇本纪》所叙较此详细，时为秦王政九年(前238)。⑤吕不韦由此绌矣——吕不韦的权势下降就是由此开始的。绌：通"黜"，废免，垮台。 ⑥孔子之所谓"闻"者——只有虚名，而没有实际才德的"名人"。《论语·颜渊》："夫闻也者，色取仁而行违，居之不疑，在邦必闻，在家必闻。"

［**简评**］ 本文记述了吕不韦从一个投机商人涉足政治，到执掌秦国政权的历史，作品在塑造这个以唯利是图为特征的政客上，是极有特色的。他辅助子楚，是因为"奇货可居"，想做一本万利的生意；他献出宠姬，是为借以钓得秦国的江山；他豢养门客编撰《吕氏春秋》，并以一字千金之赏寻求能为之修改的人，是为了沽名钓誉。最后因为嫪毐之乱被牵涉赐死，结束了他作为商人的一生。这种可悲的下场，又与春申君黄歇大体相同，作

品的行文颇具讽刺意味。司马迁的态度与感情倾向是明显的。但吕不韦进怀孕之姬与公孙异人的事情，不见于《战国策》，且又与《春申君列传》所叙的事情雷同，故梁玉绳、郭嵩焘、钱穆、马非百等都认为是出于时人的附会。且吕不韦自庄襄王元年为秦相，至始皇九年免职，前后为秦相十二年，而这段时间正是秦对东方诸国大举进攻，并逐步实现吞并的时代，而本文作为一个秦国宰相的列传，竟只字未提吕不韦对于秦国的政治有何建树，这就未免过于偏狭，过于失之公正了。马非百《秦集史》曰："吕不韦之入秦，关系于秦之统一者实深且巨，策立之谋姑勿论，仅以人材一项言之，史称'不韦食客三千人'，今观其所著《吕氏春秋》，包括儒家、墨家、法家、农家、兵家、阴阳家、道家、名家各派言论，集当代种种专门学者于一门，已在无形中取得今日所谓'智囊团'者之用。况不韦乃东方大贾，其食客三千之中自亦必有不少富有之人。知识、金钱兼而有之，故能从事多方面之建设，秦代统一事业之得以完成，吕不韦之功实不在商鞅、张仪、范雎、李斯诸人之下也。司马迁云：'结子楚亲，使诸侯之士斐然争入事秦。'真扼要之论哉！"

［**集评**］《太史公自序》："结子楚亲，使诸侯之士斐然争入事秦，作《吕不韦列传》第二十五。"

司马贞曰："《战国策》以不韦为濮阳人，又记其事迹亦多与此传不同。班固虽云'太史公采《战国策》'，然为此传当别有所闻见，故不全依彼说。或者刘向定《战国策》时，以己异闻改易彼书，遂令不与史迁记合也。"(《史记索隐》)

吴见思曰："写吕不韦阴谋，始而贾国，终而贾祸，一篇权术狙诈，写来如见。史公写闺房事，往往大雅。独嫪毐、太后事，及其不堪，使人不欲卒读。盖太后老淫，纵恣不堪，不能为之讳也。说华阳夫人处、华阳夫人涕泣请立子楚处，俱作两层写，极得当

时情事。”(《史记论文》)

罗大经曰:“巨贾吕不韦见秦子异人质于赵,曰‘此奇货可居’,遂不吝千金,为之经营于秦,异人卒有秦国,而不韦为相,此事固不足道,而其以予为取,则亦商贾之权也。汉高帝捐四万金与陈平,不问其出入;裂数千里地封韩、彭,无爱惜心,遂能灭项有天下。……东坡曰:‘天下之事成于大度,而败于寒陋之小人。”(《鹤林玉露》)

牛运震曰:“吕不韦者,阳翟大贾人也,开端‘大贾人’三字,一篇之纲。不韦一生,全是贾贩作用:篇中点其见子楚而曰‘奇货可居’,以千金为子楚西游,又云‘念业已破家为子楚,欲以钓奇’;又‘行金六百斤予守者吏’;又‘悬《吕氏春秋》咸阳市门,延诸侯客有能增损一字者予千金’,孰非以利啖天下哉?阴钓人国,显盗圣言,真大贾人矣。太史公处处点逗,眼目分明,意思贯穿,亦奇传也。”(《史记评注》)

李景星曰:“吕不韦是千古第一奸商,尊莫尊于帝王,而帝王被其所贩卖;荣莫荣于著作,而著作被其贩卖。幸而以鸩死结局,使人知始而贾国,继而贾名者,其终也归于贾祸,不然几令善路梗塞矣。通篇以‘大贾人’三字为骨,以下曰‘贩卖’,曰‘累千金’,曰‘奇货可居’,曰‘以千金为子西游’,曰‘以五百金与子楚’,曰‘以五百金买奇物玩好’,曰‘欲以钓奇’,曰‘行金六百斤’,曰‘市门悬千金’,皆以商贾字样为行文点染。传末及赞,附叙嫪毐独详,见嫪毐亦不韦箧中‘奇货’也。赞末又曰:‘孔子之所谓闻者,其吕子乎?’一篇极不堪情事,而以‘闻’字结之,史公之意若曰‘充不韦之类而至其尽,即孔子之所谓闻人者亦是也。’呜乎,其警世之意深矣。”(《四史评议》)

郭沫若曰:“吕不韦在中国历史上应该是一位有数的大政治家,但他在生前不幸被迫害而自杀;在他死后又为一些莫须有的事迹所掩盖,他的存在的影子已经十分稀薄,而且呈现着一个相当歪曲的轮廓。……秦始皇不仅不是吕不韦的儿子,而且毫无疑问地还是他的一个强有力的反对者。秦始皇和吕不韦的斗争,一般的人把他太看轻了,似乎认为的确是为了介绍嫪毐……其实关于嫪毐的故事,我相信也一定有很大的歪曲。”“读《吕氏春秋》,你可以发现它的每一篇每一节差不多都和秦国的政治传统相反对,尤其和秦始皇后来的政见与作风作正面的冲突。吕不韦可以说是秦始皇的死对头,秦始皇要除掉他是理所当然,而亦势所必然。”(《十批判书》)

刺客列传第二十六

曹沫[1]者，鲁人也，以勇力事鲁庄公。庄公好力[2]。曹沫为鲁将，与齐战，三败北。鲁庄公惧，乃献遂邑之地以和[3]。犹复以为将。

齐桓公许与鲁会于柯而盟[4]。桓公与庄公既盟于坛上，曹沫执匕首劫齐桓公。桓公左右莫敢动，而问曰："子将何欲?"曹沫曰："齐强鲁弱，而大国侵鲁亦甚矣。今鲁城坏，即压齐境，君其图之!"桓公乃许尽归鲁之侵地。既已言，曹沫投其匕首，下坛，北面就群臣之位，颜色不变，辞令如故。

桓公怒，欲倍[5]其约。管仲曰："不可。夫贪小利以自快，弃信于诸侯，失天下之援，不如与之。"于是桓公乃遂割鲁侵地，曹沫三战所亡地，尽复予鲁。

其后百六十有七年，而吴有专诸之事。

（以上为第一段，写鲁曹沫劫齐桓公，迫其归还侵地的故事。）

①曹沫——也作曹刿，春秋时期鲁国人。曾佐助鲁庄公打败齐国军队，事见《左传·庄公十年》。　②好力——好勇，好斗。　③乃献遂邑之地以和——遂邑：古国名，在今山东肥城市南，被齐所灭。此处史公误以为鲁邑。　④盟——盟誓定约。　⑤倍——通"背"。

专诸者,吴堂邑[①]人也。伍子胥之亡楚而如吴也,知专诸之能。伍子胥既见吴王僚,说以伐楚之利。吴公子光曰:“彼伍员父兄皆死于楚,而员言伐楚,欲自为报私仇也,非能为吴。”吴王乃止。

伍子胥知公子光之欲杀吴王僚,乃曰[②]:“彼光将有内志[③],未可说以外事。”乃进专诸于公子光。

光之父曰吴王诸樊。诸樊弟三人:次曰余祭,次曰夷昧,次曰季子札。诸樊知季子札贤而不立太子,以次传三弟,欲卒致国于季子札。诸樊既死,传余祭。余祭死,传夷昧。夷昧死,当传季子札;季子札逃不肯立。吴人乃立夷昧之子僚为王。公子光曰:“使以兄弟次邪,季子当立;必以子乎,则光真適嗣,当立。”故尝[④]阴养谋臣以求立。

光既得专诸,善客待之。九年而楚平王死。春,吴王僚欲因楚丧,使其二弟公子盖余、属庸将兵围楚之灊[⑤];使延陵季子[⑥]于晋,以观诸侯之变[⑦]。楚发兵绝吴将盖余、属庸路,吴兵不得还。于是公子光谓专诸曰:“此时不可失,不求何获!且光真王嗣,当立季子虽来,不吾废也。”专诸曰:“王僚可杀也!母老子弱,而两弟将兵伐楚,楚绝其后。方今吴外困于楚,而内空无骨鲠之臣,是无如我何。”公子光顿首曰:“光之身,子之身也[⑧]。”

四月丙子,光伏甲士于窟室[⑨]中,而具酒请王僚。王僚使兵陈自宫至光之家,门户阶陛左右,皆王僚之亲戚[⑩]也。夹立侍,皆持长铍[⑪]。酒既酣,公子光详[⑫]为足疾,入窟室中,使专诸置匕首鱼炙之腹中而进之。既至王前,专诸擘[⑬]鱼,因以匕首刺王僚,王僚立死。左右亦杀专诸。王人[⑭]扰乱,公子光出其伏甲以攻王僚之徒,尽灭之。遂自立为王,是为阖庐。阖庐乃封专诸之子以为上卿。

其后七十余年,而晋有豫让之事。

(以上为第二段,写专诸为吴公子光刺杀吴王僚的故事。)

①堂邑——在今江苏南京六合区北。 ②乃曰——犹言“自思忖曰”。 ③内志——指欲在国内夺取王位。 ④尝——曾经。 ⑤灊(qián)——古邑名,在今安徽霍山东北。 ⑥延陵季子——即季子札,因其封地在延陵(今江苏常州),故云。 ⑦变——变化,反应。⑧光之身,子之身也——意谓你的家庭后事一概由我负责,我可以代替你。 ⑨窟室——地下室。一曰,窟室犹言“空屋”。 ⑩亲戚——亲信,亲近者。中井积德曰:“《左传》云:‘门阶户席,皆王亲也。’王亲者,谓亲信之人也,不必戚属。史迁添一‘戚’字,害文意不小。《吴世家》作‘门阶户席,皆王僚之亲也’。无戚字。” ⑪铍(pī)——两边都有锋刃的刀。 ⑫详——通“佯”,假装。 ⑬擘(bò)——剖,撕开。⑭王人——王僚的侍从亲近等。

豫让者,晋人也。故尝事范氏及中行氏,[①]而无所知名。去而事智伯[②],智伯甚尊宠之。及智伯伐赵襄子[③],赵襄子与韩、魏合谋灭智伯,灭智伯之后而三分其地。赵襄子最怨智伯,漆其头以为饮器。豫让遁逃山中,曰:“嗟乎!士为知己者死,女为说己者容。今智伯知我,我必为报仇而死。以报智伯,则吾魂魄不愧矣[④]!”乃变名姓为刑人[⑤],入宫涂厕[⑥],中挟匕首,欲以刺襄子。襄子如厕,心动,执问涂厕之刑人,则豫让,内持刀兵,曰:“欲为智伯报仇。”左右欲诛之。襄子曰:“彼义人也,吾谨避之耳。且智伯亡无后,而其臣欲为报仇,此天下之贤人也。”卒醳去之。

居顷之,豫让又漆身为厉,吞炭为哑[⑦],使形状不可知。行乞于市,其妻不识也。行见其友,其友识之,曰:“汝非豫让邪?”曰:“我是也。”其友为泣曰:“以子之才,委质而臣事襄子,襄子必近幸[⑧]子。近幸子,乃为所欲,顾不易邪?何乃残身苦形,欲以求报襄子[⑨],不亦难乎!”豫让曰:“既已委质臣事人,而求杀之,是怀二心以事其君也。且吾所为者极难耳!然所以为此者,将以愧天下后世之为人臣怀二心以事其君者也。”

既去,顷之,襄子当出,豫让伏于所当过之桥下。襄子至桥,马惊。襄子曰:“此必是豫让也。”使人问之,果豫让也。于是襄子乃数豫让曰:“子不尝事范、中行氏乎?智伯尽灭之,而子不为报仇,而反委质臣于智伯。智伯亦已死矣,而子独何以为之报仇之深也?”豫让曰:“臣事范、中行氏,范、中行氏皆众人遇我[10],我故众人报之;至于智伯,国士遇我[11],我故国士报之。”襄子喟然叹息而泣曰:“嗟乎豫子!子之为智伯,名既成矣,而寡人赦子亦已足矣。子其自为计,寡人不复释子。”使兵围之。

豫让曰:“臣闻明主不掩人之美,而忠臣有死名之义。前君已宽赦臣,天下莫不称君之贤。今日之事,臣固伏诛,然愿请君之衣而击之,焉[12]以致报仇之意,则虽死不恨。非所敢望也,敢布腹心[13]。”于是襄子大义之,乃使使持衣与豫让。豫让拔剑三跃而击之,曰:“吾可以下报智伯矣!”遂伏剑自杀。死之日,赵国志士闻之,皆为涕泣。

其后四十余年,而轵有聂政之事。

(以上为第三段,写豫让为报答智伯的知遇之恩,而千方百计谋刺赵襄子的故事。)

①范氏——指范吉射,晋文公臣士会的后代。士会被封于范,故遂以范为其家族之姓。　中行(háng)氏——指荀寅,荀林父的后代。荀林父曾将中行(晋国新军的中军元帅),故其家族遂以中行为姓。春秋末期,晋国诸侯的权力下落,国家政事被智、赵、韩、魏、范、中行六家大臣所把持,史称此事为六卿专晋政。　②智伯——指荀瑶,荀首的后代。荀首与荀林父是兄弟,荀林父的后代称中行氏,荀首的后代称智氏。智氏在晋国六卿中势力最大。　③赵襄子——名毋邮,晋文公臣赵衰(cuī)的后代。　④“以报智伯”二句——意谓当我给智伯报仇之后,那时死了,魂魄也就没有什么可惭愧的了。以:通“已”。　⑤刑人——被判刑服役的人。　⑥入宫涂厕——到赵襄子的宫中去抹厕所的墙。涂:以泥抹墙。　⑦“豫让又漆身为厉(lài)”二句——以漆涂身,使之如患癞病者,吞炭伤喉,使声音变嘶哑。厉:古通“癞”,麻风病。　⑧近幸——亲近宠爱。　⑨欲以求报襄子——按:此处语气不

顺,“欲以”上应增“若此”二字。 ⑩众人遇我——像对待一般人那样来对待我。 ⑪国士遇我——像对待国士那样来对待我。国士:一国之中的杰出人物。 ⑫焉——因之。 ⑬布腹心——讲出心里的话。

聂政者,轵深井里[1]人也。杀人避仇,与母、姊如齐,以屠为事。

久之,濮阳严仲子事韩哀侯,[2]与韩相侠累有郤[3]。严仲子恐诛,亡去,游[4]求人可以报侠累者。至齐,齐人或言聂政勇敢士也,避仇隐于屠者之间。严仲子至门请,数反[5],然后具酒自觞[6]聂政母前。酒酣,严仲子奉黄金百溢,前为聂政母寿。聂政惊怪其厚,固谢[7]严仲子。严仲子固进,而聂政谢曰:“臣幸有老母,家贫,客游以为狗屠,可以旦夕得甘毳[8]以养亲。亲供养备,不敢当仲子之赐。”

严仲子辟[9]人,因为聂政言曰:“臣有仇,而行游诸侯众矣[10];然至齐,窃闻足下义甚高。故进百金者,将用为大人粗粝之费,[11]得以交足下之欢,岂敢以有求望邪。”聂政曰:“臣所以降志辱身居市井屠者,徒幸以[12]养老母;老母在,政身未敢以许人也。”严仲子固让,聂政竟不肯受也。然严仲子卒备宾主之礼而去。

久之,聂政母死。既已葬,除服[13],聂政曰:“嗟乎!政乃市井之人,鼓刀以屠;而严仲子乃诸侯之卿相也,不远千里,枉车骑[14]而交臣。臣之所以待之,至浅鲜矣,未有大功可以称者[15]。而严仲子奉百金为亲寿,我虽不受,然是者徒深知政也[16]。夫贤者以感忿睚眦之意,而亲信穷僻之人,而政独安得嘿然而已乎[17]?且前日要[18]政,政徒以老母;老母今以天年终,政将为知己者用。”

乃遂西至濮阳,见严仲子曰:“前日所以不许仲子者,徒以亲在;今不幸而母以天年终。仲子所欲报仇者为谁?请得从事[19]焉!”严仲子具告曰:“臣之仇,韩相侠累,侠累又韩君之季父也。宗族盛多,居处兵卫甚设[20]。臣欲使人刺之,众终莫能就[21]。今足下幸而不弃，请益其车骑壮士可为足下辅翼者。”聂政曰：“韩之与卫，相去中间不甚远，今杀人之相，相又国君之亲，此其势不可以多人，多人不能无生得失[22]，生得失则语泄，语泄是韩举国而与仲子为仇，岂不殆哉！”遂谢车骑人徒。

聂政乃辞，独行杖剑至韩。韩相侠累方坐府上，持兵戟而卫侍者甚众。聂政直入上阶，刺杀侠累。左右大乱。聂政大呼，所击杀者数十人。因自皮面[23]决眼，自屠出肠，遂以死。

韩取聂政尸暴于市，购问，莫知谁子。于是韩县购[24]之，有能言杀相侠累者予千金。久之，莫知也。政姊荣[25]闻人有刺杀韩相者，贼不得，国不知其名姓，暴其尸而县之千金，乃於邑[26]曰：“其是吾弟欤？嗟乎，严仲子知吾弟！”立起如韩之市，而死者果政也。伏尸，哭极哀，曰：“是轵深井里所谓聂政者也。”

市行者诸众人皆曰：“此人暴虐[27]吾国相，王县购其名姓千金，夫人不闻欤？何敢来识之也？”荣应之曰：“闻之。然政所以蒙污辱自弃于市贩之间者，为老母幸无恙，妾未嫁也。亲既以天年下世，妾已嫁夫，严仲子乃察举吾弟困污之中而交之。泽厚矣，可奈何[28]！士固为知己者死，今乃以妾尚在之故，重自刑以绝从[29]。妾其奈何畏殁身之诛，终灭贤弟之名！”大惊韩市人。乃大呼天者三，卒於邑悲哀而死政之旁。

晋、楚、齐、卫闻之，皆曰：“非独政能也，乃其姊亦烈女也。乡使政诚知其姊无濡忍[30]之志，不重暴骸之难，[31]必绝险千里[32]以列其名，姊弟俱僇于韩市者，亦未必敢以身许严仲子也。严仲子亦可谓知人能得士矣！”

其后二百二十余年，秦有荆轲之事。

（以上为第四段，写聂政为严仲子刺杀韩相侠累的故事。）

①轵（zhǐ）深井里——魏邑名，在今河南济源东南。 ②濮阳——卫都，在今河南濮阳西南。 严仲子——名遂，韩国大臣。 韩哀侯——应作韩烈侯，名取，公元前399—前387年在位。《六国年表》

《韩世家》皆系聂政刺侠累事于烈侯三年，此云“严仲子事韩哀侯”，误也。③与韩相侠累有卻——侠累：名傀，《战国策》称之曰韩傀。卻：通“隙”，嫌隙。所谓“有卻”事，《战国策·韩策》云：“韩傀相韩，严遂重于君，二人相害也。严遂举韩傀之过，韩傀叱之于朝，严遂拔剑趋之，以救解。”此其怨隙之由来。④游——四处周游。⑤数反——多次前来。因聂政不想见。⑥自觞——亲自敬酒。觞：原作“畅”，此据《战国策》改。⑦谢——推辞不受。⑧甘毳（cuì）——香甜肥美的食品。毳：通“脆”。⑨辟——通“避”。⑩行游诸侯众矣——意谓我曾到各个国家找过许多人，但总没有遇到合适的。⑪大人——长辈，此称聂政之母。粗粝（lì）——粗糙的米粱。粝：粗米。粗粝在这里是谦辞，指饮食生活。⑫幸以——犹言“以此”。所以言“幸”，是表示对母亲的敬爱，以养母为幸事。⑬除服——丧服期满，三年过后。⑭枉车骑——犹言“屈尊”。枉：委屈。⑮“臣之所以待之”三句——意谓我对待人家是最浅薄的啦，没有什么大的功劳可以和人家待我的恩情相比。鲜：稀少。称：相称，相比。⑯然是者徒深知政也——但从这件事情看来人家就是特别赏识我。徒：独，特别。郭嵩焘曰：“《战国策》云：‘我义不受，然是深知政也。’‘者徒’二字，恐亦传写者误入。”⑰“夫贤者以感忿睚眦（yá zì）之意”三句——意谓严仲子为某种个人仇恨所愤激，想找一个能替他报仇的人，结果竟把我这样一个低贱的屠夫视为亲信，难道我还能够默不作声地了事吗？感忿：愤慨，愤疾。睚眦之意：因被瞪了一眼而结下的仇恨。极言其起因之小。⑱要——通“邀”。⑲从事——办理这件事情，解决这个问题。⑳甚设——犹言“甚盛”，指防卫严密。㉑众终莫能就——“众”字衍文，应削。㉒生得失——发生失误。得失：偏义复词，即指失。和今俗话所说“万一有个好歹”，“有个三长两短”，实际只指“歹”“短”相同。㉓皮面——破面。皮：通“披”。㉔县购——谓悬金以购求之。县：同“悬”。㉕荣——有的地方写作“荌”。㉖於邑——犹“呜咽”，低声哭泣。㉗暴虐——指残害。㉘泽厚矣，可奈何——意谓严仲子对我弟弟的恩情太深了，我弟还能怎么样呢？㉙绝从——避免让亲属受连累获罪。从：从坐，因受牵连被治罪。又，从：通

"踪"。"绝踪",谓断绝跟踪追查的线索。 ㉚濡忍——容忍,忍耐。濡:浸润。引申为含忍。 ㉛不重——不惜,不顾。 暴骸——指被杀。 ㉜绝险千里——犹言"千里跋涉"。绝险:渡越险难崎岖。

荆轲者,卫人也。其先乃齐人,徙于卫,卫人谓之庆卿[①]。而之燕,燕人谓之荆卿[②]。

荆卿好读书击剑,以术说卫元君,卫元君不用。其后秦伐魏,置东郡,徙卫元君之支属于野王[③]。荆轲尝游过榆次[④],与盖聂论[⑤]剑,盖聂怒而目之。荆轲出,人或言复召荆卿。盖聂曰:"曩者吾与论剑有不称[⑥]者,吾目之。试往,是宜去,不敢留。"使使往之主人[⑦],荆卿则已驾而去榆次矣。使者还报,盖聂曰:"固去也,吾曩者目摄之[⑧]。"

荆轲游于邯郸,鲁句践与荆轲博[⑨],争道[⑩],鲁句践怒而叱之,荆轲嘿而逃去[⑪],遂不复会。

荆轲既至燕,爱燕之狗屠及善击筑[⑫]者高渐离。荆轲嗜酒,日与狗屠及高渐离饮于燕市。酒酣以往,高渐离击筑,荆轲和而歌于市中,相乐也。已而相泣,旁若无人者。荆轲虽游于酒人乎,然其为人沈深好书[⑬],其所游诸侯,尽与其贤豪长者相结。其之燕,燕之处士田光先生亦善待之,知其非庸人也。

居顷之,会燕太子丹质秦亡归燕。燕太子丹者,故尝质于赵,而秦王政生于赵,其少时与丹欢。及政立为秦王,而丹质于秦,秦王之遇燕太子丹不善,故丹怨而亡归。归而求为报秦王者,国小,力不能。其后秦日出兵山东,以伐齐、楚、三晋,稍蚕食诸侯,且至于燕。燕君臣皆恐祸之至。太子丹患之,问其傅鞠武。武对曰:"秦地遍天下,威胁韩、魏、赵氏。北有甘泉、谷口之固,[⑭]南有泾、渭之沃,擅巴、汉之饶,[⑮]右陇、蜀之山,左关、崤之险,民众而士厉[⑯],兵革有余。意有所出[⑰],则长城之南,易水之北[⑱],未有所定[⑲]也。奈何以见陵之怨,欲批其逆鳞哉[⑳]!"丹曰:

"然则何由?"对曰:"请入图之[21]。"

居有间[22],秦将樊於期得罪于秦王[23],亡之燕。太子受而舍之。鞠武谏曰:"不可。夫以秦王之暴,而积怒于燕,足为寒心,又况闻樊将军之所在乎?是谓'委肉当饿虎之蹊'[24]也,祸必不振[25]矣!虽有管、晏,不能为之谋也。愿太子疾遣樊将军入匈奴以灭口[26],请西约三晋,南连齐、楚,北购于单于[27],其后乃可图也[28]。"太子曰:"太傅之计,旷日弥久,心惛然,恐不能须臾[29]。且非独于此也,夫樊将军穷困于天下,归身于丹,丹终不以迫于强秦而弃所哀怜之交,置之匈奴。是固丹命卒之时也,愿太傅更虑之。"

鞠武曰:"夫行危欲求安,造祸而求福,计浅而怨深,连结一人之后交[30],不顾国家之大害,此所谓资怨而助祸矣。夫以鸿毛燎于炉炭之上,必无事矣。且以雕鸷之秦,行怨暴之怒,岂足道哉[31]!燕有田光先生,其为人智深而勇沈,可与谋。"太子曰:"愿因太傅而得交于田先生,可乎?"鞠武曰:"敬诺。"

出见田先生,道:"太子愿图国事于先生也。"田光曰:"敬奉教。"乃造[32]焉。太子逢迎[33],却行为导[34],跪而蔽席[35]。田光坐定,左右无人,太子避席[36]而请曰:"燕、秦不两立,愿先生留意也。"田光曰:"臣闻骐骥盛壮之时,一日而驰千里;至其衰老,驽马先之。今太子闻光盛壮之时,不知臣精已消亡矣。虽然,光不敢以图国事,所善荆卿可使也。"太子曰:"愿因先生得结交于荆卿,可乎?"田光曰:"敬诺。"即起,趋出。太子送至门,戒曰:"丹所报,先生所言者,国之大事也,愿先生勿泄也!"田光俛而笑曰[37]:"诺。"

偻行[38]见荆卿,曰:"光与子相善,燕国莫不知。今太子闻光壮盛之时,不知吾形已不逮[39]也,幸而教之曰:'燕秦不两立,愿先生留意也。'光窃不自外,言足下于太子也。愿足下过太子于宫。"荆轲曰:"谨奉教。"田光曰:"吾闻之:'长者为行,不使人疑之。'今太子告光曰:'所言者,国之大事也,愿先生勿泄。'是太子疑光也。夫为行而使人疑之,非节侠也。"欲自杀以激荆卿曰:"愿足下急过太子,言光已死,明不言也。"因遂自刎而死。

荆轲遂见太子,言田光已死,致光之言。太子再拜而跪,膝行流涕。有顷而后言曰:"丹所以诫田先生毋言者,欲以成大事之谋也。今田先生以死明不言,岂丹之心哉!"荆轲坐定,太子避席顿首曰:"田先生不知丹之不肖,使得至前,敢有所道,此天之所以哀燕而不弃其孤也[40]。今秦有贪利之心,而欲不可足也。非尽天下之地,臣海内之王者,其意不厌[41]。今秦已虏韩王,尽纳其地。又举兵南伐楚,北临赵。王翦将数十万之众距漳、邺。[42]而李信出太原、云中,[43]赵不能支秦,必入臣。入臣,则祸至燕。燕小弱,数困于兵,今计举国不足以当秦。诸侯服秦,莫敢合从。丹之私计,愚以为诚得天下之勇士使于秦,窥以重利[44],秦王贪,其势必得所愿矣。诚得劫秦王,使悉反诸侯侵地,若曹沫之与齐桓公,则大善矣;则不可[45],因而刺杀之。彼秦大将擅兵[46]于外,而内有乱,则君臣相疑,以其间诸侯得合从,其破秦必矣。此丹之上愿,而不知所委命[47],唯荆卿留意焉!"

久之,荆轲曰:"此国之大事也,臣驽下,恐不足任使。"太子前,顿首,固请毋让,然后许诺。于是尊荆卿为上卿,舍上舍。太子日造门下,供太牢具,异物间进,车骑美女恣荆轲所欲[48],以顺适其意。

久之,荆轲未有行意。秦将王翦破赵,虏赵王,尽收入其地。进兵北略地,至燕南界。太子丹恐惧,乃请荆轲曰:"秦兵旦暮渡易水,则虽欲长侍足下,岂可得哉!"荆轲曰:"微太子言,臣愿谒之[49]。今行而毋信,则秦[50]未可亲也。夫樊将军,秦王购之金千斤,邑万家。诚得樊将军首与燕督亢[51]之地图,奉献秦王,秦王必说见臣,臣乃得有以报[52]。"太子曰:"樊将军穷困来归丹,丹不忍以己之私而伤长者之意,愿足下更虑之。"

荆轲知太子不忍,乃遂私见樊於期,曰:"秦之遇将军可谓深矣，[53]父母宗族皆为戮没[54]。今闻购将军首金千斤，邑万家，将奈何？”於期仰天太息流涕，曰：“於期每念之，常痛于骨髓，顾计不知所出耳！”荆轲曰：“今有一言可以解燕国之患，报将军之仇者，何如？”於期乃前曰：“为之奈何？”荆轲曰：“愿得将军之首，以献秦王，秦王必喜而见臣，臣左手把其袖，右手揕其匈，[55]然则将军之仇报，而燕见陵之愧除矣。将军岂有意乎？”樊於期偏袒搤捥[56]而进曰：“此臣之日夜切齿腐心也[57]，乃今得闻教！”遂自刭。

太子闻之，驰往，伏尸而哭，极哀。既已不可奈何，乃遂盛樊於期首函封之。于是太子豫求天下之利匕首，得赵人徐夫人匕首，取之百金。使工以药淬之，以试人，血濡缕，人无不立死者[58]。乃装为遣荆卿[59]。燕国有勇士秦舞阳，年十三杀人，人不敢忤视[60]。乃令秦舞阳为副。

荆轲有所待，欲与俱。其人居远未来，而为治行[61]。顷之，未发，太子迟之，疑其改悔，乃复请曰：“日已尽矣，荆卿岂有意哉？丹请得先遣秦舞阳。”荆轲怒，叱太子曰：“何太子之遣！往而不返者，竖子也[62]。且提一匕首入不测之强秦[63]，仆所以留者，待吾客与俱。今太子迟之，请辞决矣！”遂发。

太子及宾客知其事者，皆白衣冠以送之。至易水之上，既祖，取道，[64]高渐离击筑，荆轲和而歌，为变徵之声[65]，士皆垂泪涕泣。又前而为歌曰：“风萧萧兮易水寒，壮士一去兮不复还！”复为羽声[66]慷慨，士皆瞋目，发尽上指冠。于是荆轲就车而去，终已不顾。

遂至秦，持千金之资币物，厚遗秦王宠臣中庶子[67]蒙嘉。嘉为先言于秦王，曰：“燕王诚振怖大王之威，不敢举兵以逆[68]军吏，愿举国为内臣，比诸侯之列[69]，给贡职如郡县，而得奉守先王之宗庙[70]。恐惧不敢自陈，谨斩樊於期之头，及献燕督亢之地图，函封，燕王拜送于庭，使使以闻大王。唯大王命之。”

秦王闻之，大喜。乃朝服，设九宾，见燕使者咸阳宫。荆轲奉樊於期头函，而秦舞阳奉地图匣，以次进。至陛，秦舞阳色变振恐，群臣怪之。荆轲顾笑舞阳，前谢曰："北蕃蛮夷之鄙人[71]，未尝见天子，故振慑[72]。愿大王少假借之，使得毕使于前[73]。"秦王谓轲曰："取舞阳所持地图。"轲既取图奏之。秦王发图，图穷而匕首见。因左手把秦王之袖，而右手持匕首揕之。未至身，秦王惊，自引而起，袖绝。拔剑，剑长[74]，操其室。时惶急，剑坚，故不可立拔。荆轲逐秦王，秦王环柱而走。群臣皆愕，卒起不意，尽失其度[75]。而秦法，群臣侍殿上者，不得持尺寸之兵；诸郎中[76]执兵，皆陈殿下，非有诏召，不得上。方急时，不及召下兵，以故荆轲乃逐秦王。而卒惶急，无以击轲，而以手共搏之。是时，侍医夏无且以其所奉药囊提[77]荆轲也。

秦王方环柱走，卒惶急，不知所为，左右乃曰："王负剑[78]！"负剑，遂拔，以击荆轲，断其左股。荆轲废[79]，乃引其匕首以擿秦王，不中，中铜柱。秦王复击轲，轲被八创。轲自知事不就，倚柱而笑，箕踞[80]以骂曰："事所以不成者，以欲生劫之，必得约契以报太子也。"于是左右既前杀轲[81]。秦王不怡者良久。已而论功赏群臣及当坐者各有差[82]，而赐夏无且黄金二百溢，曰："无且爱我，乃以药囊提荆轲也。"

于是秦王大怒，益发兵诣赵，诏王翦军以伐燕。十月而拔蓟城[83]。燕王喜、太子丹等尽率其精兵，东保[84]于辽东。秦将李信追击燕王急，代王嘉[85]乃遗燕王喜书曰："秦所以尤追燕急者，以太子丹故也。今王诚杀丹献之秦王，秦王必解，而社稷幸得血食[86]。"其后李信追丹，丹匿衍水[87]中，燕王乃使使斩太子丹，欲献之秦。秦复进兵攻之。后五年，秦卒灭燕，虏燕王喜。

其明年，秦并天下，立号为皇帝。于是秦逐太子丹、荆轲之客，皆亡。[88]

高渐离变名姓，为人庸保[89]，匿作于宋子[90]。久之，作苦[91]，闻其家堂上客击筑，傍徨不能去。每出言曰："彼有善有不善。"从者以告其主，曰：“彼庸乃知音，窃言是非。”家丈人召使前击筑，一坐称善，赐酒。而高渐离念久隐畏约无穷时[92]，乃退，出其装匣中筑与其善衣，更容貌而前。举坐客皆惊，下与抗礼[93]，以为上客。使击筑而歌，客无不流涕而去者。宋子传客之[94]，闻于秦始皇。秦始皇召见。人有识者，乃曰：“高渐离也。”秦皇帝惜其善击筑，重赦之，乃矐其目[95]，使击筑，未尝不称善。稍益近之。高渐离乃以铅置筑中，复进得近，举筑扑秦皇帝[96]，不中。于是遂诛高渐离，终身不复近诸侯之人[97]。

鲁句践已闻荆轲之刺秦王，私曰：“嗟乎，惜哉！其不讲于刺剑之术也！甚矣，吾不知人也！曩者吾叱之，彼乃以我为非人也！”[98]

（以上为第五段，写荆轲为燕太子丹谋刺秦王的故事。）

①庆卿——庆为齐国大族，或荆轲祖出庆氏，或卫人以齐国大姓漫称之，皆不能详知。卿：古代对男人的美称。　②荆卿——《索隐》谓其“至卫而改姓荆”。按：称之为“荆卿”者，乃燕人也，非卫人也。《索隐》说似无理。楚国亦称荆国，居燕之南。荆轲曾居卫，卫虽非楚，亦在燕之南。呼之曰“荆卿”者，疑与后世北方人之呼南人为“蛮子”者同。　③徙卫元君之支属于野王——按：此句应作“徙卫元君及其支属于野王”。野王：邑名，原属韩，后为秦所取。即今河南沁阳。史文之所以著此事，一为说明卫元君不用荆轲之术的后果，一为说明荆轲离卫他游的原因。　④榆次——战国时赵邑，即今之山西晋中榆次区。⑤论——讲论，也有“比试”的意思。　⑥不称——不合适、不合格。按：史公著此语，为后面刺秦不成做伏笔。　⑦主人——房东，店家。　⑧目摄之——瞪眼吓唬他。摄：通“慑”(shè)，吓唬。　⑨博——类似下棋的一种游戏。《论语·阳货》：“不有博弈者乎？”《论语注疏》：“博，《说文》作簙，局戏也，六箸十二棋也……围棋谓之奕。”⑩道——棋盘上的格。　⑪嘿而逃去——嘿：同“默”。赵恒曰：“目之而去，叱之而逃去，此可见深沉也。”茅坤曰：“太史公摹写荆轲怯处，与蔺相如、韩信同。”　⑫筑——《索隐》曰：“似琴有弦，用竹击之，取以为

名。” ⑬“荆轲虽游于酒人乎”二句——此“乎”字非疑问语气词，在这里只起提顿作用。 ⑭甘泉——山名，在今陕西淳化西北。 谷口——泾水出山的山口，在今陕西泾阳西北。 ⑮巴——古国名，后为秦灭。其地约当今重庆一带。 汉——指汉中。在今陕西西南部汉中一带。 ⑯厉——磨炼，训练。这里指勇敢、有锐气。 ⑰意有所出——犹言“心思一动”。 ⑱长城之南，易水之北——即指燕国全境。 ⑲未有所定——未有定所，没有一点安稳的地方。 ⑳“奈何以见陵之怨”二句——见陵之怨：指“秦王遇太子丹不善”事。批：反掌击。逆鳞：倒生的鳞片。《韩非子·说难》：“夫龙之为虫也，柔可狎而骑也。然其喉下有逆鳞径尺，若人有婴（触动）之者，则必杀人。”后世遂常以“批逆鳞”代指触帝王之怒。 ㉑请入图之——请让我进一步地考虑考虑。入：深入，进一步。 ㉒居有间（jiàn）——过了一段时间。间：空隙。 ㉓樊於（wū）期得罪于秦王——樊於期究竟如何得罪秦王。事不详。 ㉔委肉当饿虎之蹊——把肉扔在饿虎要过的通道上。当：对着。蹊：小径。 ㉕不振——没法拯救。振：拯救。 ㉖灭口——消除秦国进攻我们的借口。 ㉗北购于单于（chán yú）——犹言“北与匈奴人联合”。购：通“媾”，讲和，建立联盟关系。单于：匈奴君长的称号。 ㉘其后乃可图也——按：鞠武之言貌似有理，其实是自欺欺人的空话。几十年前东方六国尚强时，苏秦倡合纵尚不能抵抗秦国的远交近攻，更何况现时六国已经如残灯摇曳之时哉？ ㉙恐不能须臾——恐怕不会再坚持多久。意即自己要死了。能：通“耐”，忍耐，坚持。须臾：片刻。 ㉚一人之后交——新交的一个朋友。指樊於期。

㉛岂足道哉——（其祸之大）还用得着说吗？ ㉜造——到。这里指造门，登门。 ㉝逢迎——即指迎。逢：迎也。 ㉞却行为导——主人倒退着走，在前面引导着客人。秦汉时有这种礼节。 ㉟蔽席——拂拭坐席。 ㊱避席——离开自己的座席，表示恭敬。 ㊲俯而笑曰：“诺”——俯：低头。按：“俯而笑”三字表现田光心理，自刎之心此时业已下定。 ㊳偻（lóu）行——弯腰而行，见其龙钟老态。 ㊴不逮——不顶用，达不到。指力不从心。 ㊵天之所以哀燕而不弃其孤也——大意为这是老天爷可怜我们燕国，而不想抛弃我们。孤：太子丹自称。

《索隐》曰:“无父称孤,时燕王尚在,而丹称孤者,或记者失辞。”按:《范雎蔡泽列传》云:“秦昭王曰:‘寡人得受命于先生,是天所以幸先王而不弃其孤也。’”词气正与此同,故《索隐》谓此处乃记事者之用语失当。

㊶厌——通“餍”,饱,满足。 ㊷王翦——秦国名将。事迹见《白起王翦列传》。 距——抵达。 漳、邺——漳水、邺城。当时为赵国的南境。漳水流经今河北省与河南省的交界处。邺城旧址在今河北临漳西南。 ㊸李信——秦国将领。 云中——郡名,郡治在今内蒙古托克托东北。太原、云中原皆属赵,此时久已属秦。以上二句言王翦、李信正率秦兵三路伐赵。 ㊹窥以重利——犹言“以重利诱之”。窥:此处犹言“示”(使之可窥也)、诱。 ㊺则不可——倘若不行。则:假若。

㊻擅兵——掌握兵权。擅:专断。 ㊼不知所委命——不知把这件事托付给谁。这里指刺秦事。 ㊽供太牢具,异物间进,车骑美女恣荆轲所欲——太牢具:牛、羊、猪三者皆具的筵席。牛、羊、豕各一头叫一太牢,是古代祭祀或待客的最重礼品。间进:隔不多长时间送一次。

㊾“微太子言”二句——意谓即使太子您不说,我也早想告诉您了。微:没有。谒:请见,禀告。 ㊿秦——此处指秦王。 (51)督亢——约当今之河北涿州市东,跨涿州、高碑店,固安等市县界。为当时燕国的富庶地带。 (52)乃得有以报——才能有报效您(指刺秦王)的机会。

(53)遇——对待。 深——残酷。 (54)戮没——杀尽。一说,戮,指罪重的被杀。没,指罪轻的没入官府为奴。疑前说是。 (55)揕(zhèn)——刺。 匈——同“胸”。 (56)偏袒扼捥——脱下一只袖子,露出半边肩臂;这只手握住另只手的腕子。当时人们发誓言、表决心时常常做出这种样子。 (57)此臣之日夜切齿腐心也——意谓我之所以日夜切齿捶胸,就是因为想不出这么一个好办法。腐:应作“拊”,拍,捶。

(58)“血濡缕”二句——《集解》曰:“人血出,足以沾濡丝缕,便立死也。” (59)乃装为遣荆卿——装:指装好匕首。一说,指为荆轲收拾行装。疑前说是。 (60)忤(wǔ)视——以不顺从的眼光相看。忤:逆。

(61)为治行——指荆轲替他所等的人收拾行装。 (62)往而不返者,竖子也——荆轲之意乃是要劫秦王,迫其订立盟约归还六国失地,而后全胜而归;并不是要去和秦王同归于尽,一去不返,故有此云。竖子:犹言

“小子”“奴才”，骂人语。 ㊸且提一匕首入不测之强秦——按：此句语气不完整，下面应有“此中应虑及之事尚多”等类似字样，而后再接“仆所以留者”云云，意思始能贯通。 ㊹祖——祭路神。古人出远门时常有这种仪式。师古曰：“祖者，送行之祭，因设宴饮焉。”于是后世亦称为人饯别的酒宴曰“祖饯”“祖宴”。 取道——上路。 ㊺变徵(zhǐ)之声——古代乐律分宫、商、角、变徵、徵、羽、变宫七调，此调韵味苍凉，悲惋凄清。 ㊻羽声——中国古代五声音阶中的第五个音级，此调韵味激昂慷慨。 ㊼中庶子——太子的官属，秩六百石，主管宫中及诸吏嫡子庶子的支系谱籍。 ㊽逆——迎。此处指迎击，抵抗。 ㊾比诸侯之列——像你们国家之内的一个小诸侯那样。比：相当，等于。 ㊿奉守先王之宗庙——意即不要把他的国家政权最后消灭。因为国家一灭，宗庙社稷也就荡然无存了。 ⑦北蕃蛮夷之鄙人——犹言“北边属国的像蛮夷一样的野人”。蕃：通“藩”，篱笆。诸侯国对天子自称“藩国”。 ⑦振慑(shè)——震恐。慑：惧也。 ⑦“愿大王少假借之”二句——意谓希望大王能稍稍宽容他一下，让他完成这次出使的任务。少：稍，略。假借：通融，宽容。 ⑦剑长——战国之剑有长至四五尺者，故仓促之间难以立拔。 ⑦尽失其度——犹言“都乱了套”。度：常法，常态。 ⑦郎中——皇帝的侍从人员。 ⑦提——掷击。 ⑦负剑——背剑。指把剑推到背后再拔。 ⑦废——瘫倒。 ⑧箕踞——伸着两腿，像是簸箕口似的坐着。这是一种对人不礼貌的姿势。 ⑧左右既前杀轲——按：“轲”下应有“及秦舞阳”四字，否则，秦舞阳失交代。 ⑧论功赏群臣及当坐者各有差——按：“当坐”上应增一“罚”字。 ⑧蓟城——即今北京，当时为燕国国都。 ⑧保——据守。 ⑧代王嘉——即赵公子嘉，悼襄王的嫡长子。后因悼襄王爱其少子迁，因而公子嘉被废。赵王迁在位八年，被秦将王翦所虏，赵国遂灭。此后，公子嘉北逃至代，又被赵国残余势力立为代王。代王嘉在位六年(前227—前222)，被秦所灭。 ⑧社稷幸得血食——犹言“国家或许能够得到保存”。血食：指能享受祭祀，因为祭祀要用牛、羊、豕三牲。按：代王嘉此语悖谬之极。其所以发此语者，是因为惧怕秦灭燕后，移兵灭代。 ⑧衍水——即今之太子河，在今辽宁辽阳附近。因太子丹曾匿于此而得名。 ⑱逐——追捕。 亡——逃匿。 ⑲庸保——即后世之所谓"仆佣""伙计"。 ⑳宋子——地名,在今河北赵县东北。 ㉑作苦——劳作得很累。 ㉒久隐畏约无穷时——意谓长久地这样躲藏畏惧下去,何时是了呢? ㉓抗礼——平等地以礼相见。 ㉔传客之——依次地轮流着请他去做客。 ㉕"重赦之"二句——不能轻易地免了他,于是便弄瞎了他的眼睛。重:难于,不能轻易。矐(huò):熏瞎,使失明。 ㉖举筑扑秦皇帝——扑:猛击。 ㉗诸侯之人——指东方六国的人。 ㉘"鲁句践已闻荆轲之刺秦王"数句——按:开头与荆轲论剑,以其"不称""怒而目之"者,非鲁句践,乃盖聂。此处言鲁句践,似史公行文之误。

太史公曰:世言荆轲,其称太子丹之命,"天雨粟,马生角"也,太过[1]。又言荆轲伤秦王,皆非也。始公孙季功、董生与夏无且游,[2]具知其事,为余道之如是。自曹沫至荆轲五人,此其义[3]或成或不成,然其立意较然,不欺其志[4]。名垂后世,岂妄也哉!

(以上为第六段,是作者的论赞,补充交代了荆轲故事的来源和自己所以要为刺客立传的原因。)

①"世言荆轲"四句——意谓社会上流传的荆轲的故事中,当说到太子丹的命运时,说他曾经感动得"天雨粟、马生角",这种说法太过分了。《索隐》云:"燕丹求归,秦王曰:'乌头白,马生角,乃许耳。'丹乃仰天叹,乌头即白,马亦生角。" ②公孙季功——仅此一见,其人事迹不详。 董生——即董仲舒,武帝时的著名儒生,著有《春秋繁露》。司马迁曾经向他学过《公羊春秋》。 ③义——义举。指刺杀活动。 ④立意较然,不欺其志——出发点明确,决不违背自己的良心。较:明也。欺:欺骗,违背。

[**简评**] 本篇所写五人,以曹沫、荆轲二人的意义为大,而荆轲之事尤为精彩。他的活动远远超出了专诸、豫让、聂政等人的那种完全出自个人恩怨的"借友报仇",而具有了一种见义勇

为,急人之难,反侵略,反强暴的政治意义。一个国家面临山穷水尽、灭亡在即之时,一群勇士不肯甘心为虏,起而做最后的抗争,尽管不能挽救危局,其气节是感人的,是可歌可泣的。当然,以今天观点来看,秦统一六国在历史上有进步意义,但我们也不能由此引出结论说,当时被吞并的国家就不该再进行任何抵抗,而应该自甘亡国。文章也写得有感情,有气势,其艺术结构完全像一篇文言小说。

[**集评**] 《太史公自序》:"曹子匕首,鲁获其田,齐明其信。豫让义不为二心,作《刺客列传》第二十六。"

梁玉绳曰:"《史通·人物篇》称曹子为'命世大才,挺生杰出';《困学纪闻》七谓其'问战,谏观社,蔼然儒者之言',而目为勇士,列于刺客之首,何其卑视曹子也?"(《史记志疑》)

王安石曰:"曹沫将而亡人之城,又劫天下盟主,管仲因勿倍以示信一时,可也。予独怪智伯国士豫让,岂顾不用其策耶?让诚国士也,曾不能逆策三晋,救智伯之亡,一死区区,尚足校哉!其亦不欺其意者也。聂政售于严仲子,荆轲豢于燕太子丹,此两人者,污隐困约之时,自贵其身,不妄愿知,亦曰有待焉!彼挟道德以待世者何如哉!"(《书刺客传后》)

鲍彪曰:"政之始终于其亲,孝矣;其临财也,义矣。……独以谓人之居世,不可不知人,亦不可妄为人知也。遂唯知政,故得行其志,惜乎!遂偏褊狷细人耳。政不幸谬为所知,故死于是。使其受知于明主与贤相,则其所成就岂不有万万于此者乎!哀哉!"(《战国策校注》)

吴师道曰:"'父母遗体,不敢毁伤',以不义而灭其身,得为'孝'乎?非有夙昔之遇,如智伯之于豫让;非有累世之恩,如韩之于子房,以欲报仇之故,厚己而使为不义,得为'知己'乎?鲍陈说区区,陋矣。"(《战国策校注》)

郭嵩焘曰："史公之传刺客，为荆卿也，而深惜其事不成。其文迷离开阖，寄意无穷。……荆卿胸中尽有抱负，尽有感发，与游侠者不同。……又杂出盖聂、鲁句践、田光先生、高渐离，备极一时之奇士，又有屠狗者一人。而终惜荆卿之不知剑术，借鲁句践之言以发之，……又写得鲁句践分外出奇，为传末波澜。"(《史记札记》)

陶渊明曰："燕丹善养士，志在报强嬴。招集百夫长，岁暮得荆卿。君子死知己，提剑出燕京。素骥鸣广陌，慷慨送我行。雄发指危冠，猛气冲长缨。饮饯易水上，四座列群英。渐离击悲筑，宋意唱高声。萧萧哀风逝，淡淡寒波生。商音更流涕，羽奏壮士惊。必知去不归，且有后世名。……惜哉剑术疏，奇功遂不成。其人虽已没，千载有余情。"(《咏荆轲》)

牛运震曰："荆轲逐秦王一段，本可整齐叙之，偏用极历乱之笔；亦本可简约叙之，偏用极详细之笔。盖不历乱则情景之仓皇扰乱不见，不详细则事迹之节次曲折不出，节次曲折出，则情景之仓遽见矣。极详细处正其极历乱处，极历乱处正其极整齐处也。此中摹画叙次，有绝大神通，太史公出力写来，后人当悉意求之。"(《史记评注》)

吴见思曰："刺客是天壤间第一种激烈人，《刺客传》是《史记》中第一种激烈文字，故至今浅读之而须眉四照，深读之则刻骨十分，史公遇一种题，便成一种文字，所以独雄千古。"

又曰："此文逐段脱卸，如鳞之次，如羽之压，故论事则一人胜一人，论文则一节更深一节。曹沫有桓公包容，故身名俱全；不然则不成死，成亦死。夫以性命赠人，决非孟浪之事，故写豫让、聂政、荆轲，其感恩知己之际，再四踌躇，不得已而后应，否则，非愚则狂，一莽男子耳。史公于此，不知费几许心思，幸勿轻易读过。世之论人者，绝未曾设身处地，便轻易立言，不知读书心不可不细，尤不可不虚。如世尝言荆轲行刺反促燕亡，而不知此日之燕已具必亡之势。故史公预先序明燕、秦不两立之势，于鞠武言之，鞠武再言之，太子自言之，荆轲未行之前又提明之，盖万万计无复之，而后出行刺一著耳，岂得已哉！篇中已明，吾愿天下读书人虚心细心，取古人之文，再三以读之也。”（《史记论文》）

马非百曰：“太史公言‘始公孙季功、董生与夏无且游，具知其事，为余道之如是’，此盖谓世言‘天雨粟，马生角及荆轲伤秦王’皆无其事耳；若荆轲刺秦王经过，则《战国策》述之甚详，《史记》不过转载而已，非夏无且所道也。至荆轲提一匕首入不测之强秦，身被八创，而尚倚柱大笑，事虽不成，立意较然，盖亦人杰矣哉！”（《秦集史》）

司马贞曰：“论赞称‘公孙季功、董生为余道之’，则此传虽约《战国策》，而亦别记异文。”（《史记索隐》）

方苞曰：“《荆轲传》乃史公所自作，编《国策》者取焉，而芟其首尾，盖以轲居闾巷间事不可入《国策》。高渐离扑秦皇，在秦并六国后故也。”（《归方评点史记合笔》）

李慈铭曰：“《史》叙荆卿事较《国策》为详，卿与渐离皆具本末。其论曰：‘始公孙季功、董生与夏无且游，具知其事，为余道之如是。’则《史记》此传非取之《国策》……是《战国策》一书本杂掇而成，疑《燕策》此篇即取之《史记》而芟其首尾，以《国策》之体非纪一人之事，故删去荆卿始事，而径以‘燕太子丹质于秦亡归’句起耳。《史记索隐》谓此传‘虽约《战国策》而亦别记异闻’非也。”（《越缦堂读书记》）

缪文远曰：“此章为叙事体，与《策》文不类；且荆轲刺秦王事之委曲，乃太史公得之公孙季功、董生所口道，是此章盖自《史记·刺客列传》抄入。”（《战国策新校注》）

杨宽曰：“《汉书·艺文志》著录有《荆轲论》五篇，注云：‘轲为燕刺秦王，不成而死，司马相如论。’可知荆轲刺秦王之事，盛传于秦、汉之际，汉初文学家司马相如尝为专论五篇。《燕策三》及《刺客列传》所载荆轲之事迹，当有所本。司马迁谓‘公孙季功、董生与夏无且游，具知其事’，当指荆轲于殿上刺秦王时，所经历亲见之惊险过程。司马迁据以描写，因而《刺客列传》所述，极为生动而细致，并特意叙述夏无且掷药囊而得赏之事。《燕策三》第五章所载燕太子丹使荆轲刺秦王之事，当采自纵横家之原有记载，《刺客列传》则采自《策》文而略有增饰，如鞠武对答太子丹之言。惟有末段所叙殿上行刺经过，则依据公孙季功等所述夏无且所说。今本《战国策》所以与《刺客列传》全相同者，盖后人又据《史记》以增补《战国策》。”（《战国史料编年辑证》）

李景星曰：“《刺客传》共载五人：一曹沫、二专诸、三豫让、四聂政、五荆轲。此五人者，在天地间别具一种激烈性情，故太史公汇归一处，别成一激烈文字。文用阶级法，一步高一步，刺君、刺相，至于刺不可一世之王者，刺客之能事尽矣。是以篇中叙次，于最后荆轲一传独加详焉。其操纵得手处，尤在每传之末用钩连之笔，曰：‘其后百六十有七年，而吴有专诸之事’；‘其后七十余年，而晋有豫让之事’；‘其后四十余年，而轵有聂政之事’；‘其后二百二十余年，秦有荆轲之事’。上下钩绾，气势贯注，遂使一篇数千言大文，直如一笔写出。此例自史公创之，虽后来迭经袭用，几成熟调，而兰亭原本，终不为损，盖其精气有不可磨灭者在也。”（《四史评议》）

李斯列传第二十七

李斯者，楚上蔡[1]人也。年少时，为郡小吏，见吏舍厕中鼠食不洁，近人犬，数惊恐之。斯入仓，观仓中鼠，食积粟，居大庑[2]之下，不见人犬之忧。于是李斯乃叹曰："人之贤不肖譬如鼠矣，在所自处耳！"

乃从荀卿学帝王之术。[3]学已成，度楚王不足事，而六国皆弱，无可为建功者，欲西入秦。辞于荀卿曰："斯闻得时无怠[4]，今万乘方争时，[5]游者主事[6]。今秦王欲吞天下，称帝而治，此布衣驰骛之时，[7]而游说者之秋也。处卑贱之位而计不为[8]者，此禽鹿视肉[9]，人面而能强行[10]者耳。故诟莫大于卑贱，而悲莫甚于穷困[11]。久处卑贱之位，困苦之地，非世而恶利，自托于无为，此非士之情也[12]。故斯将西说秦王矣。"

至秦，会庄襄王卒，李斯乃求为秦相文信侯吕不韦舍人。不韦贤之，任以为郎[13]。李斯因以得说，说秦王曰："胥人者，去其幾也[14]。成大功者，在因瑕衅而遂忍之[15]。昔者秦穆公之霸，终不东并六国者，何也？诸侯尚众，周德未衰，故五伯迭兴，更尊周室。自秦孝公以来，周室卑微，诸侯相兼，关东为六国，[16]秦之乘胜役诸侯，盖六世矣。今诸侯服秦，譬若郡县。夫以秦之强，大王之贤,由灶上骚除[17],足以灭诸侯,成帝业,为天下一统,此万世之一时也。今怠而不急就,诸侯复强,相聚约从,虽有黄帝之贤,不能并也。"秦王乃拜斯为长史[18],听其计,阴遣谋士赍持金玉以游说诸侯。诸侯名士可下以财者,厚遗结之;不肯者,利剑刺之。离其君臣之计,秦王乃使其良将随其后。秦王拜斯为客卿。

(以上为第一段,写李斯初到秦国。)

①上蔡——战国时楚邑名,在今河南上蔡西南。 ②大庑(wǔ)——即大屋。 ③荀卿——名况,即通常所说的荀子(约前313—前238)。战国末期儒家学派的代表人物,《史记》有传。 帝王之术——五帝三王治理天下的道术,即儒家鼓吹的理想治世学说。④得时无怠——意谓遇到时机就要迅速抓住。盖当时成语。 ⑤万乘——万辆兵车。这里指万乘之国与万乘之君。 争——争雄,争强。⑥游者主事——善于游说的人掌握权柄。 ⑦布衣——平民。这里指游士。 驰骛(wù)——奔走。这里指投奔秦国。 ⑧计不为——打算不干事情。计:虑,打算。 ⑨禽鹿视肉——意谓只能看着眼馋而不能吃到嘴。按:"禽鹿"应作"禽兽"。中井积德曰:"鹿不肉食者,乃以肉食喻,是偶然之失。" ⑩人面而能强行——意谓虽然看起来像人,但其实根本没有人的志气和本领。 ⑪"故诟莫大于卑贱"二句——按:此二语乃李斯一生安身立命的思想根基,其一切活动皆以此为出发点。 ⑫"久处卑贱之位"五句——意谓一个人长期处于卑贱困苦之中,而嘴里还喊什么看不起世俗,讨厌名利,把自己打扮成一种清高绝伦、与世无争的样子,这不是他的真实思想。非世:非议世事。无为:道家标榜的人生哲学,即清心寡欲,与世无争。情:真情,真实思想。 ⑬郎——帝王的侍从人员。 ⑭胥人者,去其幾也——意谓如果总是等待观望着别人,就要失去自己的有利时机。胥:通"须",等待。幾:时机,机会。 ⑮因瑕衅而遂忍之——意谓趁着对方有机可乘,自己就下狠心消灭它。瑕衅:空隙,可乘之机。忍:下狠心。 ⑯关东——函谷关以东。 六国——指燕、齐、楚、韩、赵、魏。 ⑰由灶上骚除——如同打扫一下锅台。极言其不费力气。由:通"犹"。骚除:

扫除。骚:通"扫"。 ⑱长史——官名,设于丞相、大将军等府中,以掌众事。以其为诸史之长,故云。

会韩人郑国来间秦,[①]以作注溉渠[②],已而觉[③]。秦宗室大臣皆言秦王曰:"诸侯人来事秦者,大抵为其主游间于秦耳,请一切逐客。"李斯议亦在逐中[④]。斯乃上书曰:

臣闻吏议逐客,窃以为过矣。昔缪公求士,西取由余于戎,东得百里奚于宛,迎蹇叔于宋,来丕豹、公孙支于晋。[⑤]此五子者,不产于秦,而缪公用之,并国二十,遂霸西戎。孝公用商鞅之法,移风易俗,民以殷盛,国以富强,百姓乐用,诸侯亲服,获楚、魏之师,举地千里,至今治强。惠王用张仪之计,拔三川之地,西并巴、蜀,北收上郡,南取汉中,包九夷,制鄢郢,东据成皋之险,割膏腴之壤,遂散六国之从,使之西面事秦,功施[⑥]到今。昭王得范雎,废穰侯,逐华阳,强公室,杜私门,蚕食诸侯,使秦成帝业。此四君者,皆以客之功。由此观之,客何负于秦哉!向使四君却客而不内,[⑦]疏士而不用,是使国无富利之实而秦无强大之名也。

今陛下致昆山之玉,有随、和之宝,垂明月之珠,服太阿之剑,乘纤离[⑧]之马,建翠凤之旗,树灵鼍之鼓。此数宝者,秦不生一焉,而陛下说之,何也?必秦国之所生然后可,则是夜光之璧不饰朝廷,犀象之器不为玩好,郑、卫之女不充后宫,而骏良駃騠不实外厩,[⑨]江南金锡不为用,西蜀丹青不为采。所以饰后宫充下陈娱心意说耳目者,必出于秦然后可,则是宛珠[⑩]之簪,傅玑之珥[⑪],阿缟[⑫]之衣,锦绣之饰不进于前,而随俗雅化佳冶窈窕赵女不立于侧也。夫击瓮叩缶,弹筝搏髀[⑬],而歌呼呜呜快耳者,真秦之声也;《郑》《卫》《桑间》《昭》《虞》《武》《象》者,[⑭]异国之乐也。今弃击瓮叩缶而就《郑》《卫》,退弹筝而取《昭》《虞》,若是者何也?快意当前，适观而已矣[15]。今取人则不然，不问可否，不论曲直，非秦者去，为客者逐。然则是所重者在乎色乐珠玉，而所轻者在乎人民也。此非所以跨海内制诸侯之术也。

臣闻地广者粟多，国大者人众，兵强则士勇。是以太山不让土壤，故能成其大；河海不择细流，故能就其深；王者不却众庶，故能明其德。是以地无四方[16]，民无异国，四时充美，鬼神降福，此五帝、三王之所以无敌也。今乃弃黔首以资敌国，[17]却宾客以业[18]诸侯，使天下之士退而不敢西向，裹足不入秦，此所谓"藉寇兵而赍盗粮"者也[19]。

夫物不产于秦，可宝者多；士不产于秦，而愿忠者众。今逐客以资敌国，损民以益仇，内自虚而外树怨于诸侯，求国无危，不可得也。

秦王乃除逐客之令，复李斯官，卒用其计谋。官至廷尉[20]。二十余年，竟并天下，尊主为皇帝，以斯为丞相。夷郡县城[21]，销其兵刃，示不复用。使秦无尺土之封，不立子弟为王，功臣为诸侯者[22]，使后无战攻之患。

始皇三十四年，置酒咸阳宫，博士仆射周青臣等[23]颂称始皇威德。齐人淳于越进谏曰："臣闻之，殷周之王千余岁，封子弟功臣自为支辅[24]。今陛下有海内，而子弟为匹夫，卒有田常、六卿之患，[25]臣无辅弼[26]，何以相救哉？事不师古而能长久者，非所闻也。今青臣等又面谀以重陛下过，非忠臣也。"始皇下其议丞相[27]。丞相谬其说，绌其辞，[28]乃上书曰："古者天下散乱，莫能相一，是以诸侯并作，语皆道古以害今，饰虚言以乱实，人善其所私学，以非上所建立。今陛下并有天下，别白黑而定一尊；而私学乃相与非法教之制，闻令下，即各以其私学议之[29]。入则心非，出则巷议，非主[30]以为名，异趣[31]以为高，率群下以造谤。如此不禁，则主势降乎上，党与成乎下。禁之便。臣请诸有文学《诗》《书》百家语者，蠲除去[32]之。令到满三十日弗去，黥为城旦[33]。所不去者，医药卜筮种树之书。若有欲学者,以吏为师。”始皇可其议,收去《诗》《书》百家之语以愚百姓,使天下无以古非今。明法度,定律令,皆以始皇起。同文书[34],治离宫别馆[35],周遍天下。明年,又巡狩,外攘四夷[36],斯皆有力焉。

斯长男由为三川守,诸男皆尚秦公主,女悉嫁秦诸公子。三川守李由告归[37]咸阳,李斯置酒于家,百官长皆前为寿,门廷车骑以千数。李斯喟然而叹曰:“嗟乎!吾闻之荀卿曰‘物禁大盛[38]’。夫斯乃上蔡布衣,闾巷之黔首,上不知其驽下[39],遂擢至此。当今人臣之位无居臣上者,可谓富贵极矣。物极则衰,吾未知所税驾也[40]!”

(以上为第二段,写李斯佐助秦始皇并吞六国,及其在统一国家后所采取的种种政策、措施。)

①郑国——人名,韩国的水工。　间——从事间谍活动。《河渠书》云:“韩闻秦之好兴事,欲罢之,毋令东伐,乃使水工郑国间说秦,令凿泾水自中山西抵瓠口为渠,并北山东注雒三百余里,欲以溉田。”②注溉渠——即日后所称的郑国渠,沟通泾、雒二水,是我国古代有名的水利工程。所谓注溉,指《河渠书》所说的“注雒”与“溉田”而言。③已而觉——《河渠书》云:“(郑国)中作而觉,秦欲杀郑国。郑国曰:‘始臣为间,然渠成亦秦之利也。’秦以为然,卒使就渠……因命曰郑国渠。”　④议亦在逐中——谓经过讨论后也在驱逐之列。　⑤来——亦作“徕”,招纳。　丕豹——晋国大臣丕郑之子,丕郑被晋惠公所杀,丕豹遂奔秦。事见《晋世家》。　公孙支——《正义》曰:“岐州人,游晋,后归秦。”　⑥施(yì)——延续。　⑦却——拒绝。　不内——不收纳。内:“纳”的古字。　⑧纤离——《集解》引徐广曰:“纤离,蒲梢,皆骏马名。”　⑨骏——好马。　駃騠(jué tí)——良马名。　厩(jiù)——马棚,马房。　⑩宛珠——宛地出产的珍珠。宛:古邑名,在今河南南阳。　⑪傅玑之珥——装饰着小珍珠的耳饰。傅:粘贴。玑:不圆的小珠。珥(ěr):妇女的耳饰。　⑫阿缟——齐国东阿出产的白色丝制品。阿:即东阿,齐邑名,在今山东东阿西南。　⑬搏髀(bì)——拍

大腿。 ⑭《郑》《卫》——指郑、卫两国的音乐,以生动活泼,反映男女爱情为其显著特征。 《桑间》——指桑间濮上之音,也是以反映男女爱情为主要特征。 《昭》《虞》——皆相传为舜时的音乐。昭:应作“韶”。 《武》《象》——都是西周武王时的舞曲。 ⑮快意当前,适观而已矣——按:“当前”二字疑衍。或“当前”二字应移至“适观”字下。 ⑯地无四方——意谓不分四方内外,把整个天下都看成自己的国土,对之一视同仁。下句“民无异国”与此句式相同。 ⑰黔首——指黎民百姓。 资——助,供给。 ⑱业——成就,造就。 ⑲藉寇兵而赍(jī)盗粮——意指供给敌寇兵器与粮食,使之来打自己。赍:供给。⑳廷尉——主管司法的最高长官,当时为九卿之一。 ㉑夷郡县城——拆除各郡县的城堡,使其不能据以为乱。夷:平掉,拆除。㉒“不立子弟为王”二句——意谓不封子弟为王,亦不封功臣为诸侯。“不立”二字一直贯到下句。 ㉓博士仆射周青臣等——当时有博士七十余人为秦始皇敬酒称颂,仆射周青臣说秦始皇的功德为“自上古不及”。博士:官名,秦时为皇帝的文学侍从人员,以备参谋顾问。仆射(yè):秦官,皇帝周围的各种侍从人员之首长。侍中、尚书、博士、谒者、郎都有,各从所领之事以为号。周青臣乃博士之长,故号为博士仆射。 ㉔支辅——枝派、辅卫。支:通“枝”,与本干相对而言。㉕卒——后多作“猝”,突然。 田常——也叫田恒、陈恒,春秋末期的齐国大夫,曾杀其君齐简公(名壬,前484—前481年在位),另立傀儡齐平公(名骜),而自专齐政。后田氏遂灭姜氏之齐,而自立为诸侯。 六卿——指范氏、中行氏、智氏、赵氏、魏氏、韩氏六家大夫。自春秋中期以来,此六家大夫世掌晋政,至春秋末,晋君已同傀儡。后六家之间又互相火并,先是赵氏、魏氏、韩氏、智氏逐灭了范氏、中行氏,后赵氏、魏氏、韩氏又灭掉了智氏,最后三家分晋,各自立国为诸侯。 ㉖臣无辅弼(bì)——犹言下无辅弼之臣。弼:辅佐。 ㉗下其议丞相——把这个议论交给丞相裁断。 ㉘谬其说——故意歪曲事实,违背事理地说。 绌其辞——与“谬其说”同义。绌:此处同“曲”。曲解,歪曲。董份认为:“谬”“绌”二字,乃太史公指摘李斯心病处。 ㉙以其私学议之——以他私家学派的观点为准则,来指责时政。 ㉚非主——批评君上。 ㉛异趣——故意标新立异,和时政导向不同。趣:意向,旨趣。 ㉜蠲(juān)除去——三字义同。蠲:除、免。 ㉝黥为城旦——处以黥刑,罚其筑守长城或城墙。黥:古代刑罚之一,在犯人脸上刺字。城旦:昼日伺寇虏,夜暮筑长城。《汉书·惠帝纪》注:"城旦者,旦起行治城。" ㉞同文书——用统一的文字书写。《秦始皇本纪》作"书同文字",义同。书:书写。 ㉟离宫别馆——指京城皇宫以外供皇帝游猎巡幸时住宿的宫馆。据《秦始皇本纪》,当时"关中计宫三百,关外四百余"。 ㊱外攘四夷——指伐匈奴、南越,西北取戎地等。 ㊲告归——告假归家。 ㊳物禁大盛——大:通"太"。 ㊴驽下——谦称自己的拙劣无能。驽:劣等马。 ㊵未知所税驾——谓不知日后是何结局。税驾:《索隐》曰:"犹解驾,言休息也。"

始皇三十七年十月,行出游会稽[①],並海上[②],北抵琅邪。丞相斯、中车府令赵高兼行符玺令事,[③]皆从。始皇有二十余子,长子扶苏以数直谏上,上使监兵上郡,蒙恬为将。少子胡亥爱,请从,上许之。余子莫从。

其年七月,始皇帝至沙丘[④],病甚,令赵高为书赐公子扶苏曰:"以兵属蒙恬,与丧会咸阳而葬。"书已封,未授使者,始皇崩。书及玺皆在赵高所,独子胡亥、丞相李斯、赵高及幸宦者五六人知始皇崩,余群臣皆莫知也。李斯以为上在外崩,无真太子[⑤],故秘之。置始皇居辒辌[⑥]车中,百官奏事、上食如故,宦者辄从辒辌车中可[⑦]诸奏事。

赵高因留所赐扶苏玺书[⑧],而谓公子胡亥曰:"上崩,无诏封王诸子而独赐长子书。长子至,即立为皇帝,而子无尺寸之地,为之奈何?"胡亥曰:"固也。吾闻之,明君知臣,明父知子。父捐命,不封诸子,何可言者[⑨]!"赵高曰:"不然。方今天下之权,存亡在子与高及丞相耳,愿子图之。且夫臣人与见臣于人,制人与见制于人,岂可同日道哉!"胡亥曰:"废兄而立弟,是不义也;不奉父诏而畏死,是不孝也;能薄而材谫[⑩],强因人之功[⑪],是不能[⑫]

也，三者逆德[13]，天下不服，身殆倾危，[14]社稷不血食[15]。"高曰："臣闻汤、武杀其主[16]，天下称义焉，不为不忠。卫君杀其父，而卫国载其德，孔子著之，不为不孝[17]。夫大行不小谨，盛德不辞让[18]，乡曲各有宜而百官不同功[19]。故顾小而忘大，后必有害；狐疑犹豫，后必有悔。断而敢行，鬼神避之，后有成功。愿子遂之[20]！"胡亥喟然叹曰："今大行[21]未发，丧礼未终，岂宜以此事干[22]丞相哉！"赵高曰："时乎时乎，间不及谋[23]！赢粮跃马，唯恐后时[24]！"

胡亥既然高之言，高曰："不与丞相谋，恐事不能成，臣请为子与丞相谋之。"高乃谓丞相斯曰："上崩，赐长子书，与丧会咸阳而立为嗣。书未行，今上崩，未有知者也。所赐长子书及符玺皆在胡亥所[25]，定太子在君侯[26]与高之口耳。事将何如？"斯曰："安得亡国之言！此非人臣所当议也！"高曰："君侯自料能孰与蒙恬？功高孰与蒙恬？谋远不失孰与蒙恬？无怨于天下孰与蒙恬？长子旧而信之[27]孰与蒙恬？"斯曰："此五者皆不及蒙恬，而君责之何深也？"高曰："高固内官之厮役[28]也，幸得以刀笔之文[29]进入秦宫，管事二十余年，未尝见秦免罢丞相功臣有封及二世[30]者也，卒皆以诛亡。皇帝二十余子，皆君之所知。长子刚毅而武勇，信人而奋士[31]，即位必用蒙恬为丞相，君侯终不怀通侯之印归于乡里[32]，明矣。高受诏教习胡亥，使学以法事数年矣，未尝见过失。慈仁笃厚，轻财重士，辩于心而诎于口[33]，尽礼敬士，秦之诸子未有及此者，可以为嗣。君计而定之。"斯曰："君其反位[34]！斯奉主之诏，听天之命，何虑之可定也？"高曰："安可危也，危可安也。安危不定，何以贵圣[35]？"斯曰："斯，上蔡闾巷布衣也，上幸擢为丞相，封为通侯，子孙皆至尊位重禄者，故将以存亡安危属臣也。岂可负哉！夫忠臣不避死而庶几[36]，孝子不勤劳而见危[37]，人臣各守其职而已矣。君其勿复言，将令斯得罪。"高曰："盖闻圣人迁徙[38]无常，就变而从时，见末而知本，观指而睹归[39]。物固有之，安得常法哉！方今天下之权命[40]悬于胡亥，高能得志[41]焉。且夫从外制中[42]谓之惑,从下制上谓之贼[43]。故秋霜降者草花落,水摇动者万物作[44],此必然之效也。君何见之晚?"斯曰:"吾闻晋易太子,三世不安;齐桓兄弟争位,身死为戮;纣杀亲戚,不听谏者,国为丘墟,遂危社稷。三者逆天,宗庙不血食。斯其犹人哉,安足为谋[45]!"高曰:"上下合同,可以长久;中外若一,事无表里[46]。君听臣之计,即长有封侯,世世称孤[47],必有乔松之寿[48],孔、墨之智。今释此而不从,祸及子孙,足以为寒心。善者因祸为福,君何处[49]焉?"斯乃仰天而叹,垂泪太息曰:"嗟乎!独遭乱世,既以不能死,安托命哉[50]!"于是斯乃听高。高乃报胡亥曰:"臣请奉太子之明命以报丞相,丞相斯敢不奉命!"

于是乃相与谋,诈为受始皇诏丞相,立子胡亥为太子[51]。更为书赐长子扶苏曰:"朕巡天下,祷祠名山诸神以延寿命。今扶苏与将军蒙恬将师数十万以屯边,十有余年矣,不能进而前,士卒多秏[52],无尺寸之功,乃反数上书直言诽谤我所为,以不得罢归为太子,日夜怨望。扶苏为人子不孝,其赐剑以自裁!将军恬与扶苏居外,不匡正,宜知其谋。为人臣不忠,其赐死,以兵属裨将[53]王离。"封其书以皇帝玺,遣胡亥客奉书赐扶苏于上郡。

使者至,发书,扶苏泣,入内舍,欲自杀。蒙恬止扶苏曰:"陛下居外,未立太子,使臣将三十万众守边,公子为监,此天下重任也。今一使者来,即自杀,安知其非诈?请复请,复请而后死,未暮[54]也。"使者数趣[55]之。扶苏为人仁,谓蒙恬曰:"父而赐子死,尚安复请!"即自杀。蒙恬不肯死,使者即以属吏[56],系于阳周[57]。

使者还报,胡亥、斯、高大喜。至咸阳,发丧,太子立为二世皇帝。以赵高为郎中令[58],常侍中用事。

(以上为第三段,写李斯因畏祸、固权而与赵高合流杀扶苏立胡亥的经过。)

①会稽——秦郡名,郡治吴县(今江苏苏州)。 ②並海上——沿着海边北上。並:通"傍",沿着。 ③中车府令——官名,为皇帝掌管

车驾。 行——代管，权理。 符玺令——官名，为皇帝掌管印信。 ④沙丘——古地名，在今河北广宗西北，其地有战国时赵国的离宫。 ⑤无真太子——没有正式被确立的太子。 ⑥辒辌（wēn liáng）车——可供人睡卧的车子。《集解》引孟康曰："如衣车，有窗牖，闭之则温，开之则凉，故名之辒辌车也。" ⑦可——应允，同意照办。 ⑧玺书——指盖过皇帝印玺的文书。 ⑨何可言者——犹言："还有什么可说的呢？"按：此时胡亥谨遵遗命，并无野心。 ⑩谫（jiǎn）——浅陋。 ⑪强因人之功——勉强地去抢夺别人的功业。因：袭，劫取。 ⑫不能——犹言"不智"，缺少自知之明。 ⑬逆德——犹言"恶德"。 ⑭殆——行将。 倾危——指垮台，崩溃。 ⑮社稷不血食——社稷不能享受祭祀。指国家灭亡。 ⑯汤、武杀其主——汤伐夏，放逐夏桀于鸣条；武王伐商，商纣兵败后自焚而死。今赵高乃曰"汤武杀其主"，篡改事实以成其蛊惑之说。 ⑰"卫君杀其父"四句——卫庄公（名蒯聩）为太子时，因欲谋杀其父（灵公）之夫人，事觉被逐。灵公死，蒯聩不得立。国人遂立蒯聩之子辄为君，是为出公。这时流亡在外的蒯聩又借助赵氏的力量回国与其子争位，被卫人击败。钱大昕曰："《春秋》卫石曼姑帅师围戚（蒯聩居此），《公羊》以为伯讨，《孟子》书称卫君辄为孝公，故赵高为此言。然蒯聩未尝死于辄，辄亦无德可载也。" ⑱大行不小谨，盛德不辞让——当时俗语，谓办大事讲大体的人，不要太顾忌小节，不要怕那些琐碎的批评指责。辞：拒绝。让：责难。 ⑲乡曲各有宜——意谓一个地方一种风俗，不必求同。乡曲：犹言乡里，古代农村的基层编制单位，二十五家为一里，十里为一乡。关于乡里的户数，各处说法不一。 百官不同功——意谓一个长官一个做法，不必划一。 ⑳愿子遂之——犹言："您就决心这么干吧！"遂：顺依，就这样。 ㉑大行——指刚死不久的皇帝。天子新崩未有谥号，故且称大行皇帝。 未发——指尚未发丧。 ㉒干——告求，麻烦。 ㉓间不及谋——极言其时间之急迫，来不及商量就过去了。间：空隙。此处指时间、机会。 ㉔赢粮跃马，唯恐后时——意谓扬鞭跃马地紧追还怕追赶不上。赢粮：背着粮食。赢：负，裹。 ㉕所赐长子书及符玺皆在胡亥所——徐孚远认为：符玺及书本在赵高所，而云胡亥者,亦在劫斯也。 ㉖君侯——李斯时为丞相,爵为通侯,故赵高称之为君侯。 ㉗旧而信之——有旧谊,能得信任。茅坤认为:高必以蒙恬之隙,才能倾动李斯,而使之叛。 ㉘内官之厮役——谦说自己是一个宦官。内官:指宦官,以其服务于宫廷之内,故云。厮役:犹言仆役。 ㉙刀笔之文——指狱律条文。古者以笔书事于简牍,有误则以刀削之,故人们遂称掌管刀笔、处理刑狱事务的官吏为刀笔吏,称狱律文书为刀笔之文。 ㉚有封及二世——能保有爵禄以传给儿辈。有:保有,保持。 ㉛奋士——指能用人,能发挥人的才能。 ㉜终不怀通侯之印归于乡里——意谓无论如何也不可能平安无事地告老归家,言其必将被诛杀。通侯:亦称彻侯、列侯。应劭曰:"通者,言其功德通于王室也。" ㉝辩于心而诎(qū)于口——言内心聪慧而拙于言辞。辩:有分辨能力,引申为聪明。诎:屈也,不能伸张。引申为拙笨。 ㉞君其反位——犹言"您请回去吧"。反位:回归自己的职所。 ㉟安危不定,何以贵圣——意谓一个人如果在安危的关头拿不定主意,那他的圣明又有什么用?圣:英明,明智,于事无所不通。 ㊱不避死而庶几——意指不因苟全个人而逃避危难。庶几:余有丁认为:谓贪生幸利也。 ㊲不勤劳而见危——按:此语生涩。郭嵩焘认为:言忠臣不以侥幸图苟存,孝子不以危殆而弛其勤劳也。 ㊳迁徙——指改变主意。 ㊴观指而睹归——看他现有的活动就可以知道他的最终结局。指:旨趣,意向。归:归宿,结局。 ㊵权命——国家之权,万民之命。 悬——握,控制。 ㊶得志——犹言"得意"。谓能顺己之意行事。 ㊷从外制中——指居于外面的人想要制约朝廷。 惑——乱,作乱。 ㊸贼——害,叛乱。 ㊹"故秋霜降者草花落"二句——意谓秋霜一降则花草凋零,春冰化解则万物生长。盖当时俗语。《索隐》曰:"水摇者,谓水洋而摇动也,是春时而万物皆生也。"赵高引此试图说明在上者有何举动,在下者必将随之。 ㊺斯其犹人哉,安足为谋——意谓我还是个人啦,怎能打那种主意?安足:岂能。 ㊻事无表里——犹言"事无差池"。即一定成功。表里:内外。引申为歧异,差错。 ㊼称孤——谓为侯、为王。当时侯者亦可以自称"孤"。 ㊽乔松之寿——像王子乔、赤松子那样长的寿命。王子乔、赤松子都是古代传说中的神仙。 ㊾何处——何以自处。即打算怎么办。 ㊿既以不能死,安托命哉——意谓我既然不能坚守臣节而死,又能去依靠谁呢?言只有唯命是听,托靠于您了。 51“诈为受始皇诏丞相”二句——按:二句语略不顺,崔適认为:“丞相”上当重“诏”字。盖谓当作“诈为受始皇诏,诏丞相立胡亥为太子”。 52秏——同“耗”,损失。 53裨(pí)将——偏将,副将。裨:副,助。 54未暮——不晚,来得及。 55数趣(cù)——连连地催促。 56属吏——交由法吏看管。属:交给,委托。 57阳周——秦县名,县治在今陕西子长西北。 58郎中令——官名,九卿之一,掌管宫殿门户及有关的宫中事务。是靠近皇帝的亲幸之职。

二世燕居[①],乃召高与谋事,谓曰:“夫人生居世间也,譬犹骋六骥过决隙也[②]。吾既已临天下矣,欲悉耳目之所好,穷心志之所乐,以安宗庙而乐万姓[③],长有天下,终吾年寿,其道可乎?”高曰:“此贤主之所能行也,而昏乱主之所禁也。臣请言之,不敢避斧钺之诛,愿陛下少留意焉。夫沙丘之谋,诸公子及大臣皆疑焉,而诸公子尽帝兄,大臣又先帝之所置也。今陛下初立,此其属意怏怏皆不服,恐为变。且蒙恬已死,蒙毅将兵居外[④],臣战战栗栗,唯恐不终。且陛下安得为此乐乎?”二世曰:“为之奈何?”赵高曰:“严法而刻刑,令有罪者相坐诛[⑤],至收族[⑥]。灭大臣而远骨肉[⑦],贫者富之,贱者贵之。尽除去先帝之故臣,更置陛下之所亲信者近之。此则阴德归陛下[⑧],害除而奸谋塞,群臣莫不被润泽,蒙厚德,陛下则高枕肆志宠乐矣。计莫出于此。”二世然高之言,乃更为法律[⑨]。于是群臣诸公子有罪,辄下高,令鞠治之。[⑩]杀大臣蒙毅等,公子十二人僇死咸阳市,[⑪]十公主矺[⑫]死于杜,财物入于县官,[⑬]相连坐者不可胜数。

公子高欲奔,恐收族,乃上书曰:“先帝无恙时,臣入则赐食,出则乘舆。御府之衣,臣得赐之;中厩之宝马,臣得赐之。臣当从死而不能,为人子不孝,为人臣不忠。不忠者无名以立于世,臣请从死,愿葬郦山之足[⑭]。唯上幸哀怜之。”书上,胡亥大悦,召赵高而示之，曰："此可谓急[15]乎？"赵高曰："人臣当忧死而不暇，何变之得谋！[16]"胡亥可其书，赐钱十万以葬。

法令诛罚日益深刻，群臣人人自危，欲畔者众。又作阿房之宫，治直道、驰道，[17]赋敛愈重，戍徭无已。于是楚戍卒陈胜、吴广等乃作乱，起于山东[18]，杰俊相立，自置为侯王，叛秦，兵至鸿门而却[19]。李斯数欲请间[20]谏，二世不许。而二世责问李斯曰："吾有私议而有所闻于韩子也[21]，曰'尧之有天下也，堂高三尺[22]，采椽不斫[23]，茅茨不翦[24]，虽逆旅[25]之宿不勤于此矣。冬日鹿裘，夏日葛衣，粢粝之食[26]，藜藿之羹[27]，饭土匦，啜土铏[28]，虽监门之养不觳于此矣[29]。禹凿龙门，通大夏[30]，疏九河，曲九防[31]，决渟水致之海[32]，而股无胈，胫无毛[33]，手足胼胝[34]，面目黎黑，遂以死于外，葬于会稽，臣虏之劳不烈于此矣[35]。'然则夫所贵于有天下者，岂欲苦形劳神，身处逆旅之宿，口食监门之养，手持臣虏之作[36]哉？此不肖人之所勉[37]也，非贤者之所务也。彼贤人之有天下也，专用天下适己而已矣，此所以贵于有天下也。夫所谓贤人者，必能安天下而治万民，今身且不能利，将恶能治天下也哉！故吾愿赐志广欲[38]，长享天下而无害，为之奈何？"李斯子由为三川守，群盗吴广等西略地，过去弗能禁。章邯以[39]破逐广等兵，使者覆案三川相属，[40]诮让斯居三公位，[41]如何令盗如此。李斯恐惧，重爵禄[42]，不知所出，乃阿二世意，欲求容，以书对曰：

夫贤主者，必且能全道而行督责之术者也。[43]督责之，则臣不敢不竭能以徇[44]其主矣。此臣主之分定，上下之义明，则天下贤不肖莫敢不尽力竭任以徇其君矣。是故主独制于天下而无所制也[45]，能穷乐之极矣，贤明之主也，可不察焉！

故申子曰"有天下而不恣睢，[46]命之曰以天下为桎梏"者，无他焉，不能督责，而顾[47]以其身劳于天下之民，若尧、禹然，故谓之"桎梏"也。夫不能修申、韩之明术，行督责之道，专以天下自适也，而徒务苦形劳神，以身徇百姓，则是黔首之役[48]，非畜[49]天下者也，何足贵哉！夫以人徇己，则己贵而人贱；以己徇人，则己贱而人贵。故徇人者贱，而人所徇者贵，自古及今，未有不然者也。凡古之所为[50]尊贤者，为其贵也；而所为恶不肖者，为其贱也。而尧、禹以身徇天下者也，因随而尊之，则亦失所为尊贤之心矣，夫可谓大缪矣。谓之为"桎梏"，不亦宜乎？不能督责之过也。

故韩子曰"慈母有败子而严家无格虏[51]"者，何也？则能罚之加焉必也[52]。故商君之法，刑弃灰于道者。夫弃灰，薄罪也，而被刑，重罚也。彼唯明主为能深督轻罪。夫罪轻且督深，而况有重罪乎？故民不敢犯也。是故韩子曰"布帛寻常，庸人不释，铄金百溢，盗跖不搏[53]"者，非庸人之心重，寻常之利深，而盗跖之欲浅也；又不以盗跖之行，为轻百镒之重也。搏必随手刑[54]，则盗跖不搏百镒；而罚不必行也，则庸人不释寻常。是故城高五丈，而楼季不轻犯也；泰山之高百仞，而跛牂牧其上[55]。夫楼季也而难五丈之限，岂跛牂也而易百仞之高哉？峭堑之势异也。[56]明主圣王之所以能久处尊位，长执重势，而独擅天下之利者，非有异道也，能独断而审[57]督责，必深罚，故天下不敢犯也。今不务所以不犯，而事慈母之所以败子也，则亦不察于圣人之论矣。夫不能行圣人之术，则舍为天下役何事哉[58]？可不哀邪！

且夫俭节仁义之人立于朝，则荒肆之乐辍矣；谏说论理之臣间于侧[59]，则流漫之志诎矣[60]；烈士死节之行显于世，则淫康之虞[61]废矣。故明主能外[62]此三者，而独操主术以制听从之臣，而修其明法，故身尊而势重也。凡贤主者，必将能拂世磨俗[63]，而废其所恶，立其所欲，故生则有尊重之势，死则有贤明之谥也。是以明君独断，故权不在臣也。然后能灭仁义之涂[64]，掩驰说之口，困烈士之行，塞聪掩明，内独视听[65]。故外不可倾[66]以仁义烈士之行，而内不可夺[67]以谏说忿争之辩。故能荦然独行恣睢之心而莫之敢逆。若此然后可谓能明申、韩之术，而修商君之法。法修术明而天下乱者，未之闻也。故曰“王道约而易操”也。唯明主为能行之。若此则谓督责之诚则臣无邪[68]，臣无邪则天下安，天下安则主严尊，主严尊则督责必[69]，督责必则所求得，所求得则国家富，国家富则君乐丰[70]。故督责之术设，则所欲无不得矣。群臣百姓救过不给，何变之敢图[71]？若此则帝道备，而可谓能明君臣之术矣。虽申、韩复生，不能加也。

书奏，二世悦。于是行督责益严，税民[72]深者为明吏，二世曰：“若此则可谓能督责矣。”刑者相半于道[73]，而死人日成积于市，杀人众者为忠臣，二世曰：“若此则可谓能督责矣[74]。”

（以上为第四段，写李斯卖身投靠，曲意迎合，与赵高一同鼓动胡亥肆行残虐的情形。）

①燕居——闲居，平常无事时。燕：通“宴”，安闲。 ②六骥——谓六马所驾之车。 决隙——裂缝。决：裂也。 ③以安宗庙而乐万姓——其意乃谓一方面要使自己能够穷奢极欲，为所欲为，同时还要使国家安定，万民乐业。以：义同“而”。 ④蒙恬已死，蒙毅将兵居外——按：蒙毅为蒙恬之弟。梁玉绳曰：“案《始皇纪》及《蒙恬传》，将兵在外者，恬也；而为内谋者，毅也。又，胡亥先杀毅，后杀恬，此言俱自相驳。当云‘蒙毅未死，蒙恬将兵在外’，乃合耳。” ⑤相坐诛——因受牵连而处以死刑。相坐：犹言“连坐”，因一人犯罪而株连他人。 ⑥收族——收其全族而灭之。 ⑦远骨肉——疏远自己的亲属。 ⑧阴德归陛下——暗中感谢您的恩德而归附于您。 ⑨更为法律——重新制定法律条文。 ⑩下高——交给赵高。 鞠治——审判，推问。 ⑪公子——指秦始皇的儿子，胡亥的兄弟。 僇——通“戮”，斩杀。 ⑫矺——古同“磔”（zhé），将犯人分裂肢体后悬着张尸示众的刑罚。 杜——秦县名，在今陕西西安东南。 ⑬入——没收。 县官——指国家。 ⑭愿葬骊山之足——意谓请求把我埋在始皇帝的陵墓旁。骊山：在今陕西临潼区东南，是秦始皇的陵墓所在地。 ⑮急——急

迫，走投无路。 ⑯“人臣当忧死而不暇”二句——意谓当臣子的如果都像这样连死都顾不过来，那他们还有什么可能去盘算造反呢？当：倘若。 ⑰直道——国家为通行迅速而开山填谷所修的直近大道。因其不似民间道路的迂曲盘回，故曰直道。 驰道——秦时专供帝王行驶车马的道路。 ⑱山东——崤山以东。泛指旧时除秦国以外的其他六国之地。 ⑲兵至鸿门而却——陈涉起义后，派周文率军西攻咸阳。兵至戏亭（在今陕西临潼区东戏河西岸），被秦将章邯打败。鸿门：地名，在今陕西临潼区东北，靠近戏亭。 ⑳请间——犹如今之所谓“请求个别接见”“单独谈”。间：间隙。这里指谈话时间。 ㉑吾有私议而有所闻于韩子也——按：语略不顺，其意盖谓我有个想法，我记得韩非的书上曾经说过。私议：个人看法，想法。 ㉒堂高三尺——堂：这里指堂基。堂基三尺，以言其居室之俭。 ㉓采椽（chuán）不斫（zhuó）——采来材料而直接用以为椽，不加任何削饰。斫：砍削，修饰。 ㉔茅茨不翦——用茅草苫（shàn）屋顶，任其长短不齐，不加修葺。茨：用茅草盖屋顶。 ㉕逆旅——迎接旅客。通常用以指客店。逆：迎。 ㉖粢粝（zī lì）之食——指用粗粮做的饭食。粢：谷类的总称。粝：粗米。 ㉗藜藿之羹——指用野菜做的汤。藜：植物名，其叶嫩时可吃。藿：豆叶。 ㉘饭土匦，啜土铏（xíng）——用粗制的陶器盛饭盛汤。土：指用泥烧成而未上釉彩的陶器。匦：竹制盛器。啜：食。铏：盛汤盛菜的罐钵之类。 ㉙监门——守门者，吏役中地位极低，所得供养极少的人。 觳（què）——薄，劣。 ㉚通大夏——谓使黄河得过龙门而入并州。《正义》引《括地志》云：“大夏，今并州、晋阳及汾、绛等州是。” ㉛疏九河——疏通了中国境内的各条大河。九河：中井积德曰：“是九州之河。”按：据《尚书·禹贡》传，九河为徒骇河、太史河、马颊河、覆釜河、胡苏河、简河、絜河、钩盘河、鬲津河。疑中井说是。 曲九防——为各个湖泽筑起堤防。“曲”字用作动词。九防：中井积德曰：“即九州泽之堤，是语本于《尚书》‘九泽既防’。” ㉜决——导之使流。 渟水——堵塞积存于地面上的洪水。 ㉝股无胈（bá），胫无毛——极言其辛苦劳顿之状。股：大腿。胈：人身上的细毛。胫：小腿。 ㉞胼胝（pián zhī）——手脚上的厚皮，即俗所谓“老茧”。 ㉟臣虏——奴仆。　烈——剧，酷。以上见《韩非子·五蠹》，文字有出入。　㊱作——犹今之所谓“体力劳动”。　㊲勉——努力从事。　㊳赐志广欲——指随心所欲，为所欲为。赐：应作“肆”，放也。广：纵也。　㊴以——通“已”。　㊵覆案：检查，追究。　相属——相连，一批接一批。　㊶诮让——责备。　三公——秦时以丞相、太尉、御史大夫为三公。　㊷重爵禄——按：此三字为李斯一生之病根，一切丧心病狂之事皆由此而起。　㊸全道——建立一套办法。全：建立，健全。　督责——《索隐》曰：“督者，察也。察其罪，责之以刑罚也。”　㊹徇——顺从，为人效力。　㊺无所制——不受任何限制、控制。　㊻申子——指申不害。战国前期的法家人物，曾相韩昭侯，使韩国富强一时。《史记》有传。　恣睢（suī）——肆行暴戾，为所欲为。　㊼顾——反。　㊽役——仆役，奴隶。　㊾畜——占有，统治。　㊿所为——即“所谓”。下句同此。　51格虏——强悍而不服管教的奴隶。格：悍也。按：韩非此语见《韩非子·显学》。　52则能罚之加焉必也——按：此语繁芜不顺，“则能”二字可削。　53“布帛寻常”四句——见《韩非子·五蠹》。寻常：一寻八尺，二寻为常。通常用以指数量不多。不释：不放过。谓必取之。铄（shuò）金：熔化的金子。盗跖：相传为古代的大盗，见于《庄子》。搏：抓取。按：铄金，旧注有所谓“美金”之说，此说不可取。《盐铁论·诏圣》云：“铄金在炉，庄蹻不顾；钱刀在路，匹妇掇之。”可以参证。　54刑——泷川资言曰：“刑，言铄金伤手也。”　55“是故城高五丈”四句——《韩非子·五蠹》云：“故十仞之城，楼季弗能逾者，峭也；千仞之山，跛牂（zāng）易牧者，夷也。”李斯袭用其语。楼季：《集解》引许慎曰：“楼季，魏文侯之弟。”按：据文意，此楼季应是古代勇敢轻捷、长于攀登之人。　百仞——一仞八尺。百仞极言其高。按：言泰山曰“百仞”，亦殊为不伦。跛牂：瘸腿母羊。　56峭——陡峭，直上直下。　堑——此处同“渐”，平缓，逐渐高起。　57审——细，严。　58“不能行圣人之术”二句——意谓如果不能采取圣人的办法（即行督责），那么除了给天下人当奴仆，还能干什么呢？　59间于侧——指立在身边。间：插，参与。　60流漫之志——放荡不羁的心志。　诎（qū）——此处指不得行。　61淫康之虞——无止境地贪图安乐的想法。虞:虑,想。 ㉒外——排除。 ㉓拂世磨俗——和社会上人们的看法、想法背道而驰。拂:违背。磨:摩擦,不合。 ㉔涂——通"途",指途径,主张。 ㉕内独视听——即内视独听,一切全凭个人的眼光,个人的见解。 ㉖倾——倒。这里是"改变"的意思。 ㉗夺——更改。 ㉘若此则谓督责之诚则臣无邪——按:此句似有脱误,《史记会注考证》重出"督责之诚"四字。"诚",似应作"成"。全文应作"若此则谓之督责成,督责成则臣无邪"。 ㉙必——必行,一定严格实行。 ㉚乐丰——逸乐丰裕。 ㉛"救过不给"二句——与上文"忧死而不暇,何变之得谋"义同。不给:来不及,顾不上。 ㉜税民——征税于民。 ㉝刑者相半于道——在路上行走的人,有一半是受过刑的。 ㉞若此则可谓能督责矣——张文虎认为:上句王本、《治要》无"督"字,此句蔡本、中统、王、柯、毛本、《治要》皆无"责"字。按:似应上句无"督"字,此句无"责"字。

初,赵高为郎中令,所杀及报私怨众多,恐大臣入朝奏事毁恶之,乃说二世曰:"天子所以贵者,但以闻声,群臣莫得见其面,故号曰'朕'[1]。且陛下富于春秋[2],未必尽通诸事,今坐朝廷,谴举[3]有不当者,则见短于大臣,非所以示神明于天下也。且陛下深拱禁中,[4]与臣及侍中习法者待事,[5]事来有以揆[6]之。如此则大臣不敢奏疑事,天下称圣主矣。"二世用其计,乃不坐朝廷见大臣,居禁中。赵高常侍中用事,事皆决于赵高。

高闻李斯以为言[7],乃见丞相曰:"关东群盗多,今上急益发繇治阿房宫,聚狗马无用之物。臣欲谏,为位贱。此真君侯之事,君何不谏?"李斯曰:"固也,吾欲言之久矣。今时上不坐朝廷,上居深宫,吾有所言者,不可传也,欲见无间[8]。"赵高谓曰:"君诚能谏,请为君候上间语君。[9]"于是赵高待二世方燕乐,妇女居前,使人告丞相:"上方间,可奏事。"丞相至宫门上谒[10],如此者三。二世怒曰:"吾常多间日,丞相不来;吾方燕私,丞相辄来请事。丞相岂少[11]我哉?且固[12]我哉?"赵高因曰:"如此殆矣!夫沙丘之谋，丞相与焉。今陛下已立为帝，而丞相贵不益，此其意亦望裂地而王矣。且陛下不问臣，臣不敢言。丞相长男李由为三川守，楚盗陈胜等皆丞相傍县之子[13]，以故楚盗公行，过三川，城守不肯击。高闻其文书相往来，未得其审[14]，故未敢以闻。且丞相居外，权重于陛下。”二世以为然。欲案[15]丞相，恐其不审，乃使人验三川守与盗通状。李斯闻之。

是时二世在甘泉[16]，方作觳抵优俳之观，[17]李斯不得见，因上书言赵高之短曰：“臣闻之，臣疑[18]其君，无不危国；妾疑其夫，无不危家。今有大臣于陛下擅利擅害[19]，与陛下无异，此甚不便。昔者司城子罕相宋，身行刑罚，以威行之，期年遂劫其君。田常为简公臣，爵列无敌于国，私家之富与公家均，布惠施德，下得百姓，上得群臣，阴取齐国，杀宰予于庭，即弑简公于朝[20]，遂有齐国。此天下所明知也。今高有邪佚之志，危反之行，如子罕相宋也；私家之富，若田氏之于齐也。兼行田常、子罕之逆道而劫[21]陛下之威信，其志若韩玘为韩安相[22]也。陛下不图，臣恐其为变也。”二世曰：“何哉？夫高，故宦人也，然不为安肆志，不以危易心洁行修善，自使至此。以忠得进，以信守位，朕实贤之，而君疑之，何也？且朕少失先人，无所识知，不习治民，而君又老，恐与天下绝[23]矣。朕非属[24]赵君，当谁任哉？且赵君为人精廉强力，下知人情，上能适朕，君其勿疑。”李斯曰：“不然。夫高，故贱人也，无识于理，贪欲无厌，求利不止，列势次主[25]，求欲无穷，臣故曰殆。”二世已前信赵高，恐李斯杀之，乃私告赵高。高曰：“丞相所患者独高，高已死，丞相即欲为田常所为。”于是二世曰：“其以李斯属郎中令[26]！”

赵高案治李斯。李斯拘执束缚，居囹圄中，仰天而叹曰：“嗟乎，悲夫！不道之君，何可为计哉！昔者桀杀关龙逢[27]，纣杀王子比干，吴王夫差杀伍子胥。此三臣者，岂不忠哉！然而不免于死，身死而所忠者非也[28]。今吾智不及三子，而二世之无道过于桀、纣、夫差，吾以忠死，宜矣。且二世之治岂不乱哉！日者夷其兄弟而自立也，[29]杀忠臣而贵贱人，作为阿房之宫，赋敛天下。吾非不谏也，而不吾听也。凡古圣王，饮食有节，车器有数，宫室有度，出令造事，加费而无益于民利者禁，故能长久治安。今行逆于昆弟，不顾其咎；侵杀忠臣，不思其殃；大为宫室，厚赋天下，不爱其费。三者已行，天下不听。今反者已有天下之半矣，而心尚未寤也，而以赵高为佐，吾必见寇至咸阳，麋鹿游于朝也。”

于是二世乃使高案丞相狱，治罪，责斯与子由谋反状，皆收捕宗族宾客。赵高治斯，榜掠[30]千余，不胜痛，自诬服。斯所以不死[31]者，自负其辩，有功，实无反心，幸得上书自陈，幸二世之寤而赦之。李斯乃从狱中上书曰：“臣为丞相，治民三十余年矣，逮秦地之陕隘[32]，先王之时秦地不过千里，兵数十万。臣尽薄材，谨奉法令，阴行[33]谋臣，资之金玉，使游说诸侯，阴修甲兵，饰政教，官斗士[34]，尊功臣，盛其爵禄，故终以胁韩弱魏，破燕、赵，夷齐、楚，卒兼六国，虏其王，立秦为天子，罪一矣。地非不广，又北逐胡、貉，南定百越，以见秦之强，罪二矣。尊大臣，盛其爵位，以固其亲[35]，罪三矣。立社稷，修宗庙，以明主之贤，罪四矣。更克画，平斗斛度量文章[36]，布之天下，以树秦之名，罪五矣。治驰道，兴游观[37]，以见主之得意，罪六矣。缓刑罚，薄赋敛，以遂主得众之心，万民戴主，死而不忘，罪七矣。若斯之为臣者，罪足以死固久矣。上幸尽其能力，乃得至今，愿陛下察之！”书上，赵高使吏弃去不奏，曰：“囚安得上书！”

赵高使其客十余辈诈为御史、谒者、侍中，更往覆讯斯。斯更以其实对，辄使人复榜之。后二世使人验斯，斯以为如前，终不敢更言，辞服[38]。奏当上[39]，二世喜曰：“微赵君，几为丞相所卖。[40]”及二世所使案三川之守至[41]，则项梁已击杀之。使者来，会丞相下吏，赵高皆妄为反辞。

二世二年七月，具斯五刑[42]，论腰斩咸阳市。斯出狱，与其中子俱执[43]，顾谓其中子曰："吾欲与若[44]复牵黄犬俱出上蔡东门逐狡兔，岂可得乎！"遂父子相哭，而夷三族。

（以上为第五段，写李斯终于被赵高所害的经过。）

①朕——泷川资言曰："'朕兆''朕漠'之'朕'，微也，少也。赵高取义于不可见不可闻。" ②富于春秋——指年轻。言未来之时日尚多。春秋：指时日，岁月。 ③谴举——谴罚与拔举。按：谴举，似应作"谴誉"，谓谴责与称道。二字对文。 ④且——若，假如。 深拱——深居高拱。拱：拱手，清闲不做事的样子。 禁中——宫中，因有守卫禁防，故云。 ⑤侍中——官名，秦始置，原为丞相史，往来殿中奏事，故名。西汉为加官，加此可出入侍宫禁。 待事——等候事来则处理之。 ⑥揆（kuí）——参详，谋议。 ⑦李斯以为言——参照《秦始皇本纪》，李斯此言当是欲谏二世请止筑阿房事。 ⑧无间——无空隙，无机会。 ⑨候——觇（chān）测，暗中观察。 间——有本作"闲"。 ⑩谒——犹如今之所谓"名片"，上写个人姓名、爵里、官称，求见时令门者执以入报。 ⑪少——轻，瞧不起。 ⑫固——陋，鄙视。 ⑬傍县之子——按：李斯为今河南上蔡人，陈胜为阳城（今河南登封东南）人，阳城在上蔡之西，二县相邻，故云。 ⑭审——确实情况。 ⑮案——逮捕审问。 ⑯甘泉——山名，在今陕西淳化西北，秦朝时山上有修建的离宫。 ⑰觳（jué）抵——即"角觝"，类似今之相扑表演。 优俳——犹今之所谓"滑稽表演"。 ⑱疑——通"拟"，势均力敌。下句"妾疑其夫"同此。 ⑲今有大臣于陛下擅利擅害——按：文字略不顺，泷川资言曰："枫、三本，'臣'下有'侧'字。" ⑳杀宰予于庭，即弑简公于朝——据《齐太公世家》，齐简公四年（前481），子我欲诛田氏，事泄，田常击杀子我，并杀齐简公。按：此子我，乃监止也，非孔子弟子宰予。因二人皆字"子我"，故此处与《田敬仲完世家》皆误。 ㉑劫——劫持，凭借。 ㉒韩玘（qǐ）为韩安相——韩玘：不见于历史记载。韩安：韩国的末代国君，公元前238—前230年在位，被秦所灭。胡三省曰：韩安之时其臣必有韩玘者，特史逸其事耳。李斯与韩安同时，而韩安亡国之事接乎胡亥之耳目，所谓殷鉴不远也。" ㉓绝——指断绝联系，失去统治管理能力。 ㉔属——托，倚靠。

㉕列势次主——谓威势亚于人主。列势:威猛之势。 ㉖属郎中令——交由郎中令查办。 ㉗关龙逢——桀时贤臣,因谏桀而被杀。 ㉘身死而所忠者非也——按:“身死而”三字疑衍。所忠者:指桀、纣、夫差。 ㉙日者——犹言“前者”,昔日。 夷——平掉,诛杀。 ㉚榜掠——拷打。榜:笞,打。 ㉛不死——指不自杀。 ㉜逮秦地之陕隘——意谓我曾经赶上过当时秦国疆土狭窄的景况。逮:达到,赶上过。陕:此同“狭”。 ㉝行——派出,派遣。 ㉞官斗士——给勇士以官做。 ㉟固其亲——加固他们与秦朝王室的亲密关系。 ㊱更克画,平斗斛(hú)度量文章——泷川资言曰:“‘文章’二字,疑当移‘克画’下。”泷川说是。更:改。克画、文章皆指文字。也有人认为“克画”指器物、制度、仪饰,“文章”指制度、仪饰之已成者。平斗斛度量:指统一度量衡事。斛,容器,一斛相当于十斗。 ㊲游观——周游巡视。 ㊳辞服——招供认罪。 ㊴奏当上——把对李斯的判决书呈报皇帝。奏:进呈。当:判罪,判决。 ㊵微——(如果)没有。 几——几乎,差一点儿。 卖——欺骗。 ㊶至——谓按察李由的使者到达三川(今洛阳东)。 ㊷具斯五刑——让李斯备受了五种刑罚。《汉书·刑法志》云:“当三族者,皆先黥、劓,斩左右趾,笞杀之,枭其首,菹其骨肉于市,其诽谤詈诅者,又先断舌,故谓之具五刑。”按:关于“五刑”的规定,各个时代不一。据此处文意,所谓“具斯五刑”者,疑指根据刑法对李斯判罪,故下接“论腰斩咸阳市”。论:判处。 ㊸执——拘,捆绑。 ㊹若——你。

李斯已死,二世拜赵高为中丞相[①],事无大小辄决于高。高自知权重,乃献鹿,谓之马。二世问左右:“此乃鹿也?”左右皆曰:“马也。”二世惊,自以为惑,乃召太卜[②],令卦之。太卜曰:“陛下春秋郊祀,奉宗庙鬼神,斋戒不明,故至于此。可依盛德而明斋戒。”于是乃入上林[③]斋戒。日游弋猎[④],有行人入上林中,二世自射杀之。赵高教其女婿咸阳令阎乐劾不知何人贼杀人,移上林[⑤]。高乃谏二世曰:“天子无故贼杀不辜人,此上帝之禁也,鬼神不享[⑥]，天且降殃，当远避宫以禳[⑦]之。”二世乃出居望夷之宫。

留三日，赵高诈诏卫士，令士皆素服持兵内乡，[⑧]入告二世曰：“山东群盗兵大至！”二世上观而见之，恐惧，高即因劫令自杀[⑨]，引玺而佩之，左右百官莫从，上殿，殿欲坏者三。高自知天弗与，群臣弗许，乃召始皇弟[⑩]，授之玺。

子婴即位，患之，乃称疾不听事，与宦者韩谈及其子[⑪]谋杀高。高上谒，请病，因召入，令韩谈刺杀之，夷其三族。

子婴立三月，沛公兵从武关入，至咸阳，群臣百官皆畔，不适[⑫]。子婴与妻子自系其颈以组[⑬]，降轵道[⑭]旁。沛公因以属吏，项王至而斩之，遂以亡天下。

（以上为第六段，写赵高杀二世，子婴杀赵高，刘项入关，秦朝灭亡的经过。）

①中丞相——居宫中以理众事的丞相。 ②太卜——官名，掌管占卦卜筮等事。 ③上林——即上林苑，秦朝帝王的猎场，在今陕西西安西及周至县、鄠邑区一带。 ④日游弋(yì)猎——整天以射猎为事。弋：用带绳子的箭射。 ⑤移上林——移文上林令，要其缉捕凶手。 ⑥不享——不享用其祭祀，即“不保佑”的意思。 ⑦禳(ráng)——祭祀以求免灾。 ⑧素服——原指丧服。此处似应指“便服”。谓使驾前卫士皆去其官卫之服，着便衣，以冒充农民起义军。 内乡——向内。乡：通“向”。 ⑨高即因劫令自杀——据《秦始皇本纪》，乃赵高令阎乐逼胡亥自杀，时胡亥尚与阎乐做多方乞求，阎乐不允。 ⑩始皇弟——据《秦始皇本纪》，子婴为“二世之兄子”，故《索隐》引刘氏云：“‘弟’字误，当为‘孙’，子婴也。”中井积德曰：“子婴盖二世之兄也……且始皇之孙宜称‘公孙’，不得称‘公子’。或‘兄子’之‘子’字，传写者误增之也。” ⑪其子——谓子婴之子。《秦始皇本纪》谓“子婴与其子二人谋”，盖隐秘之极。 ⑫不适——不抵抗。适：通“敌”。 ⑬自系其颈以组——古代投降的礼节，表示服罪以请处置。 ⑭轵(zhǐ)道——古亭名，在今陕西西安东北。

太史公曰：李斯以闾阎历诸侯，[①]入事秦，因瑕衅以辅始皇[②]，卒成帝业，斯为三公，可谓尊用矣[③]。斯知六艺之归，不务明政以补主上之缺，[④]持爵禄之重，阿顺苟合，严威酷刑，[⑤]听高邪说，废適立庶[⑥]。诸侯已畔，斯乃欲谏争，不亦末乎[⑦]！人皆以斯极忠而被五刑死，察其本，乃与俗议之异。[⑧]不然，斯之功且与周、召列矣[⑨]。

（以上为第七段，是作者的论赞，作者对李斯的功过与其为人进行了评述，对其可悲结局与造成如此结局的原因表达了深深的感慨。）

①闾阎——里巷的门。这里用以指代平民百姓。　历诸侯——游说诸侯。此处谓李斯身为一个东方诸侯国的布衣西入秦国。　②因瑕衅以辅始皇——意谓辅佐秦始皇不失时机地消灭了东方六国。　③可谓尊用矣——可以说是够受尊宠、够被重用的啦。　④斯知六艺之归——李斯本来知道儒家学说的宗旨，因为他曾受教于儒学大师荀卿。六艺：指《诗》《书》《礼》《乐》《易》《春秋》。后用以泛指儒家典籍。归：宗旨、旨趣。　不务明政以补主上之缺——不努力修明政治、帮助人主克服缺点。　⑤持爵禄之重——一心只为保住自己的高官厚禄。　阿顺苟合——不讲原则、一味顺着皇帝、讨好皇帝。　严威酷刑——按：以上“持爵禄之重，阿顺苟合，严威酷刑”三句，指李斯在始皇时代事。　⑥废適立庶——指杀扶苏而立胡亥。適：通“嫡”，嫡长子。⑦不亦末乎——不是太晚了吗？末：即通常之所谓“舍本逐末”，没有抓住要点。　⑧人皆以斯极忠而被五刑死——意谓人们都为李斯的尽忠被杀而为之感到委屈。　察其本，乃与俗议之异——考察其事实真象，才知道情况不像众人之所说。　⑨不然，斯之功且与周、召（shào）列矣——且：将。周、召：周公姬旦、召公姬奭（shì），皆武王之弟，他们佐武王灭商建国，又佐成王治世安邦，其道德功业被后世誉为名臣的代表。

［**简评**］　本篇作品记述了李斯由一闾巷布衣，辅佐秦始皇

统一六国，创建制度，位列三公；到始皇死后，因畏祸贪权而卖身投靠赵高，杀扶苏，立胡亥，并助桀为虐，为虎作伥，从而导致民变蜂起，四海鼎沸，而自己最后仍不免被赵高、胡亥所杀的全过程。作者批判了李斯贪求功名富贵，一切以个人得失为转移的极端自私、极端懦弱的可耻本性。李斯养虎贻患，玩火自焚，史公笔下带有无限感慨。文章描写赵高的手段，李斯患得患失的心理，皆生动真切，栩栩如生，令人读后犹如目睹。

［**集评**］《太史公自序》："能明其画，因时推秦，遂得意于海内，斯为谋首，作《李斯列传》第二十七。"

茅坤曰："《李斯传》传斯本末，特佐始皇定天下、变法诸事仅十之一二；传高所以乱天下而亡秦，特十之七八，太史公恁地看得亡秦者高，所以酿高之乱者并由斯为之。此是太史公极用意文，极得大体处。学者读《李斯传》，不必读《秦纪》矣。"（《史记钞》）

钟惺曰："李斯古今第一热中富贵人也，其学问功业佐秦兼天下者，皆其取富贵之资：而其种种罪过，能使秦亡天下者，即其守富贵之道。究竟斯之富贵仅足以致族灭，盖其起念结想，尽于仓鼠一叹。……太史公言'秦用李斯，二十年竟并天下'，而于秦亡关目紧要处皆系之《李斯传》，若作《秦本纪》者。而结之曰'遂以亡天下'，见人臣重富贵之念，其效足以亡天下。罪斯已极，而垂戒亦深矣。尝合《李斯传》始末，自富贵至族灭总看一过，想孔子所云'苟患失之，无所不至矣'，二语之确早看破此一辈人。"（《史怀》）

林伯桐曰："李斯外似刚愎，而内实游移，其于李由告归咸阳而置酒，既曰'物极则衰，吾未知所税驾'，似乎知退矣；及李由为三川守，群盗西略地，则李斯恐惧，重爵禄，不知所出。其于赵高谋废立，既曰'忠臣不避死'，而庶几似乎以身殉国矣；及赵高以祸福动之，则又曰‘既已不能死，安托命哉？’其于二世无道，既‘数欲请间谏’，似乎能犯颜矣：及二世责问，则又劝之督责，欲以求容。此其胸中惶惑瞀乱，进退无据，安得不见制于赵高哉！……当其辞于荀卿，曰‘诟莫大于卑贱，而悲莫甚于困穷’，自言其所见也。只此二语，便足断送一生。”(《史记蠡测》)

马非百曰：“始予读史至汉高帝言‘李斯相秦，善则归主，恶则自予’；又邹阳云‘李斯竭忠，胡亥极刑’，以为李斯之死，果有冤屈。今著《传》之余，乃知其得祸之由出于自取。赵高谋矫书事，所忌者斯一人耳。其言曰‘不谋丞相，事不成’；高请于斯，斯既能以‘亡国之言’绝之矣，而又以其言‘终不怀通侯之印’易其心而许之，是杀扶苏与蒙恬者斯也。诚以斯善度事机，相胡亥以与高共事必败，孰与操其矫书，以逆先诛高而与蒙恬共立扶苏也？即高未诛，潜以矫谋闻于扶苏，扶苏可以不死，蒙恬之杀高，几上肉耳。计不出此，他日事皆决于高，乃始上书言高罪，吁！嗟何及矣。吾观始皇帝尝从梁山上望见丞相车骑甚众，心弗善之，中人或告之，而斯即为之损车骑，可证李斯平日专以揣摩人主好恶为务，实一势位富贵之徒也。汉人有言：‘李斯相秦，始皇任之，人臣无二。然而荀卿为之不食，睹其罹不测之祸也。’然则斯之不得善终，荀卿固已先见之矣。”(《秦集史》)

方苞曰：“赵高谋乱入《李斯传》，以高之恶，斯成之；秦之亡，斯主之也。其始迹入《蒙恬传》，以蒙毅会治高，当其罪死，而高因此有贼心也。”(《归方评点史记合笔》)

苏辙曰：“始皇以诈力兼天下，志得意满，讳闻过失，李斯燔《书》《诗》，诵功德，以成其气；至其晚节，不可告语，君老太子在外，履危乱之机，而莫敢以一言合其父子之亲者，虽始皇之暴，非斯养之，不至此也。及其事二世，知赵高之奸，复偷合取容，使高势已成，天下已乱，乃欲力谏，不亦晚乎？至于国破家灭，非不幸也。”(《古史》)

张裕钊曰:“前路叙李斯佐始皇定天下,功罪昭然,词极核练雄骏;后叙斯听赵高邪谋以乱秦,乃反为高所制;欲阿谀取容,卒以亡其身而亡秦。其源皆起于贪权恋势,失其本心,故于感慨中时时见意。”(《批注史记》引)

李晚芳曰:“太史公之传李斯也,不惟传其事迹,并其结念之隐亦传之。盖斯乃热中富贵人也,始形于仓鼠一叹,太史肖其神,轻轻描出,令热中者全身俱动,用笔何等超妙!辞师一段议论,千回百转,语语皆从富贵结念中流出,自知其才足以致之,至今犹可想其对师抵掌神情、须眉毕见。其画策为秦并天下,即其专心为己取富贵:及富贵极矣,身为相,子为守,又虑把持富贵不牢,阴若有人扼其吭而攫夺之者,正写其无时无处而不兢兢于此也。惟小人能知小人,早被赵高冷眼看透,既以富贵动之,又以失富贵劫之,曰‘不得怀通侯之印’,曰‘长有封侯’,曰‘祸及子孙’,重富贵者,乌能不听?太史一笔结出曰:‘于是斯乃听高’。仰天一叹,而秦亡矣。究其所以为保富贵者,即其所以亡人之天下者也。至于上《督责书》,亦为富贵耳。太史公以覆案诮让,点明于前,而曰‘恐惧重爵禄,阿意欲求容’,竟从斯处心积虑中,曲曲抉出,似毒笔,实真笔也。是后翻翻覆覆,在高掌上愚弄,直至腰斩夷族,无非为重富贵而然。结局一哭,应前三叹,为篇中眼目。其要害不过在‘重爵禄’三字,幻出天翻地覆世界。太史以劲笔达之,有余慨焉。尝读《论语》‘鄙夫’章,圣人前数百年,早为斯辈绘出一副肺肠矣,曰‘无所不至’。斯果何所至哉?至亡人天下耳,至具五刑耳,至夷三族而父子腰斩耳,所谓‘爵禄’者安在?故表而出之,为世之患得患失者警,俾知末路不过如此耳,吁!”(《读史管见》)

郭嵩焘曰:“史公传李斯,历载赵高所以愚弄二世及李斯者,多近于故事传说,故于此叙二世斋上林,居望夷宫,射行人及自杀事;又赵高上殿,殿欲毁者三,皆如小说家言。汉代或有此传

说，史公以所闻而附之《李斯传》，亦疑以传疑之意也。”（《史记札记》）

吴见思曰：“一篇文字，几及万言，中间包藏许多文字，如《逐客书》《焚书书》《赐扶苏书》《公子高从葬书》《责问李斯书》《督责书》《言赵高书》《狱中书》，与说秦王处，谋立胡亥处，赵高谮李斯处，俱以文词胜。乃一篇一样，又有一篇几样，读之不厌其多，反惟恐其尽，文章至此，可以无遗憾矣。……文中极胜处，是《逐客》《督责》二书。而立胡亥处，节节与赵高反复，神情相照，权术不相下，如观相扑，如听面谈，文心文笔，两者兼之。”（《史记论文》）

李景星曰：“《李斯传》以‘竟并天下’、‘遂以亡天下’二句为前后关锁。‘竟并天下’是写其前之所以盛；‘遂以亡天下’是写其后之所以衰。盛衰在秦，所以盛衰之故，则皆由于斯。行文以五叹为筋节，以六说当实叙。于是李斯乃叹曰‘人之贤不肖’云云，是其未遇时而叹不得富贵也；李斯‘喟然而叹曰嗟乎’云云，是其志满时而叹物极将衰也；‘斯乃仰天而叹，垂泪太息’云云、是已坠赵高计中不能自主而叹也；‘仰天而叹曰：嗟乎悲夫’云云，是已居囹圄之中不胜怨悔而叹也；‘顾谓其中子曰’云云，是临死时无奈何以不叹为叹也。以上所谓‘五叹’也。记说秦王，著斯入秦之始也；记谏逐客，著斯留秦之故也；记议焚书，著斯佐始皇行恶也；记劝督责，著斯导二世行恶也；记短赵高语，著斯之所以受病，藉其自相攻击，以示痛快人意也；记狱中上书，著斯之所以结局，令其自定功罪，以作通篇收拾也。以上所谓‘六说’也。洋洋洒洒，几及万言，似秦外纪，又似斯、高合传，而其实全为传李斯作用。文至此，酣畅之至，亦刻毒之至，则谓太史公为古今文人中第一辣手可也。”（《四史评议》）